武汉往事 3

抗日烽火

◎张　隼　著

SPM 南方出版传媒　广东人民出版社
·广州·

图书在版编目（CIP）数据

武汉往事. 3，抗日烽火 / 张隼著. — 广州 ：广东人民出版社，2019.2
ISBN 978-7-218-12771-2

Ⅰ. ①武… Ⅱ. ①张… Ⅲ. ①武汉—地方史—史料 Ⅳ. ①K296.31

中国版本图书馆CIP数据核字(2018)第086697号

WUHAN WANGSHI 3 · KANGRI FENGHUO
武汉往事3 · 抗日烽火
张隼 著

出 版 人：肖风华

选题策划：李 敏
责任编辑：李 敏
装帧设计：刘焕文
责任技编：周 杰 易志华

出版发行：广东人民出版社（广州市大沙头四马路10号 邮政编码：510102）
电　　话：（020）83798714（总编室）
传　　真：（020）83780199
网　　址：http://www.gdpph.com
印　　刷：珠海市鹏腾宇印务有限公司
开　　本：787 mm × 1092 mm 1/16
印　　张：26.5 **字　　数**：490千
版　　次：2019年2月第1版 2019年2月第1次印刷
定　　价：59.80元

如发现印装质量问题，影响阅读，请与出版社（020-83795749）联系调换。
售书热线：（020）83791487 83790604 邮购：（020）83781421

CONTENTS 目录

第一章 气血飞扬

1937年7月7日，夜幕降临的时候，刮了好一会儿大风，唤来了不甘寂寞的雷电。一道道闪电挥舞着寒光闪烁的利剑，撕开了浓厚的云层，发出一连串震耳欲聋的响声，刹那间，整个武汉三镇颇有些天摇地动的感觉。紧接着，天幕好像被撕破震裂一般，豆大的雨水，带着噼里啪啦的喧嚣，倾盆而下，被风一吹，宛如无形巨臂抡起的鞭子，猛烈地抽打着发烫的地面，激起一片嗞嗞的声音，在闪电与灯光的辉映下，到处雾蒙蒙一片，什么都看不清。平日看上去本就有点冷峻的武汉警备司令部越发阴森起来了。

此时，警备司令官邸，赵璇滢正坐在王俊林对面，滔滔不绝地向他发泄着内心的愤懑与恼火。

没人泄露她的真实身份，赵璇滢继续以帮佣的身份留在警备司令官邸。

余雅芳本来没有让赵璇滢干帮佣的活，如今知道她是二嫂，更加殷勤备至，亲自张罗，准备把她的全部行头重新换一遍，被赵璇滢阻止了。

赵璇滢说道："经常会有贵夫人阔小姐探望警备司令夫人，她们看到这个样子，传扬出去，一定会引起别人的疑心。我还能在这里待下去吗？"

余雅芳一怔，叹了一口气，只好打消了这个主意。

身份暴露以后，赵璇滢更加渴望跟上级党组织取得联系，暗地里又派遣了一名地下交通员去陕北寻找党中央，了解共产党的最新动态。

事实上，王俊林的心情最复杂。他曾经那么执着地要抓捕赵璇滢，为此有多少共产党员以及进步工人、学生、教师被他杀害了，他自己都记不清楚。哪怕后来放松了对她的抓捕，甚至不想再抓捕她，一旦赵璇滢真的出现在他面前，而且明白她早已打进了他的官邸，他甚至还把一些机密文件交给她整理，他便颇为恼火，下意识地试图命令人马把她抓起来，让她永不见天日。然而，放下国共合作大势所趋不说，赵璇滢住在他的官邸，整天跟夫人待在一起，为了不让夫人担心，他也不能抓捕她，更不能泄露她的身份和行踪。

"你这只孙猴子，钻到铁扇公主的肚子里来了，不叫人佩服都不行！"跟赵璇滢单独在一起的时候，王俊林悻悻地说道。

赵璇滢笑道："不管怎么说，我们总算又能在同一个战壕并肩作战了。王司令应该知道，日本是一个间谍国家，多考虑一下应该如何防范日本间谍及其被收买的人窃取有关武汉的各种情报信息，召集各方面的专家共同勘察武汉地形，做好预设战场的准备工作，并且训练部队，随时准备走上抗日战场。"

"不劳二嫂费心，该我做的事，我一定会做！"王俊林冷冷地说道。

“可是，我看不到你做了些什么！”赵璇滢毫不客气地说道，“你跟他们一样，对日本人侵略中国的野心认识不足，到头来，恐怕只会害了国家。”

“二嫂！你别危言耸听好不好？”王俊林有些恼火，提高了音量。

“你以为武汉深处腹地，哪怕日本人已经发起全面进攻了，一切都来得及，是吗？”赵璇滢一眼看穿了他的心思，“不！如果不提前准备好战场，提前训练好军队，提前堵塞敌人可能得到情报信息的来源，日本人一旦发起进攻，必定势如破竹。武汉素称九省通衢，战略地位极其重要，提前把它打造成难以攻破的堡垒，作为警备司令，你责无旁贷。”

王俊财、余瑞光、赵承彦、余瑞华、赵承博不时会找一些借口，拜访武汉警备司令官邸，跟赵璇滢谈论时局。日本人会不会继续侵略中国，国民党跟共产党联合起来以后，应该怎么跟日本人打下去，中国应该在日本人动手以前做什么样的准备，商界以及社会其他各界又该以何种方式支援抗战等，凡是跟抗日有关的话题，无不在他们的商讨范围之内。

余立、王卓文、赵英嗣、王晓燕、赵雪莲再过一年，就要从武汉大学毕业。他们讨厌王俊林镇压学生运动的行为，一直不肯登门拜访警备司令官邸，现在因为要跟赵璇滢谈论抗日问题，不时来到王俊林的官邸。从他们的言谈中，赵璇滢发觉他们在不知不觉中长大了，一方面颇感欣慰，另一方面又为没有真正帮助过他们而感到些许伤感，决计好好引导他们，让他们今后的人生道路走得更加坚实。

余亚男正准备考武汉大学。她年龄还小，但决心与志向不小，与母亲见面不多，但母女心心相通，在母亲教导下，心里早播下了共产主义的种子，并且恨不得马上退学，加入到共产党的队伍。

母亲阻止了她：“你应该首先学好知识，才能更好地服务国家。”

余明亮年龄太小。乍一见到母亲，他很不习惯，怯生生的，不敢相认，可是一旦克服了最初的畏惧心理，感受到了生母的关爱，时刻都想跟母亲腻在一起。

因为母亲周莹莹太溺爱余明亮，娇宠得余明亮隐隐然露出了朝邪路上走的苗头，赵璇滢不得不告诫母亲，不要太惯着孩子。

见到生母以后，余明亮死活不愿意离开，很想和母亲一直在一起。

余雅芳十分伤感，说道：“二嫂，你让他住下来吧。”

赵璇滢把孩子拉到面前，说道：“外面还有人盯着母亲，如果他们知道你跟母亲住在一起，准会抓走母亲。你不希望再也看不到母亲吧？”

"他们是谁？我去把他们赶走！"余明亮扑闪着眼睛，说道。

"你还小，等你长大了，母亲会告诉你的。"赵璇滢抚摸着儿子的脑袋，说道，"记住，不要跟任何人说我是你母亲，也不要告诉任何人母亲在这里！"

"母亲放心，总有一天，我要他们认得我！"余明亮凶狠地说道。

赵璇滢把武汉警备司令官邸当成跟各路人物商讨抗日救国的场所，王俊林心里波动得厉害。刚开始，他很不热心，既不支持，也不参与。后来，因为夫人爱听，听了以后总在他的耳边聒噪，他只好勉为其难地参加了，但很少说话。再后来，因为国共两党第二次合作的谈判进度缓慢，看不到国共两党何时才能携手抗日，王俊林逐渐对赵璇滢一再强调日本人的侵略迫在眉睫感到厌烦，对王俊财、余瑞华他们经常来跟赵璇滢探讨抗日事宜感到不满，难以容忍余立、王卓文这些子侄辈着魔一样地听从赵璇滢的摆布，尤其是夫人和余瑞华，愣是忘了身份，只知道一味附和赵璇滢，他气不打一处来。他不能再容忍这一切，不仅当着众人的面公开斥责赵璇滢纯粹杞人忧天，随后发生激烈的争论，而且没人的时候吵得更加激烈。

"你仍然对日本人抱有幻想，真是太麻木不仁了！"赵璇滢怜悯地说道。

"过去的教训摆在那儿，即使傻子也看得出来，日本人绝不会停止继续侵略，只不过，日本国力不足，目前肯定还没有做好全面侵略的准备。"王俊林辩解道。

"你怎么知道人家没有做好准备？"赵璇滢顿了一下，又说，"即使人家不做准备，依照过去的经验，他们认定国民政府会继续采取不抵抗政策，而从你的身上，确实可以看出这一点，他们为什么不能发起全面进攻？"

"亏你好意思提过去国民党军队不抗日，那不是因为你们共产党在背后闹事吗？"

"你真是蒋介石的好学生，可以面不改色心不跳地把不抵抗日本侵略的责任推给共产党。现在，国共正在商谈合作的具体事项了，你倒是集中精力，好好准备打击日寇呀！"赵璇滢说道。

"二嫂！"王俊林大叫一声，一时气急，全身的器官都给堵住了，变成了一具冒着火烟的木偶。

突然，一阵刺耳的电话铃声犹如防空警报，急促而又猛烈地响起来了。火烟戛然而止，王俊林不由自主地盯住那部电话机。

王俊林终于伸出手，抓起了听筒，放在了耳边。只一瞬间的工夫，他拉长了脸，脸色麻木冰冷得好像一块没有温度的石头。

赵璇滢心头一紧，问道："发生了什么事？"

王俊林把电话听筒缓缓地放在机座上，身子朝椅子里一靠，浑身上下一阵瘫软。他有气无力地说道：“打起来了！真的打起来了！”

赵璇滢的心变成了一块铅：“谁打起来了？在哪儿打起来了？”

“还能有谁？日本人跟宋哲元将军的第二十九军打起来了！日本人向卢沟桥发起了进攻。”

下坠的铅块突然变成了扶摇直上的氢气球，赵璇滢心头蹿起一团无名火。她忍不住腾身而起，在屋子里急促地走了起来，像发怒的母狮一般咆哮道：“这是全面战争的开始，别再继续空谈，采取行动的时候到了！”

王俊林情不自禁地朝赵璇滢看去，俨然忘掉了自己。

赵璇滢不再咆哮，以不容分辩的口吻说道：“我们应该立刻号召民众声援二十九军抗日。你也应该向国民政府请战，随时准备开赴前线。”

“二嫂，说不定这只是局部冲突，小日本兵力不多，不会跟我们大打。”

王俊林话还没有说完，立刻遭到赵璇滢严厉的斥责。

赵璇滢怒火满腔，声音洪亮，恍如一阵阵炸雷在王俊林的头顶上回响：“你明知道日本人有灭亡中国的野心，仍然对他们充满幻想，不仅不竭尽全力准备抗战，竟然在这种时候不肯表明坚决抗日的决心。难怪他们人心不足蛇吞象，是你们的麻木不仁，刺激了日本人的野心！日本人哪怕只是一只只蚂蚁，你是一头大象，你不反抗，他们一样会咬死你！”

“我只不过是要你别过度反应，不妨静观事态的后续变化嘛。”

“你们一直不肯放弃幻想。只要日本人继续温水煮青蛙，你们虽然悠然自得，却丝毫察觉不出水温已经在不知不觉中升高了，快要把你这条鱼煮死了！”

“二嫂，形势还没有那么悲观。”王俊林说道。

“即使日本人还没有做好准备，不会马上全面攻击中国，那又怎么样？如果我们没有跟他们战斗到底的决心，没有在他们刚刚伸出魔爪的时候，给他们当头一棒，把他们打痛了，打得他们不敢动了，他们亡我之心是绝对不会死的！”

“难道我们要冒着挑起全面战争的责任吗？”王俊林质问道。

“是日本人侵占了我们的国土，并且现在又发起了进攻。调集力量，反击他们，赶走他们，是我们的使命！你不觉得你说这话很可笑吗？”

王俊林愣在那儿，看着赵璇滢，一时语塞。

“如今，国共已经走向合作，只要我们不对日本人继续心存幻想，而是抱定必死之决心，立即全民动员，全体上阵，定能把日寇全部赶出中国。”

赵璇滢忽然意识到屋子里进来了一个人，连忙转过身，一眼看到了余瑞华。

“二嫂，你说得对极了。既然日本人已经动手了，我们不用继续瞻前顾后，应该把它看成是全面抗战的开端，立即动员，举全国之兵，跟敌人一决雌雄！”余瑞华慷慨激昂地说道。

卢沟桥事变的消息，是武汉行营主任直接打电话告诉王俊林的，余瑞华则是保定军校的同学告诉他的。

跟赵璇滢争吵了那么久，王俊林了解她的主张，对她的主张不以为然。还是红军的那一套，发动民众，全体动员，人人上阵。这一套要真管用，红军也不会被国民党军队赶到西北去！他们连国民党军队都对付不了，凭什么对付日本人？

余瑞华受赵璇滢影响太大，竟然跟她一个鼻孔出气。王俊林心想：他们以为中国军队真的有足够的资本跟日本人决一死战吗？人家日本人手里有飞机坦克大炮，国民党军队手里有什么呀？几架破飞机那也叫飞机？几辆破坦克那也叫坦克？几门破大炮那也叫大炮？完全不能跟日本军队相提并论嘛。要不然，日本人为什么凭借区区数万兵马，能够轻而易举地占领整个东北，继而一步步地向华北扩张？国民党军队不抵抗是事实，日本军队的武器装备太厉害，更是不可忽视的因素。所以，说日本人不可能一口吞下中国是一回事，中国军队能不能抵挡得住日本人的进攻是另一回事，一定要仔细权衡。根本没有进行动员，更没有足够的准备，怎么跟日本人打呀？真的把日本人打毛了，人家钢铁洪流全部开过来，中国再大，恐怕也要全部成为日本人的囊中之物了。为此，忍让才是最好的策略。

“深关国家前途和命运的大事，应该听从国民政府以及蒋委员长的主意，我们在这里妄加议论，是不恰当的。”王俊林字斟句酌地说道。

“没错，我们不能仅仅只是议论，而是要采取行动！”赵璇滢立刻接过他的话头，说道，“瑞华，你愿意和我一道号召武汉民众及社会各界声援二十九军的抗战行动，并组织力量到前线去慰问抗日将士吗？”

“这是鼓舞民众抗战决心和信心的好事，我愿意！”余瑞华朗声说道。

声音雷动，把余雅芳吵醒了。她睡眼惺忪，懵懵懂懂地赶了过来，明白发生了什么事情，脸色苍白，神情慌张，急急切切地想说什么，但又说不出来。

赵璇滢赶紧扶住她，说道：“不用担心，这次，国人一定会团结起来，迎头痛击日本强盗的。”

余雅芳一直信赖二嫂，很想让自己振作起来，但不能如愿。她本能地把目光从二嫂身上移开，直直地望着王俊林，似乎想从他那儿得到什么保证。

不能让夫人因为战争而恐惧，得给她塑造一个风平浪静的环境，王俊林本来不愿意把事情看得太严重，愈发坚定了在政府没有表态之前，严密防范赵璇滢发动民众的决心。他知道不能继续耽误下去，因此以召集各路人马开会研讨如何应对时局为名，带着余瑞华匆匆离开了官邸，实则准备防范民众声援抗日。

“二嫂，万一日本人打过来了，我们该怎么办？”余雅芳双手冰冷，颇有些颤抖，她抓住了赵璇滢的手，问道。

赵璇滢说道：“雅芳，我们已经到了无路可退的地步，只有奋力一搏，才能保卫我们的家园。我希望你坚强起来，能为保家卫国做一点事情。”

“二嫂，我听你的。”余雅芳极力想让自己镇定下来。

“这就对了！面对强盗，胆怯和躲避是没有用的，你只有挺起胸膛，跟他战斗，才有生路！”赵璇滢微笑着点了一下头，说道，“现在，你帮我接通王府、余府、赵府，和大姐夫的电话，我要跟他们说话。”

其实，他们已经知道日本人在卢沟桥发起了进攻。最先得到消息的是王俊喜，他立马回到王府，告诉了哥哥王俊财，王俊财随即转告了赵承彦和余瑞光，三人已经商量妥当，决定天亮后一起到警备司令官邸找赵璇滢，没想到赵璇滢的电话已经到了。林英华则是一个学生告诉他的。

王俊喜手下帮众如云，又吸取了过去的经验教训，不仅在王俊林身边安插了不少密探，甚至在武汉行营主任身边也收买与安插了好几个愿意为他卖命的人。无论武汉行营主任打算干什么，或者知道了任何消息，不到半个小时准会传进王俊喜的耳朵里。

一听说日本人挑起了卢沟桥事变，王俊喜倍感吃惊，心里大骂道：“这些王八蛋真的发起进攻了！”

他现在今非昔比，家大业大，可不敢大意。为了在中国军队跟日本人全面开战之际既能保住既得利益，又可扩张获得利益空间，他马上告诉了哥哥王俊财，希望跟他商量出一个妥当的办法。

随着日本人步步向关内进逼，王府面粉厂生意大幅下滑，王俊财深受其害。因此，他一直主张国民党军应该枪口对外，并支持武汉学生声援“一二·九”运动。国民党军一直“围剿”红军，而置穷凶极恶的日本军队于不顾，王俊财十分痛惜，蒋介石被迫放弃“围剿”红军的政策，准备着手跟红军合作抗日，他极力欢迎，急切地盼望国共合作早点进入正轨，谁知这个过程十分缓慢，他心中的痛苦与痛惜可想而知。眼下，日本人迫不及待地动手了，必然会加速国共合作的进程，使得国民党走出犹豫不决的藩篱而坚定抗日的信念。

王俊财缓缓地吐了一口气，说道："抗战的时刻终于到了！"

可是，王俊财一样清楚，在蒋介石的骨子里，攘外必先安内的政策已经扎了根，如果不是西安事变，他仍然在一心一意对付共产党。现在蒋介石不可能对付红军了，但心中的一口气还堵在那里，出不来，思想也不可能马上拐过弯来。得推他一把，让民众的抗日热情凝聚成强大的气流，冲开蒋介石国民政府心里的戾气，让他们丢掉幻想，横下一条心，跟共产党一道抗日。而这些事情，远非他一个人能够做得到，他得赶紧与余瑞光、赵承彦联系，和他们一块去见赵璇滢，商讨出一个可行的方案。

王俊喜则跟哥哥不同。政府抗不抗日，他不管；民众支不支持抗日，他也不管；他要管的是，一旦真像赵璇滢曾经说过的那样，这是全面战争的开始，那么，他的汉帮该怎么办？本来觉得哥哥见多识广，能够跟他商量出保住乃至扩张汉帮的办法，谁知哥哥竟然完全不把他放在心上。

他急了，催促道："哥，你倒是给我出出主意呀！"

"中华民族已经到了危险关头，你不能只顾自己？应该想想怎么支持抗日！"

"那是军队的事呀，哥！"

"你是中国人，国难当头，这么大一个帮会，总不能眼睁睁地看着日本入侵我们国土无动于衷吧？"

林英华几乎是在同一时刻得到卢沟桥事变的消息。他连忙把王卓文、余立、王晓燕、赵英嗣、赵雪莲以及几个骨干分子找到一块，刚刚提了一个头，立刻在这些学生当中噼里啪啦地引爆了一阵阵惊雷。

"天下之大，已经没有我们安静读书的地方了，我们杀敌人去！"

"我一看到东洋强盗在租界里耀武扬威，心头就直冒火。干脆，像当年收回英租界一样，发动民众，把租界里的日本人全部赶走，先把日租界收回来。"

"政府是什么反应？政府不会继续容忍日本人吧？"

"不管政府是什么反应，我们一定要坚持抗日，要不然，中国将彻底成为日本的殖民地了！"

"不错，政府是一盘石磨，它不动，我们得推动它去抗日！"林英华说道。

他们简单商议过后，迅速分头联合其他各校学生领袖，商讨举行声援二十九军抗日的游行活动，以此敦促政府火速进行全国动员，全面进入战争状态。

对付国民党，还是共产党人有办法。虽说一直不愿意踏进王俊林的官邸，关键时刻，为了见赵璇滢，林英华不得不去武汉警备司令官邸。

林英华搭乘第一班轮渡渡过长江，雇了一辆黄包车，径直赶往武汉警备司令部。他刚刚下车，竟然看到王俊财、余瑞光、赵承彦结伴走了过来。

四人心有灵犀，谁都不说话，只快步朝王俊林官邸走去。

一见到赵璇滢，他们迫不及待地把知道的事情，他们已经在干、准备干的事情滔滔不绝地说了出来。

林英华说道："我已经跟学生领袖有过协商，他们正在展开行动，这远远不够，我们应该在武汉三镇携手合作，发动社会各界，声援二十九军的抗日行动，吁请国民政府尽快与共产党人达成共同抗日协议，做到全国一致，共赴国难。"

"没说的，我们应该立刻采取行动。"王俊财立马接过话头，慷慨激昂地说道，"联合各界共同声援二十九军的抗日行动，需要花费无数精力和时间。我们可以一边做，一边以商界、学界以及其他社会各界的名义，单独向抗日军队发去电报，声援他们的抗战，表达我们的关切，同时为他们募集生活用品。"

"日本人亡我之心不死，我们决不能坐视不管。只要能够救中国，我们即使倾家荡产，也在所不惜！"余瑞光、赵承彦一样堆积了满腔怒火，发狠地说道。

赵璇滢高兴地说道："好极了，王世兄说出了我们大家的心愿。我们以此为依据展开行动，为促成全国抗战的到来贡献我们的力量吧。"

随即，他们密切协商，决定分头去联络其他社会各界，择机择日搞出一场声势浩大的抗日声援运动。

余雅芳深受鼓舞，说道："二嫂，我帮你发动妇女界，好吗？"

"好极了！"赵璇滢亲昵地抚摸着余雅芳的肩头，兴奋地说道，"有你出面，妇女界一定会气势如虹！"

"不错，你早该出头露面了！"众人纷纷称赞道。

他们刚刚磋商完毕，王俊林回到府邸。他忙碌了一夜，疲惫不堪，一见屋里的架势，不由得笑了，说道："想必你们已经拿出了行动计划。"

林英华冷冷地瞟了他一眼，说道："你不会把这座官邸一把火烧掉吧？"

王俊林讪讪一笑，说道："其实，我跟你们一样，不会容忍日本人永远在我们的国土上撒野。所以，你们谈论抗日也好，声援抗日也好，哪怕积极参加抗日，我都非常欢迎，更愿意参与其中。"

这是王俊林说出来的话吗？跟以前相比，来了个一百八十度的大转弯！

在召集各团长以上军官开会期间，王俊林刚把日本人进攻卢沟桥的消息说出口，几乎每个军官都义愤填膺，恨不得冲上战场，跟日寇拼一个你死我活。在这种情况下，王俊林很清楚，要想不让他们谈论抗日、声援抗日，他们的目光便会凝集成一把锋利无比的刀子，把他杀死。要想让他们限制或阻挠社会各界有可能发动的声援抗战活动，同样是不可能的。怎么办呢？他只有遵从民意，想方设法引导部下，商讨如何避免民众情绪失控，惹来日本人的疯狂屠杀。他自己的队伍，是一定要出面的，主要防范日本人攻击游行队伍，希望借此机会博取民众的欢心，从中得到一些好处，来弥补自己手头武器弹药的缺口。

“真是太好了。我早就知道，因为抗日，你一定会跟我们走到一起。”赵璇滢热情洋溢地说道，“我相信，有了你的参与，我们一定能发动更多的民众参加到声援二十九军的行动上来。”

“是啊，真是太好了！”余雅芳眼中闪动着泪花，跟着说道。

这一天，数十万参加声援二十九军抗战的大军分别在汉口、武昌、汉阳集结，然后会合到一块，向日租界方向奔去。走在最前面的是各校学生，他们在余立、王卓文、赵英嗣、赵雪莲、王晓燕等学生领袖的带领下，打着旗子，拉起各式条幅和横幅，喊着激动人心的口号，鼓动沿途的民众参与他们的行动。

余雅芳跟在赵璇滢身边，心中涌动着无限的激情。丈夫走向了声援抗日的行列，不再像过去一样，只要是二嫂发动起来的运动，他便是镇压者。她深感欣慰，浑身都是力量，她觉得，自此以后，她再也不必为丈夫担心。她甚至想起了二哥，要是二哥能够跟二嫂以及丈夫在一块，该有多好呀。可是，二哥自从离开了鄂豫皖根据地之后一直杳无信息，甚至连二嫂和丈夫都不知道他的行踪。她只有把这个想法压在心头。她亲眼看到，侄儿余立、王卓文走在整个队伍的最前列，不时地挥舞拳头，发出一声声怒吼。队伍势如洪水，淹没了每一条街道，黄包车、小汽车在这股奔腾的激流的冲刷下，都消失不见了。她更惊奇地注意到，那些平素被人们所唾弃的乞丐、妓女、苦力，似乎成了这支大军的主力。

游行队伍离日租界越来越近。看着队伍越来越庞大，民众的情绪越来越激昂，余雅芳心里不觉有点紧张，也有点期盼：难道1927年1月3日的那一幕今天要重演吗？那时候，她胆怯，她懦弱，逃开了现场；今天，她受到鼓舞，情绪激昂，胆气十足，哪怕前面是毒蛇猛兽，她也会迎头撞上去。

这时候，王卓文忽然从游行队伍的最前面急匆匆地奔了过来。他向赵璇滢等人报告道：“游行队伍快要接近日租界了。租界里的日本人已经拉起了铁丝网，架设了机枪，布好了阵势，江面上的日本军舰也脱下了炮衣，炮口对准了我们的队伍。大家都很激动，一定要冲进租界，怎么办？”

“为了防范游行队伍受到日本人的攻击，一定要控制大家的情绪，不得闯进日租界。”赵璇滢理智地说道。

“已经很难控制了。”王卓文说道。

赵璇滢瞪着他，说道：“你首先要控制自己的情绪！快去，命令学生不准冲击日租界，只可以围住日租界，表达我们抗议日军入侵的诉求。”

“如果他们动手了，怎么办？”王卓文问道。

“只要我们不首先冲击日租界，他们一旦动手，有余瑞华做掩护，迅速冲进去，抓住日本人，用他们做盾牌！”赵璇滢冷静地命令道。

“是！”王卓文转过身，飞一般地离去了。

赵璇滢赶紧对王俊林说道：“你去检查一下余瑞华的准备情况，一旦日本人开火，立刻用炮火轰击他们的军舰，并出动兵力，打掉日本人的阵地。”

“这样会出大事的。”王俊林说道。

“我们不挑事，但绝不能怕事！在日本人举起屠刀的时候，我们只有拿起武器准备战斗！”赵璇滢说道。

“可是，政府不会允许我们首先开火。”王俊林仍然迟疑不决。

“你如果害怕承担责任，可以离开！”林英华恼火地说道。

王俊林一愣，朝众人扫视了一眼，只见人人眼里都闪烁出决绝的光，把心一横，果然带着卫兵，向余瑞华布设的阵地奔去。

“我们该怎么办？”林英华等人问道。

赵璇滢说道：“我们分头行动，千万不要让队伍冲进日租界。”

说完，赵璇滢旋风一样地朝最前面奔去。学生队伍已经到达日租界边缘，王卓文正在与余立、赵英嗣、赵雪莲、王晓燕等人一道极力阻止队伍继续向前挺进。赵璇滢赶过来了，挥动着双手，不停地喊叫着，试图制止学生们冲进日租界的冲动，但她的声音淹没在学生们的呐喊声中。王卓文、余立急了，赶紧架起赵璇滢，像一座高耸的铁塔，矗立在学生们的面前。

赵璇滢再一次挥动双手，高声说道：“同学们，你们的爱国热情使我深深地感受到，中华民族决不会在日本人的侵略面前低下高贵的头颅，一定会发出怒吼，把胆敢侵略我们的日寇全部消灭光。但是，我们今天的目的不是冲击日租界，而是声援二十九军。希望你们克制自己，把你们的热情全部转化到这一次活动的目的上来，不要偏离了主题，引发不必要的灾难。”

“日本人胆敢动武，就用我们的鲜血来唤醒更多的民众吧。”一个学生吼道。

赵璇滢眼看学生们的情绪已经接近爆发的临界点了，赶紧说道：“难道只有你们流血这一条路可走吗？不，我们还有很多其他办法。你们都是有知识的人，国家的抗战和以后的重建都要靠你们，你们的鲜血怎么能任意流洒？”

学生队伍逐渐安静下来了。接踵而来的队伍陆续停在了日租界周围，用他们的口号和嘹亮的歌声，表达对日本人发动战争的愤怒和蔑视。

回到警备司令官邸，余雅芳的情绪还没有平静下来，绯红着脸，对二嫂和丈夫说：“从今天起，我要跟二嫂一样，出去为抗日做一些事情。”

赵璇滢兴奋地一把抓住了她的手，说道：“好极了！”

夫人在赵璇滢的鼓动下走出家门发动妇女参加游行，王俊林心中颇有点不满，只能忍着，现在她竟然得寸进尺，要彻底走向社会，那还了得，岂不是会走赵璇滢的老路吗？他连忙打断了赵璇滢的话：“一点也不好！岳父生前曾有家训，不准余氏家族的女人走出家门，我们王家也不愿意让女人抛头露面。”

余雅芳一愣，看着丈夫，情绪顿时低落，脸色苍白，一动不动。

“都什么时候了，你还抱着老皇历不放。雅芳是你的夫人，可是，她首先是一个独立的人，她有自己的思想，有行动的自由，她想做什么，谁也拦不了。”赵璇滢见余雅芳为难了，只得平抑了心头的怒火，转换方式，“作为警备司令，你夫人在这时候参加抗日行动，只会提高你的声誉嘛。”

话虽如此，谁知道这次是不是真的会像共产党说的那样，是全民的抗战，是全国的抗战？万一不是那么回事，让夫人跟共产党掺和到一块了，中央组织部调查科和蓝衣社特务处的那些家伙把事情汇报上去，自己吃不了兜着走。

沉默了一会儿，王俊林说道：“等有了更好的机会再说这件事吧。”

赵璇滢不理会王俊林的缓兵之计，她一定要让余雅芳从此彻底走出家门，用事实与分析作大炮，向王俊林轰去。

这时候，王俊财进来了。

他已经募集到了一笔资金，正在着手购买抗日将士急需的医疗器材以及其他物资。

眼帘一浮现出昔日帮助余瑞祥跟清军作战的情景，他的脑子里遽然冒出一个新想法：抗日队伍武器装备拙劣，人家日本军队天上有飞机，地下有坦克大炮，手拿大刀的二十九军怎么跟敌人战斗？利用已经募集到的款项购买高射机枪、坦克、大炮，送到抗日将士的手中，那比医疗设备和粮食不知道要强多少倍。为此，他特意来警备司令官邸征询王俊林和赵璇滢的意见。

进入王俊林府邸，竟然听到了这种事情，王俊财说道：“弟媳愿意出去做点事情，依我看，未尝不可。要是你觉得她做其他事情不合适，可以先熟悉家族产业。一旦我被什么事情绊住了，弟媳就可以管理好。”

王俊林不能拒绝，便把球踢给了夫人：“管理家族产业可不轻松，需要处理的关系和事情多到无法想象，一个考虑不周，很可能会导致破产，男人都不容易做好，女人更几乎无人涉足其中。你可要想周全了。”

“只要你下了决心，我相信，一定可以干好。”赵璇滢鼓励道，“原先，不是没有女人当兵吗？我抛弃了家庭，出门当兵了，直到现在，不是挺好的吗？”

王俊林心里凉了半截，意识到夫人已经铁了心，自己要是再反对，只能徒增烦恼乃至羞辱。算了吧，让她帮助堂兄管理家族产业也好，省得她一天到晚围着赵璇滢转。

事情一说定，王俊林迅速改变话题，询问王俊财是不是慰问抗日将士的准备工作全部做到位了，迫不及待地准备启程。

王俊财说道：“慰问品确实准备得差不多了，随时都可以上路。不过，我突然想到，我们不能仅仅只是在慰问上面做文章，应该购买一些高射机枪、坦克、大炮之类的武器，送到前线去。这些东西，才是前线最需要的呀。”

“前线的确需要更好的武器，可是，更需要后方民众的支持嘛。”赵璇滢心里说道。不过，她并没有说出口，盘算着究竟怎么说才能让王俊财理解抗日不是凭借一两件先进的武器，而是要趁着声援活动刚刚结束的机会，进一步在发动民众上下功夫，做出一篇好文章。

王俊林一听堂兄说起了武器，眼中立马放出了贪婪的光彩。他说道：“是呀，哥哥，你想得真周到。抗日，没有好的武器装备，终归成不了事。”

赵璇滢赶紧说：“手里有了趁手的家伙，的确可以更好地抵御日本侵略军。不过，先不说募集的资金能够购买到多少武器，从哪里购买？需要多长时间？怎么运送到前线去？都是问题，所以，当务之急还是按照我们原定的计划，把准备好的物资送到抗日将士手中，以此振奋士气。”

王俊林心念电转，抓住机会，说道："二嫂说得很有道理，即使买到了武器，能不能及时运往前线确实很成问题。好时机，好时机，我想说的是，二十九军固然处在一线，但卢沟桥事变过去了这么多天，日本人并没有发动全面进攻的意图，谁都不知道全面战争到底何日得以展开，送给他们，不见得立马派上用场，反正以后是要全民抗战全国抗战的，不如送到我的队伍来。这样，我的部队提前训练，熟练操作，打起日本人来，肯定威力更大。"

赵璇滢颇有点鄙夷地望着王俊林，说道："你还是这一套！"

王俊林连忙说道："作为警备司令，我担负着维护整个武汉地区安全的重大责任。一旦全面战争开打，日本人的飞机、大炮、坦克、军舰都厉害得很，一准会长驱直入，直捣武汉。如果我们看不到这一点，不未雨绸缪，早做准备，将会陷入极大的被动。你们发动民众声援二十九军抗战，不也包含这个目的吗？你们把这些武器交给我，我可以把它们全部交给余瑞华，让他提早着手训练。这样，日本人有朝一日真的打到武汉门口来了，也不会讨到任何便宜，你们便为保卫武汉立下了很大功勋。"

他可真会见风使舵，说出这番冠冕堂皇的话，赵璇滢心想。

瞥了王俊财一眼，见他已经动了心，赵璇滢便不愿意破坏王俊林的图谋。毕竟，一旦日本人把力量集结完毕，再度进攻，很有可能会轻而易举地将平津收入囊中，随后，日本人可以毫无顾忌地沿着平汉线南下，直叩武汉的大门。提前做好准备，对于保卫武汉来说，意义重大。

事实上，话说回来，全面战争需要整体部署，各路大军相互配合，一旦孤军突出，反而会被消灭，酿成全局的失败。日本人不会愚蠢到任由一支孤军从平汉线长驱直入，而不跟其他各路大军形成紧密配合。这样，一旦日本人发动了大规模攻击，势必会在完全控制了平津地区的局势后，向其他方向发展，攻击山西、山东，甚至有可能向陕西发展攻击。不能把华北地区的抗战仅仅当做华北地区的战争，其实应该把它看做是武汉保卫战的开始。得动员更多的民众来关心这场战争，支援中国军队的抗战，让武汉民众意识到远在千里之外的战争跟武汉的安危密切相关。

因为王俊林争军火武器，让赵璇滢一下子想通了这些问题，她决定走上前线，女扮男装，加入慰问团队，亲自了解华北地区的军事形势，为进一步发动民众收集第一手资料，同时为即将到来的武汉保卫战找到抗击敌人的最好办法。

第二章 谁挽狂澜

慰问团启程的时候，日寇向南苑发起了大规模进攻。慰问团紧赶慢赶，终于在几天以后抵达了前线。这时候，南苑早已落入日寇之手。他们不顾危险，径直进入作战第一线，深切地感受到了战争的残酷。日寇仗着各种先进武器，向手里只有汉阳造甚至是大刀的中国军队展开了血腥杀戮。英勇无畏的中国将士在血泊与废墟之中，用肉体抵挡着钢铁洪流的进攻，没有后退，没有畏惧，有的只是勇气与对国家的忠诚，前赴后继，不死不休。

“不能这么打！你们的前线指挥部设在哪里？”赵璇滢询问一名连长。

“战场上的事，你不懂，不要瞎说。快下去吧，子弹不长眼！”连长说道。

赵璇滢说道：“我虽说不懂得打仗，但是，我知道一个道理，当别人比你厉害的时候，你如果不懂得避其锋芒，只知道一味地跟敌人硬拼，最后一定会被人家打败。相反，你后退一步，把敌人引进便于你发挥长处的地方，突然发起攻击，即使不能完全消灭敌人，也一定会把他们赶走，守住你的阵地。”

连长眼睛发亮，惊喜地说道：“看起来，你好像确实懂得打仗的奥妙！”

“商人如果不计成本，怎么做生意？我想，打仗也是这个道理。”

连长立即按照赵璇滢说的办法，把手榴弹全部收集起来，分出一个排的兵士，让他们打开盖子，几个拉环一组，连接起来，当成地雷，隐蔽地布设在阵地上，另外两个排继续抵抗。手榴弹布设好了以后，连长随即下达了后撤命令。日寇哇哇大叫着，冲了过来。顷刻之间，阵地上到处响起轰隆隆的爆炸声以及哇哇惨叫声。这时候，连长立刻率领人马冲杀过来，大刀一阵猛砍，日本士兵的人头好像熟透的野果一样掉了一大片。日寇见势不妙，退了回去。

“你的办法真灵！”连长钦佩地说道。

“现在可以告诉我前线指挥部设在哪里了吗？”赵璇滢问道。

赵璇滢见到了战场指挥官，说道：“日寇的武器装备太厉害了，你们在正面硬拼，会遭到很大的伤亡，为什么不派遣一些队伍，去骚扰敌人的后方呢？”

指挥官盯着赵璇滢看了好一会儿，说道：“你说得很有道理。不过，我手里没有多余的部队，把守正面已经感到够吃力的了，分兵的结果，只会让部队更快被日寇消灭。”

赵璇滢说道：“死守是守不住的。将军固然必须在一些要点布设足够的兵力，并且像钉子一样钉在那儿，无论日寇怎么进攻，都不能后退，但是，绝不能把兵力平均分布在漫长的战线上消极防守，应该抽调一部分兵力去敌后进行骚扰，更需要留下足够的机动兵力随时准备支援各要点。为了全局，应该放弃的地方，必须放弃。因为积极主动的放弃不仅可以骄纵敌人，分散敌人的兵力，而且可以抓住机会，在适当的时候适当的地域集结起强大的兵力来消灭能够消灭的日寇，从而达到保守要点的目的。”

指挥官权衡了好一会儿，说道：“请你暂时留在这里，帮我调整部署。”

几天之后，果然有一股突出冒进的日寇被中国军队包围起来予以歼灭了，一下子打乱了敌人的战场部署。遭受挫折的日寇不得不放慢了攻击的步伐，抗战将士全都沉浸在胜利的喜悦之中。

然而，这种暂时的局部的胜利没有维持多久，日寇很快组织起更加强烈的攻击，中国军队抵挡不住，只有节节败退。

赵璇滢明白，任何战术上的胜利，都不可能取得战略上的效果，在武器装备、军事素养、作战精神诸方面，国民党军跟日寇都相去甚远。单纯以军队抵抗，节节败退将是中国军队不可避免的结局，如果不动员全国民众一同奋力抗争，挡住日寇进攻的脚步将是一句空话。因此，她得尽快回武汉，在已经行动起来了的武汉民众心中再点上一把火，造成更大的声势，像当年武昌首义一样，引起全国的连锁反应，推动全国全民抗战早日到来。

这时候，武汉发生了一件谁都没有想到的事，引发了种种议论与猜测。

某天，惯于早起的人们像往常一样急匆匆地从日租界边缘路过的时候，赫然发现日本人消失不见了，游弋在江面上的日本军舰也全部撤走了，杳无踪迹，街面上不时地走动着一些武汉警察，显然是接管了保护日租界安全与秩序的重任。

“日本人吓怕了，逃走了！”人们立即反应过来，发出了惊喜的欢叫声。

刹那间，消息传遍武汉三镇的大街小巷，每个人都异常兴奋。开始的时候只是奔走相告，很快，有人燃放了鞭炮，敲打着锣鼓，高喊起“日本人滚出了汉口”的口号。随即，家家户户响应，男男女女欢腾，鞭炮声、锣鼓声响彻云霄，欢乐的气氛在空中不断凝聚，仿佛只要伸手一拧，准会拧出一汪欢快的喜雨。

“日本撤离侨民，会不会意味着他们已经把人马集中起来，准备大打出手了？”有的人很谨慎也很理智地猜测道。

“他们想打，我们也不怕，正好跟他们拼了！让这些王八蛋看一看中国人是不好惹的！”有血性的人们说道。

“也许真的跟日本人打下去，我们会失败。”有的人有些悲观。

“别长他人志气灭自己威风！”有血性的人立即严正反驳。

受赵璇滢的影响，林英华等人都主张抗战，而且主张迅速动员全国的力量，把盘踞在中国境内的日寇全部赶走，或者消灭。可是，日寇已经扩大战争规模了，蒋介石仍然只停留在口头上，并没有真正做出抗战总动员。他们的心里如何好受？一听到这些议论，他们愤然跃起，振臂大声疾呼：“当强盗闯入你的家园，你别无选择，只能跟他搏斗！不要考虑是生是死，是胜利是失败。贪生怕死，害怕失败，会死得更快，失败得更彻底！”

知道赵璇滢这天会回到武汉，他们一块前去车站迎接。

余雅芳没去迎接二嫂，而是在府邸吩咐下人准备了一桌丰盛的宴席。乍一看到二嫂脸庞消瘦，脸色黝黑，面容憔悴，她心里泛起了一种怜惜的情愫。

赵璇滢坐在一把椅子上，讲述她亲眼在战场上看到的一切，她的思考。

“日本人已经拿下了平津，他们到处撤侨，摆明了是要占领整个中国。在打仗方面，还是共产党有办法，我真的不明白，共产党一次又一次提出了到战场上杀敌的请求，老蒋还在犹豫什么呢？”王俊财哀叹道。

“这个蒋介石，个人盘算太多，不把国家葬送到日本人手里，恐怕是不会放手的了！”林英华更是恼火，愤愤地说道。

“是啊，蒋介石不是在庐山发表过谈话，说如果战端一开，地无分南北，年无分老幼，无论何人，皆有守土抗战之责，皆应抱定牺牲一切之决心吗？怎么二十多天过去了，还没有兑现呢？”余瑞光说道。

“蒋介石的话，大多当不得真。”赵承彦摇头说道。

“不，蒋介石是觉得还没到开战端的时候。”王俊喜切断了姐夫的话头。

王俊喜关心中国军队与日寇的战争，仍然是为了寻求扩张汉帮的机会。局势不明朗，他没有参与赵璇滢等人发起的声援二十九军抗战活动，结果，那次活动产生的影响竟然足以跟十年前收回英租界相提并论，他为自己接连两次与如此扬眉吐气的大事件擦肩而过感到后悔，从此下定决心要跟他们步调一致。

赵承博马上附和道：“的确，自从日本人一口吞下东北以来，一直在蚕食我们的领土，南京国民政府都没有把那当做是开战端，现在，蒋介石一样不会觉得那就是战争。”

王俊林赶紧说道：“你们为什么不反过来想一想，政府为什么没有答应共产党的要求呢？那是因为共产党利用日寇侵略的机会，漫天要价，要挟政府呀！”

“假如共产党完全听从国民党的号令，不能按照自己的意志打击日寇，正如我在战场上看到的一样，一味地跟日寇打阵地战，最后军队一批批地倒在日寇的枪口之下，又怎么能跟日本人抗争下去？”赵璇滢质问道。

王俊林摇头道："你们共产党曾经表态随时准备出动，走上抗日战场，临了又向政府提出种种要求，很难让人相信共产党的诚意。"

"大敌当前，每个党派能够减少一点个人的盘算，戮力同心，共赴国难，才是国家之幸。"王俊财觉得王俊林的话很有道理，摆出一副不偏不倚的姿态叹息道。

"是呀！所以，我一向主张，中国有中国的特色，其实没有必要像外国一样搞出那么多党派。君子不党嘛！"林英华一样触动了心思。

赵璇滢心里发紧。一直以来，这些人虽说都对国民党奉行攘外必先安内的政策心怀不满，可是，他们并不支持共产党，只不过因为共产党提出了联合抗日的主张，引发了他们内心的共鸣，对共产党产生了期许。王俊林的话无疑会使他们把共产党与国民党等同看待，弱化了他们对共产党的好感与期许。

余雅芳看出二嫂很为难，想要岔开这个话题。她说道："二嫂刚回来，脸色很不好，一定是太疲劳了，我们还是先吃饭，让二嫂好好休息一阵子再说吧。"

王俊林笑道："共产党员都是钢筋铁骨，二嫂绝不会在乎一点疲劳。"

赵璇滢瞥了王俊林一眼，说道："诚意是双方的，而不是单方面的。你认为共产党没有诚意，那么，国民党诚意何在？"

"政府根据共产党的要求，把红军纳入抗日体系，难道不是诚意吗？"

赵璇滢笑道："蒋介石曾经答应过的六项条件，现在有几项得到了落实？难道这也是诚意？"

"事有轻重缓急，总得一步步地来。"王俊林说道。

赵璇滢说道："谁都清楚，这并非轻重缓急的问题，究竟是什么问题，恐怕只有南京政府心知肚明，我们可以不去说它。眼下，我只说一点，不同的党派，为了达成一个共同的目的，是不是首先必须制定一个共同遵循的纲领，才能确保大家心往一处想，劲往一处使呢？"

众人都不约而同地点了点头。

赵璇滢继续说："具体到国共两党，其共同目标是建立抗日统一战线，共赴国难，如果一方高高在上，不愿意跟另一方平等协商，只提出苛刻要求，怎能达成一个双方共同遵循的协议？同样，如果另一方不关照到主要一方的关切点，也难以达成协议。这中间有一个磨合的过程，需要时间，需要双方共同努力。我刚从前线回来，亲眼看到了贵军跟日本军队之间的作战情况。老实说，我们的军力跟日寇相比，有在很大的劣势，一味地按照目前的打法，哪怕付出再大的牺牲，最后也很难挡得住日寇的攻击。我们共产党的军队跟贵党军队相比，劣势更加明显。我很难想象，一旦红军沿用贵党军队的战法跟日寇作战，将会造成怎样的后果。不过，红军摸索出了一些对抗强敌的经验，用来对付日寇，应该一样有效。如果不去机械地执行一些无效的战法以及南京国民政府不合理的命令，红军的战斗力是可以发挥出来的。否则，即使走上战场，也只不过是充当炮灰。试想，如果红军被日本人消灭了，中国的抗战还有前途和希望吗？”

众人紧锁眉头，全都沉默不语，认真地思考着赵璇滢话里的含义。

王俊林意识到自己不仅再也无法拉大赵璇滢与众人之间的心理鸿沟，甚至可能令众人再度把矛头对准南京政府。他嘿嘿一笑，连忙说道：“好啦，我看得出来，二嫂实在太疲劳了，我们还是先吃饭，让二嫂好好休息一会儿吧。”

他一面说，一面起身邀请众人进入餐厅。

余瑞光站起了身，一面朝餐厅走，一面拾起丢掉的话头，说道：“话虽如此，一直看不到国民党军队和红军同时出现在战场上，实在叫人很担心。”

“这个嘛，余世兄不必担心，日本人倒可以给我们帮上忙，一旦他们在上海发起战争，南京深受震动，蒋介石还能沉得住气吗？赶快让红军出兵抗战了。”赵承博哈哈一笑，促狭地说道。

“是这个理儿，一旦老窝面临被敌人攻占的危险，母鸡肯定会调集一切力量，跟敌人拼死决斗。”王俊喜附和道。

其余的人不约而同地朝他们瞥了一眼，各自在心里打起了鼓：万一日本人真的在上海方向开辟了一条新战线，国民党军队抵抗不住了，不仅上海，首都南京也沦陷了，国家怎么办?

赵璇滢心里隐隐升起了一种难以说清的情愫，是希望日寇会像他们说的那样，快点从上海展开进攻，迫使国民政府赶快批准共产党走向抗日战场，还是为上海很可能会成为日寇攻击的目标感到担忧？她自己也不清楚。

王俊林有些心惊胆战。他是军人，当然知道上海这道屏障对于南京的重要意义。自从卢沟桥事变以来，他虽说会对日寇一步步加快侵略步伐有所警惕，但从来没有设想过日寇会攻击上海，更没有想过日寇会打下上海，然后兵锋所向，直指南京。果真出现了这种局面，国家岂不是完了吗?

难道真的要等到日寇攻向南京国民政府的核心地带，蒋介石才会接受共产党的军队走向抗日战场吗？他们多么不希望看到这个痛苦的事实，但又不能不认为日本人攻击上海或许真成为中国军队全体投入战场共同抗战的唯一可能因素。

事实上，他们都不清楚，日本人没有攻击上海的打算，是蒋介石要另外开辟战线，把日本人的兵力引向上海，爆发了淞沪会战。

因为赵承博、王俊喜的戏言，饭桌上的气氛变得非常沉闷，每个人都心事重重，没有说话的兴致。

众人刚刚吃完饭，正准备下桌，余瑞华心急火燎地走了进来。

余瑞华是一个优秀军人，通晓一般作战原则，遇到任何对手，都不敢大意，首先会仔细研究敌我双方的实力差距，竭尽全力寻找战胜敌人或者阻挡敌人的办法。华北地区战火越烧越旺，蒋介石已经派遣了很多中央军进入战场，大多没有取得战绩。他知道自己迟早会走上抗日战场。为此，他搜寻了一些介绍日军的书籍，以及日军与俄军、中国军队交战的资料，认真研究其作战特点。日寇的武器装备很先进，他的人马无法望其项背，为了与日寇相抗衡，他只有狠抓训练，几乎每天都待在训练场上，想方设法把兵士打造成用牙齿也可以把钢铁咬碎的比钢铁比钻石更加坚硬的勇士。

不过，余瑞华部的武器装备并非没有任何改善。赵璇滢跟随慰问团走向前线之际，王俊财正在运作购买高射机枪、大炮。余瑞华消息灵通，路子宽广，很快找到了能提供这些武器的卖主。昨天，这批武器运抵武汉，王俊林按照曾经许下的诺言，把它们全部交给了余瑞华部。余瑞华如获至宝，立即组织懂得如何操作、运用高射机枪和大炮的军官，探究如何尽快让兵士完全掌握这批武器，形成作战能力。他知道赵璇滢回到武汉的准确时间，因为要跟军官们研究高射机枪和大炮，没去迎接。

没想到，他竟然接到了一个惊人的消息：上海方向已经打起来了！

消息是一个军校同学打电话告诉他的。那个同学在张治中手下当团长，他的部队本来驻扎在苏州，突然接到通知，日寇正在上海制造事端，蠢蠢欲动，遂奉命开进了上海。

1932年1月28日，日本人因为准备在东北炮制满洲国，为了转移中国及国际社会的注意力，出兵进攻上海，遭到了第十九路军的顽强抵抗。最终，南京政府的妥协政策，令中国再度蒙受奇耻大辱：日寇在上海永久性驻扎了一支军队，中国军队竟然全部退出了上海！从此以后，中国的上海没有中国军队，只有上海保安总队，但日本海军陆战队堂而皇之地驻扎在上海日租界。

没有正规部队把守，一旦日本人发起进攻，岂不是可以兵不血刃地将上海全部收入囊中吗？何况，华北局势危急，一旦日寇拿下平津，可以长驱直入，南下武汉、广州，纵向切断中国版图，把国民政府以及富庶之地全部包围起来。南京国民政府极其忧虑，决计派遣军队化装成保安队进驻上海，以便在日寇展开行动之际，有力量挡住敌人的进攻；或者，一旦中国军队准备妥当，便率先向敌人发起攻击，开辟另一个战场，分散日寇攻击华北方向的兵力。接到南京国民政府军事委员会的命令，张治中率领三个师的人马，迅速从苏州出发，开赴上海。第一支部队进入八字桥的时候，与日寇搜索部队迎面相遇，双方随即发生交火。上海方面的战争正式上演了。

余瑞华一得到这个消息，飞奔进了警备司令官邸。

“三弟，明知道二嫂今天要回来，你怎么不早点过来呀。”余雅芳已经站了起来。她一眼看到了余瑞华，赶紧打招呼道。

大家不约而同地朝他看去，想打招呼，见他的脸色十分严峻，全都把话咽进肚子里了。一个下人进入餐厅，请王俊林前去接听电话。

“上海方面已经打起来了！”余瑞华的话宛如一声惊雷，炸得众人目瞪口呆。

赵璇滢率先回过神来，说道：“你快说，是怎么回事？”

余瑞华把他得到的消息一五一十地说了出来。

跟赵璇滢一样，王俊财、余瑞光、赵承彦、林英华心头泛起了说不清的滋味。他们都不了解日本和南京政府的战略图谋，只凭个人想象。虽说从已经得到的消息上看，这不过是一次较小规模的交火，因为中国军队兵力雄厚，并没有让日寇讨得任何便宜，可是，日本人素来狂妄自大，岂肯在八字桥认栽？他们觉得日本人一定会投入更多的军队。

接下来，无论是日本海军陆战队率先动手也好，中国军队率先动手也罢，一场更大的危机已经来临。他们再度想到了红军，国共合作问题——那个永远都无法抛弃的话题，再次纠缠着他们的心。

“看样子，无需我再说了。”王俊林回到餐厅，扫了众人一眼，说道。

“可以肯定地说，这次，要么日本人灭亡中国，要么中国人把日本人从我们的领土上全部驱赶出去，绝不可能有其他的道路！”林英华腾身而起，激动地说道。

众人既热切，又紧张地讨论着，王俊林的心思不知道转了几道弯，各种念头走马灯似的在脑海里转个不停：双方已经交上了火，意味着上海之战已经拉开帷幕，刚才的臆想变成了现实。从中日双方的军队数量上看：上海地区，张治中有三个师，日本一共只有五千余人。张治中能够在最短的时间里把日本人赶出上海吗？当年，日本人出动五千兵力，把东北军打得毫无还手之力，恐怕指望张治中赶走日本人是不切实际的梦想。这样一来，日本必定会陆续派遣援军开抵上海，中国军队不是能不能赶走日本人的问题，而是能够支撑多久的问题。一旦上海落到了日本人的手里，他们必将迅速向南京推进，首都很快将跟着沦陷，这是不是意味着国家已经灭亡了呢？

这时候，他深切地感受到，的确应该人人出力，万众一心，挡住日本人的进攻步伐。他一向不愿意主动冲上战场，此时却恨不得率领人马走上前线，跟日本人较量一番。

可是，似乎没有人看得起他，谁都不提他率部上前线的事，倒是热切希望红军走上战场。共产党不是神仙，区区几万人马，即使走上战场，又能起多大作用？希望红军走上战场，不过是造成全民抗战的印象，让国共合作真正地实施起来。最后解决问题，还是要靠国民党军队。

王俊林越想心里越不舒服，越想越不服气。一不服气，他立马反驳。众人不免对他又感到失望，谁都不假以辞色，跟他争论不休。

争论有什么用？重要的是行动。赵璇滢不希望他们因为争论耗费太多的时间，应该采取具体的行动，进一步动员民众，最起码要让民众知道武汉即将面临的危险。王俊林不是早就在指挥人马修筑外围工事吗？动员更多的民众参与其中，提早动手保卫武汉，才有可能在首都失陷以后，把日本人侵略的脚步挡在武汉之外，然后积蓄力量消灭他们。

“共产党的确不是神仙，共产党军队的确很弱小，目前不可能承担抗战的主要任务，但是，共产党有办法让日本人在我们建立起来的阵地面前碰得头破血流。”赵璇滢打断了他们的争论，说道。

“二嫂，你不是去帮助过华北的军队指挥对日作战吗？你觉得，我们应该怎么对付日寇？”余瑞华说道。

赵璇滢帮助国民党军队战场指挥官取得胜利的消息，早已传入了在场各位的耳朵，而且众人也亲耳听到过赵璇滢诉说那段经历。如果说他们原来对红军走上战场以后，到底能起到多大作用还有所怀疑的话，那么，赵璇滢的战场经历让他们明白：共产党一定有办法遏制日本人的疯狂进攻。

武汉三镇很多民众也明白这一点。二十九军付出了惨重的代价，并没有抵挡住日寇攻击的步伐。每当从前线传来失败的消息，都会在民众心目中引起很大的恐慌。赵璇滢离开武汉的这段时间里，听多了中国军队战败消息的人们，心情渐渐麻木了。在这种情况下，一听说是慰问团的人帮助国民党军队取得了胜利，哪怕这场胜利不足挂齿，哪怕这场胜利来得短暂，在武汉三镇民众心目中引起的轰动，也是十分强烈的。

民众越是把希望寄托在共产党身上，王俊林越发对共产党人充满了怀疑。各特务机关更是在武汉三镇秘密调查共产党人的动向，尤其千方百计地试图挖出赵璇滢的行踪。最终，他们威逼利诱王俊喜的一个帮众，弄清了赵璇滢长期藏身警备司令官邸，现在女扮男装，跟着慰问团去了前线。原来帮助国民党军队取得胜利的就是赵璇滢！特务们极为惊讶，他们不会为这场胜利欢呼喝彩，首先怀疑王俊林故意窝藏共产党要犯。要不是武汉行营主任仍然相信王俊林，恐怕一个报告上去，王俊林前程堪忧。特务头目得悉了赵璇滢的准确消息，立马派遣人员，赶往前线，试图秘密抓捕。没想到，赵璇滢竟然不断地改变行程，安全地回到了武汉。

王俊喜得到详情，万分恼怒，很想立即以帮规处死向特务告密的人员，又担心因此会泄露自己的卧底，只有隐忍不发，利用告密者把一些虚假消息告诉特务，诱使特务上当。然后他把消息告诉给了王俊财他们，在赵璇滢回来的时候，一同前去迎接，令特务完全找不到机会。

很快，这件事情传到王俊林耳朵。他既为赵璇滢在关键时刻泄露了身份感到恼火，又要绞尽脑汁地想办法不让赵璇滢落到特务手里，要不然，特务什么卑鄙下流的事都做得出来。随便炮制一点证据，他这个警备司令就当到头了。怎么办？保证赵璇滢的安全，躲在警备司令官邸，暗中监控一切，是最好的选择。

余瑞华更不希望二嫂出事。他对特务的恶劣行径深恶痛绝，却又无可奈何。他不能亲自出面，暗中派遣了自己最忠实的部下，化装成了普通百姓，和王俊喜的人马一道，在暗地里保护赵璇滢，林英华等人率领一群学生，前去迎接赵璇滢。特务见了这个阵势，哪里敢动手抓捕赵璇滢？但是，谁都清楚，特务们绝不会善罢甘休。

当赵璇滢把她在战地怎么出主意，怎么跟国民党军队战场指挥官一块改变部署，消灭了一支日寇士兵，赢得了一次胜利的始末原原本本地再说一遍之后，余瑞华情不自禁地欢叫道："还是二嫂有办法！"

声音把王俊林从杂乱无章的思维里拉回到现实。已经铸成事实，继续争论毫无意义，趁机能捞取一些好处，方能再尔后与日本人对阵时多一点胜算。

王俊林说道："我一样觉得，全面抗战已经来临。按照战场上的发展趋势，不论红军何时开赴战场，都不可能阻挡得了日寇的攻击锋芒。仅仅只是华北地区遭到日军攻击，我们已经感到彻骨的疼痛了，现在加上上海方向，一旦张治中将军不能把日本海军陆战队赶到海里去喂王八，那些王八蛋必然会增兵上海。两把尖利的刀锋，是要一齐插向武汉的。为了确保武汉安全，我们不仅应该加紧修筑工事，还要改善武器装备。今后，我们的一切工作都要朝这个方面努力，才能保证武汉的安全。"

赵璇滢瞥了他一眼，心想：他任何时候都忘不了要搞到更多更好的武器装备，完全不明白仅仅只是他自己的军队，绝不可能抵挡住日寇攻击武汉的步伐，应该把目光看远一些，及时洞察战场的全局嘛。

上海已经燃起战火，王俊林的话深深打动了在场其他人的心。前线的战况摆在那儿，没有良好的武器装备，在日寇攻击面前，只能是失败。因而，他们不仅不再漠视王俊林，甚至赞同王俊林的主张，并就如何帮助他改善武器装备展开了讨论。

赵璇滢绝不希望看到这样的结局。她要扭转大家的观念，让他们明白，决定战争成败的不是一两件先进的武器装备，而是普遍动员民众，全民抗战。

“二嫂，你应该明白，动员民众、发动民众，是为了让民众有钱出钱有力出力，帮助军队打败日寇，而不是要他们上战场。打仗，还是离不开军队，离不开良好的武器装备！”王俊林连忙打断了赵璇滢的话，说道。

“你永远只会看到事情的一面，而看不到另一面！”赵璇滢说道，“如果不动员民众、发动民众，谁给你出钱出力？谁来支持军队继续抗战？”

王俊林一愣，弹簧一般的舌头失去了灵性，动弹不得。

“我们现在应该怎么动员？”王俊财忍不住问道。

赵璇滢继续说：“我们应该不再仅仅停留在原来的层级，应该向民众讲明今后时局会朝什么方向发展。这样，他们会更加满腔热情地支援我们的抗战事业！”

“我们自己都不太清楚，怎么能做得到呢？希望发动民众是一回事，能不能发动民众，怎么发动民众又是一回事。我们曾经发动过声援二十九军抗战的活动，确实产生很大的效果，但想更上层楼，确实很有难度。”王俊财摇了摇头，说道。

“是啊，我们自己还没有搞清时局会怎么发展，谈论深入发动民众，似乎太理想化了。”林英华接了腔。

“不错，要想说服别人，首先得说服自己！”余瑞光说道。

赵璇滢不能不认为他们说得很有道理，满腔热忱，碰上了坚硬而又冰冷的墙壁，她感到十分悲哀，感到自己的力量多么弱小，自己的智慧多么有限。她越发深切地期盼跟党中央沟通联系，得到党中央的指示。

大家离开后，她躺在床上，怎么也睡不着。

“不行，得赶紧另外派一名地下交通员前去陕北寻找党中央。”她赶紧起身，打开房门，准备出去了。

“只要你一出门，后果很严重。”王俊林仍在客厅独坐，冷静地说道。

赵璇滢一愣，马上明白。特务已经清楚她的身份。尽管国共已经合作，可国民党特务暗地里依旧会对共产党下手，她既无奈，又清醒地认识到这一点。

她无法亲自行动了，但跟党中央取得联系又刻不容缓，只有另寻他法。

第二天，余雅芳一看到赵璇滢，说道："二嫂，你这段时间瘦多了，原来的衣服一定不合身了，干脆把裁缝叫来，给你做几套新衣服吧。"

"我反正不能出去，要新衣服干什么？"赵璇滢说道。

"谁说新衣服是为了出门才穿的呀？"余雅芳笑道，"难道住在我这里，我会让二嫂这么寒碜吗？我现在就差人把裁缝叫来。"

不过，进入警备司令官邸的不是店老板，而是一个伙计。

这伙计正是赵璇滢派去陕北跟党中央联系的地下共产党员。赵璇滢一看到他，马上想到，他一定已经跟党中央联系上了，带回了党中央的指示。这下好了，有了党中央的指示，一切都好办了。

赵璇滢尽量压抑着自己的情绪，问道："是不是觉得为我做衣服，不必劳你们老板的大驾了？"

店伙计说道："夫人是要找最好的裁缝，而不是要找我们老板。"

口说无凭，关键得看事实。店伙计只瞟了赵璇滢一眼，略微低下了头，念念有词，尽是应该怎么为赵璇滢配上新的衣服才能更加衬托出她那亮丽的面容。不仅赵璇滢听了心里大动，余雅芳也觉得新奇，马上要店伙计也为她做一身新衣服。

在店伙计与赵璇滢的一问一答中，谈的是衣服，指的却是地下交通员去延安寻找党中央的过程，以及他带回的消息。

原来，当卢沟桥事变发生以后，党中央加快跟国民党沟通的步伐，全体红军队伍秣马厉兵，整装待发，只要国民政府下达命令，可以随时开赴前线，跟日寇交战。因为敌人十分强大，党中央十分注重普遍发动民众，团结社会各界人士，建立广泛的抗日民族统一战线。还说只要条件允许，党中央可以派遣人员前来武汉，重新建立党组织，希望这段时间，武汉的地下共产党人隐蔽地积极地展开活动，为党中央派遣人马前来武汉做工作创造更好的条件。

自己再也不能继续待在警备司令官邸了，得出去活动。不管特务监视得多么严密，不在党中央派遣的人员来到武汉之前做一点事情，赵璇滢心里难受。

店伙计还说了一些什么。党中央在南京谈判期间，向南京国民政府提出了释放政治犯的要求，蒋介石答应了，但要共产党人提交被捕人员的名单，国民政府才能按照名单放人。国民党显然不会轻易放过共产党人，却再也不会继续随意公开逮捕共产党人了。自己受领的任务是隐蔽、积极地展开活动，可身份已经暴露，无法隐蔽，何不光明正大地走出警备司令官邸，邀请各路记者，公开表明身份，宣传共产党人的主张，以积极的行动，确保其他地下工作人员的安全呢？

把纠结在脑海里的一团乱麻梳理清晰了，赵璇滢心情轻松了不少，对王俊林说道：“王司令，上海战事已开，华北战事又愈演愈烈，我应该直接面向社会各界，把我亲眼看到的告诉他们，鼓舞他们投入到抗战中来。”

“你应该知道，只要你走出去，随时会遭人暗中逮捕。”王俊林说道。

“我不能只顾自己，当然，我也不想遭人暗害。”赵璇滢说道，“所以，请王司令帮我邀请各路记者，我要向他们直接说一说我上战场的感受。”

“你给我出了一个大难题，等于是把我推到了特务机关的对立面。”

“但是，你值得一试。国共再度合作了，你帮助共产党人，并没有违背南京国民政府的政策。而且，一旦我在记者面前露面了，说出了我亲眼看到的战场情形，等于是帮助你为谋求改善武器装备提供了大好机会。”

王俊林觉得很有道理，立马暗中指示几个亲随，为赵璇滢请来了各路记者。

上过战场的赵璇滢准备亲身说法，记者们无不欢呼雀跃。这一天，各路记者早早地来到招待会现场，赵璇滢一出现在他们面前，众人立刻轰动起来，你一言我一语，纷纷发问。赵璇滢激情四射，有问必答，滔滔不绝地倾诉她在战场上看到的一切和她的感受。记者们宛如享受了一次盛宴，用他们手里的笔把这一切栩栩如生地写在了各种报刊上，引发了民众的强烈反响。

“中国需要像赵璇滢一样的英雄！”民众纷纷呐喊，“有这样的英雄，日寇再猖狂，我们都不怕！”

赵璇滢全副身心投入到抗战宣传当中去，暗地里联系了武汉的地下党人，并让他们随时待命。每当有短暂的平静时刻，她都会想起丈夫。丈夫跟交通员见过面，他还活着，果然在延安，给自己带回了口信，要自己在大敌当前的情况下，跟王俊林、王俊财、林英华和武汉各界取得联系，共同推进民众的觉醒。

“他这几年到底是怎么过的呢？他会不会回到武汉呢？”赵璇滢问自己。

她回答不了，得到丈夫确切消息引起的兴奋一直激励着她，让她一刻都停不下组织地下共产党人宣传抗日的步伐。

与此同时，前线的情况一天比一天令人揪心。东线战场上，张治中的部队终究因为一再推迟全面进攻的日期，致使日寇海军陆战队加强了防守，张治中没法把他们赶下海。这期间，日寇不停地增兵添将，海陆空三位一体，反复冲击着中国军队。即使蒋介石同时调集了大量精锐部队增援，亦不能取得优势，从最初的进攻，变成了防守，在顶住了日寇的无数次攻击以后，部分阵地已经被日寇突破，但中国军队依旧在苦苦地坚守，罗店一线更是变成了血肉磨坊，绞杀了无数鲜活的生命。随后，蒋介石调集了很多部队，向上海蜂拥而来；日寇派遣的援军也越来越多，上海战场的雪球越滚越大，已经摆开了决战的架势。华北战场上，日寇夺取平津地区以后，经过短暂的休整与兵力集结，聚集了三十万兵马，兵分三路，沿平绥线、平汉线、津浦线发动了猛攻。

国危思良将，面对中国军队节节败退的局面，人人都期盼着中国军队能够得一良将，率领虎狼之师，遏制住日寇侵略的锋芒。然而，期盼总是落空。

几天以后，传来了一个消息：红军已经接受了国民政府的改编，陕北的红军全部编成八路军，下辖三个师的兵力，正在陆续向山西战场进发。

“红军终于走上了抗日前线。”林英华嘘了一口气，心里颇有些安慰，自言自语道，“他们只要打出一次小小的胜仗，也能振民心。”

“八路军一出动，无论如何，战场局势应该会有明显变化。”王俊财最熟悉共产党人余瑞祥、赵璇滢，更是充满期待。

“不论红军是不是能够打败日寇，单从国共合作正式形成来看，就是一个了不起的成就。日本人即使能够继续横行一时，也绝不可能永远横行下去。”赵承彦理性中包含着希冀。

兄弟齐心，大事必成。余瑞光满脸喜色。

赵璇滢跟所有的人一样欢欣鼓舞。民众的期待，社会各界对八路军寄予的浓厚的希望，使她清醒，她暗问自己：八路军能够一走上战场就打一个大胜仗，扭转战场上的颓势，给民众注入一针振奋剂吗？

第三章 余瑞祥重返武汉

“这个王俊林，到底要干什么呢？”

此刻，警备司令官邸聚集了很多人，他们都与赵璇滢和余瑞祥的关系极为密切，包括王俊喜——时刻准备向王俊林背后捅刀子的汉帮帮主，以及林英华——一向看不起王俊林的武汉大学知名教授。

他们都是接到王俊林的通知，说是有一件大事要跟大家商量，这才各自放下手头的事，相继从武昌、汉阳、汉口等地来到警备司令官邸的。要在以往，他们绝不可能因为王俊林一通电话或者郑重其事地派遣一个卫兵向他们发出请柬，便一个不缺地准时赶到。但是，目前，王俊林正指挥数十万军民在武汉外围修筑工事，为抵抗日寇入侵武汉做积极的准备，他们不敢马虎，接到通知立刻赶到指定位置。

赵璇滢也回到了警备司令官邸。在此期间，她又和王俊财、余瑞光、赵承彦等人一道，发起了一次募捐行动，募集了一笔不小的资金。接到王俊林的通知时，她正和王俊财、余瑞华商量购买什么样的武器。

王俊林把电话打到王俊财府上，邀请堂兄去自己官邸之际，听说赵璇滢在堂兄身边，赶紧请赵璇滢接电话。他用严肃得不能再严肃的口吻说道：“二嫂，你赶快跟堂兄他们一块到我家里去。这件事，对你来说，尤其重大，哪怕其他人都缺席了，唯独你不能缺席！”

“你有什么事？”赵璇滢问道，“不知道大家都很忙吗？怎么时时刻刻以你为中心，想到一出是一出呀？”

“不是说了吗，重大事情！极其重大的事情！”王俊林说道。

赵璇滢见他说得这么肯定，语气严肃得好像一座冷峻的大山，便不再询问，立即跟王俊财、余瑞华一道，急急忙忙赶往王俊林官邸。

赵璇滢三人是第一拨进入警备司令官邸的。一见王俊林不在家，赵璇滢立刻问余雅芳：“俊林呢？”

余雅芳同样接到了丈夫的电话，知道府邸要来人，丈夫一样没有跟她说明原因，只嘱咐她叫客人耐心等待，到时候准会给大家一个惊喜。如今二嫂问她，她只有实话实说。

随后，王俊喜赶到了警备司令官邸，没见到王俊林，满腹牢骚。紧接着，余瑞光、林英华、赵承彦、赵承博等人陆续赶了过来，王俊林还是没有回家。大家都不知道王俊林葫芦里究竟卖的什么药，只有一边等待，一边说着各自的见闻，对时事的看法，对战争进程的展望。说着说着，他们说到了正在进入山西的八路军，大家都很兴奋，每个人都对八路军的第一仗充满期待，几乎忘掉了汇聚在一起的目的。

忽然想起大家是王俊林邀请过来的，临了又见不到王俊林，林英华心里有点不忿了。他说道：“这个王俊林，不管做什么事情，总喜欢神神秘秘，拖泥带水，真不知道他怎么能指挥千军万马。”

“神秘的事情，当然是拖得越久，越能吊人胃口嘛。”一个声音传了进来，紧接着，王俊林进来了。他扫了大家一眼，没有一个人缺席，脸上露出了满意的笑容，点头说道：“不错，该来的人都来了，一个都不少。”

“说吧，找我们来干什么？”林英华打断了他的话。

王俊林笑道：“今天请大家来，不为别的，只是为了给大家介绍一个人，我保证，你们看到他，一定会很高兴。”

大家相互打量了一眼，虽说神情各不相同，但都蕴含了一抹疑虑。

赵承博沉不住气了，问道：“谁呀？人呢？”

“他来了！”王俊林巴不得有人回应，立刻面向大门，摆出一副恭迎的架势。

电光火石之间，仿佛拉开了一道帷幕，现出一个身穿灰布军装的人。

众人一眼望去，觉得他的面容是那么熟悉，又是那么陌生，心头立马掀起一阵阵波澜，嘴唇翕动，很想叫出他的名字，可是，谁都没有说出口。赵璇滢眼睛一盯在那人身上，仿佛遇到一汪清泉，浑身上下一阵清爽，目光再也不舍得离开，不由自主地站起身。那人面带笑容，从容不迫地走了进来。

“惊呆了吧？不错！我知道大家一定会是这个样子！”王俊林说道。

不等王俊林的话音落地，众人反应过来了，不约而同地腾身而起，同时发出惊喜的欢叫声：“瑞祥！”“二哥！”

“你……”赵璇滢只说了一个字，再也说不下去了，奓开双手，燕子展翅一般地朝他扑去。

与此同时，其他的人也纷纷准备开启车轮飞扑过去，感受到赵璇滢奔赴时卷起的风浪，不约而同地刹了车。

快到跟前了，赵璇滢骤然停下脚步，收拢双手，凝视着他，清泉变成了滔滔洪水，胸部起伏不定，大喘粗气，连说话的声音都变调了：“瑞祥，真的是你吗？”

余瑞祥缓缓地伸出双手，把赵璇滢的双手拉过去，并在一起，轻轻握着，目光柔和地注视着夫人，脸上流露出一抹笑意。他柔声说道：“是的，是我。我回来了，回到武汉，回到你身边来了。”

“哎，你们不能只顾夫妻团聚，把我们大伙撂到一边吧？”王俊喜缓缓走到他们身边，煞有介事地望着他们，促狭地说道。

赵璇滢一惊，立马脸色绯红，颇有点不舍地缩回了自己的手。

王俊喜趁机把余瑞祥的手抓了过来，说道："我知道，你绝不会轻易死在国民党手里，果不其然！不过，你杀气太重，似乎注定是为战争而生的，先是跟清军打，紧接着跟北洋军阀打，然后又跟国民党打了十年，死里逃生了，但还是安歇不了，还得跟日本人打。"

"喂，你不能说点好听的吗？"赵承博走了过去，把王俊喜拉到一边，对余瑞祥说道，"姐夫，你回来就好，两个小外甥一直跟他们的妈妈要父亲呢。他们要是知道你回来了，指不定有多高兴。"

说到这里，赵承博颇有点责怪王俊林了："你应该直接告诉我们姐夫回来了。这样，我不是可以把两个外甥一块带过来了吗？"

余雅芳更是泪流满面，站在一边，一直看着二哥，一言不发。

看到二哥的那一刻，余瑞华心头一样翻滚不休。他设想过要跟二哥并肩作战，一块打击日寇，却又理智地认为，那也许是一个可望而不可即的梦想，没想到，现在二哥竟然真的站在自己面前。二哥还是那么清瘦，还是那么精神，还是那么充满活力和斗志，从二哥的眼睛里流淌出来的是历经磨难以后的清净和智慧，给人一种放弃过去的一切恩怨，不顾一切地投入他麾下的冲动，这是一种多么美好的感觉。为什么原先在战场上兵戎相见的时候，从来没有过这样的感觉，而是一心要置二哥于死地而后快呢？难道非得要异族武装入侵造成了空前的民族危机，才能唤醒自己的理智吗？

王俊财、赵承彦、林英华、余瑞光心里同样波澜起伏，他们有许多问题要询问余瑞祥，想知道余瑞祥为什么会出现在这里，为什么会回到武汉。不过，看到余瑞祥赵璇滢夫妻重逢，他们心生感慨，谁也不去打扰，全都静静地注视着他们夫妇，甚至连王俊喜、赵承博在说什么都没有听见。

赵璇滢心里最清楚：丈夫一定是奉了党中央的命令，来到武汉恢复党组织的。梦想成真，她心里有一种说不出的快活。不过，她不能让别人看出自己已经知道丈夫领受的使命。几天前，蒋介石发表了谈话，国共合作正式形成。即使如此，第一次国共合作期间，蒋介石背叛革命屠杀共产党人的往事，不可能一下子从赵璇滢心里驱散，更何况，国民党特务仍在秘密抓捕共产党人，她必须保持适度警惕，才能避免尔后重蹈覆辙。

"我知道，你们一定会很惊奇，余瑞祥怎么回到武汉来了，是不是？我告诉你们，根据国共两党达成的协议，为了共同抗日，他回到武汉，是准备筹建八路军办事处的。”王俊林说道。

“你不再离开武汉，真是太好了！”众人热烈地说道。

“我几乎是赤手空拳回到武汉的，很多事情，需要大家多多帮忙。”余瑞祥脸上布满谦和的笑意。

在武汉秘密养好伤以后，余瑞祥告别了余瑞华，秘密回到鄂豫皖根据地。那时候，根据地已经遭到了敌人的严重摧残，主力红军向西转移了，敌人仍然没有放松对留在根据地的红军实施攻击。根据地的地盘日渐减少，红军几乎找不到立足之地。

余瑞祥找到了鄂豫皖省委以及红二十五军负责人，肃反仍然没有停止。他这个被张国焘亲自下令逮捕的肃反对象，仍然不可能得到重用，而且，余瑞祥半年多的时间离开了红军离开了根据地，竟然在敌人的眼皮底下养好了伤，足以引起省委负责人的高度注意。他受到了更加严密的监视和审查，不仅没有权力指挥任何一个红军兵士，甚至连行动自由都没有了。他曾经多次向红二十五军领导人和省委提出了如何跟敌人周旋下去的意见，总是被束之高阁。令人欣慰的是，在极端艰苦的条件下，因为有徐海东等人按照他的意见打击敌人，红军得到了一定的发展，部队一天天地壮大起来了，并且总能在得到敌人前来围攻的消息之前，从鄂东北转移到皖西，逮住机会，还能歼灭一部分敌人。

后来，中央派来程子华传达最新指示：红军应该以北上抗日的名义转移出去，寻找与建立新的根据地。于是，坚守在鄂豫皖地区的红二十五军主力消灭了一部分前来“围剿”的东北军以后，经过一番紧急动员，果然踏上了转移的路程。

程子华当年曾经在武汉中央军事政治学校上过学，是余瑞祥的学生，饶是非常了解这个昔日的老师兼领导，替他说了很多好话，还是没有完全解除省委以及红二十五军部分领导人对他的怀疑。不过，他的日子还是好过了许多，有了一定的行动自由，说出来的话也有人愿意听了。

红军到达陕南，并在那儿休整了一段时期。根据零星得到的消息，余瑞祥准确地判断出中央红军的动向，建议红军打出终南山，迎接中央红军。可是，打了几仗以后，竟然与中央红军再度失去联系。迫不得已，他们不得不向陕北方向推进，准备与刘志丹领导的西北红军会合。

一路上，又跟敌人进行了无数次残酷战斗，红二十五军终于抵达了陕北，跟刘志丹领导的西北红军会师了。

余瑞祥原以为红军找到了一块暂时栖身的地方，可以好好地休整一下，一边与西北红军一道拓展陕甘边革命根据地，一边继续打探中央红军的消息，谁知肃反像一场瘟疫，竟在陕北根据地蔓延开来。

看到刘志丹等西北红军领导人遭到关押，余瑞祥联想起自己的命运，不能不仰天长叹：“这是为什么？”

余瑞祥不能为刘志丹等人做任何事情，只能默默地看着他们等待最后命运来临。这时候，毛泽东率领中央红军陕甘支队抵达了陕北，解救出受到怀疑的刘志丹等西北地区共产党人，并且彻底解除了对余瑞祥等一大批红军高级领导人的审查。

毛泽东紧紧地握住余瑞祥的手，热烈地说道：“余瑞祥同志，我们终于又见面了。”

“主席。”余瑞祥激动得泪水哗啦啦流了出来。

“余瑞祥同志，不要把过去的事情放在心上。如今，中央红军陕甘支队已经来到了陕北，我相信，一年以后，红四方面军也会过来，只要有我们在，可以打出一块属于我们的根据地。”毛泽东豪情满怀地说道。

红军汇聚在陕北一隅，虽说形成了拳头，可以有更多的力量对付敌人的“围剿”，但因为陕北根据地资源贫乏，一旦敌人发动大规模的“围剿”，红军将会很难应付，有可能会失去这块最后的根据地。红军必须主动出击，为了宣传抗日，为了唤醒民心，为了摆脱即将面临的困境，给予红军必要的补充，也必须从陕北打出去。于是，等待会合起来的红军联手歼灭了张学良一个师的人马，迫使张学良再也不敢发动对红军的攻势以后，余瑞祥跟随在毛泽东的身边，指挥红军开始了东征作战。

东征战争的胜利以及适时停止战争撤回红军的举动，令余瑞祥对毛泽东几近天才的军事才干和判断能力佩服得五体投地，也让余瑞祥看到了红军将领的风采，他们在毛泽东的影响和指导下，一个个有勇有谋敢打敢拼，与彪炳千古的古代名将相比也毫不逊色。他深切地感受到自己近十年来偏居一隅，对时事的理解以及对战争的掌握，已经落伍了。当毛泽东征求他的意见，希望让他担任红军副总司令的时候，他深感受之有愧，婉言谢绝。

经过一系列挫折以后，正如毛泽东的预料一样，红四方面军来到了陕北，他们是与红二方面军一道来到陕北的。

再一次见到张国焘，余瑞祥原谅了他把自己当做肃反对象而使自己蒙受种种不公正待遇，也为他取消了另立的中央重回红军队伍感到高兴。

余瑞祥欢迎道：“张主席，我们还是走到一块了。”

张国焘盯着他看了好一会儿，说道：“别这么叫我，我已经不是主席了。”

两人还是说不到一块去。

三大主力红军会师，固然令人喜悦，但敌人不断地投入兵力前来“围剿”，喜悦不可能持续得太久。这时候，红军面临的形势非常严峻，国民党军队已经从几个方向压了过来，试图一举歼灭刚刚会合到一块的红军，把共产党军队一网打尽。三个方面军的红军协同动作，跟强大的敌人展开了血与火的较量，终于，在山城堡歼灭胡宗南一个师的兵力，迫使敌人暂时停止了攻击。

然而，红军全部汇聚到陕甘宁一隅，再也没有其他共产党武装能够牵制国民党军队对其发动猛攻，蒋介石深感这是一个彻底歼灭红军的大好机会，更加紧锣密鼓地调集兵力，试图发动最后一击。一时间，国民党在陕甘宁根据地四周陈兵数十万，大战一触即发。蒋介石甚至亲赴西安，督促“剿匪”副总司令张学良以及陕西地方实力派人物杨虎城一块出兵攻打红军。

张学良、杨虎城分别跟红四方面军以及红二十五军作战的时候，损兵折将，丢失了无数人马，后来又在红十五军团与中央红军陕甘支队的联合打击下，元气大伤，再也不敢跟红军交锋了，而且受到了红军希望联合他们一块抗日的影响，苦苦规劝蒋介石接受共产党人的建议，停止内战，跟共产党人联合起来，共同抗日。在苦劝无效的情况下，张学良、杨虎城两位将军将蒋介石抓了起来，请求共产党方面派人帮助他们处理善后事宜。

接受了毛泽东的命令，余瑞祥跟共产党其他代表一道来到西安，见到了蒋介石。一番惊心动魄的交锋之后，蒋介石终于同意了跟共产党联手抗日的主张。

西安事变和平解决，与国民党洽谈联合抗日的任务仍然异常艰巨。余瑞祥成为共产党方面的代表之一，多次在西安、南京等地跟国民党展开艰难的谈判。面对这位孙中山先生当年最倚重的军事将领，国民党代表对余瑞祥礼敬有加，但在具体问题上总是遮遮掩掩，甚至顾左右而言他。

蒋介石是在迫不得已的情况下，才同意跟共产党和谈的，只要取得了一点进展，慢慢谈下去，总会达成协议。余瑞祥心里说道，跟国民党人展开了蘑菇战术。

为了配合余瑞祥跟国民党人的谈判，红军集中休整，准备开赴前线。

直到卢沟桥事变爆发之际，日寇已经向中国军队动手了，国共双方的谈判依旧没有取得多大进展。中共中央立即发表了抗日通告，同时指令余瑞祥等共产党代表团成员跟国民党人加紧谈判。

战事沉寂了二十天以后，日寇集结完毕，向平津发起全面进攻。随着时间的推移，华北前线的战况越来越激烈，紧接着，上海方向也开辟了新的战线。全面抗战悄然到来，蒋介石需要共产党的军队立即开赴前线，帮助第二战区的国民党军挡住日寇的攻击，或者至少迫使日寇减缓攻击的压力，共产党人也为着抗日的需要，国共两党终于达成协议，将抵达陕北的共产党军队改编为国民革命军第八路军，赋予其可以独立自主进行作战行动的权力，立即走上战场。

就这样，共产党军队在全国民众的殷切期盼之下，开赴抗日战场。

随后，蒋介石发表了对国共关系的谈话，正式承认了中国共产党的合法地位。中共中央按照跟国民党达成的协议，准备陆续在南京、武汉、西安、兰州等地建立八路军办事处，沟通跟南京国民政府以及军事委员会的联系。

毛泽东亲自对余瑞祥说道："余瑞祥同志，你是土生土长的武汉人，又曾经深得孙中山先生的信任，国民党的许多实力派人物都非常尊重你，而且，你与武汉商界、学界等社会各界都有不错的关系。武汉曾经是大革命时期的首都，沉寂十年了，共产党遭到了国民党的镇压，开展工作很不容易。希望借重你在各方面的关系，回到武汉，筹建八路军办事处，沟通跟国民党以及社会各界的联系，建立广泛的抗日民族统一战线，声援抗日运动。"

夫人赵璇滢曾经派遣一个地下交通员来到延安，受到了毛泽东的接见，那时候，正值余瑞祥跟国民党谈判期间。他回陕北向毛泽东汇报情况，见到过夫人派遣来的交通员，对夫人能够长期在武汉坚持下来感到十分欣慰。毛泽东对赵璇滢与上级党组织失去联系以后仍能坚守下去，给予了很高的评价，亲自对余瑞祥说，如果有需要，可以派他回去武汉，既可与夫人团聚，又能把各方面的关系都接上，在武汉大张旗鼓地动员社会各阶层的力量结成抗日统一战线，形成势不可当的抗日洪流。现在，毛泽东果然派遣他回去武汉，余瑞祥心头既十分高兴，又感觉到了沉甸甸的责任。

毛泽东继续说："筹建八路军办事处并在此基础上建立广泛的抗日民族统一战线，鼓动民众的抗日热情，固然是你此行的主要任务，但是，许多事情还要依靠我们共产党人来做，所以，你必须把湖北临时省委一块组建起来。在武汉附近，不是还有几支我们共产党的武装吗？你要想办法跟他们沟通联系，可能的话，还要跟江南十三省区我们所有的游击队取得联系，向他们讲解党中央的最新政策。我们正在跟国民政府军事委员会谈判，即将改编江南的红军了。那儿的红军太分散，跟中央失去联系太久，希望你能够找到他们，把他们组织起来。"

"请主席放心，我一定不辜负主席的期望。"余瑞祥斩钉截铁地回答道。

几天之后，带着中共中央和毛泽东主席的重托，余瑞祥带领几个工作人员，启程踏上了回武汉的道路。

一回到武汉，余瑞祥先让工作人员暂时安顿下来，自己直接去了武汉行营，向武汉行营主任告知共产党代表的到来。不巧，王俊林接到了行营主任的召见，也是为了谈论共产党代表即将来到武汉组建八路军办事处的事情。在那儿，王俊林和余瑞祥相遇了。

"怎么回事，真的是你，余瑞祥？"王俊林几乎不相信自己的眼睛。

余瑞祥笑道："我们都是老熟人，为了抗日这个共同目标，又走到了一起。我相信，我们一定能够在抗日的旗帜下，合作得很愉快。"

"那还用说吗？余老兄来到了武汉，还有什么可说的呢？只要老兄有需要，鄙人一定尽力满足。"武汉行营主任也笑了。

趁着行营主任跟余瑞祥交谈的机会，王俊林操起电话，分别打给了王府、余府、赵府，甚至武汉大学林英华家里，在找不到他们人的时候，派自己的随从拿了请柬前去寻找他们，要他们全部去警备司令官邸。

行营主任为余瑞祥的到来举办了一场盛大的欢迎午宴。武汉方面的军政头面人物，如数前来捧场，个个对余瑞祥赞誉有加。不过，也有人仍然对共产党坚持独立自主的原则心生不满，借着询问余瑞祥的机会大肆攻击共产党。余瑞祥总是面带微笑，寥寥数语，令攻击共产党的人呆若木鸡。

午餐完毕之后，余瑞祥辞别行营主任，在王俊林的陪伴下，乘坐小车，来到了警备司令官邸。

跨进警备司令官邸的大门，当王俊林故作神秘地要他暂时在客厅外面停歇一下的时候，余瑞祥脑子一转，立马知道王俊林要搞什么名堂了，很想说一句："你还是喜欢装神弄鬼。"

王俊林一下子别出了苗头，竖起一根手指，在嘴巴上轻轻一吹，余瑞祥只好闭上了嘴。屋子里传出了那么多熟悉的声音，他激动之下，赶紧奔进屋子，想喜悦地大声问候他们，一看到他们惊讶极了的神情，心头一阵感慨，话到嘴边又自动滑回了肚皮。

余瑞祥是怎么回到武汉的，为什么要回到武汉，他这一回来，究竟会给余瑞华带来怎样的影响，众人可以不去管它。但他们渴望了解战争的发展趋势，很想知道如何更好地推动民众支援中国军队的抗日大业，以及中国军队到底能不能抵挡得了日寇的攻击，日寇会不会打到武汉来，中国军队在前线的战况到底如何发展，八路军已经上了前线，靠什么扭转国民党军溃败的局面，等等一系列他们亟待搞清楚的问题，纷纷出笼，挤挤簇簇，连成一串，纷纷往余瑞祥耳朵里面灌。

他微微一笑，说道："我很理解大家的心情，清楚大家都想知道什么。我一个一个地回答你们的问题。"

"中国军队能不能扼住日寇侵略的锋芒，要视全国民众的发动情况而定。如果只是一味地强调中国军队走上前线抵挡日寇的侵略，忽视了动员全国的民众，显然会走错方向。因为跟日本相比，中国是一个弱国，科学技术远没有日本发达，武器装备也远不能跟日寇相比，单纯地依靠中国军队绝不可能遏制日寇的凶焰。只有动员了全国的老百姓，全体民众都能投入到支持抗日从事抗战的伟大民族解放事业当中去，日本即使是一头疯狂的野牛，最后一定会淹死在人民战争的汪洋大海之中。所以，如果没有全民的总动员，没有全国民众竭尽全力地支援前线将士的抗战，并且帮助前线将士抵挡日寇，中国的抗战是没有前途的。

"中国军队固然应该在某一些要点设防固守，跟日寇打一些阵地战，但是，同样要看条件是不是许可。什么样的条件呢？一是民众的帮助；二是有利的地形；三是能够快速调动军队；四是军队顽强持续战斗下去的意志。如果单纯只是在日寇的攻击面前，步步设防，平均用力，一定会分散兵力，形不成火力拳头，在优势敌军的攻击面前，将会不堪一击。所以，应该放弃一些不太重要的地域，不要跟日寇做更多的正面对抗，把战火烧到敌人的后方去，威胁敌人的补给线及其侧后方，取得的实际效果将比在正面抵挡日寇的攻击来得更大。

"大家都知道，我们共产党的军队跟国民党军队相比，处于劣势，所以，不可能像他们一样去跟敌人进行正面的交锋。我们的八路军在出发跟日寇作战之前，已经确定了普遍的游击战，但不放松有利条件下的运动战的基本政策。我们的主要作战方式是到敌人的后方去，放手发动群众，建立敌后根据地，拖住敌人前进步伐，有力地配合国民党军队正面战场作战行动。没有正面抗战，日寇的铁蹄很快会踏碎整个华夏大好河山；没有八路军在敌后建立根据地，拖住敌人，敌人将会毫无顾忌地朝国民党军队发动攻击。所以，国民党军队和我们共产党领导的八路军携手抵抗日寇的入侵，主要表现在战略的配合上。当然，前线告急的时候，八路军一样会不惜一切牺牲，在关键时刻关键地域，不管是否具备战胜日寇的基本条件，都会向日寇发动正面攻击。目前，李彪已经率领八路军一一五师进入山西，正在配合阎锡山、卫立煌部正面阻击敌人，就是明证。

"为了取得抗战的最后胜利，不仅国共需要合作，其他各党派也必须加入到合作的阵营。只有整个中华民族团结起来了，才是最后战胜敌人的根本保证。

"我们的确在跟国民党进行谈判的时候，提出了红军应该独立自主的主张，而且在很多问题上，跟国民政府进行了极其艰难的磋商。我们绝不是仅仅为了共产党人要取得合法的地位，或者跟国民党人闹别扭，而是国民政府的政策是片面抗战，单纯依靠军队抵抗日寇的侵略，没有也不愿意普遍发动民众。这与我们的全面抗战政策，存在很大的差距。究竟是国民党的政策好，还是我们的政策好，我相信，你们心里有一杆秤，以后的战局发展也会做出明确的裁定。如果我们一切服从国民政府，一切听从国民政府的领导，让我们的八路军跟国民党军队一样，跟日寇进行正面交锋，限于我们的武器装备和兵员数量都很不够，不出一个月，我们或许会被日寇消灭，这对中国的抗战有何益处？反之，一旦我们能够发挥我们的长处，独立自主地在敌后开展游击战争，一定会闹得日寇后方不稳，迫使日寇不得不留下大量兵力对付我们，拖住他们前进的步伐，让他们不能在中国领土上肆意横行。这个作用，是不是为了抗战的切实需要？是不是比八路军完全听从国民政府的指挥，要有用得多？

“八路军已经走上了抗战前线，第一仗会不会取得胜利？取得多大的胜利？老实说，我不知道，因为我跟你们一样远离战场，并不了解战场上的实际情况。但是，我可以肯定地告诉大家，无论是消灭成千上万的日寇，还是消灭几十个日寇，八路军第一仗一定会取得胜利。因为我们的指挥员深知初战获胜对于提振民心士气以及今后战争的影响，会把一切情况都搞清楚，再下定决心，一旦出手，必有斩获。”

余瑞祥的声音时而平缓和顺，宛如天边吹来的和煦春风，在众人心中荡漾起一阵阵暖流；时而慷慨激昂，宛若平地里掀起的一阵阵巨浪，强烈地冲击着众人的心房，让他们情不自禁地陶醉其中。原来对共产党人的疑虑，在这一刻，似乎全都消失了。

打从二哥进门起，余雅芳的一举一动都以他为中心，太投入了，浑然忘掉了问候二哥是不是吃过饭，更忘了还要招待围坐在一块的亲人们，连下人过来小心翼翼地询问她到底应该准备什么样的晚饭，她都没有听到。二哥的一颦一笑，二哥说的每一句话，都牢牢地刻在她的心间，令她感到暖洋洋的。她不仅仅只是关注二哥，还关注在座的每一个人。二哥、三弟、丈夫，以及所有的亲人，今天都走到了一起，坐在警备司令官邸，全都那么入神。瞧他们的样子，肯定是再也不会敌对了！这样就好！这样真好！她不时地在心里这样对自己说。

赵璇滢一直把目光盯在丈夫脸上，但丈夫是胖了还是瘦了，是不是苍老了，她根本没有注意到。她只是像一个小女孩一样，坐在那儿，静静地倾听丈夫的声音。这绝不仅仅只是为了爱，还因为她曾经被众人这么问过，她的回答并不能令众人满意，现在，她一样希望从丈夫那儿得到答案。丈夫果然不负众望，把困扰在众人心头的每一个问题，都轻松地化解了。

她深感欣慰，在心里对自己说道："单打独斗的日子一去不复还了。有丈夫在，我还有什么可担心的呢？只要按照丈夫的指示做，一切都会来一个翻天覆地的变化！"

王俊财他们全都沉浸在倾听余瑞祥的解答之中。他们终于全面了解了共产党的政策以及共产党这一段时间到底做了一些什么，不约而同地都把战胜日寇的希望放在仍然只有区区三个师人马的八路军身上。

他们一直这么沉醉在跟余瑞祥的交流之中，不知不觉，从午后进入了黄昏，不知不觉，从黄昏进入了晚夜，不知不觉，天色亮了。他们还是没有感觉到饥饿，没有感觉到困顿，依稀余瑞祥是一剂能够给人安神静气的补药，又或者是余瑞祥身上隐隐流淌出一种令人难以抗拒的魔力，引导了他们的思维、他们的精神、他们的身体，让他们除了感受余瑞祥出现带来的兴奋之外，再也没有其他的感觉。

猛然响起一阵刺耳的电话铃声。众人吃了一惊，下意识地朝电话机看去。

一个卫兵拿起听筒，只听里面说了一句话，马上身子一挺，把电话送到王俊林面前。王俊林接过电话，脸上显示出了惊讶的神色，同时毕恭毕敬地把电话交给了余瑞祥。

电话是武汉行营主任打过来的，告诉王俊林，顺便也告诉余瑞祥一个令人振奋的消息：八路军在平型关打了一个大胜仗，一举歼灭了两千多个日本鬼子。

"太好了！只要我们的军队多打几个这样的胜仗，一定能够迫使骄横暴戾的日寇减缓攻击速度。"余瑞祥说道，放下了电话，脸上仍然洋溢着笑容，向大家转述了行营主任告诉他的喜讯。

"打胜仗了！八路军果然打胜仗了！"大家激动地跳了起来，一个个眉飞色舞，欢呼雀跃。

"还是共产党有办法。一出手果然打了一个大胜仗！"王俊喜双手击掌，夸张地叫喊道。

"是呀，八路军是共产党的队伍嘛。"赵承博欢天喜地地说道。

"太好了！全天下都盼望着能够看到一场胜利，这场胜利来得太及时了！"赵承彦不知道自己应该如何说下去了。

"想想看，这个激动人心的消息一传遍全国，该是多么令人振奋呀！"王俊财兴高采烈地说。

"我们得发动商界庆祝八路军打了一个大胜仗。"余瑞光说道。

"岂止是商界，我们赶快分头行动，发动社会各界，欢庆八路军打了大胜仗。这比任何事情都能激励民众的抗日精神。”林英华激动地叫道。

赵璇滢一样激动万分。她的第一个念头是，赶紧让隐藏下来的地下工作人员组织工人以及民众，欢庆八路军取得的胜利。可是，丈夫已经回来了，她要冷静，要等待机会，等单独跟丈夫在一块时，再征询丈夫的意见。

余瑞华敬佩地看着二哥，说道：“还是你们共产党有办法。按照你们的主张，只要我们每隔一段时间能够打出这样的胜仗，日寇一定再也不敢猖狂了。”

王俊林接到的所有战报，都是说国民党军队无法挡住日寇的进攻，有的部队甚至连一个日寇的影子都没有看到，只是一听说日寇来了，吓得赶紧朝后跑，所以，大片领土迅速沦陷，前线形势十分危急，民众深感揪心，国民政府同样焦虑不安。谁能在大厦将倾之际力挽狂澜，谁便能赢得一切。王俊林深知这一点，他倒是幻想过亲自率军出征，打一个漂亮的胜仗，以此稳定人心士气，树立自己的威望，但一想到这两个多月以来，国民党精锐尽出，往往跟日寇只打了一个照面，便迅速败下阵来，其所部的武器装备远不如那些精锐，即使上了战场，也是白白送死，他心头一阵阵发抖，不由自主收住心猿意马。

八路军的武器装备远不如他，如今走上战场，虽说万众瞩目，万众期盼，王俊林并不看好，谁知八路军竟然真的打了大胜仗。老实说，他不能不打心眼里佩服八路军，但身为将领，他得悠着点，可不敢随意说出口。

谁知余瑞华竟然公开为八路军唱赞歌，王俊林很恼火，一恼火便不服气，一不服气便决计朝众人身上泼一瓢凉水，让大家凉快凉快，思维清醒一些。

王俊林说道：“我们还不知道八路军的伤亡情况，也不知道八路军打的是哪一路日寇。要是仅凭八路军歼灭了一两千日寇，硬说八路军打了大胜仗，那么，我军歼灭的日寇何止区区一两千呢？是不是我军也都打了大胜仗？”

余瑞祥微笑道：“到底怎样才算打了胜仗，确实有一定的标准，我们不必为此耿耿于怀。我想强调一点，我们八路军的原则是只要逮着机会，抓住了一部分日寇，一定会毫不留情地歼灭他。”

“馒头要一口一口地吃，敌人要一个一个地消灭。我们不指望一仗歼灭几万几十万日寇，一仗报销了一两千日寇，而且还打胜了，值得举国欢庆。要不然，率领你的人马上战场试一试，看到底能消灭多少日寇。”林英华瞥了王俊林一眼，转过脸来，对大家说道，“走，我们号召民众庆祝胜利去。”

王俊林脸色难堪，再也不好说下去了。

林英华话音还没有完全落地，人已经虎虎生威地朝客厅外面走去。大家迅速跟着他，一道走出了警备司令官邸。

这时候，太阳已经从地平线上升起来了，金色的阳光洒满武汉三镇，照射在行人身上，泛出了一道道金灿灿的光彩。警备司令部门口那条宽阔的马路上，行人、黄包车、小汽车、公共汽车，来来往往，异常热闹。

赵承博禁不住迅速冲到马路中央，张开双臂，高声呐喊：“打胜仗了，前方打胜仗了！八路军在平型关消灭了两千多个日本鬼子！”

行人、黄包车、小汽车、公共汽车宛如被人施了魔法，立刻静止了。

“打胜仗了，前方打胜仗了！”王俊喜跟着呐喊起来。

紧接着，似山崩地裂，呐喊声冲出了林英华等人的喉咙，在天空中回荡不已。

人群终于骚动起来了。“打胜仗了，前方打胜仗了！”欢快的呐喊声迅速蔓延开来，顷刻之间传遍了全城。不需要动员，不需要鼓动，每一个商家都挂起了灯笼，放起了鞭炮，甚至赤贫的人家也莫不欢欣鼓舞，手舞足蹈，大街小巷，到处都拉起了祝贺平型关大捷的横幅和条幅，真诚地庆祝这场好不容易得来的胜利。

第四章

八路军办事处

在王俊财的帮助下，余瑞祥在汉口府南一路安仁里找到一处房子，稍加整饰，挂起了八路军办事处的牌子，正式在那儿办公了。他把家也安在这里，以便随时都能接待前来八路军办事处的各位宾客。

余瑞祥一回到武汉，赵璇滢便搬出了警备司令官邸，和丈夫一起筹办八路军办事处。余瑞祥带过来的人员不多，筹办期间，每一个人都要负责很多工作，经常忙得顾不上吃饭睡觉。赵璇滢很想让自己发展起来的地下工作人员过来帮忙，可是，一想到他们很可能会引起国民党特务的注意，不得不打消这个念头。

能够跟丈夫在一起，赵璇滢像小女孩一样高兴。白天事多，她无暇跟丈夫说话，夜深人静的时候，心里有好多话要跟丈夫说，可千言万语堵在心头，一时间竟然不知从何说起。温柔地注视着丈夫，她开始询问丈夫的生活和工作。

余瑞祥知道，夫人主要是关切自己受伤以来的遭遇。他轻描淡写地告诉了她，随即说道："我们是革命者，所有经受过的挫折，都可以让我们变得更加强大。这些年，你又是怎么过来的呢？"

赵璇滢把省委遭到破坏以后，地下工作面临的严峻形势，以及在与上级党组织失去联系之后，不得不命令地下工作人员全部转入深度潜伏状态，曾经接连派遣了几位机敏的地下党员前往陕北的事情，全部告诉了丈夫。

"你并没有受过地下工作训练，却能在极其严酷的条件下，利用各种社会关系，保护和发展了地下工作人员，确实很有地下工作天分。"余瑞祥话锋一转，严厉地说道，"可是，这也导致你太过以自我为中心，没有完全遵守地下工作的纪律，导致出现了一系列问题，这是不可原谅的！"

"我怎么没遵守地下工作纪律？"赵璇滢问道。

"任何一个地下工作人员，只能在接到指令以后展开行动，上级没有指令，不能轻举妄动。"余瑞祥顿了一下，说道，"你是怎么做的呢？在很多时候，凭一时冲动，把自己置于暴露的危险之中，这严重地违反了地下工作纪律。"

"我是为了更好地为党工作啊！"赵璇滢问道，"难道情况紧急之时，上级党组织并不了解情况，我不能自主采取行动吗？"

"深关党和军队的生死存亡，这样做是可以的。但是，一般来说，必须坚守地下工作纪律，这是为了保护我们的地下工作人员，也是地下党组织的需要。而且，像你这样的身份，是绝不能随意暴露的。所以，你现在跟我一道，公开活动，应该是最好的选择。"

“你是说，我不适合做地下工作？”赵璇滢有点不高兴了。

余瑞祥面带笑意地看着她，把她融化在自己的温柔里。他说道：“你还是有点冲动！做地下工作最重要的素质是冷静和坚韧。一个地下工作者，如果能够做到深入敌营，表面上跟敌人同流合污，受万人责骂，还能一直隐忍不发，继续潜伏下去，这才是合格的！”

“这么说，我确实有很大的差距。”赵璇滢说道。

赵璇滢认清了自己，下决心诚诚恳恳地向丈夫请教，并把自己发展的地下共产党员全部告诉了他。余瑞祥觉得这些人基本具备地下工作人员的素养，准备亲自指导他们开展行动。

八路军办事处挂牌以后，他们每天都要接待来自社会各界的代表以及底层的民众，或者走出办事处，跟各界人士进行交流，忙得连一句知心话都说不上。更重要的是，他们还要指导隐藏下来的地下共产党人如何在新的形势下动员民众，从民众中吸收先进的分子进入共产党组织。在丈夫的熏陶下，赵璇滢脱胎换骨，地下工作越做越出色，令余瑞祥感到十分欣慰。

一忙起来，余瑞祥赵璇滢夫妇完全忘掉了他们的亲人。周莹莹一刻也没有忘掉他们，她心想，既然女儿女婿已经公开活动，没有危险，应该回到赵府来看一看。人心都是肉长的，女儿女婿可以不见自己这个老太婆，难道连他们的孩子都不想见了？余亚男年龄大了，明年要考武汉大学，都快是大学生了，当然不会想着要跟父母腻在一起；余明亮年龄还小，只有十岁，从来没有见过父亲，满月不久，母亲就离开了他，他几乎再也没有见过母亲，孩子可一直希望见到父亲母亲，他们为什么不来看儿子一眼呢？天下哪有这样当爹当妈的？太狠心了！他们不念孩子，不念老婆子，老婆子为什么不能带着他们的儿子去汉口，让他们见一见，也问一问他们：共产党是不是不需要家庭不需要亲情？

她跟李香香一说，李香香立马赞同。于是，周莹莹准备和李香香一道，带着余明亮去汉口找余瑞祥、赵璇滢兴师问罪。

赵承博一见母亲真的要去找姐姐、姐夫了，赶紧劝阻。他说道：“姐夫刚刚回到武汉，他可是领受了中共中央的指令，过来组建八路军办事处的，要处理的事情太多了，现在忙得很，你们去找他，不是添乱吗？等他们忙完这段时间，一定会回到汉阳看望你们的。”

周莹莹、李香香想想也是这个道理，不能不暂时打消了亲自跑去汉口的想法。但是，一连等了几天，还是没有等到女儿女婿的身影，她们再也不愿意等下去了，非要立刻动身去汉口不可。

赵承博再也劝阻不了，心里着急，赶紧找来赵承彦一起劝说。兄弟二人费尽口舌，丝毫不起作用。

柳彤萱眼见得两位婆婆真的要带余明亮去找余瑞祥和赵璇滢，很想亲眼看看余瑞祥现在到底是怎样一副模样，连忙请求婆婆带她一块去。李香香一直不愿意让柳彤萱抛头露面，自然一口回绝。周莹莹想起当年去警备司令官邸大闹天宫的事情，觉得多去一个人，便多一份说话的力量，一口答应了。

一行人过江以后，搭乘两辆黄包车，径直朝八路军办事处奔去。

离目的地还远着呢，老远看到许多人进进出出，她们心里不由自主打起了退堂鼓，不进去吧，人已经来到了余瑞祥、赵璇滢身边，没见着他们就打道回府，又有些不甘心；进去吧，他们要是真的忙着，自己也很被动。踌躇再三，她们还是鼓足勇气进去了。

里面人头攒动，几乎没留出一点空隙。她们没有看到赵璇滢和余瑞祥的踪影。正当她们有些失望的时候，恰好两个挡住她们视线的脑袋移开了，露出一个非常熟悉的面容：精致的脸庞，齐耳的短发，戴了一顶灰色的帽子，穿了一身灰色的衣服，颇有点威武。

刹那间，一大堆问题在她们的脑海里翻滚开来：她是赵璇滢吗？她怎么变成这个样子了？她这穿的是什么衣服呀？

确实是赵璇滢。这时候，她抬起眼睛，朝周莹莹她们看了过来。她略一愣，脸上迅速露出了笑容，喊了一声“母亲”，迅速走了过来，问道：“你们怎么到这里来了？”

周莹莹、李香香心里很有点不忿了，你要是记得汉阳赵府是你的家，我们用得着跑到这里来找你吗？不过，毕竟，她们还是见过一些世面，知道女儿正在跟人谈话，当着这么多人的面，她们说不出口。

“妈妈！”余明亮迅速扑进母亲的怀里，说道：“姥姥说父亲回来了，他不要我了吗？为什么不想见我？”

“儿子，父亲很想见你，但他现在很忙。”赵璇滢说道。

又一批人进来了。赵璇滢连忙把周莹莹她们带到自己的卧房，把她们安顿好了，说道：“你们先坐一会儿，我还有一点事，处理完了，马上过来陪你们。”

说完，犹如突然刮起了一阵劲风，把她从大家面前吹走了。

余明亮很想跟着母亲一块出去，可柳彤萱一见这严肃的气氛，想到了当年北伐大军打到武汉的情景，心知不能打扰了姐姐的工作，一把将余明亮拦住了。余明亮拼命地挣扎，拼命地喊叫，怎么都挣不脱舅妈的手，情急之下，一口朝柳彤萱的手咬下去，疼得柳彤萱哇哇大叫。她一松手，余明亮箭一样地朝外面冲去。柳彤萱顾不得疼痛，一下子冲了过去，一把揪住余明亮，把他提起来。周莹莹一看，心疼外甥了，赶紧责备柳彤萱。柳彤萱却好像没有听见一样，任凭余明亮哭喊和挣扎，就是不理。

“妈，我们可能真的不应该到这里来，姐姐确实很忙。”柳彤萱说道。

周莹莹、李香香同时朝她瞥了一眼，默不作声。

等了好一会儿，她们还是没有看到赵璇滢的身影。余明亮挣不脱，也闹够了，不再胡闹，只是仍在不断地低声哭泣。这时门外传来了脚步声，终于有人走来了。她们一齐朝门边望去，门开了，进来的不是赵璇滢，而是王俊财。

王俊财常会来到八路军办事处，从余瑞祥这里了解最新时局。渐渐地，他对共产党越来越有好感，每增加一分好感，便增加了一分为共产党人做一些事情的决心。他募集的资金，剩下的部分，原来准备再购买一批武器装备送给王俊林，如今，他准备送给八路军了。不过，这不是他一个人能决定得了的，毕竟，大部分资金来源于商会成员的捐赠，要改变用途，需要取得商会成员的同意。这一天，他下定决心，召集商会成员开会，没费多少口舌，便达成了一致。

回到王府，王俊财得知赵承彦请他出面阻止周莹莹。他心里一惊，不管三七二十一，赶紧奔向八路军办事处。

“伯母轻易不出赵府，这次来到汉口，虽说只是为了看望余瑞祥和赵璇滢，可是，他们都忙着，一时半刻抽不出时间，请伯母先到寒舍去坐一坐吧，我母亲一直想跟伯母见见面。”王俊财问候了她们一声，说道。

周莹莹在照顾赵璇滢的时候，跟王俊财母亲的关系有了一些改善，两人倒是曾经相互拜访过。她们虽说不愿意揭开过去的伤疤，但周莹莹清楚，王芝英因为受到赵府的虐待而发疯，最后惨死在国民党军队刀下，王俊财母亲不可能彻底忘怀。因而，每当跟王俊财母亲见面的时候，心里都有一种负罪感，哪里舒服得了？李香香更加觉得羞愧，丝毫不敢跟王府的人相见，当然不愿意去王府了。

王俊财不便相强，只有坐在那儿跟她们聊起了家常。说是自从余瑞祥回到武汉，短短几天的时间里，已经在武汉民众心目中变成了一个精神符号，让人看到了抗战胜利的希望。然而，周莹莹李香香不太关心这个问题。

王俊财母亲跟她们不一样，一听说八路军在平型关打了一个大胜仗，老人家高兴得什么似的，不仅亲自在王府上下布置，悬挂红灯笼，燃放鞭炮庆贺，而且把王俊财招到面前，说道：“尽管你是替王俊林守着家族产业的，但是，日本人打过来了，只要国家有需要，不要惦记着我们还有多大的产业，能给后人留下一点什么，王家不需要这个。你应该清楚，当年，你伯父和你父亲帮助余瑞祥他们跟清军打仗的时候，可从来没有想过家族还能留下多少东西。”

母亲深明大义，王俊财心里感到很安慰。他把这一段时间以来，自己为抗日做了一些什么事情，王氏家族到底有多少产业，余瑞祥来到了武汉以后，武汉情形发生的一些微妙变化，全都告诉了母亲。

母亲说道：“看起来，还是余瑞祥有办法。你要好好支持他，全力帮助他。俊林怎么样？”

王俊财告诉了母亲王俊林这一段时间的所作所为。

母亲不禁有点怅惘，说道：“只要有时间，你要多帮一帮他，千万不要让他像过去一样成为墙头草。”

王俊财脑海里像放电影一样把王俊林所做的一切事情放映了一遍又一遍。如果国民党和共产党的军队都顶不住日寇的攻击，日寇能够攻到武汉来，王俊林会有怎样的变化？王俊财实在难以想象。不过，母亲的提醒让他明白，他得时刻关注王俊林的行动，得敲打王俊林，得让他跟余瑞祥成为真正的友军。

跟婆婆们不同，柳彤萱希望能去王府走一走。她的心里一直惦记着王俊喜，可是，她很长一段时间没跟王俊喜见过面了。自日本人在卢沟桥对中国守军发动了攻击以后，王俊喜很少到赵府来，也没有给她传递过见面的讯息。她一直幻想着能够跟王俊喜幽会，王俊喜带给她的床笫之欢，像一杯让人难以忘怀的美酒，一旦饮了一口，永生难忘，时刻盼望着再度喝上一口。看到王俊财的那一刻，她恨不得问一问王俊喜的下落，怕被人看穿内心的秘密，又不敢问。王俊财一请她们去王府，她甚至忘掉了王俊喜早已被赶出王府，迫切地希望两位婆婆答应下来，可婆婆们不愿意去，她心里感到很失落。

在对待战争的态度上，她同样跟周莹莹和李香香不同。她十分关心战争，这不仅仅是因为王俊喜关心战争，而且是因为她曾经在北伐大军打到武汉的时候，在余瑞祥和赵璇滢的指引下，为北伐大军做过宣传，登台献艺，唱过戏剧，鼓动过将士们的士气。那个时候，她感受到了走出家门的快乐。可是，北伐大军开赴河南战场的时候，她没有跟去。她离不开赵府，赵府给予了她丰足的生活，她不能放弃这种生活，何况，她对赵承博的爱是真心的。她为什么不爱赵承博呢？赵承博风流倜傥、举止潇洒、豪情大方、温柔体贴，是所有女人的梦中佳偶。只是，赵承博太过风流，被其他女人掏空了身子，满足不了她，又常常把她一个人抛在家里，才让她感到了一丝遗憾。

正当柳彤萱思绪翻滚的时候，一个穿着打扮跟赵璇滢一模一样的男人站在她面前。她觉得在哪儿见过他，但又想不起来，只好偏着头，朝周莹莹、李香香望去。两位老妇人一样颇有点发愣。余明亮盯着那个人，连眼都不眨一下。

“母亲，听说你们来了，我赶紧过来看望你们，你们还好吧？”那人说道。

是余瑞祥。周莹莹、李香香带着余明亮进入八路军办事处的时候，余瑞祥去了警备司令部，跟王俊林商谈问题。他回到办事处时，正忙着跟人交谈的赵璇滢忽然想起母亲来了，连忙告诉了他。

周莹莹、李香香颇有些吃惊，瞪大眼睛，看了他好一会儿，终于从他脸上分辨出余瑞祥昔日的轮廓。女婿回来武汉很长时间，却不去汉阳看望她们，她们本来窝了一肚子火，准备了一肚子责怪的话，此时竟然说不出来。

周莹莹叹息一声，说道：“唉，你的衙门跟当年你岳父的衙门实在不一样。你岳父即使再忙，也会顾及家庭，可是，你一点没有顾家的意思。”

意气风发的姐夫看起来很苍老，柳彤萱心里涌起了一阵哀伤和怜悯，甚至还有母性对失意者的一种爱恋。婆婆的话钻进她的耳鼓，好像有无数钢针在穿刺她的耳膜，令她感到疼痛难忍。婆婆怎么能这样说话，这不是在责备姐夫吗？她朝周莹莹望了一眼，目光里含有一抹可以触摸得到的怨恨。

“我本来想一回到武汉，马上看望你们。可是，事情实在太多了。”余瑞祥平静地说道，似乎是在辩解。

他的确准备一回到武汉，立即去赵府拜访岳母，看望孩子，也想跟赵承彦赵承博兄弟俩好好谈一谈当前的时局，希望得到他们的帮助。可是，在警备司令官邸，跟赵承彦兄弟相见了，而且因为八路军打了一个大胜仗，已经让所有听到这个消息的人们都沸腾起来了，他自然要抓住机会，赶紧把八路军办事处建立起来，跟社会各界取得联系，全面树立共产党的威信，以便社会各界了解并支持共产党的政策。他还要熟悉武汉的实际情况。一时间，他把去赵府的事情抛掷脑后了。乍一听说岳母带着孩子来到了办事处，他心里很激动，也有点抱歉，赶紧跑过来看望她们。

王俊财连忙帮腔道：“伯母，你女婿确实很忙。”

周莹莹仍然有点不舒服，说道：“那好，你忙吧，我们不打扰。等你忙完了，你应该可以到赵府看望我们。”

说完，她立即起身，准备带着余明亮一块离开了。

柳彤萱心里越发愤恨母亲，说道：“母亲，姐夫这不是赶过来了吗？你听他说几句话，也让余明亮见一见他父亲嘛。”

说完，她马上蹲下身子，双手搭在余明亮的肩上，说道：“明亮，你不是要见父亲吗？你父亲已经来了，他在你面前。你叫呀，叫父亲呀！”

余明亮怔怔地看着父亲，一直不开口。

经过柳彤萱这么一闹，余瑞祥又挡住了出去的路，周莹莹看着女婿那张消瘦而又颇显苍老的脸，心里一软，长长地叹了一口气，说道：“我们不该到这里来找你们。可是，你已经回来了，不见我可以，不能不见你的孩子呀？你们共产党人的心难道不是肉长的吗？你的孩子，你见过吗？”

余瑞祥缓缓地蹲下身子，伸出双手，说道：“来，让爸爸看看你。”

余明亮朝柳彤萱身后躲去，柳彤萱赶紧又把他拉过来，他一直拼命挣扎。赵璇滢进来了。余明亮好像看到了救星，挣脱舅妈的手，一头扑进母亲怀里。

赵璇滢看着儿子，再朝柳彤萱、余瑞祥看一看，明白发生了什么事。她把儿子拉到余瑞祥跟前，说道：“你不是要父亲吗？他就是你父亲。”

余明亮斜眼看了一下余瑞祥，然后看着母亲，见母亲在点头，他又一次看着父亲，突然把余瑞祥朝一边推去，大喊道：“不，你不是我父亲！我妈妈说，我父亲是一个顶天立地的英雄，不是你这样子的。”

赵璇滢惊呆了，她一把扯过儿子，厉声喝道：“仔细看看，他就是你父亲，他是顶天立地的英雄！”

余明亮被母亲的神态吓怕了，精神顿时委顿下来，怯生生地朝周莹莹、李香香望去。周莹莹、李香香叹息一声，一块点着头。余明亮似乎这才确信站在自己面前的人就是父亲，他张了张嘴巴，想喊，临了却又喊不出来，眼睛朝母亲望去，母亲依旧静穆地站在那儿。

他突然感到有人在自己肩头上拍打着，回头一看，只见父亲蹲下身子，眼睛正盯着自己。

余瑞祥说道：“孩子，你父亲的确不是什么顶天立地的英雄，只不过做了一些父亲觉得应该做的事情。不要怕，看着父亲，你是男子汉，应该坚强，应该勇敢地面对一切。父亲一直没有好好教导过你，今天，父亲可以告诉你，男子汉大丈夫应该做一个对国家对民族有用的人。一旦做出了男子汉的承诺，任何磨难和痛苦，都必须忍受下去！”

见父亲说得很严肃，虽说不明白他到底说了一些什么，余明亮本能地直点头。周莹莹、李香香、柳彤萱都看得眼睛有点发酸，王俊财心里激荡着一股热气，越发佩服余瑞祥的担当了。

这时候，一个办事人员进来报告，外面又有人前来求见余瑞祥。

余瑞祥遗憾地朝岳母她们看了一眼，出去了。赵璇滢露出了一抹苦笑，跟着丈夫也走了出去。

周莹莹、李香香相互看了一眼，心里同时涌起了一个疑问：难道说今天真的不应该来到这里吗？难道想见一见自己的女儿女婿真的错了吗？

迟疑片刻，周莹莹、李香香带着柳彤萱和余明亮，默默地退出了女儿的房间。

赵璇滢正热情地跟人谈话，看到母亲她们离开，她连忙向谈话人交代一声，跑了过来，把她们送出了大门。王俊财自告奋勇，替赵璇滢把她们送上了渡船，让她们回到了汉阳。

子夜时分，八路军办事处终于沉寂下来。余瑞祥赵璇滢回到了房间，打量着空空的屋子，一种莫名的感觉不由自主地从心里隐隐升起。周莹莹她们的到来，激活了潜藏在夫妻两人心底对亲情的渴望。他们很想跟自己的亲人待在一块，更想把孩子带在自己的身边，可是，他们不能，办事处刚刚组建起来，工作千头万绪，几乎占据了他们全部的时间。

在赵璇滢眼里，丈夫永远停留在最初的印象里，不管丈夫的模样发生了怎样的变化，她所看到的丈夫依然如故。现在，因为儿子的一句话，她不能不关注丈夫。就着灯光，她仔细打量着丈夫。是的，丈夫的确显得很苍老，脖子上甚至留下了几块丑陋的伤疤，牵扯得整张脸都显得有点变形难看。

这是余瑞华送给丈夫的礼物！赵璇滢心头涌起了一种难以诉说的情愫，情不自禁地伸出双手，抚摸着丈夫的伤疤。余瑞祥略一动，很想拒绝，但赵璇滢坚定地把手放在丈夫的伤疤上，轻轻地摸索着，并且顺着伤疤往下探索。她赫然感到双手仿佛伸进了一片被人遗弃的荒漠，到处坑坑洼洼凸凹不平。她略微有些吃惊，把手伸向丈夫的衣领，并且慢慢地脱去丈夫的上衣。她大吃一惊，一个激灵，差一点蹦起来了：丈夫整个上身竟然没有一块光滑的皮肉，全部是丑陋的伤疤，一块连着一块白色的、红色的、青色的、紫色的印记。

她强烈地控制了自己，眼睛一动不动地盯着它们，泪水情不自禁地滚出了眼窝，滴在余瑞祥身上。

余瑞祥翻过身子，看着夫人，冷静地说：“你应该清楚，是三弟把我从鬼门关拉回来的。到过鬼门关的人，谁的身上能不留下一点印记呢？”

“也是三弟把你送进鬼门关的。”赵璇滢把眼泪忍住了，说道。

“他是为了他的信仰，我们不能责怪他。要责怪的是我们，要是当年能让他跟着我们走，他一定是一个很好的革命者。”余瑞祥微笑道。

“我没有责怪他，即使不是国共合作，我也没有责怪过他。”赵璇滢说道，“这段时间，我们一直很忙，我根本没有好好看看你，唉，要不是儿子，我还真的看不出来你会有这么大的变化，一直以为你还是原来的你。”

“我还是原来的我，你也还是原来的你，无论我们的身体发生了怎样的变化，这一点，永远都改变不了。”

“是的，我们的心永远都不会改变。”

赵璇滢把脸贴在丈夫的胸膛上，手继续在丈夫的后背上摩挲着，揉搓着，再也不说话了，似乎完全沉浸在丈夫给她带来的柔情似水的海洋里。余瑞祥也不说话，一手搂着夫人的腰，一手同样在夫人后背上轻轻地抚摸着。

隔了一会儿，赵璇滢终于说话了：“这么多年，我们一直分离，现在，我们总算真正团聚了，这种感觉真好。”

“唔。”余瑞祥支吾一声，不知道怎么往下说。

赵璇滢扬起了头，看着丈夫的脸，露出了一抹微笑：“你并不苍老，你还是那么年轻，还是那么矫健，还是那么充满活力。”

余瑞祥咧开嘴笑了：“你也在意我是不是看起来年轻吗？”

“不管你是年轻，还是苍老，我都在意你。哪怕现实逼迫我们不得不一次又一次地分开，你永远在我的心里，谁都无法把你从我的心里抹去。”

“我知道。同样，也没有任何人和任何东西可以把你从我的心里抹去。”

赵璇滢再一次倒在丈夫怀里，眼睛微闭，脸上流露出了少女一般羞涩而又好看的笑意，想道：要是能够永远这样躺在丈夫的怀抱里，那该多好啊。可是不行，战争仍然存在，而且比跟国民党打仗还要残酷。现在能够跟丈夫待在一块，是因为国共合作的需要、共同抗日的需要。

她马上转到目前正在进行的战争上来了。她还没有好好单独跟丈夫谈一谈党中央的军事战略，更没有好好跟丈夫谈一谈抗日战争到底会打到什么程度，武汉是不是真的会成为抗日战场。

夫人的疑问一下子把余瑞祥从夫妇二人情意缱绻的状态中拉回了现实。他不仅参与过党中央制定的军事战略，而且作为党中央派遣的代表，多次跟国民党谈判过，甚至直接跟蒋介石研讨过抗战局势。

余瑞祥曾经得到过孙中山爱重，并且程度远远超过蒋介石，蒋介石对他的感情很复杂。如果余瑞祥不加入共产党，不仅会是黄埔军校校长，甚至还会成为除孙中山之外最有影响力的国民党人，余瑞祥加入共产党，蒋介石自然满心欢喜；但余瑞祥一直跟蒋介石作对，率领一支装备简陋的红军竟然消灭了蒋介石许多人马，又让蒋介石对余瑞祥有一种刻骨铭心的恨。饶是如此，蒋介石依旧不能不佩服余瑞祥，要共同抗日了，军事战略方面的构想，蒋介石需要征询余瑞祥的意见。

蒋介石研究过历史，深知忽必烈当年率领蒙古大军从华北地区一路打向武汉，随后继续挥师南征，一直打到海边，一举将宋朝的天下拦腰切断，分割成东西两边，然后挥师向东，把宋王朝的军队赶向海边，结束了宋王朝统治，建立了元朝政权。皇太极率兵入关，也是按照忽必烈的路线，最后夺取了大明江山，建立了大清王朝。

是什么原因促使这两支军队选择同一条进攻路线，并最终取得了成功呢？根本原因在于，东部是中国最富庶最繁华的地方，物产丰富，经济繁荣，人力资源充沛，囊括了全国精华，可以说，一旦取得中国的东部，等于是掌控了左右中国政治走向的最重要的砝码。为此，蒋介石十分担心日本人同样走忽必烈、皇太极的老路，迫使国民政府很快土崩瓦解。

那么，如何瓦解日本人分割中国，压迫中国军队于东部地区予以歼灭，迅速灭亡中国的意图？蒋介石非常清楚，必须开辟另外一条战线，把日本人的力量吸引过去。这条战线在哪里？日本在上海驻扎了一支海军陆战队，上海又是中国最大的城市，最发达的地方，各国势力云集，一旦在上海方向开辟战场，必定可以达成目的。这样的话，可以实现全国总动员，趁敌人没能攻占武汉以前，把东部地区的工业迁往西部，以利长期抗战。最大的问题是，上海是南京的天然屏障，上海一旦失守，南京势必会很快落入日寇的手里。南京可是国民政府的首都，孙中山先生的陵寝所在地，南京一丢，对国人、对国际社会，将会产生怎样的影响？蒋介石迟迟下不了决心。

把身边的战将一个一个地细数了一遍，具有如此大战略观念的能有几人？蒋介石深感哀伤，但也不得不召集一些他最信任的高级将领以及享有小诸葛盛名的白崇禧，再三研讨这个问题。众说纷纭，他仍然不能下定最后的决心。

此时，余瑞祥接受中共中央派遣，来到南京，蒋介石眼前一亮。蒋介石深信，余瑞祥的战略洞察力无疑会促使自己做出更好的战略决策。

果然，余瑞祥跟蒋介石的想法不谋而合。余瑞祥提出：一旦日寇有扩大战争的趋势，适时把日本人的主力从华北引向华东地区，是最好的策略。中国的抗战是长期的，不应该计较一城一地的得失。

想起蒋介石跟自己谈的这番话以及战争的发展轨迹——日寇摆开了全面侵略中国的架势以后，国民政府果然投入了大量的军队，把日寇的很大一部分力量引向了上海，余瑞祥不能不承认，蒋介石这一步棋的确走对了。

原来不是日本人要在上海大打出手，而是蒋介石为了把日本军队的主攻方向调到东边去！自己想错了，所有的人都想错了。赵璇滢心念电转，很快领悟了丈夫所说的一切。不过，她不能不关心：上海战事到底能够坚持多久？国民党军队万一守不住上海，一路后退，沿途部署了几道防线？能不能依靠那些防线延缓日寇的攻击步伐？

“国民党军队上了战场，的确能够跟日寇展开拼死作战。可是，一旦抵挡不了日寇的攻击，准会形成溃败的潮流，再好的防御工事，也没有用了。所以，上海战局不仅关系到整个华东地区的全局，而且关系到国民政府的安危。”

丈夫轻轻的几句话，让赵璇滢的眼帘马上跳出了亲自在战场上看到国民党军跟日寇战斗的情景，不禁对前线的战局越发担忧起来了。

“要是国民党军队能跟我们共产党的部队一样善战，该有多好啊！”她感叹道。

“国民党军队一定会吸取教训，变成一支能征善战的队伍的。”余瑞祥说道，“毕竟，即使日寇夺取了上海，夺取了南京，想要打到武汉来，非得花费很长一段时间不可。因为从上海、南京方向朝武汉发展进攻，除了溯江一途，虽说还可以在与华北日寇一道攻占徐州以后，沿着开封一路攻向郑州，然后南下，但是，蒋介石已经把日本人的攻击锋芒引向了上海，一样会采取各种手段，让日寇沿着最不利于他们展开攻击的路线前进，溯江西攻。那样一来，中国军队可以利用有利地形，沿途设立阻击阵地，极大地杀伤日寇，迟滞日寇的攻击步伐。在这段时间里，国民党军队应该可以得到一些改变。”

“在这段时间里，动员民众支援抗战，将会成为一项极其重大的任务。为此，我们即使一天二十四小时连轴转时间都不够用。”赵璇滢眼前忽然出现了母亲和儿子的身影，叹息道，“亲人不理解我们，只好让她们不理解了。”

余瑞祥轻轻地抚摸着夫人的肩头，说道：“她们会理解我们的，是我们自己的工作没有做到位，我们试图把所有的民众都结合进抗日统一战线，为什么不首先把我们的亲人全部结合进来呢？何况，我们的女儿余亚男来过这里，她非常有思想，假以时日，她一定是一个很好的共产党人。”

“是的，她是一个好苗子。”赵璇滢脸上浮现出笑容，骄傲地说道，“她曾经是汉阳高中学生运动的领袖。你没回来的时候，她告诉我，她想直接参加抗日。我告诉她，战争无论打多久，总会结束，国家需要建设，现在虽说需要打仗的兵士，日后更需要重新建设国家的人才。她听了以后，再也不说话了，马上复习考试，刚刚进入了武汉大学，成为武大一年级的学生。”

“我没有对孩子做任何事情，实在感到有愧于孩子们。”余瑞祥说道。

他们还说到了余立，说到了王卓文，说到了王晓燕、赵英嗣、赵雪莲。

接到八路军打胜仗的消息时，这些孩子听说余瑞祥正在筹建八路军办事处，按捺不住心头的激动，跑来见他，都想参加八路军，上前线杀敌去。

“他们都是一群有理想的年轻人，能够帮助我们。”余瑞祥说道。

“可是，他们的思想并不完全一样，他们只是在抗日上有了共同点。”赵璇滢说到这里，兀自笑了，又说，“是呀，因为抗日，整个中华民族全部团结起来，才是敌人噩梦的开始。”

“你非常了解他们，可以通过接触他们，慢慢培养他们树立共产主义理想。”余瑞祥说道，“现在，我们需要不断发展壮大共产党的队伍，这样才能让全民抗战出现一个崭新的面貌。”

“虽说我做过，可做得还很不够，我一定会做得更好。”

“是的，你做得还很不够，我做得也很不够，我们不仅要发展党组织，而且要恢复工会组织。我已经跟王俊财、赵承彦和大哥都谈过，他们都同意尽快恢复工会组织，允许他们的工人展开活动。你今后的任务，是动员妇女支持并参加到抗战当中去，这是一支亟待发掘的力量，也是一支不可忽视的力量，没把妇女都发动起来，表明我们的工作还很不到位。”

赵璇滢曾经多次发动过妇女，一直没有想到要把妇女组织起来，形成一个团体。现在，丈夫提出来了，她一定会竭尽全力把妇女界组织起来。

得拟订一个计划，取得武汉行营主任的支持，事情才能更顺利。至于具体怎么搞起来，首先把余雅芳拉进妇女界，让她跟自己一道携手打拼。还有柳彤萱，柳彤萱曾经是一代明星，多少人的梦中情人呀，算得上是一个有影响力的人物。还有余瑞光纱厂的一些女工，她们是一支强大的力量。由这些人，逐渐向社会每个阶层扩展开去，把各阶层的妇女凝聚在一块，共同为抗战贡献力量。

还有余瑞华，他虽说不是妇女，可他已是师长，肯定能帮得上忙。

这时候，余瑞华正在挨武汉行营主任的训斥。

原来，为了赢得显赫的名声，王俊林终于下定决心，着实准备跟日寇交锋。可是，他知道自己的人马并不具备像共产党军队一样的作战能力。他首先要做的事情，是利用这个机会，改善所辖各部的装备，也虚心向余瑞祥求教共产党人打胜仗的秘诀，甚至敦请余瑞祥指导他的军队进行战前训练，看一看在武汉附近修筑的工事是不是合理。

余瑞祥每次接受王俊林的邀请，余瑞华必定都会在场。他对二哥更是佩服得五体投地，虔诚地向二哥学习和了解共产党的政策，以便自己能够在战争中予以借鉴。眼见得二哥二嫂一直在不停地忙碌，他理解了他们的思想以后，帮助二哥二嫂宣传共产党的主张。很快，他的做法引起了王俊林的反感。

王俊林说道："余瑞华，希望你明白，我们是国民党，虽说国共合作，共同抗日，可是，你不宣传国民党的主张，反而宣传共产党的主张，要不了多久，准会引火上身！"

"国共合作，共同抗日了。我这样做，难道不为国民政府所允许吗？"余瑞华问道。

余瑞华令王俊林闭了嘴，却很快被武汉行营主任找去问话了。

他实在感到很窝火。国共合作，已经在同一个战壕里跟日寇展开交锋了，还有什么前嫌抛弃不了的？还要防范共产党干什么？共产党的主张能打胜仗，为什么不能帮助他们宣传？难道宣传共产党的主张，是给国民政府抹黑吗？

挨了一通训斥，余瑞华还是没有搞懂这个问题，心头反而泛起了一层隐忧：这样下去，怎么能取得抗日的最终胜利？

他很想走上战场。眼见得越来越多的部队路过武汉，开赴抗日战场，他想要率领自己的队伍开赴前线，与日寇面对面厮杀的念头越发强烈。可是，警备司令部一直没有接到命令，而且，恐怕永远不会接到开赴战场的命令。

每当有部队路过武汉，开赴前线，都有一些民众会在王俊财、赵承彦、余瑞光、林英华等人的组织下，前去慰问。余瑞华深受感染，虽然没法走上前线，但是很想帮助他们。所以，当赵璇滢提出希望他帮忙为组织妇女界出一些力时，余瑞华尽管不知道自己到底应该怎么出力，还是一口答应下来了。

第五章 希望与火焰

前线的战事对中国军队越来越不利了。在山西方向，日寇集结起数万兵力，在飞机、坦克、大炮的掩护下，向忻口发动了凶猛攻击。虽说有八路军在侧翼配合作战，国民党军队正面阵地还是很快被日寇攻破了。随即，敌人像蝗虫一样扑向山西腹地，广袤的土地遭吞噬，无数村庄遭蹂躏，数不清的老百姓遭屠杀。一时间，太原危如累卵。在上海方向，日寇仗着先进的武器装备，以海空军配合支援，地面部队集中兵力展开进攻的方式，硬攻了两个多月，终于迫使国民党军队向苏州河方向退却。东线战场已经到了最危险的关头。

两只魔掌正在中国领土上肆意横行，看起来无人可挡，人人都捏了一把汗，纷纷议论中国军队到底还能坚持多久。

这时候，曾经打算率部开赴战场的王俊林，再也不想走上战场了。可是，余瑞华竟然昏了头，一再嚷嚷要率领人马开赴战场，扼住日寇攻击的锋芒。他是太天真，还是太富于幻想？手里好不容易积攒了这么一点本钱，岂能轻易牺牲？如果有可能挡住日寇的进攻，王俊林当然愿意去，然而，那么多部队上去了，其中很大一部分是中央军，包括最厉害的德械师，以及号称钢军的李宗仁第七军，还是拿日本人没有办法，王俊林怎肯让他带领兄弟们前去送死？

“你醒醒吧！且不说华北战场，淞沪战场上，日本人好像架起了一台台绞肉机，只要中国军队一上去，一条条鲜活的生命马上消失无踪。他们大都是中央军，武器装备比我们强多了，他们都对付不了日本人，靠我们这点家当，怎能跟日本人拼？”王俊林强压下心头的怒火，说道。

“都像你一样怕死，还谈什么抗战！”余瑞华很恼火，厉声呵斥道。

王俊林气得差一点笑了起来，说道：“好，我怕死，你是不怕死的英雄！我的抗日英雄，我问你，如果我们都上了战场，再也回不来了，部队打光了，再拿什么跟日本人拼下去？”

余瑞华一口气堵在喉头出不来，变成了一具雕塑。

一句话令这头犟驴封了嘴，王俊林异常高兴，说道：“抗战，总是需要部队的。留着我们的部队，迟早要跟日本人拼一个你死我活，何必急于一时呢？”

“狗日的日本人，老子一定会给你好看！”余瑞华咬牙切齿地说道。

看到余瑞华这样，王俊林更加放了心，说道：“看情形，日寇迟早是要打到武汉来的。我们一定要按照军事委员会的指示，在武汉外围修筑坚固的防御工事，准备好预设战场，把这里变成敌人的坟墓。”

“但是，我们的战法似乎很成问题。”余瑞华心平气和了，理智地说道。

“这是没有办法的事，谁叫日本人的武器装备比我们厉害得多呢？”王俊林说道，“武器装备不在一个层级上，什么战法都不成！”

“不！如果张治中将军一上去，立马集中兵力猛攻，区区五千人的日本海军陆战队，再加上一些在乡军人，都会被赶下海。如果我们的援军能够利用好上海的地形地貌，把握好正面进攻与侧翼掩护的关系，战争的结果一定不是这样。如果广西军队上去以后，不是马上大举反攻，而是牢固地坚守阵地，然后以部分兵力突入敌人的后方，截断敌人的后路，敌人一定不会如此猖狂！”

“纸上谈兵是一回事，真正上阵杀敌是另一回事！”王俊林冷冷地说。

“当年，你的武器装备比红军强多少？你的人马比红军多多少？你不讲战术，而我二哥讲战术。所以，你每次都被他打败！”余瑞华冷酷地说道。

王俊林七窍生烟，恨不得当场发作，怒骂余瑞华一通。不过，他抑制住了，余瑞华说得没错，共产党是讲究战术的，他应该学习共产党的战术。得进一步倾听余瑞祥的意见，凡事多向余瑞祥请教，特别是学习共产党人跟日寇打游击战的方法，不要跟日寇正面硬碰。怀着这个心思，王俊林隔三岔五给余瑞祥打电话，要么亲自去八路军办事处，当面向余瑞祥讨教游击战战术。

近一个月来，余瑞祥已经跟武汉社会各界精英、名流以及各党派的头面人物进行过多次谈话，向他们宣传共产党的主张，宣传统一战线，宣传共同抗日，初步与他们达成了共识，赢得了社会各界对共产党的好感和支持。更重要的是，他必须恢复湖北临时省委，以便统一领导与规划湖北党组织的工作，成为发动民众的坚强领导机构。这一工作既是公开的，也是秘密的。依靠从延安带来的工作人员以及留在武汉地区的地下共产党人，还有早已安插在王俊喜、王俊林身边的秘密共产党员提供的情报和线索，余瑞祥在心目中勾画出了一个初步计划。

余瑞祥同样十分关心战争局势。他深知上海战事已经进入关键时刻，拐点即将到来。日寇三个月内灭亡中国的狂妄企图，眼看将要化为泡影，一定会采取新的战术，向最能威胁中国军队的方向开刀。仔细研究了上海的地形地貌，以及敌我双方的作战态势，他把目光盯在了杭州湾以及金山卫。他认为，一旦日寇从这里发动登陆作战，并且取得成功，必然会对正在拼死抵抗日寇攻击的中国军队形成深远包围，严重威胁中国军队后方的安全。

他曾听说过，蒋介石派遣高级将领沿海勘察地形，研判日寇未来登陆作战方向的时候，那些高级将领看到杭州湾和金山卫一带水浅，认为日寇不会从那儿登陆。他为这些高级将领的短视感到忧心：运载兵力的船只固然不能在浅水区行驶，但是，一旦在深水区换成登陆船只，岂不是更加容易达成登陆的目的吗？他得向蒋介石提个醒，要不然，蒋介石真的受了他们的影响，后果不堪设想。

可是，八路军办事处没法直接连通蒋介石的电话，甚至王俊林也不敢擅自向蒋介石打电话，余瑞祥只有去武汉行营公署，向行营主任说明来意。

事关战争全局，武汉行营主任岂敢怠慢，毫不犹豫地给余瑞祥提供了方便。

等余瑞祥放下电话，行营主任笑容可掬地说道："余老兄一心为国，鄙人深感佩服。余老兄来汉已经有一个多月了吧？由于战事繁忙，鄙人一直没能好好跟余老兄谈一谈，希望不要见怪。如果余老兄需要鄙人做点什么，请老兄不必讳言，鄙人只要能做到，一定全力以赴。"

余瑞祥说道："主任如此热血快肠，余某深为感佩。我正好有一事相求，我发现，在我跟社会各界接触的时候，总有一些形迹可疑的人在八路军办事处四周游荡，请主任下令好好调查一下，是什么人胆敢冒天下之大不韪，行此等破坏国共合作的无耻勾当！"

行营主任说道："真有这种事情？我一定派人好好调查。不管那些人是什么来历，他们意欲何为，我一定会调查清楚，给老兄一个满意的交代。"

出了武汉行营公署，余瑞祥火速赶往八路军办事处，突然跟王俊财相遇了。

王俊财依靠个人的聪明才智，使王记面粉占据了武汉面粉市场的半壁江山，并以此为依托，一步步向外发展，跟上海、南京、北平、天津等各大城市的商界都建立了密切联系。商人对战争是最敏感的，也是最关心的。因而，王俊财能够从上海商界随时得到战争的最新进展情况。

今天，王俊财从上海那边得到了一个非同小可的消息：随着上海战事越来越吃紧，国民政府正在大力动员上海方面的厂家特别是五金、化学工业以及饮食业，准备搬迁到武汉来，可是，几乎没有什么人响应。上海商界亟须了解的是：如果真要搬迁的话，武汉方面的情况到底怎么样？他们一旦搬迁过来，能不能立即投入运作？这叫王俊财一时怎么回答得了？他立即来到武昌，准备跟余瑞光商量，究竟如何回答上海商界提出的疑问。

王俊财坐在一辆黄包车上。一看到余瑞祥，他立即让黄包车停了下来，打招呼道："余世兄，没想到在这里跟你碰面了。"

"是啊，武汉太小了。"余瑞祥笑道。

王俊财也是一笑，马上询问他回去过余府没有。得到否定的回答，王俊财说道："余世兄，你们共产党人亡命工作，精神可嘉，但亲情还是要的，既然已到武昌，何不回府看望一下你大嫂？正好，我遇到疑难问题，准备找余会长商量，也请你帮忙提供意见。”

黄包车重新上路了。王俊财把他得到的消息说了出来，问道：“你看，政府的搬迁计划到底是好还是坏？”

余瑞祥说道：“你先不需要问这个计划是好是坏，只需要想一想，上海到底守不守得住。如果守不住，不迁移出去，岂不是要落到日寇手里吗？”

王俊财叹息道：“是呀，照这样打下去，上海肯定是守不住的！可是，那边的厂家一直寄希望于日本人跟六年前一样，打一阵子就停下来。他们觉得，一旦战争真的停下来了，就不用搬迁了，搬迁费时费力，劳民伤财，太不划算了。”

上海早已处在战火之中，战争越来越激烈，作战规模越来越大，南京政府几乎把国民党的精锐部队全部派上去了，上海民众竟然还是不明白，这一次，别说日本人绝不会像1932年初一样轻易罢手，中国军队也绝不会轻易放弃守土之责，一定会与敌人血战到底。是他们太幼稚吗？是的，他们的确有点幼稚，要么以为国民党军队能够挡住日寇的攻击，要么以为上海租界林立，日寇继续发动大规模攻击，准会引来其他国家的干预，但这种希望虚无缥缈。

余瑞祥说道：“按理说，国民政府应该早点动员厂家实施搬迁计划。只怕现在即使搬迁，也快来不及了。”

说话之间，黄包车来到余府门口。二人下了车，一块进入余府。

余瑞光刚刚从纱厂回来，正在跟夫人说工厂发生的事情。

这段时间，赵璇滢一直在发动妇女，组织妇女团体。她把这个团体定名为妇女抗战救国联合会。她先发动了几个知名妇女，随即把目标放在余记纱厂，准备把女工全部吸收进来。这儿曾是工人运动最活跃的地方，即使在国民党屠杀工人运动领袖的时候，因为余瑞光的关系，仍然有很多工人领袖得到了很好的保护，在纱厂里面隐藏起来了。这次赵璇滢振臂一呼，立刻引起女工们的积极响应。

“看起来，我这个大哥算是白当了。我想了很多办法，都不能让工人听我的。赵璇滢一说现在是抗战时期，反对浪费，任何浪费都是对国家的犯罪，立刻把工人们的心气鼓起来了，再也没有人懒散了，几乎看不到一件次品。”余瑞光感叹不已。

余瑞光夫人正要说话，下人火急火燎地向他们报告余瑞祥和王俊财已经进了府。余瑞光夫妇惊喜万分，赶紧起身，匆匆前去迎接。

听说了二弟回到武汉的情形，余瑞光夫人巴不得快点看看他究竟是瘦了还是胖了，究竟变成了什么模样，能让一跺脚武汉抖三抖的行营主任对他敬重万分。一见二弟好像是一个风烛残年的老头，她不免有些失落，强挤出一丝笑意，喊了一声：“二叔。”

“大嫂！”余瑞祥热烈地回叫道。

王俊财向余瑞光夫人打了一声招呼。在余瑞光夫妇的导引下，他和余瑞祥一道进入了客厅。余瑞光夫人本来还想跟他们说说话，但见他们神色都很凝重，连忙退了出来，张罗着要下人为二弟准备一顿好饭。客厅里再也没有其他人了，王俊财这才说出了他来武昌的目的。

“难道说，日寇很快会攻占上海吗？”余瑞光很有些吃惊，思索着说，“两个多月了，我军虽说受到了很大损失，日寇一样损失惨重。如今，蒋委员长不断地调兵遣将，很多军队云集上海，再坚持两个多月，应该不成问题。”

“即使能再坚持两个月，那又怎么样？战况明摆在那里，中国军队精锐尽出，都无力阻挡日寇的攻势，日本人攻占上海只是时间问题。何况，后面调上去的军队作战能力不如第十八军、第十三军、第七十四军、教导队，很可能坚持不了两个月。”王俊财说到这里，把头转向余瑞祥，说道，“瑞祥，你说是吧？”

“我远离战场，不是很清楚战场的具体情况。据我估计，虽说蒋委员长仍然在不断地调集兵力向上海增援，可是，正如王世兄所言，那些部队的战斗力很成问题。况且，日寇不会再让上海战事久拖不决，一定会想办法从其他方向展开攻击，试图包抄我军的后路。这样一来，我军一旦面临被敌人包围的危险，上海前线马上会发生动摇，后果或许真的不堪设想。”余瑞祥说道。

余瑞光沉思道：“既然如此，我们的确应该为接纳上海工厂迁移到武汉来做一些准备。可是，我们又能为他们做多少呢？比如说划分地界，给他们输送电力，等等，都不是我们能做到的。”

王俊财说道：“只要我们武汉商界热诚欢迎他们，为他们做我们能够做的事情，向他们表明了态度，他们一定会理解我们。”

余瑞祥为大哥和王俊财如此顾全大局而感到高兴。他的心里忽然涌起更深的想法：上海工厂迁移，难道不是为武汉工厂迁移做了先导做了示范吗？

作为军事指挥员和不掌握国民政府任何权力的共产党人，余瑞祥其实并没有想过上海以及沿海工厂的内迁。现在，内迁已经成为事实，他不得不思考这个问题。一深入思考下去，他禁不住在心里打了一个冷战。

根据日寇的行动以及上海战场上呈现出来的胶着状况，余瑞祥判断：几天之内，日寇将会从杭州湾登陆，对参加淞沪会战的中国军队构成深远的包围。他已经给蒋介石打过电话，蒋介石非常重视，说是一方面要命令驻守在杭州湾以及沿海一带的各部队严加防范，另一方面准备再次调集兵力，向杭州湾方向靠拢，以便在杭州湾危急的时候，挡住日寇的登陆行动。可是，余瑞祥知道，国民政府要想向杭州湾调集兵力谈何容易，单是杭州湾方向的部队能够加强戒备，已经很不容易了。而且，蒋介石仍然死抱过去的战法不放，只要日寇朝哪个方向发展攻击，他便向哪个方向派遣兵力前去抵挡，完全处于被动应战的局面，根本没有想过要主动迎击敌人。

不错，国民党海军力量有限，无法从海上切断日寇交通线，阻截其援军，更无法派遣人马深入到日寇的后方去，可是，国民党军队可以对部队做适度的机动部署，一旦日寇有了向任何地方发动攻击的苗头，立即派遣足够的力量前去展开反击。做主动的准备，不是比被动的应战要好得多吗？余瑞祥曾经明确地向蒋介石提出了这一点，蒋介石答应过会重点考虑他的意见，以后还要请他随时跟蒋介石保持联络，共同探讨前线的战争局势。

日寇将会从杭州湾发动登陆作战，上海各大工厂要想全部搬迁出来，困难重重。毕竟，在敌人的炮火下搬迁本来很不容易，一旦日寇切断了中国军队的退路，等于彻底断绝了工厂内迁的希望。怎么办？要跟日寇抢时间，要在日寇的炮火下，尽可能多地搬迁一些重要的工厂到武汉来，然后未雨绸缪，早作准备，从武汉搬迁到西部。

余瑞祥说道："你们能够看到上海工厂搬迁到武汉的意义，的确令人欣慰。虽说也许随着战争的发展，上海的工厂不可能全部搬迁过来，但是，你们必须动员你们熟悉的上海厂家，让他们早日定下决心。而且，你们还要尽快跟武汉市政府和湖北省政府取得联系，做好接纳内迁工厂的准备。王世兄，你不是还有自己的码头和运输船吗？你可以动用你的船只帮助上海方面搬迁。这个示范作用，将比其他任何行动都要大。你们还可以动员商界的一切力量，尽一切可能，帮助上海厂家运输和迁移。"

王俊财和余瑞光慎重地点了点头，随即准备商讨到底如何展开行动。

临了，王俊财转换了话题。他问余瑞祥道："一旦上海失守，日寇进一步朝南京方向展开攻击，是不是同样要花费很长的时间？"

余瑞祥清楚王俊财其实是在担心武汉的安危，是在为武汉日后是不是需要迁移做考虑。他冷静地说道："如果国民党军队能够放弃一些不利于防守的地带，在关键地域做好防御的准备，并且无论是攻击还是退却，都井井有条，那么，的确可以在很长时间里让日寇难以攻入南京。"

这就够了。王俊财已经明白，或许，上海之战是国民党军队在东部战场上抵挡日寇时间最长的战争，心里隐隐为自己的厂子今后要搬迁到哪里去盘算起来了。

余瑞光虽说没有上过战场，却是一个精明的工厂主，他一样听出了这种意蕴。帮助上海方面的同仁，就是拯救自己，尽快行动、不能拖延，是他和王俊财现在必须全力以赴去做的事情。

跟余瑞祥商量过后，余瑞光、王俊财立即联络赵承彦以及武汉三镇的商界头面人物，召集他们开会，确立了帮助上海厂家搬迁的事宜，然后分别向湖北省政府以及武汉市政府提交了他们制订的计划。随后，进入了紧张的运作阶段，这时候，已经有一批提早做好搬迁准备的工厂启程向武汉开进了。

八路军办事处的运作早已进入正轨，余瑞祥把管理办事处内部事务的任务交给了一个具有地下工作经验并且能够协调各方面关系的工作人员，自己直接与社会各界的代表随时随地展开交流，同时秘密发展共产党组织。

在发展共产党组织方面，赵璇滢分担了很大一部分工作。她在组建妇女抗战救国联合会的同时，还在余瑞光的纱厂、王俊财的面粉厂、赵承彦的榨油坊，以及其他她非常了解的厂子里，秘密培养共产党人。有夫人相助，余瑞祥首先把目光锁定在汉阳兵工厂上。经过秘密调查，他派遣了一位地下共产党员，进入兵工厂，去组建工会，建立兵工厂地下党组织。与此同时，恢复湖北临时省委的工作，也慢慢展开了。

继续留在鄂豫皖根据地的红军，已经跟余瑞祥接上了关系。红军在高敬亭的领导下，历经国民党军队的多次“围剿”，仍然在以七里坪为中心的地方占领了一块不小的区域，并且经常能够向四周出击。

当年，余瑞祥在鄂豫皖拉队伍的时候，高敬亭是他手下的一名士兵。听说余瑞祥来到武汉的消息，他煞是兴奋，把队伍交代一下，只身来到武汉，见到了余瑞祥，好像孩子见到了失散多年的母亲，号啕大哭。

余瑞祥清楚高敬亭坚持了这么多年很不容易，心里面一定装了很多委屈，任凭他尽情地哭了个天昏地暗。

高敬亭终于不哭了，擦了一把眼泪，说道：“余主席，我实在想不通，我们跟国民党打了那么多仗，受国民党的苦还不够吗？为什么非得要跟国民党同坐一条板凳呢？难道我们自己不能抗日吗？”

余瑞祥心知这不是高敬亭一个人的想法，所有在南方坚持斗争的游击队领导人都会这样想。用共产党的纲领以及抗日的大道理来说服他吗？肯定已经有人跟高敬亭讲过这些。当初，赵璇滢派遣人员寻找到党中央的时候，告诉毛主席鄂豫皖还存在一支红军队伍，毛主席马上派人回到鄂豫皖，寻找留下来的同志。在余瑞祥启程前往武汉之前，毛主席派出的人跟高敬亭的队伍联系上了。正是有了高敬亭的队伍，有了赵璇滢这些坚守下来的共产党人，党中央才明确指示余瑞祥来武汉以后，要想方设法尽快恢复湖北临时省委。高敬亭知道中央的决策，还是这样的态度，难道仅仅用政策就可以说服他吗？

思忖了一会儿，余瑞祥说道："日本是一个强国，有雄厚的军事实力。武器装备比我们强得多的国民党部队，在日寇攻击面前毫无还手之力，仅仅依靠我们自己抗日，是不可能战胜日寇的。只有全国动员，全民动员，总体一盘棋，经过拼死血战，才有可能打败敌人。"

高敬亭很想说，八路军不是一走上山西战场，就打了一场大胜仗吗？共产党的军队为什么不能战胜敌人？何况，我们跟国民党军队打了那么多年，不是也没有被国民党军队消灭吗？但是，他没有说出口。

过了很久，高敬亭说道："余主席，我相信你。只要是你说的话，我都听。"

"你不是要听我的话，而是要听党的话，我们都要听党的话。我们正在跟蒋介石国民政府谈判，就南方各省游击队编列新四军的问题进行最后的磋商，很快会有结果。这段时间，你要好好做部队的思想工作。首先，你得把自己的工作做通，一旦编列成军，你们必须毫不犹豫地开赴抗日战场。"

"没说的，只要日本人敢来，我一定挥起铁掌，把他们打得粉身碎骨。"高敬亭豪迈地说。

"日寇不是国民党军，你可不能轻敌。也许，我现在跟你说这些，是太早了一些，但是，还是有必要给你敲一敲警钟。党中央制定的抗日政策，是发展独立自主的游击战争，但是，也不放松有利条件下的运动战。我们的八路军、新四军，都是要走向敌后，拽住日寇这头野牛的尾巴，不让它到中国的腹地四处撒野。"

吃了蒋介石一次大亏，虽说国共再度合作，共产党人不能不提高警惕，以免重蹈覆辙。仍然需要沿用大革命失败后共产党人常用的方式，秘密发展自己的组织，以此动员民众，使全民抗战早日来临。这跟形成武汉地区广泛的抗日民族统一战线交织在一起，增大了余瑞祥工作的难度。他一方面在极力地跟各方面的重要人物打交道，推进抗日民族统一战线的发展，另一方面又要发展党组织，一天到晚，都有处理不完的事情。

最初，他从来没有想到过要搬迁工厂。现在，王俊财、余瑞光让他明白了工厂搬迁是一件多么重要的工作，他不能不把自己的一部分注意力转移到这方面来。他期盼国民党的军队能够尽可能地迟滞日寇的进攻，延缓日寇攻占上海的时间，以便大多数厂家能够逃离战火，搬迁到武汉来，避免日寇利用他们攻击中国军队。但他很快得到消息：日军已经在杭州湾登陆了。饶是蒋介石曾经命令把守那一线的军队做了一些准备，可是，守军麻痹大意，力量薄弱，日军很快登陆成功，后续部队像蝗虫一样汇聚而来，向国民党军队侧翼以及后方猛扑。上海前线的防线顿时受到了强烈的震动。为了免于遭到日寇的包围攻击，蒋介石下达了撤退的命令，那些迟疑的厂家再也不可能搬迁了。

余瑞祥的心揪起来了，如果国民党军队能够有秩序地向后撤退，顺利进入第一道预设防御工事，在那儿挡住日本人的攻击步伐，南京或许可以保持得长久一点，给予南京一线工厂更多的时间朝武汉迁移，可以为国家的抗战保存一些必要的工业基础。然而，国民党军队能够不从撤退变成溃退吗？他很忧心。

赵璇滢把更多的时间投入到发动各界妇女参加妇女抗战救国联合会上。她首先在余记纱厂建立了一个妇女抗战救国联合分会，取得了一些经验，并以此为样板，指导联合会成员，广泛动员妇女组建相应的机构。她很注重自己亲手培植出来的第一个产儿，经常会去纱厂看一看。

已经好几天没有看到余瑞光了，赵璇滢心里不觉有些好奇：纱厂是余瑞光的命根子，他恨不得一天到晚泡在纱厂不挪窝，怎么会一连几天都看不到人影？太反常了。于是，她询问有没有人知道他的去向。

他是跟汉口的王老板、汉阳的赵老板到城外的一个工地上去了！

赵璇滢更加好奇，径直地找了过去。的确是在城外，不过，是跟城根紧紧地挨在一块。一路走去，寒风吹落了稀稀落落地挂在树枝上的最后一些叶子，在空中胡乱地飞舞。一片树叶贴在赵璇滢的眼睛上，挡住了她的视线，她本能地伸手拿开了那片树叶。已经隐约可以看到余瑞光、王俊财、赵承彦三个人站在一块，不断地向围在他们身边的人指指点点。她加快步伐赶上前去。

沿途有很多工人正在挥动着铁锹、铁铲之类的工具修筑道路，平整场地，还有一些人在架设电线。

看起来，他们的确在搞一个庞大的工程。她心里想，脚步越发轻快了，很快走到了他们身边，原先聚集在他们身边的人全都散开了，他们似乎已经安排完了工作，突然看到了赵璇滢，不觉有些诧异。

“是不是发生了什么事情？”王俊财本能地问道。

赵璇滢说道：“听说你们都在这里，我特地过来看一看。”

王俊财、余瑞光、赵承彦顿时放下心来。三人你一言我一语，把情况告诉她：上海方面的部分工厂马上要搬迁过来。他们已经征得了武汉市政府的批准，在这里给那些工厂划出了一块场地，但没有水没有电，甚至连道路也没有，他们决计自己动手，替即将搬迁过来的厂家把这些问题全部解决，等他们一搬迁过来，很快就可以开工。

赵璇滢说道："要是人人都像你们一样，日本人一定会被我们赶出去的。"

"哎哎哎，你的眼睛里怎么没有我呢？我也在这儿呀。"一个熟悉的声音传进了赵璇滢的耳朵。

那是王俊喜的声音。

"你？"赵璇滢说道。

"你觉得我的眼睛里只有利益，不会做好事吗？"王俊喜似乎有点生气了。

王俊喜当然会做好事。很多时候，要不是王俊喜，余瑞祥、赵璇滢都会遭到王俊林和其他国民党人的逮捕甚至杀害，赵璇滢更是在王俊喜提供的地方安置过秘密联络站。国共合作以来，他首先对抗战毫无兴趣，随后好像突然换了一个人，兴趣比谁都浓厚。他就是这么一个人，好恶只在一念之间。

赵璇滢笑了："你无论做什么，我都不感到奇怪。"

王俊喜高兴了，指着那些忙碌的工人，说道："看到了吗？他们大多数是我召集过来的，我的人都在这里照看着呢，没有一个人会胡闹的。"

赵璇滢朝忙碌着的人群望去，果然看到有一些人手里提了东西，到处瞎转悠，一个念头油然而生：他们不是强迫那些人来做苦力的吧？但是，依照余瑞光、王俊财、赵承彦的个性，也做不出来这种事呀。

王俊财一眼看穿了她的心思，连忙解释道："我们都对王俊喜说过，这里其实用不着人照看，可是，他偏要来，说是起保护作用。"

"你还是把我想歪了。我这个人是没有干过多少好事，手下养的一群人也要吃饭，可是，现在是什么时候？我能干没屁眼的事吗？这么大一个场地，不让人照看一下，万一出了什么事，或者有人进来偷点什么东西，怎么办？我得派人来看着呀。"王俊喜满脸不高兴，一副做了好事没有落到好的样子。

赵璇滢笑道："好啦，我误会你的好心了，好吧？"

这一回，王俊喜心里着实舒服了，卖弄地指着整个工地，向赵璇滢介绍着哪一块地方准备交给什么样的工厂，俨然一副主人的样子。

眉飞色舞地介绍完毕以后，王俊喜说道："我真不明白，这国民党军队吧，不说从其他地方开去上海的，单是路过武汉去上海战场的部队，一人一口唾沫，也能把日本人给淹死，怎么愣是没挡住日本人的攻击？即使没有挡住，刚开始还打得好好的，跟日本人一打就打了两个多月，怎么一撤退，完全没有章法了？即使我手下的兄弟上去，也不至于打成这个样子呀？”

“你有能耐，赶紧把你的兄弟带到战场上去试一试呀。”又一个声音在他们的身边响了起来。

几个人连忙循声看去，只见王俊林带着一帮兵士，不知道什么时候已经站在他们跟前。

王俊喜反唇相讥道：“我不像某些人，手里的队伍只要打仗保准一定是输，要么根本不敢上前线。某些人要是现在敢冲上战场，我立即带着我的兄弟一块去，看看谁的人马更厉害。”

王俊财一见王俊林要发怒了，马上阻拦。

上海战事因为日本人在杭州湾登陆以后，对处在战场上的国民党军队造成了极大的威胁，蒋介石不得不下令部队从战场上撤退。撤退的秩序一片混乱，跟炸了窝的马蜂没有多大区别，日寇的追击势头却异常猛烈，国民党军队经过第一道预设阵地的时候，怎么都稳不住阵脚，只有继续一个劲地朝后面撤。

王俊林接到上面的消息，一股凉气嗖嗖地从脖子直往脚下灌去，顷刻之间，浑身一片冰凉：按照这个打法，不要指望国民党军队会在第二道防线上挡住日寇！两道防线形同虚设，南京必将成为日寇囊中之物，战争该怎么打下去？武汉将会面临什么样的危险？即使国民政府曾经在西南做过一些准备又怎么样？真的能够利用那些复杂的山地顶住日寇的攻击步伐吗？山西的地形够复杂了吧？而且共产党的队伍也开进去了。八路军一进去，倒是打了一个不大不小的胜仗，但之后似乎熄火了，哑炮了，再也抖不了狠。日寇接连攻下许多地盘，连太原都攻破了。一种强烈的挫败感紧紧地包围着他，使他感到中国这头巨大而又无用的大象，正在走向末日。

他不敢继续想下去，赶紧跑到八路军办事处去找余瑞祥，问道：“国家真的快要完蛋了吗？”

余瑞祥望着濒临精神崩溃边缘的王俊林，说道：“你是经过战阵的人，不至于这样惊慌失措吧？只要我们把民众全部动员起来，大家横下一条心，跟日寇战斗到底，必定能取得最后的胜利。”

“可是，前线的情况很不妙啊，兵败如山倒，不，兵还没有败，山已经倒了。撤退毫无章法，日寇追击得太快，国民政府花费了很长时间修筑的工事没有起到一点作用。几天之内，日寇将兵临南京城下了，谁能挡得住它们？”

“国民党军队在战役指挥上的确犯下了许多错误，甚至在战略层次上也不够明智。

可是，越来越多的军队已经动员起来，即使南京丢失了，在第五战区，仍然会有一支强大的力量跟日寇展开血与火的较量。纵使不能遏制日寇的锋芒，也一定会让日寇每前进一步，必然付出惨重的代价。一旦日寇的攻击力到达最高峰，没有力量持续下去了，就不能不停止攻击。我希望你不要只看到日寇现在的胜利和军队现在的失败与混乱，更应该看到全民的力量可以遏制日寇的凶焰。身为武汉警备司令，你不仅要执行军事委员会的命令，继续修筑工事，而且还要积极训练你的兵士，把武汉变成日寇的坟墓。”

余瑞祥的这番话果真鼓起了王俊林的勇气。他不仅照做，甚至准备召集人手，研究如何在武汉市区修筑地下掩体，构建地下通道，做好跟日寇打巷战的准备。毕竟，王氏家族发迹于武汉，王氏家族的一切已经跟武汉这座城市融为一体，武汉落到日本人手里，就是王氏家族落到了日本人手里。

可是，王俊林无力修建如此庞大的工程，武汉行营主任也不支持他的计划。他只有每天到修筑工事的现场去亲自查看，亲自指导。

这一次，从修筑工事现场回来，快要进入武昌，听说这里在大兴土木，王俊林感到很惊讶：自己没有下令在毗邻武昌城区的地方修筑工事呀。他决计过来看个究竟，没想到，竟然听到了王俊喜说的话。他自己可以责怪国民党军队没有打好仗，王俊喜竟然也嘲笑起国民党军队来了，他的心里很不痛快，准备好好教训王俊喜。既然王俊财他们一块打圆场，他只有强压下心头的火气。

王俊喜懒得再理会王俊林，一声不吭，率领几个手下扬长而去。

大家都知道王俊喜跟王俊林不合，都不去管他。很快，对前线战争态势的关注，成了他们共同的话题。王俊财、余瑞光、赵承彦已经跟上海方面失去了联系，只是按照上海被攻占之前跟那边厂家的约定，在为他们的到来做准备，根本不知道他们什么时候抵达武汉，更不知道前线的战况到底如何。赵璇滢一直忙着发动妇女，组织妇女抗战救国联合会，回到八路军办事处，根本没有时间询问丈夫前线的消息。王俊林的出现，使他们有了询问前线战事的机会。

王俊林能够回答得了前线的战况，却无法回答得了军队到底能把日寇挡在武汉之外多长时间，他自己还要去询问余瑞祥呢。

这时候，一辆黄包车风驰电掣一般奔了过来，急切地告诉他们，已经有一批打从上海方面迁移过来的五金厂抵达了码头。

王俊财赶紧一把扯下那人，自己坐上黄包车，又是一阵旋风，朝码头奔去。

下了车，只见码头上果然停泊着几艘轮船。有一艘轮船看起来千疮百孔，似乎刚在战火纷飞的战场上经过激烈冲杀，才突出重围的。很多人拥上了轮船，正在忙碌地搬运着船上的各种机械，吵闹声不绝于耳。

王俊财的眼神掠过不停忙碌的人们，一眼看到王俊喜正跟几个颇有身份的人在甲板上说话。不用说，王俊喜一定是刚一离开工地，路上听说了第一批轮船抵达的消息，便带领他的手下前来帮助他们搬运机器设备了。

“辛苦辛苦，一路辛苦。”王俊财走上前去，说道。

正是经常跟王俊财联络的人。因为王俊喜说王俊财是他哥哥，又带着一帮人前来帮忙搬运货物，那人万分高兴，跟王俊喜一见如故，相谈甚欢。猛然听到一个熟悉的声音，那人回头一看，赫然发现王俊财出现在眼前，惊喜不已，伸出手来，跟他的手紧紧地握在一块，摇了又摇。

寒暄过后，王俊财向那人介绍武汉这边的大致安排。

王俊喜指挥着他的人马，把船上的机器设备向岸上抬去，吆喝声、各种东西的碰撞声，夹杂在一起，响个不停。

王俊财带着那人，在忙碌的人群中像蛇一样地绕来绕去，终于走下了轮船，登上了码头。一介绍完这边的安排以后，王俊财立即询问起前线的情况。原来这些船只真的是从敌人的炮火之中杀出一条血路，九死一生，来到武汉的！原来上海的战事比想象的还要残酷！原来还有很多厂家即使搬离了上海也被日寇追上了，赶了回去！

“武汉真的注定守不下去的话，得早点着手搬迁。”王俊财暗暗心惊。

第六章

战时首都

第一批从战地搬迁出来的工厂终于在武汉安家落户了。淞沪战场上双方拼死作战的真实境况，通过目击者的讲述，栩栩如生地映入了人们的脑海。武汉人这一次真真切切地感受到了战争的残酷与恐怖，心里受到了强烈的冲击。

然而，这不过只是刚刚开了一个头。紧接着，陆续有好几批工厂从上海搬迁过来了，他们遭受的磨难一个比一个深重。随后，武汉好像敞开怀抱的避难所，迎接并吸收了从华北地区搬来的工厂以及拥来的难民，他们扶老携幼，疲惫不堪。更有甚者，政府各相关部门与机构，也加入到逃难的大军，纷纷跑到武汉来了，有些到了武汉还不敢歇脚，坐着轮船继续朝重庆方向跑去。每一个工厂，甚至每一个人，都会带来不同的消息，把武汉人弄得提心吊胆：国家快要完了！绝大多数人似乎一下子失去了方向，看不到未来。

“继续下去，武汉人心一散，那可真的彻底完蛋了！”王俊林应付不了这样的局面，跑到八路军办事处，向余瑞祥抱怨道。

“八路军办事处正在做工作，你也应该行动起来，开动所有宣传机器，明确告诉民众，首都虽是国家的象征，即使沦陷，不等于国家沦陷。国民政府已确定把重庆当作陪都，把武汉当成战时首都，只要大家团结一心，真正结成抗日民族统一战线，一定可以打败日寇，收复失地！”余瑞祥镇定地说道。

“可是，他们不会相信的！”王俊林头摇得像拨浪鼓一样，“一旦首都沦陷，他们一定会觉得塌了天！”

“只要你讲清了道理，他们会相信的！”余瑞祥以不容置疑的口吻说道。

“即使他们相信首都丢了我们也可能再收复，可是，那么多流民都跑过来，都说战争怎么残酷，中国军队怎么对付不了日本人，他们还会相信我们吗？”王俊林还是满怀疑虑。

“恐怕主要是你不相信吧？”余瑞祥注视着王俊林，严肃地说道，“军队阻挡不了日寇的进攻，日寇凶悍是一个方面，国民政府实施片面抗战，同样难辞其咎。别看日寇现在凶焰正盛，只要我们把民众全部动员起来了，不说一人一口唾沫，用十个人、二十个人去拼掉一个日本人，他们都不可能猖狂下去！”

“真的要这样吗？”王俊林问道。

“我只是一个比喻！我不过是想告诉你，动员民众，是战胜侵略者的基石。”余瑞祥说道，“你身为警备司令，必须稳定民心动员民众。严防日寇轰炸武汉，务必要大量修建防空洞。同时，还要加紧修筑预设战场，一定要让日寇在武汉碰得头破血流！”

余瑞祥非常清楚，完全依靠王俊林做这些工作，是不现实的。他必须加快筹建湖北临时省委的步伐，主要利用共产党的力量，来稳定人心，调动武汉民众的抗战热情，让每个民众都清楚：只要大家全力以赴，万众一心，首都丢了不可怕，一定可以重新把它夺回来！眼下，确保武汉不会轻易落到日寇手里，不仅是武汉人，也是全体国人的首要任务。

前线一片混乱，余瑞祥不可能指望国民党军能够像在淞沪抗战时期一样在南京顶住日寇几个月的攻击。南京一旦沦陷，敌人是否会趁胜利的余威，溯江向西攻击武汉呢？不，溯江西上，沿途大多是崇山峻岭，有很多军事要塞，便于防守，不利于进攻，从这条线路展开进攻，完全违背了军事上趋利避害的原则，日寇再凶悍，再狂妄自大，只要有其他途径，一定不会这样做。他们定当选择一条易于进攻的路线：从南京向郑州方向进攻，然后折而南下，进攻武汉。其间，他们还可以打通津浦线以及陇海线，源源不断地获取后勤补给，并与进攻华北的日寇会合，形成强大的进攻优势。日寇向郑州发起进攻的时候，对手是桂系李宗仁和白崇禧的人马。其武器装备不逊于国民党中央军，战斗力不容小觑，李宗仁和白崇禧都是国民党数一数二的将领，应该会竭尽全力，令日寇吃尽苦头，延缓日寇的进攻步伐。这无疑会给予其他中国军队一定的喘息时间，同时等于是给予了中国政府动员民众的时间。

想到这些，余瑞祥在颇感庆幸之余，又觉得时间弥足珍贵，加紧联络各路人马，继续编织抗日民族统一战线的巨网。

这时候，王俊财又来到了八路军办事处。亲自接待并跟余瑞光、赵承彦一块安顿打从上海、平津、山东方向搬移过来的工厂时，王俊财听多了各位厂主的抱怨。他们几乎众口一词，纷纷抱怨国民政府在战争来临之际没有考虑到要把沿海以及内地的工厂向大后方转移，导致他们措手不及，几乎都是冒着敌人的炮火与飞机轰炸，蒙受了惨重损失，侥幸把厂子迁移出来的。

前线到底能够跟敌人打多久，南京会不会陷落？武汉会不会陷落？如果南京、武汉都守不住了，它们什么时候会陷落？王俊财渴望知道这一切，以便提早做出计划，把自己的工厂，并尽可能带动武汉地区的工厂，搬到更安全的地方。

再次面对他提出的问题，余瑞祥不能不回答："你应该很清楚，南京守不住的可能性很大。但是，面对强敌，我们不能跟敌人争一城一地的得失，应该把着眼点放在消耗敌人的有生力量，分散敌人的力量，迫使敌人无法集中兵力朝任何方向发动新的攻击上。正是基于这个原因，国民政府把日寇的重兵吸引到上海，减轻了华北战场上中国军队的压力。以后，我们仍然需要这样做。”

尽管余瑞祥还是没有给出明确的答复，但是，王俊财明白，南京绝不可能像上海一样坚守数月，可能很快被攻陷。

他望着余瑞祥，问道：“你觉得，日本人会沿什么方向攻击武汉？”

“根据军事常识，华东方向之敌攻陷了南京以后，会向郑州方向展开进攻，与华北日寇会合，一道南下攻我武汉。这一带，有李宗仁将军率部把守，他一定会利用广袤的空间，复杂多变的环境，选择有利位置，重挫日寇。”

“武汉会很快陷落吗？”

“有这个可能！毕竟，李宗仁、白崇禧再有军事才干，他们执行片面抗战政策，只可能延缓敌人的进攻，不可能阻挡得了敌人。”

“这么说，我们得尽快着手搬迁的准备工作。”

“你们可以提前准备。不过，国民政府军事委员会既然已经把日寇的重兵吸引到了上海，一定会采取同样的措施，把他们的重兵吸引到其他方向，比如说溯江西上。”

“溯江西上对日寇最不利吗？”王俊财惊讶地问道。

“王世兄，你曾经组织过商团，不应该问这个问题。哦，你以为日寇轻易突破江阴要塞，便可以把其他要塞和崇山峻岭全部踩在脚下吗？不！情况不一样。中国军队从上海撤退之际毫无秩序，影响了江阴要塞的军心。一旦我们的军队、我们的民众都行动起来了，可以利用复杂的地形，最大限度地消耗敌人，迟滞敌人的进攻速度。”

堆积在王俊财脑子里的疑虑，在这一刻完全消失了。至于日寇会不会攻到武汉，何时攻占武汉，他已经不需要过问了。他必须在这段时间里，和余瑞光、赵承彦联合起来，组织在汉的所有工厂，为抵抗日寇的进攻，夜以继日地生产前线最需要的作战物资。

几天以后，王俊财听说日寇已经兵临南京城下，是王俊林告诉他的。

王俊林得到的消息其实并不多。他只知道，日寇正在疯狂地攻击南京，南京卫戍司令唐生智指挥人马正在跟敌人展开激烈的战斗。通过上次与余瑞祥一席长谈，他很清楚，南京很快会落到日军手里。武汉即将成为敌人下一个进攻目标，身为警备司令，他必须像余瑞祥说的那样，为保卫武汉做出最大的努力。

随着国民政府以及军事委员会的各大机关相继迁移到武汉，王俊林这个曾经在武汉呼风唤雨的警备司令，身份与地位一天天地矮了下去。别说蒋介石的那些嫡系将领一个个趾高气扬，即使其他地方实力派人物，他也只能仰视。在他们面前，他好像一个被指使的下人，只要接到主人打来的电话，需要他提供房屋或者其他任何东西，他都必须绞尽脑汁为他们办成。

王俊林其实已经在执行自己跟余瑞祥商量好的那些计划，又不得不把大量时间消耗在这些事情上。但又怎么样呢？人家是大爷，他是孙子，不能不伺候他们。好在，有共产党人一同动员，武汉民众的心已经安定下来了。

余瑞华为此很是愤怒，跑去警备司令部，对王俊林说道："你批准我上前线跟日寇作战吧，我再也无法忍受下去了。"

"我都忍受下去了，你为什么忍受不下去？"王俊林训斥道。

很费了一些口舌，好不容易劝走了小舅子，王俊林心里憋得慌，想找一个人倾诉，也想发泄心里的愤怒和无奈，他决定去八路军办事处。

见到余瑞祥，根本不管他现在正忙些什么，王俊林一把将他拽到一边，把心里的苦水都倒了出来。最后，王俊林说道："他们守不住南京，跑来武汉，还作威作福，真是混账透顶！武汉不是南京，哪能跟南京比？我好不容易替他们准备了房子，他们竟然说三道四，恨不得一口把我吞下去。让这样的家伙霸占着军事委员会，哪有不败的道理？"

余瑞祥一样在为房子的事情犯愁。自从陕北红军改编成八路军走上抗日前线，蒋介石发表了承认共产党合法地位的谈话，按照跟国民党达成的协议，中共中央向全国各中心地区派遣代表，组建八路军办事处，负责沟通方方面面的联系。武汉是其中之一。南京面临敌人攻击，国民政府、军事委员会、各大机关纷纷外迁，南京八路军办事处不能独善其身，亦即将迁到武汉，跟武汉八路军办事处合并。武汉八路军办事处现在的办公地点，已经显得有些拥挤了，一旦南京八路军办事处迁移过来，将会更加铺展不开。因而，他跟武汉行营主任、湖北省主席、汉口市长都进行过多次沟通，希望给八路军办事处安一个新家。新家的位置，余瑞祥已经看好了，就在原来的日租界中街89号，原先日本人在那儿开设了一家洋行，现在空着。但他们竟然再三推诿，直到现在都没有落实到位。王俊财听说了这个事，很想给余瑞祥另外找一个地方，可南京方面要搬迁到武汉来的单位很多，空间大一点的，房子好一点的，交通便利一点的，几乎都被人提早动手预订上了，一时半刻，还真的难以找到合适的房子。

听了王俊林的话，余瑞祥深有感触，说道："战争时期，的确不必要过于讲究。"

王俊林越发来了气，忍不住骂道："他们既不上前线，也不知道后方的苦楚，只知道嘴巴一张，要这要那，一群废物！我真恨不得上前线，跟敌人拼一个你死我活，也比在这里受窝囊气要好得多！"

余瑞祥说道："不要说孩子气的话。只有你最熟悉武汉的情况，不把军事委员会安顿好，你不可能离开武汉，尽量想办法满足他们的要求吧。”

国民党兵败如山倒，王俊林自知无力回天，并不是真不想带领部队上前线。

他非常清楚，南京政府似乎不是所有的人都愿意抗战。一开战，行政院长汪精卫便一直嚷嚷说不抵抗未必会亡国，抵抗必定会亡国，典型的不愿意抗日。如果说以前国民党跟日寇打得山河变色之际，王俊林对汪精卫的说辞不感兴趣的话，那么，上海防线被日寇攻垮了以后，敌人在十几天的时间兵临南京城下，王俊林不由得感兴趣了，又不能公开附和，担心一顶汉奸的大帽子压下来。他来找余瑞祥，其实是特意试探余瑞祥的反应，说自己要上前线，只不过是前奏。

自信已经摸到了余瑞祥的心思，王俊林说道：“如今，国民政府已经搬迁到了重庆，蒋委员长虽说还没有抵达武汉，汪精卫已经来了武汉。我听说，汪精卫说的话还很有一些人相信，你觉得怎么样？”

余瑞祥脸色凝重，郑重地说道：“跟优势的敌人作战，的确会遇到很多困难，在民众没有被普遍动员起来的情况下，遇到的困难一定会更多一些。但是，一定要相信，只要我们形成牢不可破的统一战线，抗战的前途是光明的！”

“可是，汪精卫毕竟是行政院长啊。”王俊林说道。

汪精卫当年还是武汉国民政府的主席呢，余瑞祥心里说道。

以前跟王俊林接触，从来没有发现他有不抵抗的念头，至多不过是不愿意亲自率部走上战场。现在可好，他竟然公开拿汪精卫的言论出来试探，好为以后不抗日做铺垫！余瑞祥十分生气。他不能让王俊林朝不抗日这条死胡同里面钻，得让王俊林鼓足抗战到底的信心与勇气。眼下遇到了再多的困难，有什么可怕的呢？坚持下去，就有希望；放弃抵抗，个人将会背上汉奸的骂名，国家将会陷入万劫不复的灾难。

余瑞祥正和王俊林说着话，蓦然进来了一个人，正是汉帮帮主王俊喜。

一听余瑞祥的话头，再看王俊林的脸色，王俊喜马上知道他们在谈什么。他一直希望借战争之机扩张汉帮的实力，从来没有想过要当汉奸！听赵璇滢、余瑞祥说过了全民抗战的重要意义，看多了哥哥王俊财以及余瑞光、赵承彦他们支持抗战，他也带领帮众支持抗战，而且全心全意。谁知王俊林竟然露出了不抵抗的苗头。他不觉更加蔑视王俊林，堂堂中将，竟然连三岁小孩的智商都不如，三岁小孩都知道，人家给了你一个耳光，你必须还人家一个耳光，人家今后才不敢再欺负你，要不然，从此以后麻烦不断。

这汪精卫当年就不是好东西，跟共产党打得多么火热呀，一翻脸，把共产党杀得血流成河。都说蒋介石在上海杀共产党杀红了眼，王俊喜没有见过；但汪精卫在武汉杀共产党人，他是见过的。汪精卫开始跟蒋介石水火不容，最后还是搞到一块去了。所以，汪精卫干出什么样的勾当，王俊喜都不觉得意外。

不抵抗国家亡不了，抵抗国家才会亡掉吗？放屁！日本人在1931年9月18日攻击北大营的时候，蒋介石也说不抵抗，日本人一下把东北占领了，然后一步步逼向了华北，紧接着，又在上海制造了“一·二八事变”，占领了一个随时可以进犯中国的桥头堡。蒋介石不抵抗，叫嚣的是攘外必先安内，要对付红军，如今红军已经跟国民党联手走上了战场，内部已经安好了，应该是抵抗的开始呀，抵抗，国家才能生存嘛。

国家跟帮会有什么区别？没有区别，帮会其实就是一个小型国家。自己在刚开始招兵买马、准备统一武汉大小帮会组织之初，有多少人对自己虎视眈眈？有多少人要向自己开刀？如果自己不抵抗，还能在武汉有立足之地吗？说不定早已横尸荒野了！一切都要靠自己用武力把它打下来。你要是把日本人打低了头，他才会服你，不敢继续侵略你。这是唯一的法则。

王俊喜说道：“呀哈，我还以为余世兄跟谁谈论什么国家大事呢，原来尽是一些狗屁话。人家愿意当狗，让人家当去，何必拦着他。”

一团怒火腾地从王俊林的心田蹿上来了。

余瑞祥拦住了他，说道：“汪精卫散布不抵抗言论，的确会对我们发动民众产生一些冲击，也会对我们的国家和军队产生一些不好的影响。但是，时至今日，汪精卫已经无法左右国民政府的政策，只要我们对他的不抵抗政策进行无情的揭露和批判，一定能继续动员广大民众参与抗战。”

堵在心里的一团火无法发泄，王俊林狠狠地瞪了王俊喜一眼，怒气冲冲地离开了。

王俊喜把自己控制的码头全部贡献出来，为迁移来汉的工厂提供方便，赢得了很多人的赞誉。自此，他一发而不可收，更加卖力地帮助各种抗日组织。依据各种各样的消息来源，他知道前线的战况，也知道那些达官贵人迁移到武汉来的时候，依旧有多么不堪。

“国家危难之际，他们还是如此黑心烂肝！跟帮会一样，没有一个好的领头人，啥都干不好！”接连思考了好几天，王俊喜下定决心，跑来八路军办事处，试图鼓动余瑞祥单独打起抗日的大旗。

王俊喜说道：“指望那些狗杂碎指挥抗日，恐怕真的不行。余世兄，他们来到了武汉，这儿可是我的地盘，我只佩服你。只要我一声令下，管他防备有多森严，我的兄弟们一定会在一夜之间，把这些狗东西全部杀光，到时候，你出来指挥全国的抗战，怎么样？”

从他那一副胸有成竹的表情上，余瑞祥可以想象得到，王俊喜一定派出了不少人马，混进了那些他认为应该除掉的国民党军政要员身边。余瑞祥打了一个冷战：一旦王俊喜有任何异动，将会掀起怎样一种惊涛骇浪啊！

余瑞祥说道："王世兄，你能够坚持抗战，我深感钦佩。但是，中国的抗战并不是哪一个政党哪一个阶层所能包办的，得实现全民族全民众的团结，才有希望最终战胜日本侵略者。任何与这个大局相背离的行动，都是不可取的，最后都会引起谁也无法预料的混乱，只会给日本人可乘之机。"

王俊喜不能让自己好不容易想出来的高招落空。他进一步劝说道："想想看，你是要抗日的，可是，你向他们提出了一点小小的要求，他们不是在推三阻四吗？他们眼里哪有什么抗日大业？只有他们自己的盘算。如果不趁现在这个混乱的机会下手，以后只怕永远都没有下手的机会。"

余瑞祥正色道："我永远不会支持这样做，也绝不会坐视这样的行为！如果你真要做天下人唾骂的事情，我只有把你强行留在这里！"

王俊喜不敢再说下去。出了八路军办事处，他的心里一直不痛快，不停地埋怨余瑞祥迂腐，不是干大事的人。

突然，王俊喜接到消息，蒋介石即将来到武汉，他勃然心动：既然不能杀人，何不给蒋介石一个难堪呢?

蒋介石出行，一路上肯定保护得很严密，特别是出飞机场的路上，安保措施一定更加严密。只有快要到达位于武昌图书馆的国民政府军事委员会，才可能会有松懈，找得到机会对蒋介石实施突击。

王俊喜连忙传令下去，让武昌方向的帮众做好冲击蒋介石车队的准备。

天黑时分，他接到报告："成功了。在蒋介石的车队快要转入图书馆的时候，我们的人突然从隐蔽之地跳出来，高喊一声'不抗日的人都得死'，并一枪打到了第一辆车的轮胎上，差点让后面的车全部撞在一块了。"

王俊喜异常兴奋，一跃而起，挥舞着拳头，在屋子里一边走来走去，一边高声叫唤："这一下，老子也把天给捅了一个窟窿！"

很快，王俊林接到蒋介石车队遇刺的消息，命令人马火速出动，搜寻一切可疑人员。这时候，蓝衣社的特务、中央组织部调查科的特务已经全体出动，在全城展开了搜寻。王俊林的人马加入其中，增添了武汉三镇的紧张、混乱与纷扰程度。他们一直忙碌到第二天上午，也没有找到任何线索。

或许，我们找错了方向，最不受怀疑的人，才应该受到怀疑。王俊林心里想道。

他在脑子里把所有认识的人拨拉了一遍，定格在跟王俊喜身上。

一旦怀疑上了王俊喜，他的眼帘浮现出王俊喜去八路军办事处见余瑞祥的一幕，更加相信一定是王俊喜干的。王俊喜去找余瑞祥，一定是为了商谈这件事，并且得到了余瑞祥的赞同。一念及此，王俊林便决计去八路军办事处，向余瑞祥旁敲侧击一番，看能不能有所收获。

一夜未曾合眼的王俊林带着随从，径直去了八路军办事处。

此时，八路军办事处一片繁忙。门口停放着好几辆小汽车、黄包车，还有大大小小的包裹以及各种物资。从纷纷扰扰的人群中，他一眼认出了一些熟悉的人影，都是当年参加南昌起义的时候，跟他见过面的共产党高层人物。

一看到这阵势，王俊林马上明白，他们是南京八路军办事处的，在南京遭到日寇的攻击之前，搬到武汉来了。

王俊林走上前去，跟他们打了一声招呼，神神秘秘地把余瑞祥拉到了一边。

一得到蒋介石遇刺的消息，余瑞祥马上联想到王俊喜对自己说过的那些话，同样怀疑事情是王俊喜做下的，心想：这个王俊喜，太胆大妄为不计后果了，竟然打起了蒋介石的主意！蒋介石可不是汪精卫，正在竭力抗日呢。真是胡来！一旦此事掀起滔天波澜，别说抗日了，应付国内的危机就是一件令人头疼的事情。他的第一个念头是立即去质问王俊喜，可是，南京八路军办事处的全体人员已经抵达了武汉，他只能暂时把这件事放在一边，接待从南京过来的同志。

新的办事处地址仍然没有落实，南京办事处的人马只得先在安仁里住下来再说。正招呼着自己的同志，一见王俊林，余瑞祥马上明白他的来意。他了解王俊林跟王俊喜的个人恩怨，更了解蒋介石的秉性，何况，他没有任何证据证明这事是王俊喜做的，绝不会把王俊喜跟自己的谈话内容说出去。

王俊林说道："蒋委员长遇刺了，我想，你应该能够为我提供一些线索。"

余瑞祥说道："你不至于怀疑这件事跟我们共产党有关吧？"

"你多心了，我是想向你请教，如何尽快查清此事。身为警备司令，领袖遇刺，我如果找不到真凶，很难向上头交代。"王俊林说道。

"这是你的事情，我期待着你尽快揪出凶手。"

王俊林绞尽脑汁，在全城设下弥天大网，试图探查出凶手的蛛丝马迹，可是，毫无一点迹象可循。他曾经正面跟王俊喜交锋过，言谈里面无不流露出王俊喜就是幕后凶手的意思，但王俊喜硬是不接他的茬。

听到蒋介石遇刺的消息，王俊财感到很惊讶，刚开始还没有怀疑到弟弟头上。堂弟竟然公开地询问王俊喜，王俊财心里打了一下鼓。王俊林虽说痛恨王俊喜，毕竟还是讲究兄弟之情，并没有真正对王俊喜实施过任何报复。这一次，也许王俊林是探出一些什么了，自己得问一问王俊喜。

王俊喜做出这件惊天大案，其实巴不得与人分享，没有隐瞒哥哥。

事情真是弟弟做的，王俊财气得差点吐血，责骂道："你太不知轻重，一旦引发了国内的混乱，你将会成为民族的千古罪人！"

骂归骂，弟弟已经把事情做出来了，王俊财也不敢吐露出去。

警备司令部以及特务们明里暗里调查了好几天，逮捕了许多嫌疑人，严刑拷打，布设陷阱，什么招数都使出来了，一直没能查出真相。后来，因为传来南京失陷的消息，勾起了国人心中深深的痛恨与悲伤，几乎每个人都把注意力放到那上面去了，此事不得不暂时搁置下来。

防守南京的部署很仓促，防守部队都是从上海战场溃退下来的，虽竭力血战，一来日寇攻势凶猛，二来中国军队指挥失误，导致数天之内南京危在旦夕。唐生智接到军事委员会的撤退命令之后，组织混乱，以至于大量军队没能撤出去。他们放下了武器，也遭到了日寇的残酷杀害。日寇像一群群野兽，一进入市区，就烧杀抢掠，奸淫妇女，无恶不作。焚毁的房屋，熊熊燃烧的烈火，遭到屠戮的民众，响彻云霄的惨叫，整个南京城变成了人间地狱。

王俊喜咬牙切齿，愤怒地叫骂道："日本人都是畜生，他们不是人！"

他一怒之下，准备吆喝自己的帮众扛起武器，走上战场。王俊喜要投军，总比在武汉继续当汉帮帮主要好得多，王俊财也支持，但王俊喜不过是说说而已，他主要针对的目标还是王俊林。他看不惯王俊林不去战场跟日寇拼一个你死我活，却在后方为了拍蒋介石的马屁，把整个武汉搞得风声鹤唳。这一切都是蒋介石造成的。余瑞祥不是说过了吗？军队不应该死守，应该机动作战，可蒋介石硬是要把军队送到日寇的嘴里去。还有，已经跟日本人打起来了，蒋介石竟然还在暗中跟日本人谈判，试图牺牲中国的利益，以保自己稳坐中华民国的江山。

蒋介石说要抗战，要救国，王俊喜本来是不相信的。但赵璇滢、余瑞祥也说，只有全民抗战，人人都来保卫国家，国家才有希望。王俊喜不相信蒋介石，只相信赵璇滢、余瑞祥，也出来救国了。谁知蒋介石只是鼓动老百姓救国，好让追随他的那些军政要员打着救国的幌子，继续寻欢作乐，花天酒地。发行的救国券，要老百姓买。王俊财买了，余瑞光买了，赵承彦买了，赵承博买了，王俊喜买了，那些达官贵人谁买了？

王俊喜思维越来越混乱了。一混乱，脑子就有点疼痛；一疼痛，竟然隐隐约约浮现出了一个女人的身影。是柳彤萱，是的，只有柳彤萱，让他如此魂牵梦萦。他已经好长时间没有亲近柳彤萱了。她风姿绰约的身材一进入他的脑海，他再也不会把其他任何事情放在心上了。

“斑马日的，他们愿意怎么搞让他们搞去吧，跟老子屁不相干。老子手里有人，谁坐天下，都是一个人物！”这么一想，他竟然为自己曾经对那些深受磨难的人们施以援手感到脸红。狗日的，蒋介石都不管老百姓的死活了，老子为什么要管？老子不是余瑞祥，不是共产党，老子手下的人马要吃饭，要穿衣，要享受。什么抗战，老子再也不理睬他了，老子及时行乐去！

日寇的暴行深深地激怒了余瑞华，他再也不愿意继续在武汉修筑外围工事了，坚决要求上前线跟日寇拼命去。

他来到了八路军办事处，跟余瑞祥说出了心思。

余瑞祥望着三弟，说道：“面对残暴的敌人，只有以更加坚定的决心执行动员民众抗战到底的政策，舍此别无他途。你做得对。虽说修筑工事仍然是必要的，但是，只是凭借几条工事，是不可能挡住日寇的。”

受到二哥的激励，余瑞华赶紧去警备司令官邸面见王俊林，准备正式提出上前线的要求。来到大门口，余瑞华听到从里面传出了王俊林跟二嫂的说话声，两个声音都有些激动，似乎是在争吵。他心头一凛，风一样地刮了进去。余雅芳正低垂着脑袋，坐在沙发上，脸上什么表情都没有。赵璇滢一脸的愤怒，眼睛里面冒出了火，熊熊地烧向了王俊林。

王俊林一点也不回避赵璇滢的眼神，说道：“二嫂，余雅芳已经在你的撺掇下，帮我堂兄管理家族产业了。你还想把她拉进妇女抗战救国联合会。就凭你们妇女也能救国？堂堂的正规军队都难以救国，让日本人把南京城糟蹋得不成样子，你们妇女还能做出什么事来？”

“抗战救国，人人有责。二姐如果希望参加妇女抗战救国联合会，那是二姐的自由，你干涉不了。”余瑞华心里有气，马上跟王俊林接了火。

余雅芳微微抬起眼，看着三弟，脸上流露出了坚定的神色。

对付赵璇滢已经很困难了，现在又来了一个余瑞华，王俊林火气更大了一些。他调转枪口，怒喝道：“余瑞华，你在跟谁说话！”

余瑞华冷静了许多，说道："你是被日本人的暴行吓怕了，再也不敢让二姐出门。你知道这是什么行为吗？这是懦夫！"

"住口！"王俊林暴怒地跳了起来，吼叫道。

余瑞华不仅没有住口，反而越说越激动："日本人越凶暴，我们越要拧成一股绳，跟他们拼到底。你不仅不应该阻止二姐参加妇女抗战救国联合会，还应该率领我们的队伍，开赴战场，打日本人去。"

"住口，你给我住口！"王俊林声嘶力竭地咆哮道。

余瑞华说的每一个字都令王俊林感到胆战心惊。那是上前线吗？不，是去送死。如果说以前王俊林的确曾经想过要去前线跟日寇拼一拼，那么，现在，他连一点这样的意思也没有了。明知道不可能从日本人手里得到任何好处，上去只有送死，为什么还要上去？

"我今天来见你，是希望你向军事委员会提出申请，我们一块开赴前线。要不然，我自己会提出申请，率领我一个师的人马去前线。"

"好！三弟，你做得好！越是危险的时候，越应该挺身而出，走上战场，即使血染疆场，也毫无畏惧。"赵璇滢立即高声鼓励。

余瑞华手下的一个师，是王俊林最精锐的部队，王俊林怎么舍得让他带领着走上前线呢？王俊林自己也不会走上前线，他不能把辛辛苦苦积累起来的本钱全部扔进战场，即使到了非扔进战场不可的时候，那也得看战争情势而定，绝不是现在。日本人是畜生，此时正杀红了眼，有多少脑袋送上去，日本人都杀得完。王俊林急得浑身上下都是汩汩而出的汗水，从头上冒出了烟似的汗雾。

"三弟，要是大哥二哥听到你走上前线的消息，他们一定会很高兴的。"没容王俊林想出说服余瑞华的办法，他竟然听到了余雅芳的声音。夫人终于跟赵璇滢走到一块去了。虽说早已知道余府每个人都有自己的个性，一旦下定决心打算做什么事情，决不会退缩，王俊林还是为夫人此时公开支持余瑞华的行动感到震惊。他高声喊道："不，现在还不是我们上前线的时候。我们的任务还没有完成，怎么能上前线？"

"如果你们要上前线，我们也跟着一块去。"几个声音一块高叫道。

紧接着，有几个人奔了进来，他们是王卓文、王晓燕、余立、赵英嗣、赵雪莲。

尽管他们曾经先后跟赵璇滢谈论过只要日本人一侵略中国，他们马上退出学校，参军上前线去打日寇，被赵璇滢阻止了。但是在听到日寇在南京的暴行时，他们被彻底激怒了。

"再也没法在大学待下去了，我们的课堂在战场。"他们结伴来到八路军办事处，准备向余瑞祥提出参加八路军的要求。

余瑞祥不在，赵璇滢此时也外出公干了。接待他们的人和颜悦色地告诉他们，抗战是长期艰苦的过程，有抗战的理想和志气，的确很好，可是，也不一定非得现在马上走上战场，把本领学到家，等毕业了，再上战场也不迟。这跟赵璇滢原来说的如出一辙。

共产党这边不要，不是还可以投靠国民党军队吗？王俊林是武汉警备司令，投靠王俊林去。马上有人反对，说是王俊林太油滑，投靠他恐怕上不了战场，不如直接去投靠余瑞华，余瑞华毕竟是一个有理想的人，一直盼望着上前线，再跟余瑞华一鼓动，机会就大多了。偏巧余瑞华也没有找到，他们只有抱着最后的希望，硬着头皮来到了警备司令官邸。

在门外，竟然听到了余瑞华的声音，而且赵璇滢也在那儿，他们大喜过望，冲锋陷阵一般地闯进去了，丝毫不管王俊林在跟余雅芳她们争论什么，七嘴八舌，说出了各自想进入军队，去打击日寇的打算。

"回学校读书去！捣什么乱？还嫌我这里不够乱吗？"王俊林气得不断地挥动着手臂，一副要把他们全部轰走的样子。

然而，他们并没有要走的意思，一个劲地请求余瑞华带他们上前线。

余雅芳很是感动，情不自禁地说道："要是跟你们一样年轻，我也愿意上前线去打日寇。"

"上啊，只要你们不怕死，可以都到前线去！"王俊林怒喝道。

"我们即使都死在前线，也比你躲在家里一天到晚想方设法折腾老百姓强！"余立气愤地说道。

"是呀，自己不上前线，也不了解民众现在多么痛恨日寇，蒋介石受了一点惊吓，为了讨好他，你恨不得把整个武汉三镇翻一遍。你就是个马屁精，只有这么一点本事。"王卓文讥笑道。

"说不定，这是人家自导自演的呢。真有人想朝蒋介石开枪，怎么没听说有人受伤？可惜了那些死去的人。"赵英嗣接着说道。

王俊林气得差点吐血。

赵璇滢说道："你们的爱国热情是好的。希望你们毕业以后，再考虑自己到底是要上战场，还是干其他的事情。战争年代，做一切有利于消灭日寇的事，都是上战场。蒋委员长是抗战领袖，目前正领导着全国军民抗击日军的侵略，他理应受到全国民众的拥护，而不是猜忌。"

几个年轻人都沉默了。过了一会儿，王卓文朝王俊林、赵璇滢、余瑞华看了一眼，说道："不只是你们这里需要人当兵，我们到别的地方去。"

"你们莽莽撞撞，即使到了战场，也不可能起任何作用。"赵璇滢厉声说道，"要想有所作为，必然要沉住气，要明白哪些事情可以做，哪些不能做。战争不是一年两年可以结束得了的，要准备长期打下去。一次把我们的力量全部投入到战场上去，被日寇吃掉了，我们还怎么继续抗日？现在，日本人像疯狗一样在南京胡乱杀人、胡乱放火，别说你们义愤填膺，我们一样气愤难平，可是，我们不能不强压下心里的愤怒，要动员民众武装更多的部队跟日寇继续交锋。你们不是去过八路军办事处吗？不是没见着余瑞祥吗？我告诉你们，他正在跟叶挺军长他们一块商量成立新四军。不仅我们共产党人在积蓄力量，国民党一样在积蓄力量，在不断地补充兵力，不断地从各地调遣兵力走上前线。你们要上前线，也不在乎这一年两年的时间吧？"

看到几个年轻人都走出了府邸，王俊林松了一口气。不过，他还有更加棘手的事情要处理：一定要阻拦余瑞华上前线。赵璇滢支持余瑞华上前线，余雅芳支持余瑞华上前线，如果余瑞祥在这里，他也一定会支持。能够阻挡余瑞华的人只有武汉行营主任了。不过，要想搬动行营主任这尊大神，得有一个合适的理由。修筑工事需要余瑞华全面负责监督实施足矣。

第七章

炸弹从天而降

自从上个月中旬以来，笼罩在武汉三镇上空的阴云越来越厚重，慢慢凝聚成一张巨大的带着水珠的网，凛冽寒风一吹，顿时变成大朵大朵的雪花，窸窸窣窣地飘落下来。不多长的时间里，整座江城披上了银装，变成一片白色的世界。

一连忙碌了三个多月，一切走上正轨，余瑞祥终于挤出时间，和夫人赵璇滢一道，前往汉阳，探望赵府。

在此之前，余瑞祥已经将南京八路军办事处的同仁安顿下来，跟武汉行营主任、汉口市长几经交涉，终于得到了日租界中街89号的一幢楼房，作为八路军办事处的办公地址和部分工作人员的住室。公历新年的第一天，全体人员都搬了过去，很快部署就绪，正式开门办公。

八路军办事处正式搬迁到新办公地址的前几天，在距离老办事处不远处的一栋三层楼的房子里，竖起了新四军的旗帜。

南昌起义失败以后，叶挺接受党中央的指示，跟其他诸位同志一道，在广州发动了起义，同样遭到了失败。由于受到了党中央的指责，叶挺无法辩解，自此脱离了共产党组织，远涉重洋，到欧洲游历去了。全面抗战拉开序幕时，叶挺抱着抗日之决心，回到了国内。恰逢国共两党就如何改编南方十三省区的红军游击队进行谈判。国民党希望提名一个国民党党员担任军长，以便把这支部队控制在国民党手里；共产党当然不接受国民党人领导中共的部队。叶挺的经历及其早已脱离共产党组织的事实，使得他可以很好地平衡国共两党的要求。为此，他无疑成了国共两党都能接受的人选。接受了国民政府军事委员会的任命以后，叶挺立即到延安去拜访毛泽东以及中共中央的领袖们。多次交谈之后，叶挺得到了中共中央的认可，迅速赶到武汉，正式着手组建新四军军部。

余瑞祥曾经为成立新四军做了很多铺垫性的工作，熟悉南方十三省区红军游击队的基本情况。两个老熟人见面，非常高兴，携起手来，以出人意料的速度，正式打出了新四军的旗号，并且按照中共中央的指示精神，确立了领导班子的其他成员，以及下辖四个支队的编制情况、主要负责人，各支队集结改编的地域、改编完毕之后向敌后挺进的路线与抵达位置。

上个月，在余瑞祥的艰苦努力下，中共湖北省临时委员会成立。动员民众，发动民众，有了坚强的领导班子，余瑞祥肩上的担子减轻了。

南京八路军办事处搬迁到武汉以后，因为人员大量增多，以及中共中央派遣到南京去跟方方面面沟通联系的一位主要领导来到了武汉，余瑞祥退居到第二号人物的位置，肩头的担子愈发减轻了许多。因此，他终于能够挤出时间，前往汉阳看望老人和孩子了。

这些都是值得庆贺的事情，不过，余瑞祥的心里仍然存有一丝隐忧。

上个月，应蒋介石的邀请，从苏联回到延安的王明，来到了武汉，以中共长江局书记的名义，住进了八路军办事处。

了解余瑞祥在武汉时期所做的一切之后，王明竟然指责余瑞祥："你的'左'倾思想仍然在作怪！这是要不得的。既然已经开始国共合作，建立了抗日民族统一战线，必须一切经过统一战线，一切服从统一战线嘛！"

余瑞祥提醒王明："我们应该吸取大革命失败的教训，不善于跟国民党开展斗争，绝不可能求得统一战线的稳固，反而会束缚自己的手脚。"

王明严厉地指责余瑞祥："你不能继续沿着一条错误的路线走下去。我是从莫斯科回来的，身负着共产国际的重托，决不允许你一条道走到黑！"

在大革命时期，共产国际给中国共产党带来的不利后果还小吗？怎么又是共产国际？跟共产国际失去联系以后，毛泽东在遵义会议上重新登上了历史舞台，才有了共产党的今天嘛。

可是，余瑞祥不能公开说。共产国际始终犹如一把悬挂在他们头上的利剑，令他们不能轻易说轻易动，只能暗地里纠偏。

路线上出了问题，下面纠偏能有什么用？余瑞祥真不知道，如果王明继续在武汉待下去，八路军办事处会是一个什么样的状况。但是，又能怎么办呢？遵照中央的指示，在八路军办事处的基础上，为了便于统一领导长江地域以及南方各省共产党游击队进行抗日工作以及发展共产党组织，他们成立了长江局，王明当选为书记，具有举足轻重的地位，拥有绝对的话语权，甚至连远在延安的党中央和毛主席都在没有完全掌握共产国际到底对抗日民族统一战线持什么态度的情况下，不得不对王明礼敬三分。余瑞祥只有在心里默默地祈求上苍，不要因为王明过分相信国民党人而让共产党蒙受不必要的损失。

要和夫人一块回汉阳，余瑞祥立马给赵承彦打电话，告诉了他确切时间。赵英嗣、赵雪莲得到消息，在这天从武昌过江回到了汉阳。

女儿女婿回府探望，周莹莹喜不自禁，吩咐下人从天一亮开始准备午餐，准备好好地欢庆一番。李香香心里即使再不愿意，为了让余瑞祥、赵璇滢脸上好看一些，也在这一天破例主动请刘芳芳回到赵府。

这一天，余亚男也没去上学，一直在赵府等着父母。赵英嗣、赵雪莲回到赵府的时候，姑姑和姑父都没有到，兄妹二人一边跟余亚男、余明亮说说笑笑，一边留意外面的动静。不一会儿，下人跑进来大声报告姑爷回来了。小家伙们燕子一样地冲了出去，果然看到余瑞祥、赵璇滢抖落了身上的雪花，正举步进门。

“父亲！母亲！”“姑父！姑姑！”小家伙们迎上前去，欢叫道。

一家人团聚了，说说笑笑，颇是热闹。乍一看到女儿女婿，周莹莹、李香香的眼睛再也没有离开过他们。刘芳芳一样喜上眉梢，一直静静地坐着，倾听他们之间的对话。柳彤萱最活跃，从她嘴里说出来的话，总是那么好听，给人一种赏心悦目之感。赵承彦满脸带笑地看着妹妹和妹夫，他有满肚子话要说要问，但在这个喜庆的时刻，他不能乱说乱问。

赵承博可不管那么多，径直问道：“姐夫，武汉到底守不守得住？”

“是呀，武汉要是守不住，我都不敢想象会成为什么样子。南京那边传过来的消息，确实让人害怕，完全变成了人间地狱嘛。”柳彤萱触动了心思，没等余瑞祥回答，兀自叹息起来。

热闹的气息画上了句号，一屋子人全都盯着余瑞祥，似乎他能够决定日寇到底是不是能够打到武汉来一样。

突然，一阵凄厉的防空警报响起来了，声音宛如一根根皮鞭，无情地抽打在他们的心头，每个人都心惊胆战。年轻人不约而同地站起身，走到天井，望着天空，似乎在探查那个声音到底来自哪儿。

余瑞祥心里一惊，赶紧挥动手臂，说道：“不要看了，是防空警报，日本人的飞机要来轰炸了！快点，离开屋子，到防空洞去！”

“天杀的日本人！不知道我女儿女婿回来了吗？”周莹莹骂道。

“母亲，别骂了，赶快离开吧！”赵璇滢说道，连忙挽起周莹莹。与此同时，年轻人都冲了进来，柳彤萱和赵承博一块挽起李香香，赵英嗣、赵雪莲兄妹挽着刘芳芳，余亚男一把拉起正在发呆的余明亮，下人紧随其后，急急忙忙跟着余瑞祥一块朝外面跑去。赵承彦一冲出屋子，独自朝榨油坊方向奔去。

外面已经聚集了很多人，全都仰望着天空，迎接着大朵大朵的雪花，探视着天空到底要发生什么事情。

余瑞祥喊叫道：“敌人的飞机要来轰炸了！大家快点疏散。”

人们顿时惊慌起来了，吆喝各自的家人，好像没头苍蝇一样到处乱窜。

“不能全部簇拥在一块，敌人的飞机一来，一定会死伤惨重的。璇滢，你去那边，指挥民众去另一个方向。这边由我负责！”余瑞祥果断地说道。

“我呢？我们呢？”赵英嗣、赵雪莲、余亚男一块问道。

余瑞祥瞥了他们一眼，再朝四周看去，只见从各个街道出来的人群，全部朝一个方向挤去，最后谁也走不动了。他心头一凛，连忙说道："你们分头到各个街道，招呼大家分头疏散开，不要挤在一块。"

三个年轻人从不同方向冲进人群，一边挥动手臂，一边声嘶力竭地吆喝着，要人们赶快分散。

赵承博心里一急，扔下母亲，也准备冲向人群。赵璇滢已经走了，把母亲交给了弟媳。周莹莹走得仓皇，跌了一跤，摔倒在地，把柳彤萱也拉到地上去了。紧接着，许多人从后面猛冲过来，差一点踩在周莹莹身上。

"不要踩到我母亲！"柳彤萱差一点哭了，大声喊道，连忙拉扯母亲。

人越来越多，一下子把刚刚欠起身的柳彤萱绊倒在地，一只只脚踏在她和周莹莹身上。余明亮大哭起来。这下，带动更多的孩子纷纷哭叫起来。哭叫声和着凄厉的警报声一块，越发令人惊悸。

赵承博分辨出了外甥的哭叫声，扭头一看，吃惊不小，赶紧奔向母亲，可是，人群竟然裹挟着他，脚不离地朝前面飘移。

李香香、刘芳芳很想帮助柳彤萱，也被人群推倒在地。随即，一只只沉重的大脚毫不停歇地从她们身上踩过去。下人一冲出赵府，立刻被人群冲散了，到处寻找他们的主人。有几个下人分辨出了她们的声音，硬生生地从慌乱的人群中挤了过来，把三位倒地的老妇人扶起来了。此时，她们身上伤痕累累，气息奄奄。余明亮哭哑了嗓子，无声地流着眼泪。

"天杀的日本人，你们不是爹生娘养的吗？"周莹莹有气无力地骂道。

眼前已经没有多少人了。周莹莹缓缓地朝四周望去，可以看到慌乱的人群已经把尾巴扔进了赫山以及龟山，还有一部分人群，不到山上去了，正往江边赶去。她隐约看到，是余瑞祥在指挥他们分散。

"明亮，你别哭，已经没事了！"

刘芳芳的声音压进了周莹莹的耳朵。周莹莹收回目光，看到已经哭不出声的外孙，心头涌起一阵怜惜的情愫。她不顾疼痛，将余明亮拉到自己跟前，揩了一把他的泪水，说道："不哭，明亮不要哭！"

"你已经是一个男子汉了，应该自己保护自己，哭有什么用？"柳彤萱说道。发现周围已经没有其他的人了，她对周莹莹说道："母亲，我们也到龟山去吧。"

"不去！死，我也要死在自己家里！"周莹莹决绝地说道。

在下人们的搀扶下，周莹莹准备回去赵府。刘芳芳一言不发，跟着也要朝赵府走。李香香心里害怕，不敢回去送死，待要说话，耳朵里忽然听到了飞机的轰鸣声。她们再也不走路了，一块抬头朝天空望去，很快发现天空中有几个黑点，好像夏日的蚊子一样，朝汉阳这边扑了过来。

她们好像中了邪，谁也不知道动弹，眼睛一动不动地随着那几个黑点运动。黑点变得越来越大，也越来越多。他们几乎可以看清飞机的轮廓了。

余瑞祥把民众带往长江边以后，嘱咐赵英嗣让民众全部分散躲开，自己匆匆忙忙跑回来寻找母亲了。一看到她们犹如木桩一样钉在地上，他赶紧催促："母亲，快走！"

仿佛一口仙气，令周莹莹她们元神归位，赶紧准备躲开。此时，飞机已经飞临汉阳的上空。十几架飞机一块朝地面展开俯冲，好像羊拉屎似的，从腹部接连不断地屙出了一个个黑家伙，连成一片地往下掉。周莹莹、李香香、刘芳芳惊呆了，出神地看着那些黑家伙快速地落下，在即将接近地面时，发出了一阵阵巨大的爆炸声，紧接着，一团团硝烟和着一些无法分辨的东西像龙卷风一样冲上天空，然后狠狠地摔了下来。随之而来的是一片惨叫声以及哭喊声不断冲击耳鼓。几个人宛如遭了雷殛，更是一动不动。

"趴下！都趴下！"无法让老人们离开这里了，余瑞祥只有拼命地吆喝。

柳彤萱趴下了，老人们趴下了，余明亮也趴下了。身上和脸上都是雪，但她们感觉不到刺骨的寒意。爆炸声、哭叫声、痛骂声，以及什物掉落地下时发出的乒乒乓乓的声音不断冲击耳鼓。她们什么都不敢看，什么也不能看，脸紧紧地贴在雪地上，一点感觉都没有。

她们不知道这段时间是怎么过去的，也不知道到底过去了多久。终于，她们听到了说话声："母亲，你们起来！"

她们分辨不出说话的人是谁，更分辨不出到底是不是在对她们说话。但是，她们还是抬起了头，循着声音望去，只见赵承博正站在她们身边，把挨在路边的刘芳芳扶了起来。下人们恢复了意识，挣扎着爬起来，把她们缓缓地搀扶起来。她们隐约看到前面仿佛筑起了一道火墙，火光映红了整个天空。寒风拂面吹来，一阵令人作呕的气息硬生生地压进了她们的鼻孔，她们心头一翻，差点呕吐出来。紧接着，她们听见了人群慌乱的走动声与咒骂声。举目望去，她们还可以分辨出，许多人正朝火光蹿动的地方跑去。

他们是在救火！她们终于可以看得更加清晰一些了，一片片房屋，正在火墙的吞噬下逐渐消失。

她们心头滚过了一阵凉意，下意识地转过头去，不想看到这幅可怕的情景。但是，她们无法逃避，无论她们朝哪个方向张望，都闪烁着火光，到处是熊熊烈火。雪依旧在不断地下着。漫天的大雪，晶莹的地面，令火光看起来更加令人恐惧。

周莹莹连忙朝赵府方向望去。那儿依旧竖起了一堵火墙。她心头一紧，缩成一团，仿佛变成一块铅，猛烈地往下掉落。

在儿子和下人的搀扶下，周莹莹急急忙忙朝赵府走去。

谢天谢地，赵府只是前厅的一角倒塌了，起火了，但火势并不大。周围其他的房子，远没有那么幸运，火光熊熊，卷起一阵阵噼噼啪啪的声音，人站在老远，都会有灼烧的感觉，令人难以忍受。

“愣着干什么呀，救火呀。”柳彤萱说道。

下人一阵忙乱，纷纷找来了水桶水盆之类的东西，急急忙忙去灭火。很快，火被扑灭了，周莹莹松了一口气，顿时感到浑身疼痛，一阵阵寒气将她包裹起来，硬是要把她变成一块冰。李香香则感到整个人完全虚脱了。

这时候，空袭警报早已解除。躲出去的人群又是潮水一样地扑回了各自的房子，哭叫声，咒骂声，响成一片。

“日本人难道不是人吗？他们怎么能这样对待我们？”李香香嘟囔道。

“你没有听你儿子说过吗？在南京，日本人杀红了眼，不论大人小孩，抓住就杀，鲜血把整条长江都染红了，半个南京城也被日本人烧掉了！”柳彤萱咬牙切齿地说道，“他们根本不是人，是畜生！”

“不跟他们拼命，我们是死；跟他们拼命，我们也是死。反正总是一个死字，不如现在跟他们拼命去！”赵承博说道。

要在以往，周莹莹和李香香是不愿意赵府的孩子提到抗日两个字，更不允许他们抗日的。当赵璇滢希望柳彤萱参加妇女抗战救国联合会，为声援抗战做一些事情的时候，她们硬是横挡在柳彤萱面前，让她出不了门。现在，不准赵府子孙抗日的心理发生了动摇。

突然，周莹莹想起了榨油坊，她对赵承博说道：“去，看看你哥哥！”

赵承博略一迟疑，赶紧带了一个下人，风风火火地跑了出去。赵府基本上平安无事，刘芳芳惦记着自己的小家。周莹莹指派了几个下人，护送刘芳芳离开。

下人还在忙碌，他们不停地从已经扑灭的大火中找寻一些堪用的东西，把它们拾掇起来，准备清洗。

余明亮早已不哭了，因为肚子饿，重新叫唤起来了。周莹莹叫过一个下人，让他带着余明亮去了厨房。她再朝厅堂一看，只剩下自己和李香香、柳彤萱了，心头煞是落寞。整个人好像被冰封了似的，没有声息，直到赵承博回到赵府，向她报告榨油坊的损失，她还是没回过神来。

榨油坊也挨了日本飞机的一颗炸弹，炸塌了一间屋子。有几个来不及撤走的工人被炸死，也有人被炸伤了，赵承彦正在处理后事。

赵承博本想帮助哥哥，哥哥知道母亲她们一直在等他，把他赶回来了。一路走去，到处都能听到哭喊声与惨叫声。来来往往的人群，全然没有一点秩序。无意中，他竟然碰到了姐姐赵璇滢。

一旦解除空袭警报，赵璇滢立即组织妇女抗战救国联合会成员，分头奔向了遭到飞机轰炸的地方，帮助受难的人扑灭大火，救治伤员，清理废墟。

眼下，看到了弟弟，赵璇滢说道："如果赵府没有受到多大的损失，你应该让柳彤萱出来，帮助姐姐做一些事情。还有你，这么大一个人，不能成天游手好闲，应该向遭难的老百姓伸出援手，帮助他们度过这段难熬的日子。"

赵承博深受触动，回到赵府，把榨油坊那边的情况告诉了母亲，说道："既然赵府受到的损失并不大，我们不能只顾自己，应该抽一些下人出去帮助那些需要帮助的人。整个汉阳，几乎成了人间地狱。"

周莹莹慢慢地化冻了，重重地叹息一声，任由赵承博吆喝下人，带着柳彤萱，走出赵府。李香香想阻拦，终于没有动。

"难道日本人只把炸弹投到了汉阳吗？"李香香自言自语道。

周莹莹看着她，心里升起了同样的疑问。她很想马上搞清楚汉口王府和武昌余府的情况，举目一望，孩子们全都不在身边，饶是府上有电话，她们也不会使用，只有盯着电话机发呆。

电话铃声急促地响了起来。周莹莹心头一震，拿起听筒，立即，里面传来了一个焦急的询问声，是王俊财。

王俊财是奉他母亲的命令，问候赵府的。周莹莹差一点滚出了眼泪，把赵府以及汉阳这边的遭遇全部告诉了王俊财，马上询问王府怎么样了。汉口的确也遭到了日寇飞机的轰炸，不过王府没有受到半点损失。周莹莹放下了电话，连说几声谢天谢地。

再次响起了电话铃声，周莹莹接起电话，是余瑞光打过来的，同样是询问赵府的情况。余瑞光最后告诉周莹莹，余府也没有蒙受任何损失，不过整个武昌城笼罩在一片火海中，到处都是人的哭叫声，到处一片混乱，惨不忍睹。

汉阳的情形已经够让人难受的了，武昌那边更加惨烈吗？周莹莹心里发抖。

她其实并不知道，汉阳这边，损失最严重的是兵工厂，整个兵工厂已经变成了一片火海，许多工人葬送在火海当中。

凄厉的防空警报一响起来，兵工厂一样准备转移各种火药，准备把人员转移到最近的防空洞。可是，还没有转移完，敌机就飞了过来，似乎早已熟悉了兵工厂的环境，接连不断地俯冲，投下了无数枚炸弹，引爆了一堆弹药，把兵工厂炸得千疮百孔。

余瑞祥最担心的也是兵工厂。整顿好了民众的秩序，让赵璇滢、赵英嗣、赵雪莲、余亚男等人分别指挥民众分头隐蔽以后，他急匆匆地奔到了兵工厂。兵工厂已经人仰马翻，爆炸声此起彼伏，浓烟滚滚。他什么都不顾，毫不迟疑地指挥工人们抢运物资。因为他的及时出现，兵工厂总算把基本框架保存下来了。

敌机已经撞开武汉三镇的大门，从此以后，将会越来越频繁地光顾。余瑞祥不能继续留在汉阳，得号召武汉三镇的民众展开自救运动，得号召民众学会如何避开敌人飞机的袭击。

他焦急地渡过汉江，朝八路军办事处疾行。路上，他与余瑞华不期而遇。

余瑞华已经向武汉行营主任提出了率部上战场的申请，得到了等候通知、随时准备开赴前线的答复，心头万分高兴，一面继续指挥军民在黄陂修筑工事，一面暗地里动员部队，为开赴前线做准备，以便一旦接到通知可以立即启程。

得到了商会提供的高射机枪以后，余瑞华亲自主抓训练，并且布列了一个高射机枪阵地，挑选了最具才干的指挥官负责指挥对空作战。后来，蒋委员长来到武汉，把军事委员会设立在武昌图书馆，他根据王俊林的命令，不得不转移了高射机枪阵地，布列在蛇山上，可以从任何一个方向对来犯的敌机予以射击，不让敌机靠近蒋委员长所在地。

接到敌机即将飞临武汉上空的消息，余瑞华火速从黄陂赶回来，准备过江，亲自在高射机枪阵地指挥对敌作战。人刚刚赶到汉口，敌人的飞机已经在武汉三镇投下了无数枚炸弹，造成了惨重的损失。

他一把从警卫员手里夺过了一支枪，把枪口一抬，朝着敌人的飞机打去一梭子子弹。这时候，一颗炸弹投向他。他不管不顾，一边跟着盘旋的敌机打转，一边继续扣动扳机，子弹嗖嗖地射向敌人的飞机。警卫员一见之下，毫不犹豫，纵身一跃，扑在他的身上，把他扑倒在地。随即，响起一阵震耳欲聋的爆炸声。余瑞华晕了过去。

余瑞华悠悠地苏醒之后，第一眼便看到了警卫员的尸体，四肢已经残缺不全，只有一颗脑袋还是完整的。怒火噌地直冲脑门，他一把抓起那支枪，大叫一声，对着天空打了一梭子，然后把枪一扔，蹲下来，抱着那颗脑袋，无声地哭了起来。他好不容易平静了一些，向警卫员的尸体行了一个军礼，扭头上了车，预备继续朝江边开去。司机一头的血迹，整个上半身全部倒在方向盘上，背后还有一个窟窿，冒出来的鲜血，已经凝固了，几乎染红了半个身体。他倒抽了一口凉气，又摸起了枪支，想朝天空继续放一梭子，手一软，停住了。

前面涌现出许多人。他们吵吵嚷嚷的，朝着某个方向拥去。余瑞华有点纳闷，侧头仔细听了听，终于捕捉出了他们发出的信息，原来他们是要去警备司令部，责怪警备司令部没有事先告诉他们应该朝什么方向躲避，也没有修建多少防空洞，给民众造成了极大损失。

余瑞华的心宛如被钝刀割了一下，格外疼痛。他感到痛苦，感到难堪，很想冲上前去，向他们忏悔，但站在那儿，好一会儿都没有动弹。

还要去武昌吗？去武昌还有什么可以干的吗？他问自己。

一时间，他不知道自己到底要去哪儿，到底要干什么。他觉得自己很无助，觉得自己此时百无一用。他惶惑，他迷惘，他不知不觉移动了脚步，漫无目标地朝前走去，每一步都很沉重，脚上好像灌了铅一般。

耳朵里又捕捉到了吵吵嚷嚷的声音，他下意识地举目望去，眼帘出现了一群群晃动的人影，还有一排熟悉的房子。

“是警备司令部！”他在心里说道。

曾经令人望而生畏的警备司令部，已经被愤怒的人群包围了。他们情绪激动，人人挥动拳头，不停地咒骂着。他们这是在干什么？余瑞华心里想道。不一时，他想起来了，警备司令部确实难辞其咎。

他知道，南京陷落以后，余瑞祥曾经跟王俊林谈过，应该拿出一个妥善的计划，应对敌机空袭武汉，以便把损失减小到最低限度。

当时，王俊林笑了：“南京在千里之外，日寇的飞机要想轰炸武汉，必须得从南京起飞，仅仅一个来回，飞机恐怕已经没有油料，还怎么轰炸呀？”

余瑞祥冷峻地说道：“如果你研究透了日寇的武器装备，一定不会说出这些话来。”

余瑞华当时也在场。跟王俊林一样，他原先一直没有想过要动员民众躲避日寇的飞机，二哥既然说出来了，他深以为然。他连忙说道：“二哥的担心很有道理。我们确实得尽快拿出一个妥善的计划。”

王俊林不得不拿出了全城修筑的防空洞以及整个武汉四周的地形图，跟余瑞祥一道研究怎么动员民众，在敌机来临的时候，各自朝什么方向转移。

防空洞很少，可以利用的山地以及湖泊倒是很多。余瑞祥其实不需要地图，他早已对武汉三镇的每一个位置了如指掌。很快，他按照民房的坐落，列出了一个哪些区域的民众可以向哪些方向转移的详尽方案。

其后，余瑞华再也没有问过王俊林这个计划实施得怎么样，还以为王俊林已经安排下去了呢。现在看来，王俊林仍然没有真正把防空当成一回事。余瑞华心里不觉更加对王俊林不满。想起一直以来，王俊林只要遇到问题，总是把自己推到最前面去，替他承受来自各方面的攻击，余瑞华停下了朝警备司令部走去的脚步。

还去武昌吗？是的，得去武昌。不亲眼看到自己布列的高射机枪阵地是否确保蒋委员长的安全，余瑞华放心不了。他迈动脚步，向江边走去。他看到了余瑞祥，心里又难过又感喟。

“你不在黄陂吗？”余瑞祥问道。

“我还能在黄陂待下去吗？”余瑞华说。

余瑞祥看他神色凄惶，眼帘浮现出汉阳遭受轰炸的情景，想起当初自己跟王俊林、余瑞华一块制订的躲避日寇空袭的计划。

他叹息一声，说道：“不要紧，任何事情，第一次都不会做得很好。”

“不错，日寇的空袭已经为我们做了很好的动员，警备司令部肯定不会再让你制订的计划束之高阁。”余瑞华说道。

“你是说，王俊林并没有执行那项计划？”余瑞祥大吃一惊，朝四周一望，只见到处都飘荡着烟雾，一些人正在清理废墟，从废墟中抬出了一具具烧焦的尸体。

他收回目光，看着余瑞华，愤怒地说道：“他这是在犯罪！”

话音还没有落地，人便急匆匆地朝警备司令部奔去。

即将抵达警备司令部了。空气中凝聚的不安与纷扰越来越浓厚。远远望去，只见许多民众围在警备司令部门口，一个劲地吵吵嚷嚷，颇有冲击警备司令部的架势。余瑞祥心头发紧，越发加快了步伐。

“余世伯。”王卓文赫然出现在他面前，说道，“如果你是想去阻止民众，那么，请余世伯不要去了，我叔叔这次做得太过分了，他应该受到指责。”

余瑞祥问道：“你到这里干什么？”

这一天，王卓文回到了王府，听到防空警报，他马上冲出王府，想帮助民众疏散。一眼望去，到处是惊慌失措的人群，大多数人甚至根本不知道防空警报是干什么的，怔怔地仰头翘望天空，寻找声音的来源。

“别看了，日本人的飞机马上要来轰炸了！”王卓文一边跑，一边高喊。

民众一阵惊慌，瞬息之间，犹如鸟兽一般到处乱窜。

王卓文赶紧挥起手臂，吆喝民众进入防空洞。总算让民众有些秩序了，但队伍太过庞大，眼前已经聚拢了数不清的人，后面还有更多的人拥过来。

防空洞里面哪里容纳得了这么多人？他竭力地吆喝着，要求民众分散，可是谁也听不清他的话。他分明看到，一些身强力壮的男子甚至好多妇女也反应过来了，在帮助他尽量让民众分开一些。不仅没有人理睬他们，人们反而一拥而上，推推搡搡，把他们挤倒在地，秩序更加混乱。

这时候，王俊喜突然出现了。王俊喜把手一挥，他的那些手下立马分散开来，冲进民众当中，拿着手枪，对着天空开了火，把惊慌失措的民众吓呆了。

“都给我听好了。日本人的飞机来了，你们挤在一块，炸弹一落下来，轰的一声，你们立马全部完蛋。分开，都分开，听从指挥，分头到防空洞去。”王俊喜命令道。

民众不再混乱了，但新的问题又来了：他们谁都不知道防空洞在哪儿。

“愣着干什么？跑呀，朝偏远一些的地方跑，日本人的飞机准炸不到你们。”王俊喜吼叫道。

于是，民众兵分几路，在汉帮帮众和妇女抗战救国联合会成员的带领下，奔向了不同的方向。

“知道为什么找不到防空洞，为什么没人知道那是防空警报吗？”王俊喜拦住王卓文，问道。

后辈中，王府只有王卓文一个男丁，他在王府的地位举足轻重。王俊喜为了打击王俊林，无所不用其极，拉拢一切能够拉拢的人。他早已打上了王卓文的主意，却因为王卓文一直对他是帮会头目感到不满，不太理睬他，他的计划无法实现，他只有静静地等待机会。他很清楚余瑞祥曾经提出过要准备动员民众在日寇进行空袭的时候进行疏散，可是王俊林并没有付诸实施。现在，日本人真的来空袭了，汉口的民众毫无准备毫无经验，造成目前混乱的局面，他觉得机会来临，可以趁机在王卓文心间放一把火，让王卓文对王俊林充满怨恨。他拿得稳，王卓文是一个跟王俊林截然不同的人，一旦知道了真相，一定会对王俊林毫不留情。

“那就是，你叔叔王俊林根本没有动员过民众，民众哪里知道什么是空袭警报？哪里知道防空洞在哪儿？哪里知道朝什么地方跑呀？”王俊喜不等侄儿发问，马上抛出了答案。

王卓文一听，心里噌地腾起一团怒火，警备司令如此不负责任，不是日本人的帮凶，也是草菅人命。他不能放过王俊林，得把王俊林从办公室拖出来，亲眼看一看他做的好事。日本人的飞机来得太快，一架架飞机，一个接一个地俯冲，许多房屋顿时中弹起火，卷起了弥天的烟雾，许多民众倒在了日本人的航空炸弹之下。救人要紧，王卓文把找王俊林的事抛在一边。

日本人的飞机终于走了。侥幸未死未伤的民众眼看到处都是残砖断瓦，到处都是血肉模糊的尸体，到处都是腾起的烈焰，心里滚过了阵阵的哀凉。他们竟然不知道自己到底应该怎么做，哭哭啼啼，凄凄惨惨戚戚。那些被赵璇滢发动起来的人们，迅速作出反应，引导着民众救火、救助伤员。余瑞祥秘密组建起来的临时省委立即行动起来，指挥各地的党支部火速发动民众抢救人民的生命财产。

这是一个让王俊林受到民众唾弃，被军事委员会解除职务的最好机会。王俊喜跟王俊林斗了那么多年，终于等到了这个机会，只需要轻轻摇动舌头，就能把民众心中蕴藏的怒火引到王俊林的身上去，活活烧死他。

王俊喜说道："你们为什么不知道防空洞在哪里？你们为什么没有接受过指导，只知道朝一个方向跑？导致被炸死了那么多人？是王俊林没有告诉你们这些，他没有打开防空洞。你们要找王俊林算账去。"

民众心中的怒火腾地点着了。人们再也顾不得是不是要抢救伤员，是不是要扑灭大火，一声声吆喝，迅速汇拢成一条条奔腾不休的人流，从不同的方向，朝警备司令部奔去。

"叔叔，你跟俊林叔结下了仇怨，是你们之间的事情，犯不着把民众推到前面去为你打冲锋。大家还要救火，还要抢救伤员呢！"王卓文很不客气地对王俊喜说道。

"你好好看一看，即使把火扑灭了，屋子也烧得一塌糊涂，一点用都没有。那些伤员，不是还有人在抬吗？围拢的人太多了，反而会影响他们施救。"王俊喜笑道，"你嘛，想干什么就干什么去。我没有拦着你。不过，以后对叔叔说话，你不要太没有礼貌了，小心我告诉你父亲，他一定会好好收拾你。"

"如果我父亲知道是你挑起民众围攻俊林叔，他会怎么样？"王卓文说道。

"你告诉他，不就知道了吗？"王俊喜说完，微微一笑，带领他的手下，消失在雪地里。

王卓文愣了半晌，回过神来，跟不多的民众一道，扑灭大火抢救伤员去了。从废墟下每救起一个伤员，每看到一个血肉模糊的尸体，他对王俊林的痛恨便增加了一分，恨不得也跑去找王俊林算账，却又不得不压抑着自己的情绪。

突然，王卓文看到了一个步伐矫健的身影，他一眼认出了是余瑞祥，他心头一动，马上判断出他是要干什么去了，立马跑了过来。

“世叔，他是不是应该受到万众责骂？”王卓文问道。

余瑞祥说道：“空袭警报刚解除不久，不在最快的时间里扑灭大火，解救伤员，责难王俊林干什么？王俊林的确应该受到责难，但不是现在。即使他做了一些动员，那又怎么样？能够保证民众不会慌乱吗？我已经对你们说了很多，可是，敌机过来的时候，你们又做了多少？与其责怪别人，你为什么不首先检讨自己？”

王卓文宛如挨了当头一棒，脸上一阵青一阵红，不敢看余瑞祥的脸色。这一刻，余瑞祥的形象在他心目中更加高大了。

余瑞祥说完，再也不理会他，心急火燎地奔到了警备司令部门口。

愤怒的吼叫声越发大了，像一串串闷雷，在天空中回荡不休。余瑞祥急匆匆地从人群当中挤出了一道缝隙，径直走向大门口。一队兵士持枪荷弹，警惕地守卫在那儿，不准任何人再朝里面进入一步。

余瑞祥喝令兵士快点叫王俊林出来，然后站在大门口，挥舞着双手，说道：“乡亲们，飞机轰炸，让你们遭受了很大的损失，我深感难过。我也曾经有过跟你们一样的冲动，觉得是警备司令部没有提前让我们做好应付免遭日寇轰炸的准备，导致了这场灾难。可是，扪心自问，我们当初是不是都能够保持镇定？都能够听从救助人员的指挥？我们自己有没有失误？如果我们也有失误，为什么不能原谅别人？何况，现在最大的问题是救火是救助伤员。不要因为冲动，造成更多本来可以得到救助的人失去生命。”

人们深受触动，已经有人开始萌发了退意，更多的人在左顾右盼。

王俊林在卫兵的簇拥下，来到众人面前。

王俊林先抱拳向众人打躬作揖，随即说道：“鄙人给诸位乡亲造成了巨大的灾难，在这里向诸位深深地致以歉意。鄙人保证，只要能够继续留任，将竭尽全力，保证乡亲们的生命财产安全，以赎前罪。”

第八章 各怀心事

王俊林挨了武汉行营主任好一顿猛尅。甚至蒋介石曾经亲自打来电话，询问王俊林事先做了哪些动员工作防止敌机空袭，吓得他心惊肉跳，灵魂出窍。

性命和前途攸关，王俊林等行营主任发泄完心里的怒火，低下脑袋，向他表示深深的忏悔，保证亡羊补牢，决不让类似事件重演。紧接着，他准备托人搭上通天的路径，平息蒋介石心头的愤怒。

其时，蒋介石不在武汉，去了河南，名义上是召集各路将领分析总结前一阶段的作战经验教训，商讨下一步的作战计划，实则是要大开杀戒，杀掉一见日寇发起进攻，丝毫不作抵抗，立马率部一路逃跑，把山东拱手送给日本人的韩复榘，以震慑其他高级将领。

王俊林很难想象，如果不趁蒋委员长在河南的机会把工作做通，老头子一回到武汉，自己会不会成为第二个韩复榘。

空袭过后，王俊林正准备检查各地遭受空袭的情况，一听说民众要向自己兴师问罪，队伍快要拥到大门口，他大吃一惊，生怕愤怒的民众把他撕成碎片，马上收回了出门的念头，甚至命令兵士严阵以待。

事实上，王俊林一样希望把事情做好。南京沦陷后，日寇没有继续发动攻击，他感到日本人一定是兵力不继，三板斧已经砍过去了，接下来，一定不会那么可怕，心里又燃起了战胜敌人的希望，再度打起了小算盘，试图看准机会，率部走上战场，建功立业。接到空袭警报以后，他不敢大意，立即打电话给高射机枪、高射炮部队，命令他们做好对空防御准备，同时命令其他部队迅速疏散民众。

随后，他命令两个卫兵："快，把夫人送到王府去！"

他非常清楚，日租界里的日本人大多是间谍，再加上日本军舰长期在武汉水面游弋，对武汉三镇各重要目标一定了如指掌，警备司令部目标太大，一定早已上了敌机空袭的黑名单，而且除了租界，其他任何地方都不安全，他可不敢让夫人留在官邸。他自己，身份职责所在，必须坚守警备司令部，给蒋委员长，也给所有的人看一看，王俊林是如何临危不惧。

这段日子，跟赵璇滢一起待久了，受其影响，余雅芳越来越刚强，越来越有自己的主意。一看到丈夫派来的卫兵，她马上明白了丈夫的心思，说道："告诉司令，我不会回去王府。我是他的夫人，必须跟他同生死共患难。"

在心里，她为丈夫能够坚守职责感到万分高兴。

接到卫兵的报告，王俊林先是一愣，随后摇了摇头，苦笑道："余府的每个人都不可思议！"

警备司令部所辖各部队拥有的高射机枪、高射炮其实并不多，除了把最好的高射机枪、高射炮用于保护军事委员会之外，其他分别布设在武汉三镇各重要目标区域。敌机一旦飞到高射机枪阵地和高射炮阵地的射击空域，英勇无畏的官兵们立即向敌机猛烈开火，密集的子弹和炮弹形成了一张张缜密的网，嗖嗖地打向敌机，迫使敌机不得不提升飞行高度，大大降低了轰炸的准确性。

“王某反应迅速，指挥有方，把敌机空袭的损失减到了最低，也算建立一份不错的功勋吧？”王俊林颇有点沾沾自喜。

继而，他觉得，解除空袭警报以后，如果自己能在第一时间出现在遭受轰炸的现场，不仅可以得到各方面要人的关注，而且会受到普通民众的欢迎，成为人们争相拥戴的大英雄。

谁知人算不如天算，老天爷竟然把遭难的民众推向了警备司令部。王俊林很想明确告诉他们，如果不是警备司令部措施到位，反应及时，武汉三镇受到的灾难一定大得多。可是，愤怒的民众认为警备司令部没有事先动员他们进行疏散，必须为此承担责任。他无言以对，只有躲着不出门。要不是余瑞祥出现了，他真的不知道事情会演变成什么样子。

如今，面对千夫所指的局面，王俊林再也不敢提他的那一点战功了，一门心思想着该怎么解套呢。

最好与蒋介石身边的人拉上关系，或者请求深得蒋介石信任的高级将领替他说话。可是，兹事体大，平时不烧香临时抱佛脚，没人会理睬他。他想来想去，最终想到了堂兄王俊财。王俊财帮助从战地迁移过来的工厂迅速投入运转，赢得了各方面的夸奖，连蒋介石都称赞他是商界楷模。他出面为自己转圜，想必蒋介石是会听的。于是，王俊林带了一个随从，回去了王府。

“哥。”见到了王俊财，王俊林亲热地叫道，想好了的说辞却在舌头上打结，一个字都出不来。

“你干的好事！”王俊财很想大骂，但语气很微弱。

“我不想这样！”王俊林说道，“但是，事情已经发生了，我不想推卸责任。我只求哥哥能帮我。”

“说得轻巧，我怎么帮你？”

武汉三镇同时遭到敌机空袭，造成了非常严重的后果。起初，王俊财并没有想到堂弟会担负什么责任，一听说民众在警备司令部大门口闹事，他知道事情不会像自己想象的那么简单了。果然，紧接着，武汉行营主任把王俊林找去训话，随后，到河南去开会的蒋介石亲自打来电话，一副要跟王俊林算账的样子。他不能不为王俊林的命运担忧了。

知道民众为什么跑去警备司令部闹事，王俊财觉得王俊林确实应该承担责任。他甚至觉得王俊林即使被解职了，关押了，枪毙了，都是罪有应得。可是，眼帘一浮现伯伯和伯母的身影，他马上收回了怪罪王俊林的想法。王俊林是王氏家族的继承人，无论如何不能眼睁睁地看着他倒霉。怎么办呢？把一大半产业送给蒋介石，换回王俊林的性命和前途？蒋介石不会要呀！而且，这种行为太下作了，登不上大雅之堂，谁看了都不会舒服。

他正寻思怎么神不知鬼不觉地拉堂弟一把，突然，王俊喜出现在他的面前。

“到了这个时候，你还是要救王俊林吗？难道你想让他害死更多的人吗？”王俊喜有点咄咄逼人。

“他是伯伯、伯母唯一的儿子，王氏家族的继承人。”王俊财回答道。

“我等这一天等得太久了，好不容易把他推入万劫不复的深渊，希望你不要妨碍我。再说，他不配当王氏家族的继承人，王氏家族的继承人是王卓文。”

“是你鼓动民众到警备司令部门口去闹事的？”王俊财眼睛里面闪烁出愤怒的光芒。

“别这么看着我！他罪有应得！”王俊喜不以为意。

“你混蛋！”王俊财破口骂道。

这一下，王俊喜愣住了。他曾经想象过哥哥一旦知道是自己在背后鼓动民众向王俊林寻衅闹事一定会雷霆大怒，也准备好了觍着脸跟哥哥胡搅蛮缠，但没有想到哥哥竟然会骂他。而且，王俊财一骂出了口，再也煞不住势，情绪越发激动，丝毫不管不顾，一系列粗话，向王俊喜劈头盖脸地扑去。

被哥哥骂了一个狗血喷头，王俊喜不觉有些来了气。他说道：“你凭什么骂我？难道因为王俊林处理不当导致那么多人惨死，是对的吗？”

王俊财哀叹一声，倒进太师椅里，眼睛瞪得老大，看着弟弟。

哥哥已经被震慑住了，王俊喜越发不肯松手：“我做了那么多好事，从来没有人说过我的好，王俊林手里这么多血债，谁也没有说过他的坏。这就是你们的道义？”

王俊财眼睛里泛出了可怕的光。过去的岁月里，王俊林确实做了很多不应该做的事情，自己难道真的要像王俊喜说的那样，对王俊林做的事情不管不问吗？没有，自己一样对王俊林做出的错事进行过劝导甚至指责。这一次，王俊林是错了，而且错得有点离谱，本来应该事先动员民众，让每个人都知道敌机空袭的时候，该怎么疏散，可是，他没有这样做，导致死伤无数。即使如此，真能眼睁睁地看着王俊林被关押被枪毙吗？不能，无论怎么样，还是要救王俊林。

怎么救？万众瞩目之际，王氏家族即使再有钱，也不可能为了给王俊林买命或者换回一个前程，公开送钱出去。王俊财忽然想起了余瑞华，觉得只有他最了解蒋介石最需要什么，打算找他商量。

解除防空警报以后，余瑞华跑遍了每一个高射机枪、高射炮阵地，根据表尺、密位、开火时机、发射子弹炮弹的数目等各种数据，以及敌机的投弹情况，认真还原作战情景。他终于搞清楚了，自己辛辛苦苦布列出来的高射机枪阵地，摆出来的高炮阵地，没有一粒子弹穿透敌机的身体。

一种深深的羞辱和彻底的挫败感弥漫了余瑞华的全身。他怒骂道："原来这就是我的队伍，一群乌合之众！"

余瑞华要给这群乌合之众紧一紧螺丝，要让这群乌合之众在武汉找到失去的尊严。于是，他收回了走上前线的申请，一心扑到摸索高射机枪、高射炮打飞机的战法上去了。

王俊财来到他身边的时候，余瑞华更加感到羞愧，恨不得地面马上裂开一道缝隙，自己钻进去，永远都不要出来。然而，面对曾经赠送高射机枪、高射炮给自己的人，他不能不直面这个现实。

余瑞华羞红了脸，说道："我没有利用好王世兄赠送的武器，实在感到抱歉，辜负你们的期望了。"

王俊财说道："快别这么说，你比我更懂得战争。防空作战，对你来说，是大姑娘上轿头一遭，出些问题，在所难免。"

"我不想把责任推给任何人，是我的责任，我绝不回避。"余瑞华说道，"你放心，我一定会把手里的武器摸清楚，日本人的飞机胆敢再次来到武汉，我一定要叫他知道厉害！"

"跟日本人的飞机作战，依靠什么样的武器，效果更好一些？"王俊财的眼睛里闪出一抹光亮，问道。

余瑞华以为王俊财是想购进一批更好的武器送给自己，感到更加羞愧。迄今为止，还没有完全把手里的武器摸清楚，即使有更好的武器，又能怎么样？要说跟敌人的飞机作战嘛，除了飞机，还能有什么更好的办法？高射机枪也好，高射炮也好，看似威风凛凛，其实缺点多多，打不了，够不着，又难以快速转移阵地，充其量不过是逼迫敌机飞得更高一些，降低轰炸的准确性。

王俊财依旧慎重地看着他。

余瑞华不能不说道："王世兄，这不是你应该考虑的问题，我一定会找到好的战法，来对付敌机。"

王俊财说道："其实，我是想救王俊林。你知道，他没有提前做好疏散民众的动员和准备，致使老百姓伤亡惨重，这个罪过，确实太大了。"

余瑞华痛恨王俊林麻木不仁，希望王俊林能够得到惩罚，可是一想到二姐，他硬不起心肠。既然王俊财要救王俊林，余瑞华乐观其成，回答道："对付空中的威胁，最好还是以飞机对付飞机。"

这就是了，自己可以出资以武汉民众共同捐款的名义购买几架飞机，送给中国空军。日寇飞机刚刚实施过轰炸，为了保卫空中安全，武汉民众捐款购买飞机，当局一定可以欣然接受，而且，一下子把民众的关注点引到飞机上去了，王俊林没有动员民众疏散的过错准会被人轻轻地一页翻过。可是，飞机买好了，送给谁呢？直接送给蒋委员长，当然是最好的，恐怕蒋委员长事情太多，无暇顾及这么几架飞机的小事。送给蒋夫人？是一个很好的办法。听说蒋夫人掌管着航空业界，女人心软，见了飞机，岂有不明白内中的奥秘？

思绪一定，王俊财立即赶回王府，把各种明细账目拿出来仔细盘点，看一看能够提出多少现款。几乎所有的资金，都投入到了面粉厂，一时半刻，又不能从中挤出一笔钱来。家族仍然拥有大量的土地，纵然急于出手，战争时期，也没有人敢接手。只有出售房产了，不过，得跟王俊林和余雅芳商量。

很快，王俊财坐在余雅芳面前。王俊林不在官邸，接到了武汉行营主任的电话，去了武昌。

自从丈夫成为众矢之的之后，余雅芳的心里一直非常难过。她真的有点怨恨丈夫，为什么二哥每次告诫他必须做好的事情，他都做不到，但又不能开口责怪丈夫，丈夫这段时间心情太过低沉，只要回到府邸总是一副低头耷脑的样子，再也没有原来的精气神，责怪只会使丈夫更加难堪更加低沉。她很想安慰丈夫又安慰不了。

自打第一批从战场上送到武汉的伤员进入了医院，在二嫂的鼓动下，余雅芳偷偷地跑去过医院看望那些伤员，甚至还在人手不够时，帮助过医务人员抬担架。那个时候，她虽说很累，一直干得挺欢。自从丈夫出事以后，她心神不宁，再也没有去过医院了。

"我来找你，是想跟你商量一件事情。"王俊财说道。

"哥，王家产业，都是你在打理，你想做什么都行，不必跟我商量。"余雅芳说道。

“你已经熟悉了王家的产业，有关家族产业的处理，当然需要跟你商量。”

王俊财准备告诉她自己的打算。突然，余梅芳闯了进来。

余梅芳轻易不来王俊林的官邸，有什么事情，总是给妹妹打电话。她也在赵璇滢的鼓动下，走出了家门，加入了赵璇滢发起的妇女抗战救国联合会，并且指导妇救会的成员开展抗战宣传工作。

一进门，看到了王俊财，余梅芳向他打招呼：“王世兄，原来你也在这里。”

“林夫人。”王俊财站起身，很尊敬地说道。

两人一边相互寒暄，一边落了座。

这时候，余梅芳把脸转向余雅芳，问妹妹：“俊林呢？”

“他一接到行营主任的电话，就赶到武昌去了。”余雅芳回答。

余梅芳叹息一声，说道：“也许，他真的不应该去武昌。”

“姐姐，你听到什么了吗？”余雅芳心头立马涌起一种不祥的预感，一把紧紧地抓住了姐姐的手，焦急地问道。

王俊财也万分紧张，一动不动地望着余梅芳。

“我倒是听说了一个消息，不过，跟王俊林没有关系。”余梅芳说道。

“就是，”余梅芳稍微顿了一下，接着说，“我听说，蒋委员长在河南开会的时候，枪毙了第五战区副司令长官韩复榘，罪名是他不抵抗日寇的攻击，擅自下令部队逃离前线，让日寇轻易占领济南和黄河以南的大片山东地面。”

一个堂堂的战区副司令长官，被蒋介石秋后算账，在河南枪决了，那么，仅仅只是武汉警备司令的王俊林，给民众造成了那么大的损失，难道不应该为此承担责任吗？蒋介石原先并没有拿王俊林开刀，甚至连关押都没有，应该是要处理韩复榘的事情，免得打草惊蛇，让韩复榘不敢去河南参加会议。韩复榘不该死吗？按理说，该死，杀他一千遍一万遍都觉得不解恨。要在以往，蒋介石这一大手笔一定会令王俊财鼓掌叫好，本能地想起了堂弟的命运，他无法叫好，甚至眼前隐约出现了堂弟被蒋介石下令杀掉的场景。

不能让这件事情发生，要争分夺秒，赶在蒋介石回到武汉以前，把购买至少两架飞机的钱款准备好，交到蒋夫人手里。

余雅芳浑身发抖，脸色苍白，哆嗦着抓住了姐姐的手，问道：“俊林也会被蒋委员长枪毙吗？”

余梅芳轻轻地摩挲着妹妹的手，说道：“也许，这是两个不同的事情。”

她是从丈夫林英华那儿得到韩复榘被枪毙的消息的。林英华还说：“所有不愿意抵抗侵略军的人，都得枪毙；所有让日本人恣意残杀中国人的人，也都应该枪毙。蒋介石只要做到这一点，中国一定不会灭亡。”

余梅芳突然想起了王俊林。王俊林要是真的出了什么事，妹妹怎么办？

她说道：“话虽如此，因为疏忽导致了灾难，跟有意犯罪，还是有区别吧？”

林英华凝视着夫人，说道：“犯罪就是犯罪，不管是有意还是疏忽，都改变不了犯罪的事实。你是在为王俊林辩解吧？王俊林做的错事还少吗？他如果真的能遭报应，也算罪有应得。”

不可能让丈夫帮助王俊林了。余梅芳操起电话，准备打给妹妹，告诉她这个可怕的消息，让王俊林早做防备，一想到妹妹一向性子柔弱，万一急火攻心，惹出什么祸端，立即放下电话，亲自去了警备司令部。

妹妹果然被这个消息打蒙了头。余梅芳心头涌起一种怜悯的情愫，她紧紧地握着妹妹的手，似乎在输给她支撑下去的力量，安慰道：“韩复榘跟王俊林不一样，王俊林不是故意的，他一定会没事的。”

“他已经去了武昌，也要被行营主任关押起来，也要被枪毙吗？”余雅芳丝毫没有听到姐姐说什么，一个劲地问道。

得快点想办法，弄到一笔巨款。现在，即使想卖掉房产，也不可能立即拿到一笔庞大的资金，得先从一些殷实人家那儿挪动部分钱款再说。而且，商会已经募集到了一部分资金，是要购买医疗器材交给医院，救助伤员的。事急从权，反正钱都在自己手里，先把它拿出来救急。剩下的部分，找赵承彦、余瑞光试试看，他们手头也许会有一些闲钱，也许会有一些没有用完的募集资金。先借用渡过了眼前的难关，再来说卖掉房产的事情了。

王俊财说道：“弟媳，余大小姐，你们不要急，我先去打探一下情况。”

余雅芳宛如濒临绝境的人看到了获救的希望，说道：“有劳堂兄了，请你有了消息，马上打电话告诉我一声。”

王俊财急匆匆地出了警备司令部，拦了一辆黄包车奔向了赵承彦的住宅。

赵承彦在家。日机轰炸的那一天，其母刘芳芳受了惊吓，也受了风寒，从此患病，卧床不起，至今没有一点好转，赵承彦每天都会请医生到家里治疗母亲。榨油坊被炸毁了一部分，也有一些工人被炸死了，很多善后工作亟待赵承彦处理。他快要被这两件事情榨干了，恨不得躺倒以后，再也不要起来。

周莹莹、李香香也都生病了。赵承博去了榨油坊，帮助哥哥处理榨油坊的善后事情。让赵承彦能够多一点时间待在家里照看母亲。

“姐夫，事情紧急。尽管你现在可能也很拮据，可是，我只能请你想想办法，看能不能支援我一点现款。”王俊财问候了一声刘芳芳的病情，立即说道。

王俊喜已经来过赵府，见过赵承博，也见过赵承彦。

那时候，赵承博请来的医生刚好进入赵府，准备为周莹莹和李香香看病，下人进来通报，说是王俊喜前来拜见赵老夫人以及赵世兄。

一晃二十多年过去了，总算把王俊林推进了万劫不复的深渊，王俊喜每一个毛细血孔都嘟嘟着兴奋。人一高兴，他立马想到了柳彤萱，迫不及待地过来汉阳，要把这个消息告诉柳彤萱以及赵府的每一个人，也鼓起他们对王俊林的怨恨，顺便找机会把柳彤萱再一次抱到床上去。

进入赵府，不管有没有医生在，王俊喜问候了一句周莹莹、李香香，紧接着，滔滔不绝地说出了自己做的事情及原委。

果然，周莹莹、李香香、柳彤萱全都怨恨起王俊林来了。

“怪不得呢，要是王俊林提前告诉我们，怎么会出这么大的岔子？”赵承博愤恨地说道。

赵承彦当时也在赵府，准备等医生给周莹莹和李香香看完病以后，再带过去替生母看病。他心想，王俊林固然有错，也不应该把一切责任全都推到王俊林身上。他很想为王俊林说几句话，平息大家心头的怒火，分明周莹莹和李香香都对王俊林恨之入骨，他只好沉默不语。

王俊喜走了以后，赵承彦对弟弟和弟媳说道：“俊喜是一个什么样的人，我们都清楚，不要把一切都怪罪到王俊林头上。即使他事先进行了防空教育，日本人的飞机来了，真的可以保证不会造成这么大的损失吗？”

如今，王俊财这么一说，令赵承彦感到自己都快喘不过气来。他心想：自家兄弟相残，这是何苦！王俊林真的受到惩处，对你王俊喜有多大的好处？但是，他不能说出口，不管王俊财知不知道原委，他都不能说，也不应该说。

赵府的确没有现钱，好在赵承彦手头有一笔不久前募集到的救助资金。赵承彦把它拿出来，交到王俊财的手里，说道：“快去办你的事吧。”

王俊财接过现金，急急忙忙准备离开。忽然，一个念头从脑海深处跳出了来，他情不自禁地停下脚步，说道：“姐夫，我还有一个不情之请，希望你能够跟我一块去武昌，见余世兄，然后一块拜访蒋夫人，怎么样？”

赵承彦心念电转。顷刻之间，他想到一旦自己和王俊财、余瑞光一块去军事委员会，用武汉商界联合会的名义向蒋夫人捐款，势必引起蒋夫人极大的好感。只要蒋夫人了解王府、赵府、余府的关系，一切尽在不言中，他马上答应下来。

余瑞光并不在余府，王俊财、赵承彦在余府扑了空，知道他去了纱厂，连忙赶往纱厂。

余记纱厂没有遭到日机轰炸，一如旧观，既看起来很有秩序，也忙得人人都找不着北的样子。进进出出的货物，几乎挡住了他们的路。二人七弯八拐，费力地进入了余瑞光的办公室，见到了他。

听两人道明来意，余瑞光沉吟片刻，慎重地说道："王俊林是我的妹夫，我自当竭尽全力。可是，一时半会，我难以筹到这么大一笔款项呀。"

"时间紧迫，先把你募集的资金拿出来用一用，然后填补进去。"赵承彦说。

"既然如此，无所谓填补不填补了，只要召集商界的各位代表开一个会，商量一下，完全可以把它交出去。反正都是为了抗战嘛，相信大家都会支持。"余瑞光说到这里，操起电话，准备通知商会代表。

赵承彦阻拦道："事急从权，等你开会研究好了，时机或许已经过去了。现金不是在你手里吗？先拿出来用一用，然后告诉大家，也是一样的嘛。"

看着王俊财渴望的眼神，余瑞光咬了咬牙，带着他们离开了纱厂，去了商会，取出了募集的资金。

军事委员会大门口守卫森严，验明了三个人的身份，又打电话进去报告武汉商会会长求见蒋夫人，得到答复以后，放他们进去了。

"我们不能为抗战做出更大的贡献，实在感到很遗憾。前不久，日本人的飞机轰炸武汉，给江城民众造成了空前的灾难，商界倍感痛心，决计为保卫武汉尽一点力量，募集了一笔资金，希望用来购买几架飞机，帮助我们中国的军队打掉敌人的嚣张气焰，迫使日寇的飞机不敢肆意闯进武汉空域。"王俊财恭恭敬敬地把现金放在蒋夫人面前，说道。

蒋夫人显得很高兴，说道："抗战以来，武汉商界做了不少事情，我听说过，蒋委员长也听说过，我们都由衷地赞赏你们的爱国行为。国家正是有了你们这些真心为国的人，才有了希望有了未来。你们放心，你们捐献的飞机，一定可以让武汉的天空更加明朗！"

王俊财心里的石头落了地。赵承彦和余瑞光也非常高兴。他们一齐告辞而出，蒋夫人和蔼地站起身，亲自送他们走出了房门。

这时候，隔壁的房门也打开了。

余瑞祥跟蒋介石几乎是肩并肩出来了，脸上都带着一丝笑意。

看到了赵承彦、余瑞光、王俊财，蒋介石颇有些诧异。朝他们和余瑞祥分别瞟了一眼，蒋介石饶有兴趣地说道：“看起来，你们都是熟人嘛。”

“是的。”余瑞祥说道。

“王先生、赵先生和余先生是来捐款的，他们的捐助，可以让我们的空军得到好几架飞机。”蒋夫人笑着把王俊财、赵承彦、余瑞光介绍给蒋介石。

蒋介石露出了微笑，说道：“我听到了很多有关你们的传说。你们是优秀的中华儿女，在国难当头之际，能够毁家纾难，实在难能可贵，堪称爱国典范！”

委员长的亲口夸奖，更令王俊财、余瑞光、赵承彦如饮醇浆，过去对蒋介石的种种不满，现在全部烟消云散。亲眼看到蒋介石的面容，亲耳听到蒋介石的抗战言论，足以让他们感到抗战一定能够在蒋委员长的领导下，取得最后的胜利。他们不知道自己是怎么告别蒋介石，更不知道自己是怎么走出军事委员会的。

走到马路上，他们清醒过来，浑身轻松，一种从来没有感到过的情绪在心头滚动，只见余瑞祥气定神闲地走在他们身边。

王俊财张了张嘴，很想问余瑞祥跟蒋介石谈了些什么。临了，觉得拿这件事情询问余瑞祥未免有些儿戏，紧紧地闭上了嘴巴。

“你们这几架飞机捐得可真是时候！”余瑞祥说道。

王俊财宛如被人脱光了衣服，赤条条地站在大庭广众之下，感到非常难堪，一时间竟然回答不了。余瑞光和赵承彦摸不清余瑞祥的心思，强作笑容。

余瑞祥接着说下去：“苏联已经派出了航空志愿队，还援助了我们一些飞机，用于对日空中作战。你们能在这时候捐献飞机，正是时候。不久，日寇将会尝到我们中国空军的铁拳了。”

王俊财、赵承彦、余瑞光立即兴奋起来，尴尬的情绪一扫而空，接连不断地询问中国空军什么时候能够严惩敌人。余瑞祥的回答感染了他们，他们越说越高兴，眼帘再次浮现出余瑞祥和蒋介石面带笑容，走出蒋介石办公室的一幕，深感好奇，趁着这个机会，终于询问开了。

余瑞祥脸上浮现出一抹莫测高深的笑意，回答道：“我跟蒋委员长曾经一块在孙中山先生的手下共过事，一块回忆过去岁月里共同经历的一些事情，不是能够增进感情吗？”

当然，余瑞祥并不是跟蒋介石一块回忆往事。那段往事早已过去，在蒋介石和余瑞祥的心中，都不可能留下太多的回忆。毕竟，他们有太多不一样的地方，也有太多不一样的想法，以至于发展到最后，他们各自坚持己见，竟然兵戎相见，一直交锋了十年的时光。是日寇的野蛮入侵把他们这两个昔日的对手再次推到了一块，在抗日的旗帜下，携手合作了。

余瑞祥回到武汉只短短几个月，初步动员起了武汉民众，并且已经建立了一个庞大的关系网络，着实让蒋介石感到余瑞祥具有超乎寻常的能力。他很想把余瑞祥重新拉回国民党的怀抱，即使不能，也要拉拢余瑞祥，让余瑞祥能够替抗战多做一些事情，可是，抵达武汉了，却被众多事情搞得焦头烂额，把邀请余瑞祥去军事委员会谈话之事拖宕下来。

蒋介石亟待处理的众多事情之中，首要的仍然是怎么面对日本人的威胁。按照蒋介石的估计，华东日寇一旦攻下了南京，一定会趁着胜利的余威，跨过长江，向北进攻，与华北日寇会合，再一路南下，攻占武汉，把中国最繁华的地区全部收入囊中。为了避免出现最不利于中国抗战的局面，他得想方设法把日寇的攻击方向牵引到其他方向，以便有充足的时间来调集兵力，动员民众，保卫武汉。在华北战场上，一样得调集人马，堵住日本人的攻击。

最好的办法是迫使日寇溯江西上，利用沿途的崇山峻岭以及诸多要塞阻挡他们的进攻。可是，怎么引呢？蒋介石考虑了很久，束手无策。日寇的威胁迫在眉睫，蒋介石只有从可以做的事情入手，在敌人进攻的路线上，提前选定预设战场，调集重兵，跟日寇进行一场较大的战争，消耗其实力，阻截其攻势，极力延缓其攻击武汉的步伐。他把目光锁定在素有兵家必争之地的徐州上，决计在以徐州为中心的广袤区域，集结重兵，跟日寇进行决战。

其次是处理那些贪生怕死的逃跑将军。蒋介石颇费了一番脑筋，以邀请各战区副司令长官以上高级将领在郑州开会，检讨前一阶段抗战的得失，明确下一期抗战的任务的名义，把想要杀的一只鸡引诱入笼，予以处决。

干完了这些事，重新回到武汉，蒋介石这才有精力召见余瑞祥。

余瑞祥目光锐利。蒋介石一提到日寇的攻击方向与中国的抗战前途，他立即说道："蒋委员长深悉日本人的战争动向，我非常佩服。只要全体将士团结一心，必能遏制敌人的凶焰。希望蒋委员长继续开放言论自由，更加深入地动员民众。只有依赖全国民众的支持，抗战才能取得最后的胜利。"

"是的，余兄弟，你们共产党人最懂得动员民众的道理。在国家危难关头，你们能够倾其全力，为国家服务，这种精神，印证了我们的民族和人民在日本帝国主义的野蛮侵略面前，是团结一心，抱着与敌人血战到底的气概的。"

说着说着，蒋介石的声音柔和了许多。他继续说道：“余兄弟，我们今天能够坐在一块，不由得让我想起了当年我们追随孙总理时的往事。尽管因为一些观念不同，我们发生过一些争执，最后走向对立，毕竟，现在又走到一块了。我诚恳地盼望余兄弟能够像过去一样，为了实现总理的遗训，跟我并肩奋斗。”

余瑞祥说道：“蒋委员长，我们现在不是已经在并肩奋斗、共同抗日了吗？”

蒋介石略一愣，说道：“余兄弟，你还是那么快人快语，我很久没有听到有人这么对我说话了。不过，余兄弟，请你不要误会，我只是希望你能到军事委员会担任一个重要的职务，帮助我负责指挥全国的抗战，因为只有你，才让我感到放心。我身边的人，你都看到了，汪精卫骨子里一直打着不抗战的算盘；其他的人，要么目光短浅，要么包藏了种种心思，不能像余兄弟一样让我放心。”

蒋介石一边说一边用柔和的目光看着余瑞祥，眼睛流露出一种不舍的情分。

余瑞祥很有点感动，不过，他不能任由蒋介石牵着鼻子走。蒋介石心里打的是什么算盘，他太清楚了，这无非是蒋介石希望他脱离共产党组织，重新投靠国民党阵营的一种委婉说法。

他说道：“谢谢蒋委员长的信任和盛情，在国家危难关头，我对个人的去留进退没有任何想法，只要是有利于抗战的事，我一定会全力以赴地做下去。不过，蒋委员长也很清楚，我是共产党人，要是进入军事委员会，一定会引发国民党内部一场地震。所以，我还是宁愿继续站在决策层的外面，为抗日做一些事情，也希望我在遇到问题的时候，能得到蒋委员长的帮助。”

事实上，这不只是蒋介石想利用高官厚禄换取余瑞祥投靠到他麾下，而且还有现实的需要。

原来，南京失陷以后，蒋介石对过去的种种政策以及政府、军事机构的设置与运转进行了深刻的反思，觉得过去的一套已经远远不能满足战争的需要了，应该有所调整，对军事机构以及所有与军事紧密相连的机构实施一些必要的改造。如此重大的改变与调整，他本来应该跟国民党高层商量，但他想来想去，觉得只有余瑞祥能够为他提出合理的建议。因而，他必须倚重余瑞祥，决不会因为他是国民党领袖，余瑞祥是共产党人，就在他与余瑞祥之间划上一条鸿沟。他与余瑞祥之间的关系，是可以超越党派的。他对余瑞祥的敬重，也是任何人都无法想象的。哪怕余瑞祥是他的敌人的时候，他也尊重余瑞祥。

弄清了蒋介石的真实意图，余瑞祥说道：“蒋委员长此举，一定能够为我们的抗战注入新鲜力量。”

“我邀请余兄弟进入军事委员会，正是出自这样的考虑，既然余兄弟已经表明了心迹，蒋某不好强人所难。不过，余兄弟，你们共产党最擅长动员民众。军事委员会打算恢复大革命时期的政治部制度，希望能够邀请到你们共产党人担任总政治部主任或副主任。我想，你们不会拒绝吧？”

余瑞祥笑道：“只要是有利于抗战有利于国共合作的事，我党都愿意竭尽全力去做。”

“我知道，要是由余兄弟来担任这一职务，实在有点大材小用。这样吧，蒋某委托余兄弟，跟周恩来先生谈一谈，如果他愿意接受这个职务，我觉得，他会是一个非常恰当的人选。”

由此，两人谈得越来越投机，屋子里的气氛也越来越轻松了。

谈话接近尾声的时候，蒋介石突然说道：“余兄弟，蒋某听说武汉警备司令王俊林是你妹夫，你们从小非常要好。在许多方面，他的确比不上余兄弟，经常会制造一些麻烦，过去的事，都可以不予计较，希望余兄弟能够好好敲打一下他，不要让他再做出什么事情来才好。”

蒋介石最后竟然跟自己提起了这件事情，而且，按照蒋介石的意思，是要放王俊林一马。余瑞祥微微感到有点吃惊，为什么？难道像蒋委员长暗示的一样，是为了向自己示好吗？蒋委员长难道不知道，这是国民党内部的事情，自己作为共产党人，蒋介石无论怎样处理王俊林，绝不会说不应该，纵使宽恕了王俊林，也绝不会对他心存感激吗？

想到这里，余瑞祥赫然发现，王俊林背后还有王俊财、王俊喜、赵承彦、余瑞光。蒋介石是不是同样顾忌这些财力雄厚的武汉商界翘楚呢？

余瑞祥说道：“王俊林是我妹夫，可他是国民党人，是武汉警备司令，他做的任何事情，都应该由他自己承担。不过，既然蒋委员长说了，只要有机会，我一定会好好敲打他！”

第九章 不屈的人们

敌机第一次闯入武汉，算是认了一下门，摸清了路径以后，从此隔三岔五出动飞机，沿着相同的航线前来轰炸。

警备司令王俊林逃脱了军事委员会的追究，继续留任原职。

那一天，武汉行营主任打电话让王俊林去武昌，其实主要是为了告诉他这个消息。本来觉得此去一定凶多吉少，没料到，结果出人意料。王俊林大喜过望，激动得手脚都不知道放在哪里，嘴巴也不知道说些什么。

回到警备司令官邸的时候，王俊林已经完全换了一个人，意气风发，喜气洋洋。一见余雅芳，他马上说道："夫人，我确实没有错嘛！你瞧，蒋委员长回来了，他都没有追究我嘛！"

"可是，毕竟死了很多人！"余雅芳说道。

王俊林一愣，他本来已经想好了哄夫人开心的话，现在全部用不上了。

余雅芳真心实意不想丈夫出一丁点事。丈夫每次出事，都会把她置于非常痛苦尴尬的境地。堂兄王俊财出了军事委员会，立马给她打电话，让她放心，她差点喜极而泣。她幻想着丈夫回来以后，为原来的疏忽内疚。谁知，他还是照样冥顽不化。她的心冷到了极点，浑身上下一阵阵颤抖。

为了保卫武汉的安全，国民政府军事委员会特意成立了武汉卫戍总司令部，任命陈诚为总司令，把王俊林的警备司令部划拨到卫戍总司令部管辖范围。这一次，王俊林确实不敢大意，不仅立刻抽调人马，深入到每一条街道，不厌其烦地教导民众如何躲避敌机轰炸，如何疏散，如何就近修筑防空洞，而且亲自检查落实情况，发现问题，当场纠正。

此时，王俊林把高射机枪、高射炮全部交给了余瑞华，命令他拦截敌机。

每当提前接到日寇飞机出动的时间和路线，余瑞华立即命令高射机枪群、高射炮群进入临战状态，枪口、炮口全部对准敌机来袭的方向。敌机一飞到武汉上空，进入高射机枪、高射炮的射击空域，余瑞华马上下达了开火命令。一时间，子弹、炮弹发出惊天动地的喧嚣，携带着复仇的怒火，纷纷迅猛地朝敌机奔去，好像张开了无形的巨臂，试图把这些怪物全部抓在手里，狠狠地扔到地面，把它们摔个稀巴烂。可敌机要么飞得太快，要么升得太高，愤怒的子弹与炮弹擦着空气，消失得无影无踪，连一架敌机都没碰到。

余瑞华气得破口大骂，恨不得抓起一块石头，扔向天空。

虽说经过动员，民众听到空袭警报仍然惊慌失措。饶是王俊林几乎派出了全部兵士，分赴各街区，和妇女抗战救国联合会成员一道，指挥民众朝指定方向前进，还是有很多来不及撤走的民众丧生，到处都炸得烟雾迷漫，惨不忍睹。

旧历新年也是在敌机的轰炸声中度过的，而且，造成的损失更大，无数人被炸死炸伤，无数房屋化为灰烬，甚至连军事委员会、行营公署、警备司令部等等重点保护机构都不能幸免。

“个斑马的！日本人是畜生，你不把它赶出去，它总会轰炸你！”人们纷纷说道。

“帮助军队打那些婊子养的日本人！”

敌机的轰炸激起了民众的怒火。越来越多的民众已经觉醒，纷纷走出家门，参加了各种各样的救亡组织。

很快，一个喜讯传遍武汉三镇：苏联空军志愿者带着一批飞机和在西安、兰州等地训练好的中国飞行员转场进入了汉口、孝感、武昌南湖一带的飞机场，准备跟敌人一较高下。

“狗日的，让你们也尝一尝飞机的厉害！”几乎每一个人都翘首期盼。

当凄厉的防空警报再度响起来的时候，靠近飞机场的民众听到了一阵阵飞机的呼啸声，紧接着，看到一架架中国空军的飞机飞向了蓝天。

许多人分散坐在山坡上，不眨眼地望着远处的天空。天空已经没有中国空军的身影了。很快，打从天边出现了一群熟悉的黑点，它们连成一片，宛如一片黑色的云彩，迅疾地朝武汉方向飞了过来。突然，从云层深处钻出了一批飞机，从腹部射出一团团火光，直朝敌人的飞机打去。敌机好像一条条受到突然袭击的狗，拖着尾巴，不停地转着圈，伺机咬上中国空军。顷刻之间，双方的飞机交织在一起，谁也分辨不清哪是敌机，哪是中国空军了。不一会儿，一架飞机拖曳着一股浓浓的烟雾，一头栽了下来，远远地栽进了一个水塘里，轰隆一声巨响过后，掀起了一股强大的水柱，随即哗啦啦地落下。民众的心提到了喉咙，怔怔地望着那个方向出神。忽而，更远处的天空中又落下了一架飞机，好像一只折断了翅膀的飞鸟，噗嗤噗嗤地朝下栽，刹那间，只见远处激溅起了一团强烈的火光，照耀得整片西部的天空一片明亮，太阳似乎相形见绌，躲了起来。

余瑞华拿着望远镜，识别出栽下去的是敌机以后，在阵地上跳起来，大声喊道：“那是敌人的飞机！是我们的空中英雄把敌机给打下来了！”

经过了短暂的沉默，四周的民众沸腾起来，爆发了一阵惊喜的叫喊。

从此以后，敌机肆意飞临武汉上空的日子一去不复还了。武汉各界纷纷出动，迎接得胜回到地面的空中勇士，把积累起来的愤怒和恼火化作对空中勇士的深深敬意，为他们举行了一个盛况空前的欢庆仪式。

这段日子，王俊林亲力亲为，在民众心目中的糟糕印象虽说有所改观，但是，绝大多数老百姓在骨子里仍然对他怀有敌意。民众对空军的欢呼，令他隐隐产生了到战场上去跟敌人较量一回，以便彻底洗脱自己骂名的冲动。

为了帮助丈夫提高声誉，余雅芳渴望跟二嫂一道工作。王俊林不再拒绝，亲自把夫人交给赵璇滢，说道："二嫂，我把夫人交给你了，我相信，她一定能跟你一块，为抗日做一些事情。"

在赵璇滢的带动下，柳彤萱也走出赵府，加入了妇女抗战救国联合会。起先，她跟其他救国会成员一道，为伤员洗衣服、喂饭、洗绷带。后来，看到无数的戏剧界名流从全国各地拥入武汉，她眼帘时常浮现出昔日在舞台上受到万众瞩目的场面，禁不住勃然心动，私底下跟赵璇滢说，她很想唱戏。赵璇滢大加称赞，很快为她找好了剧社。从此，她开始排练已经显得生疏的节目。

为了一炮而红，重新唤醒人们对自己的记忆，她几乎把所有的时间都投入到排练当中去了。纵使王俊喜一再前来看望她，希望跟她重叙旧情，她都没有时间单独跟王俊喜幽会，只能当着众多演艺人员的面，跟王俊喜说些不痛不痒的话。

柳彤萱生香活鲜地出现在自己面前，又不能弄到手，王俊喜心痒难耐。面前没人了，他一把抓住柳彤萱的手，一边轻轻地抚摸，一边说："你已经不小了，怎么还是跟年轻人一样，喜欢虚幻的把式呢？"

"你不懂。"柳彤萱说道。

眼前一泛起自己在舞台上受到万人欢呼的情景，柳彤萱心中再也放不下了，她已经太久没有这种感觉了。现在，一投入到排练当中，她仿佛回到了从前，浑身上下顿时焕发了青春活力。她憧憬着早日排练好节目，重新登上舞台，以她迷人的风姿与演技赢得万众的欢呼。

有的时候，赵承博也会来排练场看看夫人的排练。看到夫人浑身透射出青春活力，他颇是诧异，情不自禁地想道：也许，柳彤萱永远只能在舞台上才能表现出女人应有的魅力。碰着了王俊喜，他并不觉得王俊喜跟夫人之间会发生苟且之事，甚至认为，有王俊喜在夫人身边，无异于给夫人打造了一把坚固的安全锁，任何人都休想动夫人的歪脑筋。

赵璇滢更是只要从这里路过，都会过来看一看柳彤萱排练的进展。她很看重柳彤萱这一次的复出，也对柳彤萱寄予了厚望。因为这将是军事委员会政治部第三厅成立之后，展开的首次大规模抗日救国宣传活动，意义重大。

原来，余瑞祥把与蒋介石会谈的情况向中共中央汇报过后，得到了中央的批准，周恩来接受了军事委员会的邀请，担任总政治部副主任。此时，已经有许多文化名人来到了武汉。这可是一笔巨大的财富，总政治部准备把这些文化名流全部吸引过来，设立第三厅，具体负责抗日救亡宣传活动。文化名人郭沫若担任三厅厅长，跟共产党方面的代表协商以后，准备一挂起三厅的牌子，立即展开抗日宣传周活动，拉抬抗日宣传的气势。计划上报到国民政府军事委员会，很快得到了批准。各戏剧团体得到这个消息，立刻组织人力，编写以抗日救国、鼓舞士气、激发民众抗战热情为内容的剧本，投入到紧张的排练之中。

赵璇滢的女儿余亚男考入武汉大学。不久以前，她已经跟随武汉大学其他两个年级的学生一道，在一部分老师的带领下，踏上了搬迁到四川乐山的道路。还有一部分老师留在武大，继续教授即将毕业的四年级学生，等他们毕业以后，也会启程离开武汉，去乐山跟其他的师生会合。林英华最好的弟子都是四年级学生，也留在了武汉，他和夫人余梅芳都没有走。

余梅芳在妇女抗战救国联合会里面担负了一定的职责。她是这次抗日宣传周活动的一个活跃分子，经常在武汉三镇会见各方面的进步青年、各抗战团体、戏剧社、表演团队。她甚至还把留在武汉的四年级学生组织起来，成立了一个戏剧社，准备等待宣传周活动拉开序幕以后，走上街头，在露天向过往的民众展示学生们的技艺。

赵璇滢一样希望能够多组织一些这样的戏剧队，她把那些流亡到武汉的青年学生以及落拓文人也组织起来了，利用各种场地，展开排练活动。

忙碌之余，赵璇滢情不自禁地会想起刚刚离开武汉的女儿以及女儿离开之前赵府发生的事情。

余亚男临走之前，曾经回过赵府，准备向姥姥告别。

周莹莹和李香香千方百计想把她留下来，但余亚男心意已决，还是要走。两位老人生气地对柳彤萱说道："把你姐姐找回来，我要问一问她，怎么能让一个女孩子走那么远的路？"

余亚男说道："我会自己对母亲和父亲说的，你们不要担心了。我已经长大了，而且是跟我的老师和同学们一块去的，一定不会出事的。"

周莹莹李香香阻拦不了，只有询问外孙女到底是跟哪些人一块上路的。

"我跟几个女同学商量好了，已经买好了船票，准备先到重庆，然后转车去乐山。你们把心放在肚子里吧，我们虽说不认得路，可是，我们有嘴巴，会问路，也有眼睛，会看得到路的。"

余亚男很想用俏皮话让两个姥姥放心，然而两个姥姥还是放心不了。

赵承博说道："既然你们不放心，我只有亲自把她送到乐山去了。"

"哎呀，那怎么行？我不是小孩子，是大人了。"余亚男马上反对道。

周莹莹和李香香可不管余亚男是否反对，一口答应儿子，命令下人张罗着为外孙女准备行李，去小学把余明亮找回来，让他们姐弟见一见面。

"不用那么麻烦了，我赶时间呢。"余亚男起身准备离开赵府。

周莹莹和李香香只有停止忙碌，再三叮嘱儿子，把他们送出了门。

余亚男辞别了刘芳芳姥姥以后，过江去了汉口。来到了八路军办事处，见到了父亲。

女儿要离开武汉，余瑞祥既不舍，又欣慰，说道："我没有多的话可说，希望你好好学习，懂得如何做人。"

"你放心，父亲，也许，我没时间见母亲了，请你告诉母亲，我会好好照顾自己，当我再回到武汉的时候，我一定会是你和母亲期望看到的人！"余亚男欢快地说道。

"女儿长大了，不需要我们操心了。"余瑞祥流露出了一抹笑意，似乎这才注意到赵承博，颇有点纳闷地问，"你怎么跟着孩子一块来了？"

赵承博笑道："老人家担心路上不安全，要我送她去乐山。"

余瑞祥心里潮起一种湿热，顿了顿，说道："亚男不是孩子，你也应该做一些其他事情了。"

"舅舅，难道你真的要送我去乐山吗？"余亚男也问道。

赵承博笑道："别以为我愿意跑那么远的路！我是母命难违，你们父女俩都不愿意我去，我巴不得呢！"

赵璇滢从柳彤萱那儿得到女儿已经离开武汉的消息时，她的心里涌起了一阵淡淡的伤感，虽说跟女儿同住一座城市，可她很少看到女儿，现在，女儿离开了，她真的有点惦记女儿，希望看到女儿。

"姐姐，你觉得我能回到过去的时光吗？"每当赵璇滢出现在面前的时候，柳彤萱总会这样问她。

柳彤萱渴望重现昔日的辉煌。然而每当她拼命排练的时候，她明显地感觉得到，那些曾经对她的歌喉、对她的唱腔、对她一举足一投手莫不如醉如痴的人们，再也没有那么疯狂了，甚至那些曾经对她十分崇拜的名人商贾，也缺少了那份热情，几乎没有人过来打听她的消息。

她深感失落，曾经问过王俊喜："我再也没有吸引力了吗？"

王俊喜依旧欣赏她，安慰她道："你是最好的坤伶，他们不敢近距离看你，是怕被你迷住了。”

王俊喜为人油滑，很不实在，除了在床上能够给她带来意想不到的欢娱，柳彤萱不可能从他身上得到其他东西。她不相信王俊喜的甜言蜜语，只相信姐姐赵璇滢。

赵璇滢仔细打量了她一会儿，夸张地说道：“你漂亮成熟具有女性魅力，只要你重新登上舞台，一定能在武汉掀起一股热潮。”

4月1日，第三厅正式在武昌县华林挂牌成立，按照筹备期间拟订的计划，加紧部署抗战宣传周的各项宣传活动。

这期间，不仅有大量的社会各界精英以及流亡的学生、难民继续从华东、华北拥入武汉，而且，前线的各种消息不断地在武汉上空翻滚。尽管国民党军队仍然没有挽回战场的颓势，仍然在日本人的攻击面前节节败退，华东战线上，在第五战区司令长官李宗仁将军的精心部署和指挥下，张自忠、庞炳勋两位将军在临沂地区挡住了日寇的攻击，打了一次胜仗，歼灭了数千日军。消息传来，武汉各界震动，纷纷向前线发去了贺电。

余瑞祥找来了所有前线的战报，开始分析研究战场的局势。鲁南方面，张自忠和庞炳勋联手打退了日寇的攻击以后，奉命率部开拔，不久，临沂再次遭到日寇的攻击，庞炳勋面临被日寇再度包围的危险，坐镇武汉遥控指挥全局的蒋介石只有重新调整部署，命令张自忠火速回援，跟庞炳勋再度联手，顽强地阻挡日寇的攻击。战线的另一端，日寇从南京方向沿着蚌埠不断地向徐州一线推进。李宗仁调集兵力，利用黄河的阻隔，挡住了日寇的攻击。

如果中国军队能够继续在蚌埠一线阻挡日寇的攻击，并且造成鲁南方向日寇在战役行动上不能配合南线日寇，利用日军轻兵冒进的特点，引诱一部分日寇掉入中国军队预先设置的战场，说不定可以打一次较大的胜仗。

中国军队可以在哪儿打一个胜仗？鲁南方向，还是蚌埠方向？余瑞祥更加仔细地研究第五战区的整个战场形势。

李宗仁将军已经在台儿庄一线布设了三个师的人马，并且利用其他各路人马，切断了日寇第五师团与第十三师团之间的联系，日寇第十三师团孤军突出。蒋介石亲自调集兵力，往徐州战场飞奔。

“看起来，台儿庄将成为日寇第十三师团的墓地。”余瑞祥心里明白。

可是，已经投入战斗的各部队都打得非常艰苦，没有一支新鲜力量投入进去，能够歼灭敌人吗？

他仔细地研究了战场上各部队的动态。汤恩伯的部队正在朝台儿庄方向赶去，并且很快将会占据有利地形，处于机动位置，当台儿庄战事进入胶着状态的时候，汤恩伯的部队可以迅速朝台儿庄的敌人展开攻击。这样一来，定能彻底割断敌第五师团与第十三师团之间的联系，关紧包围日寇第十三师团的大门。敌第十三师团被歼的命运将由此注定了。汤恩伯的部队会不会听从李宗仁的指挥？余瑞祥并不担心，汤恩伯再怎么狂妄，也不敢忤逆蒋介石的命令。蒋介石一直希望得到一次较大的战果，以此振奋民心，绝不会让汤恩伯迟疑不前。

把守台儿庄的中国军队以血肉之躯顽强抗击敌人的钢铁洪流。他们已遭到敌人的包围，并且敌人已经夺取了台儿庄三分之二的阵地。守军快要守不住了。

把守主阵地的师长向集团军总司令孙连仲发出了撤出台儿庄的请求。

“不准后撤！兵士打光了，你给我填进去，你填进去了，我再填进去！”孙连仲斩钉截铁地命令道。

战争进入到了关键时刻，徘徊不进的汤恩伯接到蒋介石的命令以后，果然率领大军疾速向台儿庄扑了过去。

敌人注定了会遭到覆灭。如何不让敌人轻易从台儿庄逃出去呢？余瑞祥想好了方案：只要汤恩伯的部队能够果断地抄小路去阻绝敌人向临沂方向撤退的道路，一定能把敌人包围起来，予以全歼。不管李宗仁是不是考虑到了这一点，他都要向李宗仁提出建议。

敌人撤退得太快了，李宗仁来不及部署，敌人已经打开了一道缺口，径直向临沂方向狂奔。李宗仁下达了追击的命令，部队一路追击，获得了许多战利品。此役，大约两万日寇被歼，日军两个师团遭到了毁灭性打击。

战报像闪电一样传到武汉，然后像闪电一样传到了武汉每一个民众的耳朵。

王俊财是最快得到战报的人。他喜极而泣，赶紧命令下人把大红灯笼挂在大门口，点燃早已准备好了的鞭炮。随即，一盏又一盏大红灯笼高高地悬挂起来，一挂又一挂鞭炮点燃了。刹那间，整个武汉变成了大红灯笼的海洋，淹没在阵阵鞭炮声中。

余瑞光一直很忙，忙得没有时间过问府上是否备有鞭炮。得到喜讯，他立即命令下人把鞭炮都拿出来，可是，没有。急令下人买，都是空手而归。

得想个什么办法来欢庆呢？他脑子一闪，把夫人的大红绸布拿出来。

“你这是要干什么呀？”夫人问道。

“多么喜庆的事情呀，我得写上一点字，把它挂出去。”

夫人赶紧帮他把墨磨好了。

余瑞光笔走龙蛇，很快写好了一幅字：中国人神勇无敌，小日本不堪一击。

他亲自捧着，急急忙忙朝外面奔去。下人跟在他后面，一齐拥出府，拿了板凳等东西，帮他把字幅挂在门口。

这时候，红红的灯笼，燃放的鞭炮，明亮的灯光，把夜幕笼罩下的武昌变成了白昼，喜庆的人群好像一条条游动的巨龙，在街面上游来游去，脸上都挥洒着笑容，不管认识的不认识的，见了面首先欢呼："日本人快要招架不住了！""日本人快要完蛋了！只要再打几个胜仗，小日本准会滚回老家了！"

一条长龙游到余府门口，看到余府下人和余瑞光忙着悬挂字幅，马上停止游动，纷纷围拢过来，煞有介事地注视着他们。

"可不是吗？消灭了鬼子，比得上过年！"一个人突然大声叫道。

立即引来很多人呼应："是呀，得张贴对联！"

"这不是对联呀！"有人说道。

"管它对联不对联，管它怎么贴，都是一个意思！"另一个人大声说。

人们短暂地踌躇了一下，立马哗啦啦一声散开，一下子消失得干干净净。不久以后，他们都跑出来了。有人同样拿着条幅横幅，形形色色，把它们挂在了门口，也有悬挂在树枝上的。刹那间，在火光和灯光的辉映下，那些字幅幻化成一片五颜六色的海洋。有的人写不了字，又找不到对联之类的东西，只好拿了纸张或绸布，跑到余瑞光面前，央求他帮他们写字。

余瑞光哈哈一笑，二话不说，带着那些人冲进余府，手里不断地挥动着毛笔，一幅幅字一挥而成。得了字的欢天喜地，喜滋滋地跑出门，悬挂字画去了。

很快，余府被人挤破了门。拿好字幅的民众挤不出去，在那儿大喊大叫："借光，请让一让，我要出去。"

余瑞光抬眼一看，嚯，整个余府已经没有一点空隙了。

"到外面去。"余瑞光对下人说。

下人抬了桌子，夫人拿了砚台，余瑞光拿了毛笔，在众人的簇拥下，走出余府，在门口搭起了桌子。余瑞光略微俯下身子，津津有味地挥笔写了起来。

蒋介石一样兴奋得无法自已。他要亲眼看一看民众的反应，亲眼看一看民众如何发自内心地颂扬他指挥中国军队英勇无畏地抵挡侵略者。他再也不愿意待在屋子里了，准备只身走出军事委员会。警卫人员大惊失色，阻拦不了，只有跟着他走出武昌新图书馆。

武昌已经变成了一片欢庆的海洋，蒋介石心里宛如饮了蜜，一直洋溢着笑容，朝阅马场方向走去。

那儿集聚了数不清的民众，人们不断地跳跃着、歌唱着，一串串鞭炮在猛烈地炸响，借着辉映出来的灯光，隐约看到，到处烟雾弥漫，人影隐现。这就是民心！这就是民意！蒋介石越走，越发心花怒放。

过了阅马场，蒋介石信步继续朝前走去，不知不觉，看到前方聚集了很多人，一个个手里都捧着什么东西，跑过来，又跑过去。

蒋介石煞是诧异，想拦着一个从身边走过的人问一问。但那人好像手里捧了一只大元宝，根本没有想到自己会跟委员长迎面相碰，脸上喜滋滋，见了人便说："你准备好了吗？我有了。"

一边说，一边一溜烟地跑走了。

蒋介石越发纳闷，加快步伐，赶了过去，马上明白发生了什么事。他很好奇，谁在那儿为人写字幅？仰头一望，宅院门口非常气派，烫金的匾额上赫然是"余府"两个字。

"原来这是余府！"蒋介石马上想起了余瑞祥，想起了余瑞光，想起了余瑞华。

卫兵看出了蒋介石的心意，在前面吆喝一声。大家一齐抬头看去，赫然看到一个瘦瘦的高个子男人威风凛凛地站在他们面前，在他的四周，是一群持枪荷弹的兵士，马上意识到此人来历不凡，下意识地朝两边退去。

蒋介石脸上带有笑容，一面朝里面走去，一面挥起手，向民众致意。

谁有这么大的威风，一出来，便令众人噤若寒蝉？余瑞光夫妇心头吃惊不小，一起抬起头。一眼认出了蒋介石，余瑞光一惊，赶快放下笔。

蒋介石走到余瑞光的身边，笑道："余先生，辛苦你了。"

"蒋委员长，您领导中国军队打了大胜仗，我们无法表达此时此刻的心情，希望用这种方式聊以宣泄我们的情绪。"余瑞光说道。

"无论你们怎么表达，都是可以理解的。"蒋介石说道。

说完，蒋介石微微一笑，拿起余瑞光放下的毛笔，挥起手腕子，把铺在桌子上的一块红色绸布当成战场，肆意纵横起来了。

余瑞光夫人弄明白了来人是何方神圣，怔怔地站在那儿，一动不动。

得到消息的各路军政大员一起赶了过来，站在蒋介石两边，等蒋介石把笔搁在了笔架上，一个上将捧起了绸布，大声念道："国民振奋，倭寇必灭！"

"蒋委员长万岁！"有人激动地喊了起来。

这一下，宛如打开了泄洪的闸门，哗啦啦一下子，呼喊声好似澎湃的洪水，气势磅礴，连绵不绝，盖过了喧嚣不住的鞭炮声，在空中久久地回荡不已。

蒋介石眼帘浮现出了余瑞祥的身影，心里说道：得尽快跟余瑞祥见一见面。

很快，他见到了余瑞祥。

余瑞祥一接到台儿庄大捷的消息，马上跟八路军办事处的几位重要领导人商议，以八路军办事处的名义，向李宗仁发去了贺电；随后，以中央代表团的名义，向国民政府和军事委员会分别发去了贺电，同时决定趁民众已经欢腾起来的机会，提早进入宣传周的造势活动。于是，他和那几位重要领导人一道过江来到了武昌昙华林，跟郭沫若一块商定提前拉开宣传周的序幕。

一时间，各路抗日救亡团体成员，在第三厅的领导下，将各种宣传材料张贴在交通路口，并且将翻印好的宣传资料，沿路向民众发放。

余瑞祥亲自拿着一些宣传单，一路走向阅马场。

看着欢腾的人群，他的眼帘浮现出当年发生在这一带的幕幕情景：攻下湖广总督府以后，在咨议局成立了军政府；大革命时期，在阅马场组织了各种声势浩大的游行活动。现在，阅马场再度成为凝聚民心的圣地，他情绪激荡，意识到新的民族革命高潮已经到来。

他下意识地朝奥略楼方向走去。

一样是欢腾的人群，一样是五颜六色的海洋。在通向奥略楼的道路两边，每幢房子的墙壁上，已经贴上了大幅的标语，连成一串，不同的颜色、幅面、字体，密集地轰炸着余瑞祥的眼球。一小块一小块内容风格各异的宣传标语，分割了沿途所有的墙壁，却又使得这些墙壁浑然天成为一幅完整的巨大画卷。

他情不自禁地抬眼朝奥略楼望去，只见楼顶上正冉冉升起了一面巨大的横幅。几个人正在四周忙碌着，想必是在固定那面横幅。

在灯光的辉映下，“全民总动员，定教鬼子难回还”，这十二个巨大的宋体字扑入余瑞祥的眼帘。这是全国民众的共同心愿，应该让它尽快立起来，永远立在那儿！他心头一阵荡漾，赶紧奔了过去，帮助把字幅固定起来了。

站在楼顶，他朝四周望去，只见到处灯火辉煌，到处人影攒动，车水马龙，散发出欢乐的节日气氛。

民众一旦全部动员起来，日寇横行的日子将要到头了！他在心里说道。

不知过了多久，他终于从奥略楼走了下来，重新回到了阅马场。这时候，他碰上了武汉卫戍总司令陈诚，陈诚告诉他蒋介石要跟他见面，他立即沿着马路赶往曾经的武昌新图书馆。

明白了蒋介石的意图，余瑞祥沉思片刻，规缕分明："如果我们可以调集到足够的军力，在短时间里把日寇包围起来，予以歼灭，扩张战果当然可行。问题是，我们已经跟日寇打了将近一年，从来没有一次消灭过数万日寇。日寇的火力和机动力，均优于我军，一旦我军不能速胜，日寇必然会快速增援而来，届时，我军兵力集中，很可能会给了敌人一举围歼我军的大好机会。所以，我认为，最重要的还是应该随时留意日军的行动，预想万一我军包围日军不成反而被日军包围的情况。所谓不虑其胜，先虑其败，才能处于主动地位。否则，一旦我军精锐力量全部投入进去，遭到了日军的包围，损失殆尽的话，我们靠什么长期抗战？"

蒋介石沉默了半晌，说道："余老兄果然思虑周详，荦荦大端，很有分量。蒋某深知中国军力相较于日寇，是远远不如的，也深知中国的抗战是一个长期的过程，在不利苗头出现的情况下，我会撤退我们的主力。"

抗战宣传周的第一天，以一个特大的喜讯提前拉开了序幕。整整一天的时间，民众都在用不同的方式表达他们对军队战胜敌人的钦佩之情。即使那些曾经灰头土脸以为中国必败的人们，也觉得中国战胜敌人不成问题了。

第二天，余瑞祥跟八路军办事处的所有主要领导人以及国民党重量级人物、社会名流，全部出动，分布到武汉三镇的主要街道，用激情四射的演讲，激励民众团结起来，有钱出钱，有力出力，跟日寇进行坚决的战争。

紧接着，从华商跑马场传出的歌咏比赛，唱响了时代的最强音。一首首抗战歌曲，此起彼伏，连成一串，响彻了武汉三镇，响彻了大江南北，一时间，到处都是激情四射的歌声，到处都是心潮澎湃的人群。还有整座城市，几乎在一夜之间，大街小巷都张贴了各种各样的漫画。

还有那一曲曲动人心魄的戏剧，还有那一幕幕电影，气氛一天比一天热烈，民众的热情一天比一天高涨。

这天，竟然淅淅沥沥地下起了小雨，阵阵微风吹过，空气中飘荡着些许凉意。但是，情绪高涨的民众依旧沉浸在欢乐的海洋里。在赵璇滢的组织下，武昌、汉口、汉阳，共有五十万民众分别汇聚在三个指定位置。

武昌民众齐聚在奥略楼附近，那儿已经垒起了一个高高的平台。从阅马场到奥略楼沿线，停下了无数大卡车，每一辆卡车上都拖带着一幅巨型画像，是抗日高级将领的，有蒋介石，有李宗仁，有张自忠，有朱德，还有已经长眠沙场的佟麟阁等人。奥略楼上，那晚悬挂上去的巨型横幅，依旧在风雨的肆虐当中，高傲地仰着头，象征着不屈的精神和不死的灵魂。

一个态度和顺、精神飘逸的男子在众目睽睽之下走上了那座平台，手里拿了一根小棒子，神情严肃，浑身散发出无穷的斗志。民众屏息静气，瞪大眼睛，看着他已经把双手缓缓地举过了头顶，右手拿起的那根小棒在空中稍微停留了一瞬，闪电一样在空中划了一道弧线。

犹如铁骑突出，刀枪齐鸣，又如万马奔腾，从每个民众的喉管里发出了一个强大的声音："保卫大武汉！"

与此同时，从汉口的华商跑马场，从汉阳的龟山，保卫大武汉的歌声从数十万民众的喉管喷薄而出，凝聚成云团，直冲霄汉。

此时，王俊林和余瑞祥站在奥略楼平台附近。王俊林的心里产生了强烈的震撼，似乎自己已经变成了一个英勇作战的勇士，正在战场上率领自己的部下，奋勇杀敌。

他大声对余瑞祥说道："我要率领人马，上战场杀日寇。"

天空中的云彩越聚越厚，地面似乎越来越黝黯。大卡车打开了前灯和后灯，早有准备的民众点起了火炬，刹那间，照亮了整个黝黯的世界。卡车开始发动了，那位指挥家已经登上了第一辆大卡车，继续颇有节奏地挥动着指挥棒，导引着这数十万人的大游行。

第一辆卡车缓缓地沿着道路，开向了阅马场。

在阅马场，同样聚集着无数的民众，沿着道路两边排列成两条弯弯曲曲的队列，伸向了新图书馆，并且一直朝前伸展。

聚集在奥略楼的民众开始了缓缓流动，随着那一辆辆卡车的轨迹，朝阅马场方向缓缓走去。余瑞祥和王俊林一块下了平台，随着人群不断地朝前进发，不时地唱着歌，或者高呼着口号。大卡车每走过一个地方，都变换着灯光，让整个游行队伍，变成了一片灯光灿烂的海洋。这片灿烂的海洋，俨然成了那位指挥家的化身，不断地指挥着民众变换着歌曲，变换着呼喊口号。

队伍缓缓地通过了图书馆，然后从前面拐了一道弯，回过头来，进入了蛇山洞，走向了江边。

天色渐渐地开朗起来了，雨水继续淅淅沥沥地下个不停，游行的队伍继续朝江边走去。隐约可以看到，江对岸同样有一支庞大的队伍，在向江边运动。两岸的火炬在熊熊燃烧，两岸的歌声在不断地唱响。

天空响了飞机的轰鸣声。几架飞机箭一样地朝西部的天空飞去。民众没有惊慌，没有恐惧，继续排列成整齐的队伍，朝预定路线前进。

空中响起了一声沉闷的爆炸声。

指挥家猛然把指挥棒朝空中一挥，然后迅速地落下。灯光熄灭了，歌声停歇了，口号声也消失不见了。

所有人不约而同地朝空中望去，只见一团巨大的火球拖曳着一缕粗壮的浓烟，在远处的天空画上了一个丑陋的弧线，一头栽了下去，激溅起一团更加浓厚的烟雾，响起一阵更加惊天动地的爆炸声，闪烁出一团更加剧烈的火光。更远的天空，还有无数架飞机在来回穿梭，不断地打着转转。一团一团微弱的火光，宛如夏夜的流星，在不断地闪烁，不断地变换着位置。

“看起来，中国空军可以为武汉撑开一把巨大的保护伞了！”余瑞祥说道。

“是啊，日本人在空中逞威风的日子一去不复返了！战争已经开始向我军一方倾斜了。”王俊林更加兴奋。

“向我们的空中勇士致敬！”从喇叭里传出了一个宏大的声音。随即，指挥棒又从指挥家的手里挥动起来了，民众爆发了一阵声嘶力竭的呐喊：“向空中勇士致敬！把日本人赶出去！保卫大武汉！保卫大中华！”

游行队伍和卡车一道，冒着细雨，沿江边一路行去，不断地高呼着口号，不断地唱着歌曲，声音萦绕在武汉的上空，久久没有停歇。

第十章 痛失马当

第五战区司令长官李宗仁看出日寇隐隐然露出了包围徐州的端倪以后，马上报告军事委员会，并请求突围，得到了蒋介石的批准。随即，他命令各部利用有利地形，借助夜色的掩护，交替退出战场，分别向皖西北以及豫南方向突围而出。

日寇准确地捕捉到在以徐州为中心的广大地带聚集了数十万中国精锐部队，一下子调集了几乎同样数量的人马，试图毕其功于一役，一举把这些中国军队全部歼灭，为彻底解决中国战场铺平道路。谁知到了徐州，只是拿下了一座空城，日寇恼羞成怒，加紧追赶撤退中的国民党大军，先后攻陷了豫南许多地方，兵锋所向，直指沟通东西南北交通枢纽的中原重镇郑州。

受台儿庄大战胜利的影响，以及在抗日宣传周的激励下，王俊林希望建功立业，改变自己在民众心目中糟糕的形象，主动向武汉卫戍总司令陈诚请缨，愿意率领所辖人马走上前线，与日寇交锋。很快，他的愿望得到了满足。王俊林被任命为军长兼马湖区要塞总指挥，率领所属人马克日启程，开赴马当、湖口一线，全面负责对马当要塞以及湖口地区的防务。

国民政府军事委员会非常重视要塞在防御作战中的作用。为了全面抗日的需要，早已在马当要塞修筑了非常坚固的永久性防御工事，并且驻守了一部分海军官兵。王俊林率部开进马当，无疑会为牢不可破的要塞加上一道门闩。

这一次，王俊林确实非常用心。一到马当，初步划分了各部的防守范围，他立即带领余瑞华等各位师长、副师长、师参谋长，到马当要塞一线实地考察地形。

马当要塞地形险要，东部有黄山、香山作为天然屏障，长江中流有一座小孤山傲然而卧，把长江划分为两个部分，靠近北岸的部分淤泥深厚，难以通行任何船只，只有南岸有一条宽约一里地的江面上可以行船。海军官兵早已在长江布设了许多水雷，封锁了长江航道。

"只要分别在黄山和香山上架设几挺机枪，足以令日寇胆寒，他们岂敢从我的眼皮底下通过！"王俊林觉得自己运气真好，想不建立像李宗仁在台儿庄的那种功勋都难。

"但是，日寇的攻击能力非常强大，我们还是应该谨慎一些。"余瑞华给王俊林泼了一瓢凉水。

这一下，可坏了王俊林的兴致。他有些不满地瞥了一眼余瑞华，说道："难道我不谨慎吗？我把最好的武器都交给了你，让你把守这里，难道不是因为我知道日寇的进攻能力远远超过我们吗？"

全面勘察了辖区地形以后，王俊林召集众位随行人员开会，反复商讨，微调了各部的防御区域，命令各部加强战前训练，时刻注意敌情。紧接着，他把全部精力投入到关注日寇的最新攻击方向上。

日寇的攻击速度实在太快了，势如破竹，如入无人之境，不仅夺取了开封，拿下了兰封，而且前锋已经快要抵达郑州了。

这还了得！一旦日本人拿下了郑州，一定会竭尽全力沿平汉线朝武汉发展攻击的。自己跑到这里来，恐怕连日本人的面都见不到，怎么跟他们好好打一场？多好的地形呀，不利用实在太浪费了！王俊林心里不免很有点遗憾。

很快，王俊林又高兴起来了：我已经率部开到前线来了，日本人见了我绕道而行，又不是我不跟他们打。既有主动请缨上阵杀敌之实，又不与敌人作战，不损失一兵一卒，白白得到了抗战的好名声，还有什么比这个更令人叫绝的呢？

这一次，他确确实实对自己能够得到幸运之神垂青感到由衷的欣喜。

可是，战争年代，欣喜以及所有正面情绪都是短暂的不可靠的。不到两天，他接到了一个惊人的消息：蒋介石命令人马在黄河花园口掘开了一道口子，滔滔黄河之水一下子把日本人攻击郑州的道路给冲断了。

“这么说，日本人注定要从长江向西发展攻击了！”王俊林心里想道。

这样一来，王俊林部驻守马湖要塞区必定会跟日寇发生正面交锋，不是一般的交锋，而是赌上身家性命的交锋。交锋即将来临，王俊林心里竟然再次摇摆不定。

但是，已经来到了前线，王俊林再也没有任何退路了。他不得不横下一条心，咬牙切齿地说道：“日本人注定要来，王某全力迎接。”

日本人要调整攻击方向，需要花费一定的时间，不是一两天可以完成的。趁着日寇还没有攻过来之前，自己应该做一些什么呢？

他想起了临行前余瑞祥对自己说过的话：“仅仅依靠军队，是无法战胜敌人的。战胜敌人的最好武器是动员民众，是统一战线，是抗战到底。你去了战地，哪怕只是把一部分付诸实施，你也能够坚持得更久一些。”

共产党人动员民众，搞统一战线，的确搞出了很大的声势。王俊林当然想搞民众动员，搞统一战线。怎么搞？令王俊林很费思量。总不能完全按照共产党人的办法来，那不仅会招来蒋介石的猜忌，还会因为没法完全照搬共产党人的那一套而画虎不成反类犬，得自己想出一套办法。

想来想去，王俊林想到了蒋介石起家的资本——黄埔军校，不由得勃然心动：办军校不仅可以灌输自己的思想，培植自己的嫡系体系，也可以跟社会各界搞好关系，赢得民众的支持与尊敬。真是一举数得的事。

不过，王俊林很清楚，完全搞一个属于自己的军校，是一件犯忌的事情。要搞，必须在蒋介石和国民政府许可的范围之内搞。蒋介石不是在珞珈山开办了高级军官游击战争培训班吗？自己也可以搞短期训练班，不仅培训军人，还培训那些在社会上有些脸面的保甲长乡长们，不仅灌输他们游击战争知识，也拉拢各方面的关系。这样，一准可以把大家团结在一起，令所有的人都能听从自己的命令，成为自己的铁杆支持者。

思虑成熟，王俊林一个电话，把余瑞华先找了过来，向他说明了自己的打算。

原以为余瑞华会立即赞同，而且愿意充当主讲人。没想到，没等他把话说完，余瑞华马上嚷嚷开来："姐夫，时间紧迫，我们不争分夺秒地强化部队的训练，强化阵地的建设，做那些华而不实的事情干什么？"

王俊林气得脸色发白，恨不得劈头大骂他一通。但他要倚重余瑞华，不得不压下自己的怒火，说道："日本人要想打到我们这里来，最快也得半个月。我只准备搞一个短期培训班，时间不长，两个星期足够。也不要把所有的军官都抽调上来，只是把各连以及各营的副职官长以及排长召集过来学习嘛。"

余瑞华心里明白，自己无法阻止王俊林一意孤行。他狠狠地说道："依我看，你完全忘掉了二哥和王世兄赵世兄他们说的话了，不搬起石头把自己的脚砸得粉碎，你是不会放手的。"

在接到命令，改编部队准备开拔以前，不仅王俊财、赵承彦、余瑞光前来看望王俊林鼓励王俊林，余瑞祥也抽出时间，来到了王俊林的军营。

"这次上战场，是你自己主动请缨的。你肯定已经把各方面的问题都想好了，希望能够看到你旗开得胜。"王俊财、赵承彦、余瑞光饶是对王俊林心有疑虑，也只能鼓励他。

只有王俊喜不屑于跟他打照面，只是叫王俊财给王俊林带一句话："如果你真的能够打胜仗，王俊喜一定会爬到你面前，把你鞋上的灰尘舔干净。"

"放心吧，不是为着打胜仗，我还不愿意走上战场呢。"王俊林轻松地说道。

王俊林用这句话送走了他们，还用这句话引来了余瑞祥。

"打胜仗不容易。"余瑞祥说道，"要想打胜仗，必须要做好各方面的功课，更得随时了解整个战场的情况，明白在什么场合下能打下去，什么场合下不能打下去。当然，你是去把守马当要塞直到湖口这一大片区域的。那是武汉的门户，一旦有失，必然会给武汉造成极大的震动。所以，你不要掉以轻心。在既设阵地加强防守力量固然非常重要，还应该多留置一些机动部队，好随时向受到威胁的方向开进。更重要的是，你还要动员附近的民众，那是一支伟大的力量，把民众动员起来了，足以弥补部队的不足。”

听了余瑞华的话，王俊林心里十分恼火：王某来到马当以后，虽说执行的是陈诚司令长官的计划，但也吸收了余瑞祥的建议。将你余瑞华手下最擅长打防御战的一个团的兵力，布设在黄山、香山一线，作为马当要塞的屏障；再将你师大部分兵力部署在洪泽县附近，作为机动力量，随时准备向任何方向实施机动；其他两个师，有一个师的人马，部署在黄山、香山附近，跟兄弟部队相连接，真正做到了整个前线阵地的无缝连接。你余瑞华竟然说我没有听从他们的话，难道全部交给他们指挥了，你才觉得是应当的吗？

王俊林心意已决，通知很快下达了。余瑞华既然不愿意担任主讲人，他得另找他人。王俊林手下已有好几个师团官长参加过珞珈山游击战争培训班，可以把珞珈山培训班的一套完全照搬到这里来。

那几个官长一接此信，全都恭维军长拥有深远的战略眼光，并且说道：“军长，为什么只叫培训班呢？干脆叫战地抗日军政学校，这个名字才响亮！军长就是校长，只要我们一上战场，从学校出来的学生，都得为校长服务。”

“不错，这个名字确实不错！”王俊林喜滋滋地予以采纳。

这一天，全体参加学习的人员毕恭毕敬地坐在一块，王俊林在一群卫兵的簇拥下，走了过来。在众人热烈的掌声中，王俊林走上了主席台，正要发表开学宣言。突然，一个副官急匆匆地奔了过来，对着王俊林耳朵说了一句什么，王俊林顾不得发表演说，火速离开演讲台，跑去军指挥部，接听电话去了。

电话是武汉卫戍总司令陈诚亲自打过来的，告诉他日寇占领了安庆，撞开了攻击武汉的第一道栅栏。马当要塞以及湖口一线至关重要，希望王俊林加强戒备，与马当要塞及其附近的海军部队取得密切配合，留意日寇的行动，随时准备迎击来犯之敌。

“日本人真的打过来了！”王俊林放下听筒，眼望天空，似乎想从天上看看自己到底会面临什么样的命运。

学校已经开训了，难道要停下来吗？不能停。即使日本人打到了马当前沿阵地，各部队的主要官长都在指挥岗位上，缺少了这么一些排长和副职官长，丝毫影响不了战争的指挥效率。何况，马当距离安庆还有上百里地，中间还有多支部队，日本人要跨过这些部队布列的防御阵地，也不是那么容易的。

他赶紧回到开学典礼现场，情绪激昂地对着参训人员说：“我刚刚接到消息，日本人已经占领了安庆，武汉保卫战正式打响了。马湖区深关武汉的安危，大家一定要牢记自己肩负的使命。敌人的炮火已经给我们做了最好的动员，我还有什么可说的呢？没有了，希望大家好好学习，珍惜机会，结业以后，用你们学到的知识，猛烈地攻击日寇，消灭日寇！”

紧接着，他把来到现场的各师长、团长召集起来，直接下达了命令：“各部提高警惕，严阵以待，一旦发现日军，立即反击。”

第一天忙忙碌碌地过去了。王俊林感到一种说不出的兴奋，他是在盼望即将来临的战斗，还是不希望战斗真的降临，连他自己都搞不清楚，他只是从此以后，不停地给各部队打电话，询问敌人的动静。

日寇已经向马当方向推进了，王俊林的情绪愈发紧张，愈发一天天地催逼各路人马注意敌人的动静。

敌人的飞机对马当要塞以及这一线守军阵地展开了全面空袭，进入阵地的部队伤亡惨重。余瑞华选择易于观察敌机并发扬火力的位置，布列了高射机枪阵地和高射炮阵地。依旧不能打落一架敌机，气得余瑞华心里大骂不止。日本人的军舰也开了过来，因为航道上布设了水雷，不敢深入，不得不泊在江心，不断地展开炮击。一路日寇已经准备开始从江面朝黄山地带登陆，在余瑞华部的严密封锁下，企图很快失败了，不得不退了回去。

日寇接连不断地向余瑞华部防守的阵地发动试探性攻击，依旧不能占到任何便宜。其他的部队一样把日寇牢牢地封锁在阵地的前方，战场上呈现出胶着状态。日本人改变了攻击方向，试图从太白湖偷偷地登陆，但马上被中国军队发现了。中国军队一顿猛打，倭寇眼看无法赢得战果，只有灰溜溜撤了回去。

战火之中，战地抗日军政学校毕业的日子到了。

部队已经跟敌人交锋了近一个星期，早已筋疲力尽。每个在前线上指挥作战的连长、营长、团长都辛苦得很。如今，战地抗日军政学校即将毕业了，为了让全体官长更加忠于自己，王俊林下令明天全体连长以上军官都要到马当来参加毕业典礼，会餐过后，跟当地的民众搞一次联欢。

余瑞华一接到王俊林的电话，一团怒火升腾而起，直冲顶门，咆哮开了：“你到底在想什么，到底要干什么？日本人正在我们的眼皮底下，你这样干，不是要把马当拱手送给日本人吗？”

为了整条防线的安危，余瑞华决定亲自到马当去见一见王俊林，向他陈述利害，劝告他打消这个荒唐的念头。向师参谋长交代一声，余瑞华立刻骑上马，箭一样地飞到军司令部门口。

见到了王俊林，余瑞华说道："军长，敌人已经攻到我们的当面，搞这种拉拢人心的小动作，太没有必要了。你想想看，要是敌人正好趁这个机会发动攻击，前线没有一个指挥官，还不成了一盘散沙，不战自溃？届时，我们一定会遭受千万民众的唾骂，我们的脑袋，也会被蒋委员长摘掉的啊！"

王俊林呆了半晌，嘘了一口气，说道："也许，事情没有像你想象的那么糟糕，我已经给部队下达了通知，无法更改。"

"为什么不能更改，你不是通知他们明天过来吗？他们还没有上路，你重新发一个通知，告诉他们，军情紧急，毕业典礼取消。用不着为你一点可怜的面子担心了，防线要紧。"

王俊林说道："我已经命令前沿阵地的每一个连队至少保留一名排长。"

余瑞华再也忍不住了，怒火腾地又从心房冲上脑门，厉声吼叫道："你可别叫大姐夫说着了，意气风发地上前线，最后落得臭名远扬！"

王俊林狠狠地问道："他什么时候这么说过？"

余瑞华一心要刺激王俊林，让他收回举行毕业典礼的打算，冷笑道："在我们接到命令，改编部队，准备开拔的时候，亲戚朋友都来看望过我们，只有大姐夫没有来。我很纳闷，去过武汉大学，看到了大姐夫。他就是这么跟我说的。"

"他还跟你说了什么？"王俊林眼睛里几乎冒出火来。

"难道这还不够吗？他是担心我们再做出什么丢脸的事情。为了让大姐夫明白他的担心毫无道理，我们也应该在任何时候，都对敌人保持高度警惕。"

"不用说了，明天的毕业典礼如期举行。"王俊林把他赶了出去。

"林英华，你懂得什么？想看我的笑话，门都没有！我会让你看到，日本人是怎么在我制造的铜墙铁壁面前碰得头破血流粉身碎骨的！"望着余瑞华怒气冲冲走掉的身影，王俊林咆哮道。

毕业典礼很隆重，场面很宏大，接下来，是一顿异常丰盛的晚餐。

自从进入防线，军官们很少看到荤腥。看着一桌子美酒菜肴，他们差点连眼珠子都掉出来了，短暂的沉默过后，一块高呼："军长体恤下属，无人可比。没说的，只要军长有令，属下赴汤蹈火，在所不辞！"

王俊林微笑着向大家示意一下，说道："吃完这顿酒宴，大家都给我回去好好打鬼子！"

众人宛如出征的将士得到上阵杀敌的号令，立即行动起来。哗啦啦一下子，一个个迫不及待地端起酒杯，猛往喉咙里灌；随即拿起筷子，大块大块的鸡鸭鱼肉朝嘴里塞去。这么一灌一塞，便收不住势了，大家不仅自己灌自己，而且你灌我我灌你，一直灌到天快亮了，还没有结束。此时，地面上已经躺下了许多说胡话的军官，桌子上也趴下了许多军官，只有少数几个军官还红着眼睛，继续灌着酒。

几个没有倒下的师长、团长继续围在王俊林的桌前，向他表忠心。

突然，一个副官急匆匆地跑了进来。他脸色苍白，脚步毫无章法，报告道："军长，不好了，日本人已经向黄山阵地发动了攻击。"

王俊林脸色猝然变得严峻起来，喝问道："谁说的？"

"余师长打来的电话，他还让军长去接电话。"

王俊林神情马上放松了。他挥了一下手，说道："这个余师长，一天到晚神经过敏，自己不想过好日子，也不想让别人过好日子。真正可恶！你们继续喝继续吃。等到天亮了，无论日寇是不是发动了攻击，你们都得给我回到各自的战斗位置上去，准备好好地打击敌人。"

作战室里没有一个人，空寂得犹如被遗弃的坟墓，王俊林没来由地打了一个寒战。

王俊林拿起电话，依稀一团火在耳边熊熊燃烧："王军长，你真是天下少有的好军长，把你手下的连长以上军官都召集起来喝酒吃饭，甚至连作战室都没有留下一个参谋值班！你真是菩萨心肠！你的菩萨心肠可让日本人抓住了机会，他们在子夜时分偷偷向我阵地发起了攻击。你知道你是在做什么吗？你是在帮助日本人！"

这么说，鬼子真的发动进攻了？刹那间，一股寒意像一道闪电一样从王俊林的头上一直划到他的脚下，让他全身变得异常冰冷。

他急促地问道："日本人已经打到哪里了？"

"有的前沿阵地已经被日本人突破了。"

"你不是一向很有办法的吗，怎么不顶住？"

余瑞华说道："我这边顶住敌人的攻击了。可是，我感觉到，其他部队据守的阵地已经被敌人攻占了，敌人正用炮火疯狂地攻击我当面的阵地。快点让那些军官回到各自的部队，指挥部队作战吧。要不然，第一线阵地很快会被敌人冲垮的！"

王俊林放下电话，怔了一下，一阵风一样地奔进了餐厅。

此时，偌大的餐厅里，几乎没有一个军官是清醒的了，他们横七竖八地趴在桌子上和地面上，撞翻了很多酒瓶和菜肴，现场一片狼藉。

“起来，都给我起来。”王俊林高声叫道，“敌人攻过来了，都给我起来，回到部队去，率领你们的人马，把鬼子给我打回去！”

然而，王俊林吼叫了好一会儿，都没有一个人反应。

“得组织人马前去解围，不能继续在这群废物身上浪费时间。”王俊林清醒过来了。

这时候，王俊林暗自庆幸，他没有把全体军官一股脑召集到马当，还有一些军官留在各部担负值班任务。他急匆匆地跑回了作战室，亲自操起电话，一个师一个师一个团一个团地打过去。

王俊林总算接通了驻扎在洪泽县城的余瑞华师另外两个团的电话，命令道：“火速从小路向黄山、香山一线进发。”

那两个团已经接到了余瑞华的命令，人马已经组织起来了，正准备从大路径直向前沿阵地开进。一听王俊林的命令，师参谋长说道：“军长，走大路更加快捷一些。我们已经接到了师长的命令，正要走大路去支援师长呢。”

“你们有没有脑子。走大路，那不会被敌人拦截吗？走小路虽说远一些，但很安全，能够更快地抵达前线。”王俊林以不容分辩的口吻命令道。

王俊林一个接一个电话打了过去，询问马当要塞周围每一道阵地的情况。几乎所有前沿阵地都遭到突然袭击。大部分阵地已经落入了敌手，只有一小部分人马正在阵地上跟日本鬼子拼杀，急需得到增援。王俊林连忙命令处在机动位置的其他各部，去夺回被日寇占领的阵地，增援仍在继续战斗的守军。

如果不能收回失去的阵地并且挡住敌人的攻击，也许，自己真的会像林英华说的那样，落一个身败名裂了。王俊林暗自期待各部能够尽快抵达指定位置，更期待余瑞华能够顶住敌人的攻击。他不知道，余瑞华师已经非常危急了。

日寇是在子夜时分偷偷出动人马，在东流方向登陆，向守军发动猛攻的。余瑞华一接到消息，火速命令队伍展开反击。但各连队少有军官在场指挥，饶是部队训练有素，一时间竟然也反应不及，被敌人接连夺去了几个山头。余瑞华接到战报，万分焦急，火速组织人马赶去增援。这时候，部队已经从最初的混乱状态中走了出来，慢慢地镇定下来了，与敌人展开了激烈的战斗。他们挥动着枪杆子，冲进了敌人的阵线，用刺刀和勇气终于将已经冲到阵地上的敌人压了下去。可是不等部队喘上一口气，第二拨敌人又展开了攻击。

“一定是出了汉奸，把我部的动向告诉了日本人，敌人展开偷袭的。”余瑞华想到这里，心里倒抽了一口凉气，埋怨王俊林搞战地抗日军政学校反而帮助了敌人。

他一直试图跟军部取得联系，竟然一连几个小时都没法联系上。

天色已经微明，余瑞华隐约看到远处的江面上，游荡着无数只小船。他分辨出来了，那是冲锋舟。很多冲锋舟已经靠上江岸，从冲锋舟上跳下来的日本鬼子形成了一片黑压压的云彩，朝着山头方向翻滚而来。在冲锋舟的侧面，敌人的军舰呈“S”形朝这边行驶过来，不断地向把守在各道阵地上的中国军队开炮。密集的炮弹，像暴雨一样地砸向了守军的每一道阵地。

他已经给手下另外两个团打了电话，命令两位团长火速率部赶往前沿阵地增援。只要自己挡住了敌人发动的新一轮攻击，他们便会赶到，届时，不仅可以把敌人的攻击压下去，还可以派遣一支奇兵，携带足够的炸药，毁掉敌人的冲锋舟和军舰，彻底断绝敌人强攻马当的念头。

日本人似蝗虫如蛇蝎，在炮火的掩护下，向余瑞华当面的阵地扑了过来。这时候，余瑞华已经命令机枪手把机枪架在足以瞰制战场的险要之处，其他各种枪支各依地势，相互配合，形成交叉火力网，同时把手榴弹都准备好。敌人攻到近处，余瑞华一声令下，各种各样的枪支对准他们开了火。一阵密集的子弹，宛如兜头罩下了一张火网，朝着日本鬼子播撒下去。顷刻之间，敌人像割掉的韭菜一样，纷纷倒了下去，但敌人并没有后退，反而更加横蛮地继续朝前面冲。已经有一部分敌人快要冲上阵地了，余瑞华心头着急，几步奔向一挺机枪，亲自开动机枪，居高临下，好像开动一具绞肉机，把子弹连成串地朝敌人身上打去。士兵精神大振，一束束火舌，一颗颗手榴弹，从战壕里飞出来，打向敌人。

鬼子死伤惨重，不得不停止冲锋，改用炮弹猛轰余瑞华部当面的阵地。余瑞华心急如火，不断地用无线电跟自己的救援部队联系，可是，已经联系不上了。

天色已经大亮了，可是，整个战场上仍然一片昏暗。日本人的炮弹仍然发出嗞嗞的声音，拖曳着星星点点的光芒，在阵地的四周落下，激溅起来的灰尘，遮挡了兵士们的视线。

余瑞华朝山下望去，隐约看到一团黑色的乌云飘了过来。敌人再次发动了攻击！他心头一凛，连忙命令部队做好战斗准备。

敌人快要接近阵地了。余瑞华一声令下，手榴弹再次冰雹一样砸向了敌人，机枪发出欢快的叫声，前去迎接敌人。日寇受不了中国军队的顽强抵抗，一排一排地朝地上倒去。

突然，余瑞华莫名地从心里涌起了一种恐惧的感觉。他下意识地朝后面望了一眼，又是一片乌云飘了过来。他的心一咯噔，意识到敌人已经突破了隘口的防线，并且攻破了侧面的阵地，试图前后夹击，夺取这道主阵地了。

不行，得把后面的敌人打下去，得恢复隘口方面的阵地，把敌人堵回去！余瑞华赶紧命令一部分兵士掉过头来，阻截从后面攻上来的日本鬼子；同时，重新调整了机枪阵位，死死地搂住扳机，压制敌人。

主阵地当面的敌人同时展开了攻击，密集的子弹朝更加稀疏的散兵线奔袭过来。许多兵士中弹牺牲，倒在血泊之中。

形势越来越危急了，得加紧把从后面攻上来的日寇压下去。余瑞华再度开动机枪，朝着敌人一阵猛射。兵士们深受感染，齐声呐喊，手榴弹一个劲地朝敌群扔去，机枪与步枪子弹哗啦啦地飞向敌人。敌人越来越接近阵地前沿了。

“兄弟们，跟敌人拼了！”余瑞华率先冲入了敌人的阵线。

兵士们哇哇大叫着，跳出战壕，挥起枪杆子，冲进了敌群。一阵拼杀，把敌人全部干倒在地，余瑞华带领这一路兵士迅速朝隘口方向赶去。

数不清的日本人坐着冲锋舟，正从太白湖冲了过来，眼看即将登陆了。

余瑞华心头一凛，赶紧命令人马架设机枪，迎击敌人，兵士们顾不得看布满了整个阵地的尸首，也拿起武器，向敌人开了火。

敌人被打得人仰马翻，不得不退了回去。

把守在这里的兵士已经全部阵亡，余瑞华越发感到很难坚守下去，准备收缩阵地，集中兵力以对付主要敌人。他审视了一番整个战场，马上命令兵士朝自己方向撤退过来，依托后面的山峦，顶住敌人的攻击。

这时候，太阳顽强地透过阴霾，露出了一张惨白的脸，步履艰难地走到了接近西方的天边。

我还能坚持多久？增援部队为什么还没有来到？余瑞华正寻思着这些恼人的问题。忽然，一大群敌机飞了过来，向阵地上一个接一个地俯冲，投下了一枚枚炸弹，射出了一阵阵子弹。

余瑞华火速命令高射机枪对准敌机猛烈地开火。敌机飞上了天空，高射机枪子弹呼呼叫着，仍然无法跟敌机亲密接触，只能眼看着敌机在阵地上空耀武扬威。余瑞华气愤至极，一把拉过了机枪手，自己开动机枪，对准天空，子弹哒哒哒地飞扑而去。一架敌机从后面的山峦飞了过来，子弹打中了敌机的油箱，敌机熊熊燃烧起来，拖曳一股浓厚的烟雾，一头栽进了太白湖，爆发了一阵惊天动地的响声，激溅起一股强大的水柱。

兵士们欢呼雀跃："打中了！敌人的飞机被打下来了！"

敌机全部飞走了，天空中出现了一些明朗的色彩。余瑞华的心情依旧轻松不了。他又给王俊林打了电话，知道军部发生了什么，也知道自己的部队已经在接到王俊林的命令以后，改道从小路赶往战场来了。他气愤不已，怒骂王俊林道："你的小算盘不仅害了你害了我，也会害了在战场上舍生忘死跟敌人战斗的全体将士！你等着接受军法审判吧！"

无法预测增援部队到底什么时候会赶过来，他的心沉到谷底。为了在增援部队赶过来的时候，阵地还保守在自己手里，他必须跟周围的兄弟部队取得联系。在阵地的侧翼，有一个旅的兄弟部队，他打算从他们那儿借一些兵力。该旅同样伤亡惨重，收缩了阵地，准备跟敌人进行最后的拼斗。

"既然我们的队伍都打成这样了，与其继续扼守阵地，不如出其不意地攻击敌人，即使不能把敌人赶走，也会打乱敌人的攻击步伐。"

余瑞华跟兄弟部队旅长商议完毕，立即回到阵地，抽调人员，组成敢死队，挑选了一个能打会战的排长，由他带队，趁着天色昏沉沉的机会，绕到山脚下，向敌人主动发起攻击。

目送敢死队上路以后，余瑞华不敢怠慢，依旧命令人马加强戒备，注意敌人的一举一动。

日本鬼子正在山下宿营，准备养精蓄锐，第二天再度发动攻击。中国军队猛虎下山般地扑了过去，手榴弹、机枪、步枪，一齐发力，一下子把敌人打得晕头转向。不过，敌人很快清醒过来，向中国军队展开了反击。敢死队偷袭得手，赶紧撤回了阵地，日本人犹如打疯了的野狗，嗷嗷大叫，紧追不舍，余瑞华已经命令人马埋设了地雷阵，敌人踏进地雷阵，死伤无数，不得不停止追击。

第二天一早，敌人把军舰开到江面，对准中国军队的阵地一阵猛轰；与此同时，敌机飞到了阵地上空，冲着中国军队把守的阵地投下了一枚枚炸弹。

兵士们苦苦支撑，熬过了一段难以忍受的时间，等到敌人向阵地当面冲过来的时候，立马将子弹与手榴弹烹出一道大餐，迎接敌人。敌人无法前进，只得退了回去，又祭出炮兵。炮弹嗖嗖地飞了过来，一声声爆炸过后，阵地上扬起了一缕缕淡黄色的烟尘，随即，一股刺鼻的气味弥漫了整个阵地。

"畜生，他们竟然使用毒气弹了。"余瑞华怒骂道。

他立即命令兵士撕开衣服，用水淋湿了，将鼻子和嘴巴一块包起来，眨巴着难受的眼睛，紧紧地盯着战场。

成群结队的敌人又是乌云一样地飘到阵地跟前来了。有几个阵地上的守军因中毒而丧失了战斗力，敌人趁机夺得了一些阵地，继续向余瑞华把守的核心阵地猛扑。一时间，地面上大炮轰击，天空中飞机轰炸，江面上又是敌人的军舰放出炮弹，到处都是炮火连天。

军事委员会终于知道马当前线面临着怎样的危险了，一面命令王俊林火速组织力量前往战场增援，一面派遣飞机过来参战。

敌人的飞机遭到了驱逐，中国空军的机群迅速改变作战目标，朝江面的军舰飞扑过去。敌人的军舰早有提防，军舰上的防空武器对着中国空军的飞机一阵猛烈的射击，飞机不得不离开军舰，转而轰炸敌人的攻击队形。敌人的攻击遭到了遏制。

余瑞华清点战场，一个团的兵力，只剩下不到一个连的人马。他把幸存人员收拢以后，全部沿着隘口一线布设阵地，当敌人再度冲过来的时候，集中全部火力打向了敌人。很快，弹药打完了，队伍只剩下不到三十个人。余瑞华冷静地瞟了一眼那些饥饿不堪又疲惫至极的兵士，嘴角绽开了一抹微笑，眼见得敌人又冲了过来，端起刺刀，身子一弓，预备跃出阵地，冲向敌人。

“师长！”一个排长冲了过来，拦住了余瑞华，说道，“你赶快撤退，这里由我们来对付。”

“胡说，我是师长。”余瑞华纵身准备跃出战壕。

排长一拳砸在余瑞华的头上，喝令两个兵士架起余瑞华朝后方拖去，自己飞身跃起，带领剩余人马，端着刺刀，冲进了敌人的队形。

很快，余瑞华清醒过来了，耳朵里再也听不见枪声炮声和飞机的轰鸣声。他朝身边扫了一眼，只有两个兵士还在他的跟前，疑惑地问道：“敌人都被我们消灭了吗？”

两个兵士都低下了头，默默无语。

余瑞华朝远处望去，赫然发现自己已经不在战场上了，脑子里浮出了敌人正在逼近阵地的那一幕。最后一个连的兵士，已经全部完了？他心里一阵颤抖。

接下来，到底该怎么办？他怎么都没有想到，自己竟然会如此一败涂地，不仅丢了阵地，而且丢了整整一个团的人马！他感到没脸再活下去了，大叫一声：“狗日的日本鬼子！老子死了，也要到阎王爷那儿跟你们拼命！”

他举起手枪，对住了自己的脑袋，准备扣动扳机。

“师长，救兵来了！”兵士惊喜地喊道。

余瑞华手一松，扳机回到了原位，耳朵里果然听到了踢踢踏踏的马蹄声和兵士们的喊叫声。增援部队终于来了，余瑞华高兴得跳了起来："婊子养的日本鬼子，老子一定要带领人马把你们这些乌龟王八蛋全部赶回去！"

果然是他那两个团的人马赶到了，他立即指挥人马向丢失的阵地展开反击。

敌人夺得余瑞华把守的阵地以后，正要顺势朝马当方向冲击而去，一支强大的中国军队突如其来地冲了过来。因为未做提防，日寇突遭中国军队猛攻，一时反应不及，抵挡不住，只有节节败退。敌人一退到山麓，从长江和太白湖登陆的日寇正好赶了过来，与中国军队迎面遭遇。两支军队展开了激烈的拼杀，中国军队长途奔袭，早已筋疲力尽；日本军队已经夺取黄山、香山，士气正旺，又有火力优势，很快压制了中国军队的攻击，中国军队的反攻不得不画上了句号。

其后，余瑞华还想寻找时机，继续发展攻击，日本人已经从洪泽方向登陆，凶猛地杀了过来，整个马当面临着被敌人全部包围的危险。

王俊林很想趁日本人立足未稳之际，把他们全部赶走，挽回战局。几乎使出了浑身招数，没能如愿，敌人竟然从洪泽杀了过来，王俊林慌了手脚，再也不敢继续抵抗，下达了撤退命令。

余瑞华接到命令，禁不住怒气冲天。他立刻接通了军部的电话，质问道："还没有到最后关头，为什么撤退？"

王俊林解释道："余师长，你应该清楚，如果我们现在不撤退，只会被敌人消灭。难道你忘掉了徐州会战的经验吗？只有保留我们的力量，才有继续跟敌人交战下去的资本啊！"

"你不应该上前线，你这是为了保住自己的性命，你这个可怜虫！"余瑞华怒火万丈，吼叫道。

他很想命令部队继续朝日本人展开反攻，但其他的部队接到撤退命令以后，已经撤离战场了，孤军奋战，无异于送死。他仰天一声叹息："我无法回去见江东父老，更无法向蒋委员长交代。"

第十一章　向往延安

每一天都有数不清的事情等待余瑞祥处理，他越来越忙碌了。无论多么忙碌，他都乐此不疲，只要是为了抗战，他不惜牺牲一切。

然而，他还是有些不痛快。他曾经设想过，应该按照土地革命时期发动民众的办法，在农村大力发展抗日救国团体，促使农村抗日形势发生根本性的变化，并且在南京沦陷之前，在帮助组建中共湖北省临时委员会的时候，也曾经指出过要注意发动农民起来抗日，培养农民的抗日热情。他的设想部分得到了执行，湖北临时省委在七里坪、汤池两地举办抗日游击战争培训班，讲述过农民在抗日战争当中的作用。可是，王明一抵达武汉，当上了长江局书记，马上指责余瑞祥偏离了统一战线，不适应新的战争形势，又在搞土地革命那一套了，硬是以共产国际执委会成员的名义，逼迫余瑞祥不再强调农民的抗日问题。

台儿庄大捷以后，国民党内部传出了中国可以迅速打败日本侵略军的论调，王明深以为然。为了不让国民党找到攻击共产党破坏抗战的口实，王明更容不得余瑞祥发动农民起来抗日。

任何有信仰的人，一旦根据实际情况，形成了自己的观点，决不会轻易改变，余瑞祥不会放弃自己的想法。他想得到党中央的明确指示，试图向延安发一份电报，说明长江局在执行党中央的决策时出现的问题，要求党中央进一步明确今后的抗日到底应该依靠什么人。可是王明已经私下给电讯部门下达了命令，一切发往延安的电报，都需要他本人签字，方可发出。余瑞祥在电讯室碰了壁，只有拿着拟好的电报稿，找王明签字。

王明尚未看完，火气噌噌地冒上来了。他把电报稿扔到一边，训斥道："我不是已经告诉过你吗？我们不能继续搞土地革命时期的那一套，你怎么不听呢？你是不是共产党人，执行不执行党的统一战线？"

余瑞祥说道："我是以党员的名义，请求中央的指示，并没有违背原则。"

"不需要中央的指示，我是共产国际执行委员，从莫斯科回来的，我说的一切，都是共产国际的意见，必须无条件执行。"王明以不可置疑的语气说道。

余瑞祥没有就此罢休，处理完了一天的事务以后，进入卧室，准备给中央写一封长信，不仅阐述了农民抗日的重要性，而且对王明能否领导长江局执行党中央的决定，提出了质疑。

写到紧要处，他忽然感到一个什么东西轻轻地碰了他一下。余瑞祥本能地抬起头，看到赵璇滢正站在自己身边。

"怪不得这一段时间你总是心事重重，原来长江局竟然不执行中央的政策。"赵璇滢说道，“不就是一个王明吗？只知道死啃教条，差点葬送了我们的革命。不要理睬他，你该干什么就干什么！该怎么干就怎么干！”

余瑞祥苦笑道：“王明是长江局书记，我怎么能不理睬他的指示和命令？要想让他回到中央的政策上来，只能依靠中央。”

“中央的政策是动员全体民众一起抗日，王明难道不知道吗？他知道，可是，没有理会，反而拿担心破坏统一战线说事，不准你发动农民。谁让他有这么大的底气？共产国际呀！中央也会对共产国际有所顾忌的，所以，你想中央处理，摆明了没用，不如我去见一见他，三言两语，肯定把他说通。”赵璇滢话音还没有完全落地，人已经作势朝外面跑了。

余瑞祥吓了一大跳，夫人脾气火爆，哪是要去说服王明呀？简直是要去跟王明争吵嘛。一旦传扬开去，在国民党以及各民主党派各抗日救亡团体面前将会留下什么印象？

他连忙阻拦：“你不要什么事都想插一手，这是我们中央委员之间的事。”

“难道中央委员有错，普通党员可以不闻不问吗？”赵璇滢生气地问道。

“任何党员都有权利向党组织反映问题，揭发错误。但是，你既然清楚他在挟天子以令诸侯，你去找他，他会听你的吗？”

赵璇滢好像一只被螺蛳梗住了的鸭子，做不了声。

余瑞祥拉着她的手，让她坐在自己身边，笑道：“一直以来，我们各忙各的，几乎没有时间坐在一起好好谈一谈，现在有点时间，说说你自己吧，你的工作开展得怎么样了？”

赵璇滢立即眉飞色舞，说道：“妇女抗战救国联合会的工作，已经完全展开，并且走上了正轨。几乎每个工厂，每个街道，每个团体，都有妇救会组织。她们按照联合会的统一指令，只要有时间，就会去各医院帮助看护伤员，帮助伤员给家里写信，为伤员演唱，为伤员洗衣。”

“针对妇女自身的特点灵活地开展工作，一定会取到很好的效果。”余瑞祥频频点头，说道。

“我计划组织一次活动，为前线将士编织慰问袋，鼓励前线将士的士气。”

余瑞祥大感兴趣，面带笑容，凝视着夫人，一副愿闻其详的姿态。

但夫人很快改变了话题：“不过，这个计划何时付诸实施，我还没有想好。你知道，我现在正在主抓战时儿童保育会的事情。自从三月份以来，我们已经从战地收养了几百名孤儿，在王俊财、王俊喜、余瑞光、赵承彦他们的帮助下，在汉口设立了一个儿童保育堂，把儿童都收养过去，孩子们真的太凄惨了。我听说，在前方将士发现这些儿童的时候，很多孩子正趴在母亲的怀抱里吃奶，母亲却早已死去，甚至有的尸体已经腐烂，蛆虫到处蠕动，爬满了孩子全身。”

说到这里，赵璇滢流出了眼泪。

余瑞祥也是仰天一声叹息，说道：“为了我们的子孙后代，我们一定要抗战到底。”

赵璇滢揩去了泪水，说道：“余雅芳也是儿童保育会成员，她走出了家门以后，真的好像换了一个人。不过，她很惦记王俊林，也许是担心王俊林，总是问我，王俊林带着部队去了马当，会守住马当吧？看她那个急切的样子，我不能让她失望，总是说他一定能够守住。其实，我对王俊林也没有信心，当初，你为什么不拦着王俊林，不要让他上前线呢？”

余瑞祥说道：“台儿庄大捷，宣传周的启动，把他的斗志激发出来了，他一定要到战场去跟日本人见个高低。我能拦得住他吗？不过，用不着太担心。我听白崇禧说过，他去马当地区检查过防御阵地，王俊林倒是很上心，把精锐的余瑞华师部署在最险要的地带，每天都在修筑工事，操练兵马。依托那儿险要的地形，应该能够顶住日军很长一段时间。”

赵璇滢脸上露出了微笑，说道：“明天我见了雅芳，把你的判断告诉她，她一定不会再担心了。”

说到这里，赵璇滢无意中瞥了一眼窗外，赫然发现天色已经露出了熹微，不觉一惊，急急忙忙说道：“天都快要亮了，快点睡吧，明天的工作还等着我们去做呢。没有精力可不行。”

困意涌上心头，余瑞祥上了床，立即呼呼大睡。

突然，一阵很大的争吵声把他吵醒了，是夫人赵璇滢的声音。紧接着，他听到了另外一个声音，是一个男人的声音，几乎是在呵斥赵璇滢。这是王明的声音！余瑞祥惊讶极了，马上明白夫人在自己入睡以后，还是找上王明了。他急忙披上衣服，打开卧室门，奔向王明的卧室。

这时候，八路军办事处的几位重要领导人也都惊醒了，他们陆续穿好了衣服，不约而同地朝王明的卧室奔去。

王明的房门果然敞开着，两个人站在屋子中间，在相互指责。

赵璇滢说：“因为你，中央红军不得不放弃中央苏区，踏上了长征之路，要不是毛主席力挽狂澜，红军将会全部葬送在你的手里！你竟然不长记性。你连三岁的小孩都不如！三岁的小孩都知道，是自己的东西，一定不要让人家拿走，谁想拿，都会跟人家拼命。你倒好，拱手把我党的一切全部交给国民党。是不是不把共产党搞垮，不把抗日战争搞垮，你绝不会放手？”

“你胡说八道！你犯了严重的破坏统一战线的罪行！”王明咆哮道。

长江局的各位重要领导人先后赶到了，你拉我劝，还是不能把战火扑灭。

余瑞祥赶紧冲过去，把赵璇滢朝一边推了一下，喝道：“你太过分了！赶快向王书记道歉！”

“我不会向他道歉！”赵璇滢看了一眼丈夫，吼叫道，一溜烟地走了。

“这个女人！怎么能有这样的女人？”王明生气地嘟囔不止。

“王书记，赵璇滢同志是一个天不怕地不怕的主，你可不能继续招惹她。”有人向王明介绍了赵璇滢的革命经历，终于让他闭上了嘴。

余瑞祥赶回自己的办公室，准备跟夫人好好谈一谈，没看到夫人，推开卧室门，依旧不见踪影。她倒真是一个什么事情都不放在心上的主，捅出了一个天大的窟窿，她该干什么还是干什么去了。余瑞祥只有摇头苦笑了。

过了几天，王明突然把余瑞祥叫过去，说道：“接到了延安发来的电报，希望各地八路军办事处多输送一些进步青年到延安去参加抗日军政大学以及其他各个学校的学习，以便为抗战培养人才。你是武汉本地人，又是最早来到武汉组建八路军办事处的，熟悉各方面的情况。希望你能够尽可能多地遴选一些人才，以八路军办事处的名义，把他们送到延安。另外，你跟国民党上层有着密切的关系，跟国民党上层搞好统一战线的工作，也由你来负责。今后，你主要抓好这两件工作，其他的事情，会有其他的同志去做。”

王明这是嫌自己碍事，不想让自己更多地参与长江局的其他工作呢。不过，输送有为青年去延安，是一项关乎共产党的抗战政策能不能执行到底与抗战成败的大事，跟国民党上层人物联系，也是一件至关重要的任务。余瑞祥欣然接受。

王卓文、赵英嗣、赵雪莲得到消息，立刻结伴而行，来到八路军办事处，见了余瑞祥，表达要去延安的迫切要求。

“等你们毕业了，思考得更加成熟了，再来找我。”余瑞祥说道。

“我们早已思考成熟了。前段时间，空军去日本轰炸凯旋，受到了热烈欢迎，我们热血沸腾，决定当空军，为确保我国的空中安全奋力冲杀。结果，只有余立一个人够资格当空军。放眼中国，只有共产党的军队，才是国家振兴的希望，所以，我们一定要去延安。”王卓文说道。

余瑞祥朝三个青年人扫视了一下，说道：“好的，你们的要求，我都记下了，等你们毕业以后，再来找我。”

“不，你一定要给我们一个正式的回答。”赵雪莲说道。

是中国空军远征日本本土的壮举，不仅激发了很多男生飞上蓝天的欲望，而且催熟了一些女生的梦想。赵雪莲是其中之一。她可不管是不是招收女飞行员，跟余立他们一道，准备参加空军。结果，一体检，只有余立有资格进入空军行列，只等大学一毕业，就走进军营。她呢，连体检的资格都没有。自己当不了空军，一颗心不觉隐隐为余立动了起来，她经常会找一些借口，去看望余立亲近余立，本来装了满肚子的话要向他倾诉，一见了他，竟然有些心慌意乱，把想好了的话全部忘记了，只是有一搭没一搭地跟他说一些闲话。

“如果你只是跟我说这些废话，我可没有时间陪你。”余立笑道。

赵雪莲立即脸色绯红，心里隐隐然涌起了一种羞怯的感觉，可一见余立似乎不怀好意的笑，一团火气腾地上来了，说道：“你了不起，一毕业就可以去空军报到了，当然有资格说自己没有时间。”

余立马上改了口：“我不是逗你的吗？”

两人正说着话，王晓燕过来了。赵雪莲很清楚，王晓燕跟自己怀有一样的心思，也希望能够跟余立在一起。她不能让王晓燕把余立从自己的心里抢走，也不允许王晓燕进入余立的心中。她笑着对王晓燕说道：“原来你也来找余立呀。”

“是呀，你也是来找他的吧？”王晓燕反问道。

赵雪莲差一点没话可说了，幸而反应神速，说道：“当然，难道你不知道吗？自从余立能当空军以来，我一直在向他求教。”

说完，她又觉得不对了。女生不能当空军，向余立请教什么呢？岂不是会被王晓燕抓住漏洞嘲笑自己吗？

“这样的话，你们真的可以比翼齐飞了。”王晓燕笑道。

王晓燕原来并不觉得余立有多可爱，可是，余立能够当上飞行员，不久以后可以飞上蓝天，对蓝天的向往，勾起了她对余立的兴致。事实上，她确实比余立更希望飞上蓝天。身为女生，不能当飞行员，她失望极了，曾经痛痛快快地大哭了一场。

这时候，王俊喜来到武汉大学看望女儿。看到女儿眼睛红红的，他立刻怒火万丈，高声说道：“真有不怕死的混账东西吗？竟然敢惹我女儿。”

马上追问女儿是谁欺负她了，要派人为女儿报仇：“快告诉父亲，是哪个王八蛋竟然敢欺负我的宝贝女儿？真邪门，难道不知道老子是谁？老子是要抗战的，欺负老子的女儿，就是欺负抗战分子。”

“父亲，你胡扯什么呀？”王晓燕叫道，说出了缘由。

王俊喜笑了：“多大一个事，值得哭鼻子吗？父亲去找一找人，保管你能当上空军。”

“父亲，你不要添乱了。”王晓燕说道，“人家不要女生。”

王俊喜像葱一样栽在那儿，过了好一会儿，说道：“你不是喜欢干一些刺激的事情吗？军统，你干不干？军统可是一直在搜集情报，暗杀那些投降派的。只要你愿意去军统，父亲打一声招呼，你准能进去。”

“你要我去当特务？”王晓燕很惊讶，也有些恼火。

“军统可不是一般的特务，如今专门搜集日本人的情报，暗杀汉奸，是抗日的特务，比空军厉害。”

在父亲的劝说下，王晓燕果然放下了憎恨特务的心思，转而希望参加军统。当飞行员的梦想已经破灭了，她试图从能够当上飞行员的人身上弥补这种缺憾。她要追余立，向余立表达自己对他的爱慕之情，没想到赵雪莲竟然已经在向他暗送秋波。赵雪莲可是自己的表妹，难道要跟表妹抢心上人吗？要是别的任何姑娘纠缠余立，她准会毫不客气地走过去，直截了当地告诉她，余立已经有了心上人，你靠边站去吧，对表妹，她无论如何，是不能这样做的。她只有退缩，退缩过后，心里反而更加想念余立，更加放不下余立，还是不顾一切地跟余立见面，跟余立幽会。不过，她并没有公开地向余立表白自己的爱。本来，她是掐算得恰到好处，尽量避免跟表妹碰到一块，可还是不小心跟表妹迎面相撞了。

赵雪莲满脸通红，说道：“表姐，你说什么呀，什么比翼齐飞。”

她一样很伤脑筋，她分明跟余立谈得好好的，表姐偏要插一手。她要逃离，于是去跟王卓文、赵英嗣商量，看看自己到底要干什么。跟他们见面之际，她听到余瑞祥正在招收青年学生去延安的消息。

想起了姑姑对自己的教诲，赵雪莲心里一亮，说道：“是呀，我们去延安。”

目标已经确定，赵雪莲不能扔下王晓燕不管，连忙把这个消息告诉了她，说道：“我已经跟王卓文和我哥哥说好了，明天一块去八路军办事处找我姑父。你也一起去吧。这样，我们就会一直在一起了。”

王晓燕说道：“我不去延安了，我要去军统。”

赵雪莲吃惊地说道：“军统是原来的蓝衣社，你去那儿干什么？我们还是一块去延安，那儿才是抗战的希望。”

“军统现在是收集日本人情报、暗杀汉奸的。有了情报，才能更好地打击日本侵略军，铲除汉奸，就是抗日。”王晓燕心里有另一个理由：如果不是为了躲开你，说不定我真的会到延安去，既然你我都爱上了同一个男人，我们便不能在一块了，时间会在我们当中做一个最后的选择。

余瑞祥接受了国民政府军事委员会的邀请，一连几天都过江到武昌去珞珈山游击干部训练班讲述游击战争。这一天，讲完课以后，余瑞祥碰上了林英华。郎舅相见，异常客气，林英华马上邀请余瑞祥去了他家。

余梅芳白天都要参加妇女抗战救国联合会的活动，林英华家成了学生们集会的场所。余立、王卓文、赵雪莲、王晓燕、赵英嗣以及其他即将毕业的学生，经常来这里跟林英华探讨中国抗日前途。

自从日寇攻占徐州以后，华北和华中的日军沟通了联系，沿着中国军队撤往豫南的方向一路追击，兵锋势不可当，连下了开封、兰封，锋芒所向，直指中原腹地郑州。即使国民党军队掘开了黄河，迫使日寇改变了主攻方向，但鬼子太凶残了，正溯江西攻，已经撞开了武汉的第一道栅栏——安庆。林英华饶是不懂军事，也对武汉前途深感担忧。但是，他无法估量时局到底会呈现出什么样的变化，遑论准确判断出中国的抗战到底会走向何方。

余瑞祥进去的时候，王卓文正在收拾屋子。

面对姐夫的疑问，余瑞祥说道：“只要我们坚持抗战，坚持统一战线，坚持动员民众，中国一定不会灭亡，抗战一定会有希望。”

“你似乎一样对武汉的前途感到悲观了？”林英华问道。

“我不是感到悲观，因为我们共产党的政策一贯如此，我们主张统一战线，发动民众，坚持游击战争，在力量不足的时候尽量避免跟敌人进行正面战争。所以，我们能够拖住很大一部分敌人，让华北方向的日寇不能抽调出更多的兵力来跟国民党军队交战。想想看，只要我们动员了全国的老百姓，迫使敌人陷入人民战争的汪洋大海，我们难道没有光明的抗战前途吗？”余瑞祥说道。

“可是，一旦让日本人席卷了中国最为富饶的地方，难道真的能依靠那些贫瘠的地方，跟日本人打下去吗？”林英华问道。

“有了好的条件，固然会有利于我们的抗战大业；但没有良好的条件，我们难道可以以此为由不抗战吗？不！一直以来，我们共产党人都是在极为恶劣的条件下跟对手作战的，尽管遭受了磨难遭到过挫折甚至是惨败，可是，我们每一次都能自己站起来。为什么？我们依靠的就是发动民众，就是正确的政策，只要我们坚持下去，胜利一定会到来。何况，我们并没有失去全部富饶的地区。日本人只不过是侵占了一些大中城市，远不能全面占领大中城市四周以及各大铁路沿线的广大乡村与城镇。我们只要在这些地方留下足够的军队，去发动民众，动员民众，一定可以让敌人陷入中国军队以及武装起来的中国民众的汪洋大海之中，最后，万恶的日本鬼子一定会被吞没。”余瑞祥说道。

“余世伯说得真好。还是共产党人有办法！”王卓文说道，“余世伯，上次我提出去延安，你拒绝了。这一次，我提出加入你们共产党，你还会拒绝我吗？”

余瑞祥笑道：“我没有拒绝你去延安的要求，只不过是等你们毕业以后，再具体商谈这件事情。至于你想加入共产党，我很高兴，只要条件成熟，共产党组织不会拒绝任何一个人。”

林英华笑道：“我不得不承认，你们共产党人的办法的确能够救中国。”

三个人正说着话，忽然响起了敲门声。王卓文赶紧起身，打开门，只见父亲王俊财站在面前。

他这次到武昌，是跟余瑞光商量搬迁工厂计划的。

徐州会战结束以后，中国军队已经无法挡住日寇一步步逼近武汉的锋芒了。王俊财、余瑞光、赵承彦这些大型工厂主们正式将搬迁工厂一事提上日程。这时候，为了吸引聚集在汉的各大工厂去四川及昆明等地，当地政府派来了许多人员，宣传他们给予各厂家的优惠政策。王俊财、余瑞光、赵承彦曾经应邀去过西部，实际勘察过重庆附近的各种条件，定下了搬迁到重庆去的决心。随即，他们正式拟定了搬迁计划，准备动员其他的厂家一块搬走。

这时候，忽然听说日寇向安庆展开了攻击。安庆跟马当相距只有百十里地，安庆一失，马当就会暴露在日本人的攻击之下。如今，王俊林是马湖要塞区总指挥官，负责马当一线的防守。王俊林能不能顶住日本人的攻击，会不会在日寇攻击之下自乱阵脚，到头来一败涂地？王俊财心里打上了一个大大的问号。

跟余瑞光商谈搬迁计划的时候，听说余瑞祥来到了武汉大学，商谈结束后，他迅速赶了过来。

跟林英华、余瑞祥略一寒暄，王俊财迫不及待地把压在心里的话抖搂出来了：“余世兄，听说日本人已经攻下了安庆，很多人已经对抗战的前途感到灰心。你觉得，战事到底会向什么方向发展？”

余瑞祥和林英华都很明白，王俊财其实是在担心王俊林。谁都知道，王俊林不是军事干才，能够勉力守住一段时日，已属万幸，还能指望他做出多大的贡献来？至于王俊林会不会死在日寇手里，这个不必担心，王俊林一见时机不对，跑得比兔子还快。不过，当着王俊财的面，他们谁都不好意思直接说出口。

略一思索，余瑞祥说道："其实，大家都已经看得很清楚了，在跟日本人的正面交锋中，即使可以取得一些胜利，最后还是会遭到失败。在敌人的攻击还没有到达顶峰以前，失败或许是正面战场上不可避免的劫数。重点在于，中国军队是不是尽到了最大努力，是不是在跟日本人拼命，只要问心无愧了，即使失败，也是英雄。"

"失败的英雄？"王俊财疑问道。

"不以成败论英雄！"林英华纠正道。

话匣子一打开，林英华再也控制不住自己。他把理智抛到一边，冷笑一声，说道："不过，这一点恐怕不适用于王俊林，他即使胜利了，也不是英雄。而且，我可以肯定地说，他不可能胜利，只能是失败，最难堪的那种失败。蒋介石派遣王俊林驻守马当，只有一个目的，成心要把马当交给敌人！"

余瑞祥看到王俊财的脸色越发难堪了，只有向姐夫使眼色，阻止他继续说下去。余瑞祥安慰王俊财道："你不必太担心王俊林。我曾经见过白崇禧副总参谋长。他去马当一线视察过，看到过王俊林和他布设的防线，他说，他相信王俊林能够坚守很长一段时间。"

王俊财略微放了心，神色慢慢好起来，说道："唉，如果真的按照你们共产党的办法抗日，肯定不会损失那么多军队，更不会损失那么多老百姓了。"

余瑞祥说道："其实，国民党军队在正面战场上抵抗日本人的攻击，为我们共产党的军队向敌后展开提供了机会；我们共产党的军队向敌后展开，也帮助了国民党军队的正面抗战。这是国共合作共同抗日的具体表现形式。国共两党的军队处在同一个抗日战场上，只不过是侧重点有所不同。当然，国民党至今仍然不愿意动员所有的民众，甚至在民众动员起来了以后，采取了种种的限制措施，我们是应该坚决反对的。"

王卓文越来越感到自己的心原来跟共产党如此贴近，加入共产党的愿望更加强烈了。

已是深夜，王卓文把父亲和余瑞祥送到了王氏家族的私人码头。

离别之前，王卓文说道："余世伯，我今后会多多向你请教，希望早日成为跟你一样的人。"

王俊财吓了一大跳，说道："你在说什么？"

"我说，我已经确立了自己的信仰，以后要成为一个谁都不可能打倒的人！"王卓文骄傲地说道。

“可是，你得帮助我管理家族产业呀。”王俊财说道。

“国难当头，男子汉大丈夫不以国事为重，说什么家族产业。何况，婶子不是在帮助你吗？”王卓文说道。

王俊财一愣，说不出话来，把目光转向余瑞祥。

余瑞祥说道：“孩子长大了，有自己的理想，有自己的世界，王世兄应该感到高兴。如果王世兄完全弄懂了我们共产党的抗日政策，将会知道，加入我们的队伍，为完成救国的理想去努力奋斗，是多么崇高伟大。”

哪怕夫妇二人住在一起，余瑞祥依旧很难跟夫人见面。夫人虽说每天都会回到八路军办事处，可是，不是自己忙于处理公务，就是夫人回来的时候，自己已经睡着了。一天夜里，他刚要入睡，夫人回来了，带着一脸的疲惫和伤感。

他吃了一惊，问道：“遇到什么事情了吗？”

“日本人正在向马当要塞展开进攻，抗日必亡的论调又一次从国民党高级军政官员的嘴里传扬开来。余雅芳很担心，无论我说什么，她都很忧愁。”

余瑞祥说道：“害恐日症的人一刻都不会停止散布流言蜚语。目前，国民政府对抗战前途的认识也很模糊，出现这种情况不足为怪。只要廓清了人们的思想，没有什么好担心的。”

他起了床，从枕头下拿出了一本小册子，递给了夫人，说道：“你仔细看一看，这是毛泽东同志写的《论持久战》。毛泽东同志真是一个世不二出的大英雄，目光如炬，一眼就看清了抗战到底要走什么样的道路，中间需要经历一段怎样的过程，如何才能取得最后的胜利。”

赵璇滢坐在床沿，就着灯光，聚精会神地看了起来。看了两页，抬起头，瞄了丈夫一眼，脸上呈现出一抹兴奋的色彩，没有说话，继续看下去。

看着看着，赵璇滢几乎更加焦急了，索性放下小册子，望着丈夫，说道：“你已经看完了，是不是？我只看了几页，可以断定，毛主席真是一个神人，已经为我们的抗战规划出了胜利的蓝图。你快点告诉我，我都等不及想知道他后面写的是什么了。他说我们到底应该怎么坚持持久战？”

余瑞祥今天才收到毛泽东所著的这个小册子。

看完了全文，余瑞祥心里产生了共鸣，原来曾经想过却又没有想清楚，曾经想说又说不出口的道理，毛泽东寥寥数言，就全部说清了，真有一种推开窗户见天日的感觉。它是抗日战争的“孙子兵法”，是中国军队最后战胜敌人的法典。要立即把它宣传出去，让每个人都知道，中国的抗战到底为什么不能速胜，中国为什么不会亡国，中国的抗战到底会经过怎样的阶段，为了最后阶段的到来，中国军队以及中国民众到底应该怎么做。

他迫不及待去面见王明，问道："王书记，毛泽东同志的《论持久战》，你看过了吗？"

"看过了。"王明简单地说道。

"它是中国抗战的指路明灯。我们应该火速把它翻印出来，让每个共产党员人手一册，也赠送给那些抗日救亡团体的领袖以及国民党军政要员们，让每个人都清楚地了解到中国的抗战前途在哪里。"余瑞祥激动地说道。

"一家之言，不值得大惊小怪。"

王明的话还没有说完，余瑞祥心头蹿起了一阵怒火。不过，他不能不压住这团火气，尽量把语调放温柔了一些："王明同志，毛泽东同志是我党的领袖。他的领袖地位是他在长期从事革命工作中，赢得了共产党人的全体支持和拥戴，奠定起来的。他高屋建瓴，高瞻远瞩，为全民抗战勾画出了一幅完整的图画。如果没有这个指路明灯，我们的抗战会受到更大的挫折。"

然而，无论余瑞祥说什么，王明都不理睬他。

不能让毛泽东的著作埋没在王明手里。蒋介石、冯玉祥、白崇禧都在为中国抗战寻找合适的道路。把毛泽东的著作送给他们，他们一定会很感兴趣。

于是，余瑞祥拿出几本《论持久战》，过江去了武昌，径直进入军事委员会，见到了蒋介石，把毛泽东的著作当面交给蒋介石，并且把里面的内容简单地介绍了一遍，果然引起了蒋介石的兴趣。

"润之果然是一个很好的战略家，我一定好好拜读。"

蒋介石似乎突然想起了什么事，缓缓地把书放在桌上，说道："余兄弟，八路军办事处不是人人都欣赏毛先生的这部著作吧？"

余瑞祥说道："毛先生的著作，到了欣赏它的人手里，更能发挥作用。"

蒋介石笑了笑，说道："余兄弟，我一直期盼能够跟你站在同一个阵营，为了实现总理的遗愿，并肩战斗。现在，连共产党的元老级人物张国焘都投入到了我党的阵营，你这个当年总理的得力助手，为什么还要犹豫呢？"

余瑞祥眼帘刹那间浮现出抗战宣传周过后不几天的情景。

那时候，他接到了延安方面的密电，张国焘趁着祭奠黄陵的机会，逃跑了，很快将会抵达武汉，投靠国民党人，希望余瑞祥和八路军办事处的同志采取措施，制止张国焘的行动，把他劝回延安。根据地下共产党人提供的线索，余瑞祥周密安排人手，赶在军统特务之前，找到了张国焘。

“张副主席，我们又见面了。”余瑞祥微笑道。

张国焘的脸色立刻变了，他一句话也不说，眼睛瞟来瞟去，似乎是在寻找迎接他的军统特务。

“我们走吧，你等不到别人了。”余瑞祥意味深长地说道。

他挥了一下手，好几个共产党人立刻围拢过来，簇拥着张国焘，摆脱了军统特务，登上了八路军办事处的汽车，径直回到了日租界。

“张副主席，你是共产党人、特区政府副主席，没有中央的同意，不应该离开延安。希望你在这里好好反省一段时间，什么时候想通了，决定回去延安了，你写一个思想汇报，我亲自把你送回延安。”余瑞祥说道。

“我既然已经出来了，决不会再回去延安了。”张国焘说道，“因为现在的共产党，已经偏离了我当年成立共产党组织的初衷，我为什么还要回去？”

“建党不是你一个人的功劳，你不过是因缘际会，恰逢陈独秀先生和李大钊先生不能去上海，被其他代表推举为会议主席，主持了党的一大。而且，并不是共产党组织背离了你的初衷，是你在背离共产党组织。”

然而，无论他怎么做工作，张国焘是铁了心不回去延安的了，甚至再三要求面见蒋介石。征得了延安的同意，余瑞祥陪着张国焘去了军事委员会。

张国焘一见到蒋介石，好像小学生见了老师，毕恭毕敬地站着，说：“学生糊涂多年，现在终于想通了，只有跟着校长，学生才有出路。”

“你糊涂，我可不糊涂。”余瑞祥厉声说道。

蒋介石本想趁机好好夸奖张国焘一番，以便余瑞祥受到触动，萌发回到国民党阵营的想法，听了余瑞祥的话，只好把寻思好的话头咽回了肚子。

从此，张国焘投靠了国民党，当上了军统高级特务。

“我从来没有犹豫，我现在已经跟蒋委员长站在统一战线这同一个阵营里来了。”余瑞祥说道。

蒋介石想利用这个机会挑拨余瑞祥跟王明之间的矛盾，让余瑞祥重新回到国民党阵营的企图破产了。

随后，余瑞祥给白崇禧送去了一本《论持久战》。

白崇禧迅速浏览了一遍，拍案叫绝道：“综观毛先生的整篇著作，可以概括成两句话：以时间换空间，积小胜为大胜。毛先生真是目光如炬，为我们弱势军队对抗强敌找到了克敌制胜的办法。我一定会好好向蒋委员长介绍这本书，让它成为我军作战的指南。”

赵璇滢的反应比蒋介石、白崇禧更为激烈，跳了起来，说道：“这下好了，我们只要按照毛主席的指示，跟日寇做持久抗战，一定能够打败日寇。你这里还有《论持久战》吗？我要把它送给所有关心抗战的人。没有？没有可以让《新华日报》社印刷呀。”

突然，响起了一阵急促的电话铃声。余瑞祥急忙走出卧房，走进了办公室。

办公室与卧房之间的门敞开着，赵璇滢压抑着心里的激动，看到丈夫的脸色变得严峻起来了，心里一紧，本能地挪动脚步，走进办公室。

“王世兄，你不要太担心，马当迟早会落到日寇的手里，跟敌人争一城一地之得失，我们是争不过的。”余瑞祥说到这里，停止了说话。隔了好一会儿，他又说话了：“王世兄，如果真的像你所说的那样，你再担心又有什么用呢？何况，王俊林他们还是尽了力的，你别胡思乱想了，好不好？”

放下了电话，余瑞祥跌坐在藤椅上，双手摁着额头，沉默不语，样子看起来很吓人。

“王俊林他们打败仗了？”赵璇滢小心翼翼地问道。

余瑞祥慢慢地抬起头，叹息道：“他到底是太精于算计，还是太胶柱鼓瑟。他这一败，葬送了前途不打紧，武汉面临的形势将会越发严峻了。”

“他真是一个混蛋！”赵璇滢握紧拳头，愤怒地吼道。

第十二章　献金运动

清晨，赵璇滢起了床，迅速洗漱完毕，心急火燎地走出八路军办事处，径直朝江汉关方向走去。

路上已经有不少行人，也是行色匆匆。微风轻拂，人走在路上，感觉有些凉爽。赵璇滢加快脚步，很快就要接近江汉关了。

从地平线上升起了第一抹阳光，洗去了昨日的炽烈，透露出少女般的清纯和柔和，轻轻地抚摸着靠近江边的那座巍峨大楼。这就是江汉关了。在江汉关的右边，有一个巨大的平台，搭建在一块硕大的平地上，承接着那一缕缕柔和的阳光。平台上拉了一条巨大的红色横幅，上面写着几个黑色的粗体大字。赵璇滢清楚地记得，上面写的是“捐款救国，抗战到底”八个大字，那是林英华的手笔。

发起献金运动，是第三厅策划已久的事情。按照预定计划，应该从抗战周年纪念日即七月七日开始，展开为期三天的募款活动，以此进一步唤醒民众的抗战意识，真正做到有钱出钱，有力出力，全民支持抗战参与抗战。该计划得到了蒋委员长的批准，蒋介石甚至拨出一笔款子，以便他们可以顺利地启动这项活动。第三厅打算分别在汉口、武昌、汉阳共设立六个固定捐款平台，另外设立几个活动平台，方便更多的民众踊跃捐款。

赵璇滢一开始并没有参与这项计划。几天前，因为原定在江汉关这边负责募款的人员生病住院，经由余瑞祥推荐，赵璇滢接受了这项临时性工作任务，她立即把余雅芳找来帮助自己。

自从王俊林离开武汉以后，余雅芳回到了王府，不仅帮助王俊财管理王氏家族产业，而且承担了妇女抗战救国联合会的很多工作。她说话不多，但做事有条理、有韧性，哪怕碰到了再大的困难，她也一定要做完做好，赢得了妇女界的普遍赞誉。宋美龄亲自接见过她，知道她丈夫就是率领部队前往马当防守的王俊林，不由得万分高兴，连连称赞她是巾帼不让须眉。

按照计划，早晨八点钟，各捐款平台正式开放，接受民众捐款。

虽说昨天晚上已经做完了一切准备工作，赵璇滢仍然放心不下，忍不住提早过来最后检查一遍。

远远望去，平台四周已经挤满了人。赵璇滢顿时情绪高涨，更加急切地迈动脚步，穿过了熙熙攘攘的人群，走到了平台边缘。这时候，余雅芳已经在平台上查验捐款箱。

“雅芳，你来得太早了吧？”赵璇滢用钦佩的口吻说道。

“二嫂。”余雅芳欢快地叫了一声，脸上露出了一抹甜蜜的笑意。

“捐款活动要一连几天，有你忙的，时间还早，你先坐一坐，不然会吃不消。”赵璇滢体贴地说道。

“嗯。”余雅芳回答道，还是没有停止忙碌。

这时候，其他几个工作人员陆续赶了过来，很快将平台上的捐款箱、笔、账目等东西清理完毕，分别放在八张桌子上。

平台下的人群喊叫起来了：“可以开始了吗？”

“时间定在八点钟，三镇同时接受捐款，你们的爱国热情让人感动，请再耐心等一会儿吧。”赵璇滢用手卷成喇叭状，朝着平台下面喊道。

随后，人群越聚越多。太阳撕开了清晨的伪装，露出了峥嵘，好像一个巨大的火球，炙烤着整个地面，不一会儿，便热得人喘不过气来。不过，民众的热情并没有消退，反而合着气温一路走高的节拍，越来越逼近沸点。熙熙攘攘的声音一阵高过一阵，在天空中不断地回荡。

赵璇滢眼帘闪现出当年在这里演讲的情景，她一阵冲动，正准备说话，赫然发现丈夫余瑞祥已经跟一大群国民党高级军政人员走了过来。

他们得知献金台四周已经聚集了很多热情的民众，决定提早开始行动。

余瑞祥站在平台上，用力地挥动了一下手臂，说道：“同胞们，去年的今天，日本帝国主义悍然发动了卢沟桥事变，拉开了全面侵略中国的序幕。一年来，日本军国主义的野蛮入侵，已经迫使我们失去了上海，失去了南京，失去了平津，失去了济南，失去了太原，也许，过不了多久，我们将会失去武汉。但是，我们的军队、我们的人民已经团结起来了，我们在不同的地点，用不同的方式，一致抗日，经过英勇抵抗，流血牺牲，打破日本侵略者在三个月内灭亡中国的神话，撕破了日本侵略军不可战胜的画皮，激励了中华民族抗战到底的决心，最终的胜利必将属于我们！”

“抗战必胜！日本必亡！”民众热血沸腾，一齐高声呐喊。

呐喊声平息了，余瑞祥顿了顿，继续说：“但是，抗战也是艰苦的。我们每一个人都必须清醒地认识到各自身上都肩负着的责任和使命。为了保卫我们的家园，每一个人都应该担负起自己的责任，有钱出钱，有力出力，为实现抗击日军的侵略，维护中华民族的尊严而一起战斗到底！”

台下发出了一声声怒吼：“我们不愿当亡国奴，我们要为拯救国家尽到我们自己的责任！”

民众沸腾起来了，迫不及待地朝平台上拥来。

赵璇滢下意识地准备制止，但见余瑞祥投来了立即开始的目光，马上大声说道：

“同胞们，为了维护献金台秩序，请你们从东、南两边分别走上平台，捐完款以后，从西、北两边走下去，以免发生碰触，发生挤压。”

民众安静下来，纷纷昂起头，似乎是在分辨方向。

趁此机会，余瑞祥和那些国民党高级军政人员，各自从口袋里掏出现金、金表以及各种值钱的东西，分别朝几个捐款箱投去。

成千上万双眼睛看到了这一幕，一个个骚动不已，浑然忘掉了赵璇滢刚说完的规矩，挥动着手里的现金，有的三角五角，有的十元八元，好像战士端着枪冲向战场一般，奋勇地朝平台发起冲锋。哗啦啦一下子，四边的梯子上都挤满了人。国民党高级军政人员吓坏了，颇有些手足无措。

余瑞祥眼看要糟，一面命令赵璇滢、余雅芳和其他工作人员一块维护秩序，一面扯开喉咙，挥动着手臂，让民众听从指挥，根本无法挡得住民众的热情。不过，四边的梯子上出现了一些空隙，国民党军政要人终于冲杀出去了。

“我捐款了！我已经捐款了！”第一个把五毛钱投入献金箱的是一个衣服褴褛的乞丐。他把钱投进箱子里的一瞬间，猛地跳了起来，高兴得哭泣起来：“我也能为国家出一分力！”

这一下，更加激起了民众的情绪。已经挤上平台的人老远就要把准备好的现金投进箱子里去，没有上台的人继续朝平台冲，顷刻之间，再度把梯子堵得严严实实。捐过款的人没法下来了，极力想登上平台的人也挤不上去了。于是，众人挤挤撞撞，整个平台摇晃不已。

余雅芳吓得脸色惨白，身体发抖。赵璇滢和余瑞祥极力指挥民众遵守秩序，可谁都听不见他们的声音，看不见他们的手势。

噼啪一声，支撑平台的一根粗大圆木断裂了，平台顷刻之间朝一边倾倒。登上平台的民众把持不住，纷纷沿着平台倾斜的方向滚了下去，冲击着快要挤上平台的人，把他们也撞倒在地。桌子和捐款箱也纷纷落在地上，秩序一片混乱。

余瑞祥扶住平台上的一个支架，大声说道：“同胞们，请你们注意秩序，以免造成不必要的挤压和混乱。”

赵璇滢本能地想抓住捐款箱，但没有抓住，捐款箱滚落在地。余雅芳和几个工作人员被民众压在地上。赵璇滢一声惊呼，试图跃下平台，只听余瑞祥继续说道：“同胞们，献金平台已经被挤塌，请大家施以援手，尽快恢复活动。”

惊讶不已的民众回过神来，呼啦啦朝倾斜的平台拥去。他们抱的抱，拖的拖，拉的拉，很快把倒成一团的人员拉了起来。

余雅芳的脸宛如一张白纸，身子虚弱，似乎一阵风便能把她吹走。赵璇滢赶紧搀扶着她。眼睛一落在捐款箱上，余雅芳禁不住浑身一震，挣脱了二嫂的手，急急忙忙奔了过去，把捐款箱抱了起来。

十几个彪形大汉奋力将断裂的圆木竖起来了。噼啪一声，平台再一次立在民众面前，有人迅速拿来了铁丝、绳索与钉子，一阵忙乱，把平台固定好了。

赵璇滢、余雅芳和全体工作人员加紧把桌子、捐款箱等物摆回原先的位置。

献金活动恢复正常。民众再也不敢肆意拥挤了，按照赵璇滢交代的路线，从两边走上平台，献金以后，再从另外两边走下平台。

余瑞祥松了一口气，突然想起国民参政会即将开幕了，赶紧向赵璇滢交代一声，匆匆离去。

自从国民政府军事委员会不得不搬迁到武汉以来，余瑞祥跟蒋介石以及国民政府的军政要员们进行了多次磋商，试图一个国共两党共同遵守的纲领，结果却不能如愿。余瑞祥只有退而求其次，通过与各民主党派负责人交流，以及跟国民党方面会商，迫使国民党人同意了以国民参政会的形式，吸纳各党派人士参加，对国民政府制定的政策享有建议权。这是民主政治的一个重要胜利。

作为跟国民党谈判的主要代表成员，余瑞祥自然成了共产党方面的参政员，要出席这参政会，会议同样定在今天开幕，地点汉口大剧院。

余瑞祥进入会议地点的时候，会议将要开始。

中共一共有七位参政员，除毛泽东以外，其他六位都参加了会议。毛泽东因为牙痛和俗事缠身，不能前来参加会议，提前发来电报告假，并且又发来一份电报，让共产党方面的参政员代为在会议上宣读，表达中共方面对此次会议的殷切期待和对抗战前途的展望。

蒋介石和汪精卫等国民党领袖人物步入会场，走向了主席台。参政员全体起立，致以热烈的掌声。

汪精卫主持会议，宣布第一届国民参政会正式开始。

蒋介石发表了一番讲话，说道："今天，是抗战进入一周年的日子。不仅国民参政会顺利召开了，总政治部第三厅发动的全民献金活动也拉开了帷幕，这是两件激发全国民众共同抗战到底的重大事件。我们固然需要就重大的决策进行协商进行审议，以便制定出更加符合我们国情的抗战政策来打败日本侵略者，同样，我们也应该时刻关注发生在我们身边的所有与坚持抗战密切相关的事情。我提议，全体国民参政员以及莅临会议的国民政府高级军政要员，都去献金现场亲身感受民众的热情，也为抗战贡献我们自己的力量。”

与会人员爆发了一阵热烈的掌声，随后全体起立，朝门口走去。

蒋介石把余瑞祥叫到自己跟前，一边愉快地跟他说着话，一边朝江汉关走去。他们的后面跟着将近两百位参政员以及出席会议的国民党军政要员，宛如一片云彩一样地飘向了献金现场。

挤在平台附近的献金人自动向两边分开，留出了一条走道。

蒋介石在中，汪精卫在右，余瑞祥在左，三人并列走在最前面，穿过民众留出的通道，朝平台上走去。赵璇滢和余雅芳等工作人员站在两边，迎接他们。

蒋介石走上了平台。他的脸上仍然布满笑意。他向工作人员挥手致意，然后从口袋里掏出了早就准备好的一笔现金，缓缓地放进了捐款箱。

人群中顿时爆发了一阵热烈的喝彩声。

蒋介石挥了一下手，台下变得鸦雀无声。蒋介石顿了顿，说道：“你们是中华民族的好儿女，你们是抗战胜利的希望，你们的热情，让我非常感动，我相信，国家有了你们，一定会挺直脊梁，屹立在世界的东方！”

人群又是一阵骚动，热烈的欢呼声此起彼伏，一阵连着一阵。

汪精卫翕动了几下嘴唇，终于没有作声。紧接着，各位参政员排列成两路队形，纷纷走上了平台，有的人身上携带了一些现金，掏出来直接放进了捐款箱；有的人没带现金，在身上翻出了什么东西，看都不看往捐款箱里面丢去，有手表、项链和各种金银器。

突然，从人群中爆发出了一阵号啕大哭。

只见两个老人快要爬上平台，在那儿不动了，眼望着捐款箱，大哭不已。

余瑞祥赶紧走过去，把两位老人搀扶起来，捡起他们的拐棍，递到他们的手里，说道：“老人家，这里人多，你们要注意安全，不要被撞着了。”

两个老人哆嗦着伸出了手，说道：“你是总指挥！你是我们的总指挥！”

“你们？”余瑞祥浑身一震，打量着他们，有些惊讶。

老人说道：“总指挥，当年，我们正是在你的带领下，攻下了湖广总督衙门，然后又在汉口跟清军打了好几天仗，我们的双腿都是在汉口被炮弹炸断的。”

余瑞祥眼睛一热，泪水差点滚了出来，说道：“没有让你们过上安稳的日子，我实在感到惭愧。”

“别这么说，总指挥，我们再也不能跟随你一道走上战场了，可是，我们还能为国家出力。这是民国成立以后，政府发给我们的抚恤金，我们没用，没有全部留下来，只剩下十个银圆了。我们全部捐出来，交给我们的军队打鬼子去。”

余瑞祥先扶着一位老人，慢慢走上平台。赵璇滢飞快地走过来，扶着另外一位老人，一同走上平台。

所有的人都瞪大眼睛，目光随着他们身体的移动而移动。没有人发出声音，聚集了数以万计民众的现场寂寥无声，似乎时间、空间、一切的一切，都在这一刻停止了。

蒋介石迈动脚步，伸出手来，帮助余瑞祥，搀扶着那位辛亥老兵。

老兵情绪激动，颤抖着走向捐款箱，将手里的十个银圆朝箱子里面投去，他的手被余瑞祥捉住了。

余瑞祥说道：“你为了建立民国，已经失去了双腿，今后还要生活，你把它们留下来，我这个当年的临时总指挥无能，不能为你们提供一个安稳的生活，但可以尽力帮助你们捐款。”

“不，总指挥，我们必须自己捐献。”两位辛亥老兵说道。

蒋介石默不作声，从他们手里接过银圆，在手心里轻轻搓了几下，然后各取出了两枚，把剩下的十六枚分别装进了他们的口袋，然后在他们的肩头上轻轻地拍打了一下，说道：“你们是中华民国的英雄！这些，你们自己留着用吧。剩下的捐款，我和余兄弟替你们补上。”

说完，蒋介石转过身，准备走开，突然有人朝他递过来一支金笔。蒋介石想都不想，接过它准备投进捐款箱。

一个人站在蒋介石面前，面对着那些军政要员，大声说道：“国家遭受日本人的野蛮入侵，大片土地遭到日本人蹂躏，你们当中却有很多人仍然在挥霍民脂民膏。跟这两位辛亥老兵一比，你们不觉得惭愧吗？你们没有像他们一样，跟清军进行你死我活的战斗，却得到了高官厚禄，你们不知道为民为国，只为了你们自己。总有一天，民众要向你们清算这笔账目。”

那人又骂起了汪精卫：“作为行政院长，你汪精卫不知道凝聚人心，跟蒋委员长一样，激励民众抗战到底，在背后搞一个什么低调俱乐部，今天要投降，明天又要接受日本人开出的和平条件。知道你这是什么行为吗？汉奸！典型的汉奸卖国贼！你给我醒一醒，不要再大放厥词了，要不然，你一定会被民众唾弃的。”

台上台下一片死寂，谁也没有再作声，谁也没有再做任何动作。

“先生尊姓大名，可否到政府效力？”蒋介石问道。

“我不愿意跟卖国贼共事！希望委员长好好拿着这支笔，算一算卖国贼的账！”那人从身上翻出一些钱来，投进募捐箱，纵身一跃，跳下献金台，消失无踪。

一阵短暂的沉默后，台下爆发出了一声怒吼：“卖国贼滚开，我们要为抗战尽一分力了。”

上午的议程结束之后，蒋介石并没有走，他要跟余瑞祥好好谈一谈。

上一次，余瑞祥转交毛泽东论著《论持久战》给他的时候，蒋介石敏锐地判断出余瑞祥跟王明之间一定发生了不愉快，想趁机挑拨他们之间的关系，把余瑞祥拉过来，谁知余瑞祥一句话把他逼到下不来台。现在，他已经得到了准确的情报，余瑞祥经常受到王明的挤压，几乎一直是在沉重压力之下从事工作的。他很敬佩余瑞祥的人格，越发坚定了把余瑞祥重新拉回国民党阵营的打算。

蒋介石手里还握有一张王牌，那就是王俊林和余瑞华。

看在王氏家族、余氏家族、赵氏家族之间错综复杂的关系以及这三个家族对国民政府抗战倾力相助的份上，蒋介石接受了王俊林的请求，命令王俊林把隶属于他的部队改编成一个军，尽数开赴马当湖口一线，确保武汉外围防线不至于很快沦入敌手。临行之前，蒋介石接见王俊林，再三叮嘱他一定要提高警惕，不要粗心大意，要把守好防线，给国民党军队做一个新的表率。谁知王俊林不仅没有充分利用日寇集结兵力的时间来加固工事，训练兵士，激励士气，竟然心血来潮，搞出一个什么战地抗日军政学校，培训结束之后，把所有官长都请去参加毕业典礼，导致在日本人发动突然袭击的时候，前线几乎无人指挥，前沿阵地很快被倭寇突破。余瑞华率领一个团的人马孤军奋战，虽说打出了气势，打出了精神，可是，在日寇海陆空立体打击面前，越来越支撑不下去了。如果王俊林能够及时派遣人马前去增援，余瑞华即使不能收复丢失的全部阵地，也可以让敌人难以继续朝前推进。然而，王俊林命令援军不走大路走小路，迟迟没有到达前沿阵地，以至于余瑞华陷入绝境。援军抵达之后，如果王俊林能指挥全部人马去反击敌人，也不是没有扼住敌人攻击锋芒的可能。结果，王俊林一看到余瑞华的队伍蒙受了惨重的损失，立即命令人马全线撤退，致使马当要塞很快落到敌人的手里。按照军法，王俊林和余瑞华都可以定为死罪，当然也可以判他们没罪，这就要看余瑞祥的态度了。

当年，余瑞华把余瑞祥差一点打死了，后来在暗地里救了余瑞祥。这件事蒋介石是知道的。蒋介石也不想要余瑞祥死，对此不闻不问。他更有理由相信，王俊林也不会让余瑞祥死。他们之间的关系太亲密了，是人，必然要讲人性，通人情嘛。蒋介石相信，余瑞祥绝不会见死不救。

蒋介石说道："哎呀，余兄弟，今天，要不是那两位辛亥老兵，我差点忘掉了余兄弟是辛亥革命时期的临时总指挥呢。"

余瑞祥不知道蒋介石唱的是哪一出，本能地有些警觉。他微微一笑，说道："我早已忘掉了过去的经历。"

"不，余兄弟，你不应该忘掉，我也不应该忘掉。你是老同盟会员，也是国民党元老，在孙中山先生身边的时候，总理最信任的人是余兄弟你呀。一想起过去我们并肩战斗，后来却不得不分道扬镳的往事，我总是哀叹造化弄人，感慨万千。不过，我们现在重新并肩战斗了，我们都要好好珍惜这个机会，共同奋斗，早日实现把日本侵略者赶出去的目标。"

这下，余瑞祥明白过来了：蒋介石又想拉拢他回到国民党的阵营。

他不动声色，听蒋介石继续说下去："上一次，余兄弟把毛润之先生的著作送给了我。我认真拜读过，很钦佩毛先生的雄才大略，特别指示白健生副总参谋长把毛先生的著作精练成了两句话，让全军共知之，全党共知之。我相信，只要我们竭力把毛先生的思想付诸实施，一定可以实现抗战建国的目标。我这边在极力推崇贵党领袖的著作，可是，似乎没有看到贵党设立在武汉的八路军办事处有所动作。需要蒋某帮助你更加广泛地宣传毛先生的著作吗？"

余瑞祥微微一笑，说道："蒋委员长公正无私，我们一定能够在蒋委员长的领导下，实现把日本人赶出中国的目标。"

算盘还是没有打响，蒋介石迅速把话题转移到了王俊林和余瑞华头上。他深深地叹了一口气，说道："其实，蒋某今天找余兄弟来，是要跟你谈另外一件事。余兄弟肯定早已得到消息，知道马当一线十几天以前已经落到日本人手里了。也许，对马当一线是怎么丢失的，余兄弟也略有耳闻。我这里，得到了很多有关马当失陷原因的报告。战争期间，各种消息满天飞，真真假假，谁也搞不清。至今，我还不能肯定哪一个报告更加准确，当然谈不上怎么处理前线指挥官。参政会议开幕之前，我又得到了一份报告，说是王俊林和余瑞华两位将军已经自行令人把他们捆绑起来，押回了武昌，进了军法处。我想，军法处很快会有一个确切的说法。"

说到这里，蒋介石突然住了口，眼睛盯着余瑞祥，想看余瑞祥怎么回答。

余瑞祥心头一阵颤抖。

马当失陷的消息传到他耳朵不久，余瑞祥便基本上清楚马当失守的主要原因，可以说，蒋介石知道多少，余瑞祥就知道多少。他深知王俊林会受到什么样的惩处：撤职已经算是最好的结果了，说不定，脑袋会搬家。

眼下，蒋介石竟然主动提起这件事，意思很明显，只要自己接受蒋介石的拉拢，王俊林和余瑞华都会平安无事。可是，余瑞祥会接受蒋介石的拉拢吗？不，在余瑞祥眼里，军纪、军法、信仰比什么都重要。当年，他为了寻找救国救民的道路，抛弃家庭，与夫人分离，忍受了多少常人难以想象的痛苦；如今，他早已确立了共产主义信仰，怎么可能因为兄弟之情、朋友之情而做损害原则的事情呢？人固然需要讲感情，讲亲情，讲人性，更要讲是非，讲原则，讲大局。这是人与其他动物之间最本质的区别。不讲这些，岂不是两脚畜生吗？

他镇定地说道："我相信，蒋委员长一定会让任何违反军纪的人受到相应的惩处。"

蒋介石一笑置之，说道："好了，这件事等军法处有了结果再说吧。余兄弟，马当失陷，武汉受到了强烈的震动。依你看，我们是不是有必要继续加强武汉的防御工事，准备跟日本人在武汉展开巷战，全力保卫武汉？"

余瑞祥说道："日寇的进攻部署，目前已经露出端倪。大体上，敌人试图兵分三路，一同展开行动：一路沿长江两岸向武汉发动直接攻击；一路位于长江南部，攻占湖口以后，将会沿鄱阳湖向南发展攻击，一直攻向湖南南部；一路以江淮地区为主要攻击方向，一直向信阳方向发展攻击。一旦南北两路日寇相继攻占了岳阳、信阳两个要点，势必对武汉形成大包围态势。纵使我军在长江沿线阻挡了中路日寇的攻击，陷入深远包围之中的武汉，将有可能陷入灭顶之灾。所以，当前我们应该考虑的不是需不需要下定决心死守武汉的问题，而是要在武汉外围，尽可能多地部署兵力，迟滞日寇三路大军的行动。战争实践表明，仅仅依靠在正面设防固守，是不可能挡住敌人的攻击的。应该派遣更多的部队，化整为零，深入敌人的后方和侧翼，威胁敌人的补给线，并且时刻主动向敌人展开骚扰性攻击，迫使敌人分散兵力，以此减轻正面战场上防守部队的压力，尽量延缓敌人的攻击。"

蒋介石点头道："余兄弟很有战略眼光。可是，余兄弟，我军一向擅长打正面战争，虽说我们开设了游击战争训练班，培养了一批打游击战的人才，但跟你们共产党比起来，还是要差得多。所以，请余兄弟敦促新四军不停地向日寇的补给线展开游击，竭力配合我军正面战场上的作战。"

余瑞祥说道："新四军已经深入到了敌后，并且跟日寇展开了数次交锋，蒋委员长想必也得到了报告。新四军之所以没有取得像八路军初进山西战场一样的战绩，是因为新四军人马太少，武器装备更加低劣。如果蒋委员长确实希望新四军发挥更大的战果，请蒋委员长批准新四军扩大军力，将新四军改编成三个师，允许新四军招兵买马，并且提供一部分装备粮饷。”

蒋介石本来希望通过这次谈话，至少能让余瑞祥答应让新四军袭击日寇交通线，没想到竟然反而被他将了一军，不觉有点尴尬。不过，蒋介石很会掩饰自己，说道：“扩充军队事涉方方面面，不是你我可以决定得了的。我们还是要着眼于眼前的现实，希望余兄弟能够挤出时间，亲自到新四军军部走一趟，代替我慰问一下抗战将士，把我的意图告诉他们，制订出更加妥当的计划，狠狠打击日寇。”

跟蒋介石谈完话，余瑞祥心里沉甸甸的。蒋介石限制共产党的发展、离间共产党人的行动，已经到了公开化的程度，真不知道这个蒋某人以后还会做出什么事来。不过，现在需要担心的是妹妹，如果王俊林遭受到军法惩处，妹妹应该怎么办。

不知不觉，余瑞祥走到了江汉关，一眼望去，献金平台附近仍然挤着许多人。他的心情骤然开朗，加快了脚步，很快来到了平台旁。

这时候，一个裸露着双肩的女人一步三晃地走上了平台。众人莫不异常惊讶，全都屏息静气，目送她一步步朝前走去。不一时，那个女人走到了赵璇滢站立的那张桌子跟前，忽然转过面来，正对着平台。她双乳半裸，雪白光滑的肌肤在阳光的暴晒下，泛出晶莹的光，汗水打湿了涂抹在脸上的胭脂，整张脸染成了五颜六色。她手里拿了一把银圆，款款深情地朝着捐款箱里面投去，刚要转过身，忽然又站住了，顺手取下插满一头的金银首饰，一件件朝捐款箱塞去，随后摸了摸脖子，取下了那串粗大的金项链，一咬牙，也塞了进去。

众人一同发出了一声惊呼。

女人似乎很受感染，情绪激动地说道：“我是一个被人看不起的女人，但是，我是中国人，国难当头，我打听了一下，没有听说前方招募像我这样的女人。我只能拿出这些东西，献给国家献给前方将士。”

短暂的沉默过后，人群中发出了热烈的赞叹声和雷鸣般的掌声。

“个斑马的，怪不得这么心急火燎的呢，老子给她钱，她跑到这里来了。”余瑞祥听到了一个熟悉的声音。他下意识地把头一偏，看到了王俊喜。

王俊喜正站在距离余瑞祥不远处。话音刚一落地，他抖了抖身子，把手一伸。一条大汉连忙脱下上衣，放在地上，其他帮众立马从口袋里掏出了银圆，不论多少，哗啦啦地丢了进去。紧接着，王俊喜大摇大摆地走上平台。那条大汉匆忙把银圆包好了，跟在王俊喜身后。

“大家瞧好了，我们王帮主捐款来了！”那个抱了银圆的大汉走到了捐款箱面前，抖了抖手里的银圆，大声喊道。

王俊喜更是故作姿态地抖动了两下双手，也想说几句话，但见赵璇滢一点表情都没有，顿时一愣，准备好的一腔话马上消失得干干净净。他一把从大汉手里夺过银圆，呵斥道：“显摆什么呀？给我滚下去，真是丢人现眼！”

随即，王俊喜把那件衣服展开，一把一把地抓起银圆，朝捐款箱里塞进去。塞完了，扭头一看，那个女人已经不在平台上。余瑞祥却健步如飞地走了上来。

王俊喜连忙说道：“余世兄，想不到在这里碰上了你。”

“王世兄果然是一条豪爽的汉子。”余瑞祥说道。

“说起来惭愧，我手下兄弟太多，为了养活他们，本来没有打算来献金的。可是，刚才那个女人从我手里拿了钱，立马跑到这里来了。我跟着她过来，想看看她竟然把我给的钱送给谁。这个女人，真有点不同寻常。看看她做的事，听听她说的话，我要是再不捐一点，还是人吗？”王俊喜忽然调换了话题，“如果余世兄有时间，我很想跟你单独谈一谈。”

余瑞祥果然跟王俊喜一块朝平台下面走去。

面前已经没有其他人了，王俊喜边走边说道：“余世兄，你听说过吗？余瑞华已经回到武昌了。”

余瑞祥早已知道王俊喜的手段，一点不觉得意外，只静静地看着他。

王俊喜继续说道：“我想，余世兄一定很清楚余瑞华为什么会回到武昌，又是怎么回到武昌的，他跟王俊林不是一路人。王俊林即使被砍头枪毙，也是他罪有应得。可是，余瑞华是一条汉子，不应该陪着王俊林送死。”

“如果你只是为了告诉我这些，那么，我已经知道了。无论余瑞华和王俊林受到怎样的惩处，都是军法处的事，你我都无法左右，也不可能左右。”

“不，余世兄，国民党的法律都是活的。你没听说吗？在徐州会战的时候，叫汤恩伯不听李宗仁的调令，没有受到任何处罚。其他将领，只要不是蒋介石的心腹嫡系，哪怕只是犯了一点小错，一送交军法处，轻则丢了前途，重则性命难保。”

王俊喜是在一个妓女身上快活的时候，接到报告，知道王俊林和余瑞华已经被绳捆索绑，送进军法处了。他既惊又喜。惊的是余瑞华一条响当当的汉子，竟然会落到这步田地；喜的是王俊林终于不可能逃脱受到军法处置的下场。他很想救余瑞华，也很想添油加醋，让王俊林吃饭的家伙从此彻底搬家，可是，他无论做什么，都会传到王俊财的耳朵。他踌躇再三，没有采取任何行动。

打从接到王俊林失了马当的消息，王俊财一直为王俊林的安全担心，一方面向余雅芳封锁了这一消息，另一方面又在不停地出卖产业，试图走上一次的老路，用财产来换王俊林的一条性命。但战争快要打到武汉的家门口了，王俊财终日到处奔波，也没有找到一个买主。

王俊喜看不过眼了，对哥哥说道："像王俊林这种人，活着就是祸害，不如让蒋介石一刀杀了他，才真正大快人心！"

"你闭嘴！"王俊财吼叫道，"我没有求你帮他，你也别说这种风凉话了！"

王俊喜明白，他不能惹哥哥生气了，但他确实想让王俊林从此永不翻身。王俊林抖不了威风，被军法处置，才是他心中的一大快事。他得到了消息，虽说心知这是一个让王俊林万劫不复的最好机会，可是，竟然不能出面做一些什么，甚至也不能暗中做手脚。他很懊恼，很想找一个人说一说。

他说给一个妓女听了。是一边折腾她，一边说的。完了，女人拿了他给的钱，二话不说，急匆匆地跑了出去。他感到好奇，马上跟踪而来。

自从跟柳彤萱媾和以后，王俊喜本来已经很少在其他女人身上寻求快乐了。可柳彤萱在抗战宣传周复出的时候，虽说投入了全副精力，到头来还是因为年老色衰，多年未曾在公众面前露脸，被人们遗忘了，竟然没有人为她喝彩叫好。柳彤萱难过得要命，再也不愿意登上舞台，只要出了赵府，一定找王俊喜行男女之欢。王俊喜毕竟也是四五十岁的人了，哪禁得起天天折腾，被她掏空了身子，再也不敢见她了，总是躲着她。谁承想，他无论躲在什么地方，柳彤萱准能找到他。王俊喜实在无处可躲，把心一横，躲到了妓院，竟然被一个妓女撩起了情趣，在她身上找到了不同一般的感觉，他有了感觉，不希望别人再碰她。

献金工作有条不紊地继续下去，因为献金的民众太多，原定的三天期限不够用，活动举办方第三厅决定延期两天。

这一天，江汉关献金台附近仍然人山人海，各色人物积极捐款捐物，突然，一群身穿八路军制服的人簇拥着一辆独轮车，朝献金台快捷地奔了过来。独轮车上耸立了一面巨大的牌子，上面书写着：八路军代表团献金队。几个工作人员推动着独轮车，疾步匆匆地穿过了人群。紧紧地跟在独轮车后面的是王明、余瑞祥和八路军办事处的几位重要领导人。

走上平台后，王明、余瑞祥以及所有走在前面的八路军办事处主要领导人从车子里面各取出一个巨大的包裹，拿在手里，准备投进捐款箱。

王明面对民众，说道："同胞们，我们共产党领导的八路军新四军正在前方跟敌人浴血奋战，我们共产党的中央机关远在延安，地域偏僻，土地贫瘠，日常生活都很困难。但是，为了支持抗战，为了跟广大的民众一道同呼吸共患难，我们中共中央全体人员缩衣节食，我们的八路军新四军勒紧裤腰带，省出了一千个银圆。我谨代表中共中央以及我们的八路军新四军，为了把日寇从我们的国土上全部驱赶出去，捐出这一千个银圆，用以购买武器弹药，武装我们的军队，狠狠地打击日本侵略者。"

"向共产党致敬！"

"向八路军致敬！"

"向新四军致敬！"

人群中爆发了一阵惊天动地的口号声。口号声冲破了炎热的天幕，在天空中久久地回荡。民众瞪大眼睛，兴奋地看着王明把那一千个大洋投进了捐款箱。

余瑞祥站在众人面前，手里拿着一个包裹，说道："这是我们共产党七个参政员一个月的工资。我们共产党的领袖、国民参政会参政员毛泽东同志没能亲自来到武汉参加这次盛举，委托我向全体支持抗战的民众致以真诚的谢意，同时向全国民众保证，无论条件如何艰苦，无论我们以后会遇到多大的困难，我们将和所有愿意抗战的党派和民众一道，不懈地战斗下去，不把日本侵略者赶出国土，誓不罢休！"

"抗战到底，就是胜利！"赵璇滢激动地举起了拳头，奋力高呼。

台下的民众心情激荡热情澎湃，一样举起了拳头，高声欢呼："抗战到底，就是胜利！"

第十三章　西迁西迁

王俊林在军法处接受了一段时间的调查，被解除职务，回到了王府。

马当失守已经有些日子了，丈夫是生是死，在战场上的表现到底怎么样，余雅芳一无所知。她曾经试图询问二嫂、堂哥，以及二哥，可是，一接触到他们的眼神，她就知道，她不可能得到真实的回答，索性不问了。她继续和赵璇滢一道在战时儿童保育会和妇女抗战救国联合会来回奔忙。她闲不下来，只要一闲下来，眼帘准会出现丈夫的身影。大家越是对丈夫的行踪讳莫如深，她越是觉得丈夫凶多吉少。她不能哭泣，不能悲戚，只能强压下心头的伤感，不停地找事做，以此转移内心的哀伤。

为了把王俊林救出来，王俊财想尽了办法，到底变卖了多少家族产业，找了多少尊菩萨，他自己都搞不清楚。他完全沉浸其中，心里再也没有别的事，以至于总政治部第三厅发起的抗战周年捐款活动，他竟然毫无所知。

余雅芳整整在江汉关献金平台忙碌了五天。忙碌的时候，她不觉得身体有什么不妥，一旦忙完了，她的身体突然垮下来了，人一下子躺倒在床，一躺好几天，王俊财请来了名医，才使她清醒过来。

余雅芳病情好转以后，告诉了王俊财第三厅发起的献金活动以及发生在献金台上那些惊天地泣鬼神的故事。他深感震惊，连忙跑到八路军办事处，拿出一张银票，递给余瑞祥，说道："余世兄，我正在忙一件很棘手的事情，没有顾上献金，深感惭愧，希望你不要拒绝我事后采取的补救措施。"

余瑞祥说道："王世兄，献金活动是第三厅发起的，不是我们八路军办事处。你把银票直接给三厅吧，他们一定会对你慷慨解囊表达由衷的敬意。"

王俊财说道："既然如此，我实在太忙了，请余世兄代为转交。"

余瑞祥收下了银票，说道："王世兄，你这是何苦呢？任何人，无论做了什么事情，都应该承担后果，否则，他会一辈子不长记性。"

"我不能不这样做啊！余世兄，希望你能够谅解。"王俊财说道。

如今，王俊林终于平安回到了王府。王俊财放下心来。他想好了，等过一段时间，王俊林的心情安定下来了，他便把王氏家族的一切产业全部交出来，让王俊林打理。这样，既遵循了王家祖训，又可以让王俊林和余雅芳过上平静的日子。

一想起余雅芳，王俊财心里隐隐作痛。他清楚地记得，在床上躺了几天以后，余雅芳一下了床，立即踉踉跄跄地奔出王府，跟赵璇滢一起到处奔波，什么话都不说，什么事都肯做，完全把自己当成了一台机器，没有思维，只知道不停地运转。她是用做事减轻对王俊林的担心呢。王俊财明白这一点，长长地叹了一口气。那个时候，他已经打定主意，决不能再让余雅芳如此担心堂弟。眼下，目标即将达成，他很是安慰。

余雅芳像以前一样，一大早出了门，晚上才回来。进入卧室，毫无征兆地看到了丈夫，她浑身一抖，人一下子靠在门边，再也挪不了脚，呆呆地望着他，眼泪情不自禁地掉了下来。

王俊林赶快奔过去，轻轻拭去夫人的泪水，说道："别哭，我不是回来了吗？今后再也不会跟你分开了。"

"真的是你？"余雅芳嘴唇哆嗦，问道。

"是我，傻丫头，不是我是谁呢？"王俊林搀扶着她，慢慢地朝桌边走去。

余雅芳微微仰起头，凝视着丈夫。她已经深切地感受到了丈夫的心跳、丈夫的气息。不错，丈夫真真切切地回来了自己身边！她再也抑制不住自己，扑进丈夫怀里，一边失声痛哭，一边说："我以为我再也见不到你了呢，你去哪里了？怎么一点音讯都没有？"

王俊林明白，余瑞祥和王俊财都向夫人隐瞒了自己被押回武汉受审的消息。他可以继续隐瞒吗？不能！他不能这么不要脸，这么无耻，一接触夫人无助的目光，他心里一颤，慢慢说出了自己的遭遇。

天哪，丈夫当初跟二哥打仗的时候，不是很有一股子拼命三郎的架势，不把二哥杀死绝不罢休吗？怎么一跟日本鬼子干上了，就失去了勇气，把一个好端端的马当要塞拱手送给了日本人呢？她很想大声质问丈夫，又开不了口。

"三弟呢，他在哪儿？"余雅芳突然问道。

"他还在监狱。"王俊林不敢看夫人的眼神，心里涌起了一种羞愧的感觉。

余雅芳愣了好一会儿，腾地站起身，匆忙收拾了一些东西，准备出门。

"你要干什么？"王俊林问道。

"我看三弟去。"余雅芳继续朝外面走去。

"半夜三更，到哪里看你三弟去？"王俊林连忙拦住她。

余雅芳软软地坐在椅子上，双目无光，哪儿也不看。她一直苦苦期盼得到丈夫和三弟的准确消息，可是，没人告诉她。如今，丈夫回来了，情况竟是如此不堪，一时间，她真的难以面对。她了解丈夫，了解三弟，很有些担心三弟是为了替丈夫顶罪，才被关在监狱没放出来，她要探求真相。

第二天一早，余雅芳简单地洗漱了一下，带上一个丫鬟，拿着昨夜收拾的东西，去了武昌。

到了军法处，余雅芳要求会见余瑞华。很快，军军法处的人带出了余瑞华的话：

“我没脸见人，虽说军法处不判我的刑，我也是一个有罪的人，我要在监狱里待下去，好好反思我的罪过。”

三弟原来没有被判刑，不是替王俊林顶罪，余雅芳略略放了心。想了想，她决计回去余府跟大哥商量，看怎样能让三弟自动走出来。

余瑞光不在家，去了纱厂。

因为前线的战事越来越紧，余瑞光、王俊财、赵承彦共同出面，召集武汉三镇的商会头面人物开会研究决定，自即日起，动员所有的厂家正式搬迁。

这时候，不仅汉阳铁厂、汉阳兵工厂这类极为重要的工厂正在陆续拆卸机器设备，准备运往四川、湘西、陕西、广西、云南等地，而且许多军队来回频繁调动，甚至连政府工作人员和大批准备逃离武汉的民众也要向后方转移，长江的航运极为繁忙，运力也很有限。他们打算一边向运输部门提交运输报告，请求他们的帮助，一边自己行动起来，利用王氏家族拥有的几艘木船以及王俊喜的几艘小火轮，沿长江向重庆方向迁移。余记纱厂在第一批搬迁的行列。

余瑞光一直在纱厂里督促工人们一边加紧生产，一边拆卸部分设备，准备分步将纱厂转移到重庆。他很希望儿子余立能够帮助自己，可是，余立从武汉大学毕业以后，连家门都没进，直接到兰州的空军基地接受训练去了。夫人倒是很想帮助他，府上总有一些事情要处理，脱不开身。

“唉，日子一天比一天难过了。”大嫂一看到余雅芳，诉苦叹息道。

余雅芳心里有事，心不在焉地应付道：“嗯，嗯！”

这个小姑子，以前不是这样啊！大嫂知道她一定是有心事，想问，可又问不出口。

“大嫂，三弟已经回来了，你去看过他吗？”余雅芳终于问道。

余瑞光夫人不仅早就知道三弟回来了，而且还亲眼看到过三弟。当时，她和丈夫一块来到设立在司门口的献金台，分别将一些银圆和首饰塞进了捐款箱，正打算离开的时候，眼睛无意中朝远处扫了一下，只见两个人被五花大绑着，在几个兵士的护送下，朝阅马场方向走去。她和丈夫都很吃惊，仔细望去，赫然认出那两个人正是王俊林和余瑞华。

他们本能地奔下平台，朝两个人犯奔去。

人犯和解压人犯的兵士似乎都被眼前的景象吸引了，谁都没有挪动脚步。甚至那几个兵士凑在一块，掏出了身上仅有的一点毛票子，交给一个兵士，让他上平台捐款去，这才预备重新启程。

“俊林，三弟，你们这是犯了什么罪？”余瑞光夫妇人还没有到达他们身边，急切的声音便传了过去。

余瑞华根本不理睬他们，迈步就走。

“告诉我的堂兄，你们要想办法救救我，我不是故意的，我也是为了好好地打击日本人呀！”王俊林说道。

余瑞光回到府上，立即打电话把自己看到的听到的一切都告诉了王俊财。两人合计一番，分别为营救王俊林和余瑞华而奔波了。余瑞光不能完全丢下纱厂的事情不管，只能在纱厂和能够拯救三弟的国民政府军政要员家里来回奔忙，几乎打从看到余瑞华的那一刻起，便没有好好休息过。

“他不要我们看他。”余瑞光夫人说道。

“可是，我们应该想办法去看他，劝他出来呀。军法处都说他没有罪，他还待在那里干什么呢？”余雅芳说着说着，眼圈又红了。

“他没罪？真是谢天谢地。我就知道，他是那么刚强的一个人，怎么会有罪呢？”余瑞光夫人兴高采烈地说道，马上准备差了下人，去纱厂把余瑞光找回来，一块去接三弟回府。

余雅芳不愿意等，跟着下人一道，心急火燎地去了纱厂。

见到了余瑞光，余雅芳把王俊林怎么回到了王府，说了一些什么，自己又怎么去见余瑞华的经过说了一遍。最后，她说道：“大哥，我们一块去，一定要把三弟接出来。他不能这么埋怨自己，糟蹋自己呀。”

余瑞光略嘘一口气，说道：“三弟那脾气，整个一犟驴，我真是怕了他。既然他已经没事了，你不要为他担心。你如果一定要他出来，我是不行的了，你恐怕只有去请你二哥，他会有办法的。”

他着实被三弟的行为搞得没了脾气，没了章法。他早已打听清楚了，马当失守，三弟根本不负任何责任，一切都是王俊林造成的，但三弟硬要把一切罪过全都扛到自己身上，不愿意跟亲人见面。须知余瑞光不能为了你余瑞华一个人烦心，余府的纱厂要搬迁，还有武昌其他的厂家搬迁，也需要自己帮助联络或者处理，哪能把一切精力都放在你这头犟驴身上！

纱厂拆迁已经拉开了序幕，余府也得全部搬到重庆。他很想把二弟三弟都找回余府，商量一下应该如何拜别余氏家族的列祖列宗、是否迁移父母亲的坟墓以及如何处理留在武汉的房产等等事情。可是，二弟整天忙得晕头转向，根本没时间跟他谈这个，三弟则躲在军法处不出来。连如此重要的事情都没法让兄弟们参与，他感到很无奈。

他甚至想到了大姐余梅芳。可惜的是，大姐已经走了，要不然，大姐以及大姐夫还能帮自己分一些忧。

余雅芳下意识地看着大哥，发现大哥的面容越发憔悴苍老，心头也是一阵感伤。她再也不愿意打扰大哥，便回去了汉口。

王俊林正躺在床上，双眼看着天花板出神，似乎忽然想出了一个好主意，脸上露出了一抹笑意。一见夫人进屋了，他说道："夫人，你一直跟二嫂一道到处开展救亡活动，跟蒋夫人已经很熟悉了，你得帮一帮我。"

余雅芳问道："我能帮你什么？"

"我一直待在屋子里，心都快发霉了。我在前方风餐露宿，跟小鬼子拼命，饭吃不好，觉睡不好，出了一点事，就把我给撸了。他们呢？看看他们，这些国民政府的高官们，却在武汉继续灯红酒绿，吃香的喝辣的，花天酒地，似乎战争跟他们毫不沾边。"

余雅芳实在恼火，没等丈夫说完，平生第一次打断了他的话头："我没有看到你说的这种境况，我跟二嫂经常会碰上一些国民政府的军政要员。我看到的是，所有的人都在为抗战做自己能够做的事。你已经错了，应该好好反省你的错误，说那些不相干的事干什么呢？"

王俊林一愣，但没有理会夫人对自己的态度，说道："我还有军职的时候，家里成天人来人往，现在门可罗雀了。男子汉大丈夫，真是一天也不可以没权啊！夫人，请你在见到蒋夫人的时候，衷心地向她表达我的悔恨之意，希望她能够跟蒋委员长吹吹枕头风。这样，我或许还可以东山再起。"

余雅芳认真地打量着丈夫，说道："你跟三弟一块出去打仗，三弟还在军法处的监狱里，你已经出来了，还说这个干什么呢？大哥不是希望你好好休息一阵子，然后把王氏家族的产业全部转交给你吗？"

"我不是经商的料，天生该是一名军人。再说，家族产业不是有你和大哥吗，还要我干什么？我在军界混了大半辈子，怎么离得开呢？"

余雅芳本就为丈夫没有反省自己感到不满，如今一听丈夫竟然一再要她觍颜去求蒋夫人，心头不觉腾地蹿起一团怒火，恨不得狠狠地痛骂丈夫一顿。可一见他那副憔悴的样子，她没法发泄心里的怒火，只有不理睬丈夫。

王俊林泡蘑菇的战术运用得精妙，一再在夫人耳边说个不停。

几天以后，王俊财觉得不能让王俊林继续闷在家里，应该让他出来熟悉一下家族的产业，便过来跟他说这事。谁知刚一开了头，立马被王俊林拦住了。

王俊林说道："蒋委员长解了我的职，是要我好好反省一下，我相信，蒋委员长一定还会启用我的。"

"要不是王氏家族的势力太过庞大，在国难当头的时候，蒋介石还需要借助王氏家族，你王俊林的小命早就没了。他会启用你？"王俊财心里很不爽，暗自嘀咕道。

不过，王俊财不能公开向王俊林泼凉水，顿了好一会儿，说道："那好，我们先等等看吧！"

说完，王俊财举步准备走出去。

王俊林赶紧把他拦下来了，直言不讳地说道："大哥，我知道，你一定有办法跟蒋委员长身边的人沟通联系。"

"你太把我当成人物了，我只是一个商人，跟他们谁都不熟悉，说不上话！"王俊财略微顿了一下，又说，"不过，你如果需要钱，想拿多少，你可以拿走多少。"

王俊林的路已经走到了尽头吗？不，不到最后关头，永远不要说已到尽头，夫人不愿意帮忙，王俊财不愿意使劲，自己还是要试一试，只要见到了蒋夫人，自然会有办法让她同情自己，为自己说话。蒋夫人是女人，王俊林有的是办法从女人身上得到自己想要的东西。

这几天，余雅芳仍然跟赵璇滢一道到处奔波。赵璇滢已经知道王俊林出来了，曾经关切地询问过余雅芳他现在的精神状况。但是，余雅芳没有回答，反而把余瑞华的事告诉了她，央求她一块去把三弟接出来。

"你不必担心，等他想通了，自然会出来的。"赵璇滢说道。

在二嫂那儿碰了壁，余雅芳还是不死心。第二天一起床，她洗漱完毕，马上去日租界中街89号，见到了二哥，说明了来意。

余瑞祥说道："三弟既然没事了，军法处自然会有办法让他出来。"

"三弟听你的，但凡有其他办法，我也不会来找你。"余雅芳说道。

审讯已经结束，军法处的人其实完全可以把三弟驱逐出去，或者采取什么别的办法，不要听凭三弟这么胡闹下去，但他们并没有采取任何措施。余瑞祥敏锐地意识到，这里面一定存在某种自己一时还摸不清楚的内幕。

他不能不对此心存警惕，虽说国共合作，国民党的军队与共产党的军队相互配合，都在战场上打击敌人了，可是，国民党离间限制共产党人的活动，从来没有停止过，甚至已经到了公开的程度。

共产党人为了抗战到底，把所有的流亡青年都组织起来，积极支持各种抗日救亡团体以及抗日救亡活动。蒋介石竟然下令取消了与共产党人有着密切关系的几个抗日救亡团体。余瑞祥本来已经跟长江局的几位重要领导人商量好了，准备予以有力反击，但日本人全面拉开了向武汉外围展开攻击的架势，抗战已经到了非常关键的关头，为了不因为这件事跟国民党发生太大的矛盾，共产党人不得不取消了反击活动，只是在《新华日报》上公开谴责了这一行径，并且号召全国民众更加团结，以便抵御日本人的侵略，把日本人挡在武汉的外围。

为此，他不能去劝说三弟，不过，也不能任由三弟一直待在军法处自虐。

沉吟了好一阵子，他对妹妹说道："你去告诉三弟，是我委托你去质问他：一个经过审判，并且被判定为没有罪的人，继续待在军法处，到底是为了赎罪，还是要以此为由头，达到宣传自己突出自己的目的？何况，中路的日本人已经打到了黄梅，正要向广济展开攻击，全国上下，无论军民，都在为全力挡住日本人的攻击积极工作，你躲在军法处，到底意欲何为？"

余雅芳又来到军法处，说道："我今天不想见到余瑞华，只希望你们把我的话转告给他：他到底还要在军法处待到什么时候？全国军民都在为抗战贡献自己的力量，难道他躲在军法处就可以逃避自己的责任吗？或者，他是因为自己在马当做了一些事情，受了一些委屈，想要军事委员会给予他什么样的说法？"

说完，余雅芳扭头就走，出了军法处，她一直站在门口，等待三弟出来。

很快，她听到了一阵略有点漂浮的脚步声，心头一阵惊喜，连忙转过面来，果然看到一个面色消瘦、头发蓬乱、胡子拉碴的人走向自己。

"二姐！"那人已经走到了她的跟前，轻轻地叫了一声。

"三弟？"余雅芳眼睛一热，泪水婆娑，泪眼蒙眬，打量着已经完全改变了外形的弟弟，心里一阵阵生疼。

三弟说道："对不起，二姐，我没用，让你担心了。"

"不，我知道，你一向很稳重，你不可能出错，犯错的人一定是你姐夫，是不是？"因为激动，余雅芳战战兢兢地说道。

这两天，她终于听到了一些有关马当之战的传言，大多是说丈夫在那儿搞了一个战地抗日军政学校，召集所有指挥官喝酒，给了日本人可乘之机，之后又见了日本人就躲，致使马当被日本人迅速攻占。丈夫说的可不是这样，一时间，她都不知道自己该相信谁。丈夫如果真像传说中的不堪，那比拿刀割她的肉还要令她生疼。因此，她希望从三弟那儿搞清真实情况。

余瑞华不会告诉二姐实情。他知道在二姐的眼里，王俊林是一个好丈夫，是她的希望与未来。他不能破坏了王俊林在二姐心目中的形象和地位，那样，无疑会活活地要了二姐的命，他只有把一切责任全部扛在自己的肩上。

那个时候，部队全部撤离了马当一线。军事委员会下达了命令，要求宪兵把王俊林递解回汉，接受审查。余瑞华感到有负国家和民众的重托，命令手下把自己捆起来了，也跟着一块回去武汉。

在路上，王俊林感到末日即将来临。他不想死，无论怎么样，他都愿意活着，哪怕屈辱地活着，也比轰轰烈烈地死亡要好得多。何况，这一次是屈辱地死，他更不愿意。想来想去，他对小舅子说道："这次，我们的小命怕是保不住了。我打败了，没有什么好说的，死是我罪有应得。可是，你二姐怎么受得了？我真的希望自己没有做出那些蠢事！"

二姐夫的意思已经再明白不过了，余瑞华更加鄙视他。可是，无论王俊林怎么卑鄙，也是二姐最心爱的人，为了二姐，余瑞华还是要救下王俊林。

于是，余瑞华把所有的责任都揽在自己肩上。

日寇从自己手里占领了攻击武汉的前进出发阵地，余瑞华只愿求死。唯有死，他才觉得是一种解脱一种彻底的赎罪。可是，他竟然没有死，不管他说什么，都没有改变他可以不死的理由。他很失望，在王俊林被放出来的时候，他只有继续在军法处待下去。他一心求死，如果不是二姐的那一番话，他绝不会醒悟过来。他知道，那不是二姐说的，是二哥说的。他不能自怨自艾，既然军法处已经说自己没罪，可以回去部队继续带兵，自己为什么要拒绝这个机会？自己要赶紧回到部队，把部队训练成一支钢铁劲旅，跟日本人好好打下去。不把日本人赶走，自己绝不能先死。

余瑞华走出牢门之际接到消息：蒋委员长要他去军事委员会，准备单独召见他。

他没有时间回答二姐的任何问题，说道："二姐，你先回汉口去吧，我要去军事委员会，蒋委员长要召见我。"

"我跟你一块去。"余雅芳心里涌起了一种不祥的预感，说道。

余瑞华微微一笑，说道："你回去吧。军法处告诉我，军事委员会要我回去部队，把部队带好。蒋委员长召见我，也许是为了这件事。"

然而，余雅芳还是不放心，跟着三弟，一直走到距离军事委员会大门口不远处。三弟进去了，她在那儿停下来，耐心地等候。直到日头快要当顶的时候，三弟终于走出来了。她欣喜若狂，奓着双手，好像鸟儿拍打翅膀一样，飞跑过去。

"二姐，你怎么还在这里等着呀？"余瑞华说道。

余雅芳一愣。她脸色红扑扑的，说道：“三弟，二姐很想知道你们到底是怎么打的仗。”

二姐的目光很复杂，既渴望了解内情，又似乎在刻意回避内情。余瑞华心里微微叹息一声，说道：“我辜负了所有的人，一切都是我的错。”

“三弟，我知道你是什么样的人，怎么会是你的错呢？”余雅芳说道。

“二姐，你没有打过仗，有的时候，急于求胜，反而会被敌人抓住机会。”余瑞华果然地掐断了话头，说道，“好啦，我的部队在武昌休整，我要赶紧回到部队去，不能送你回汉口了。二姐，你保重身体。”

余雅芳饶是心里堆积了许多疑问，再也问不出口了，只得告别三弟，准备先回去余府，把三弟已经恢复职务的好消息告诉给大哥大嫂，让他们好安心上路。

大哥还是不在家。大嫂正指挥下人们清理物品，打包装箱，家里乱成了一团。余雅芳一见大嫂，高兴地说道：“大嫂，三弟已经出来了，回部队去了。”

突然，空中响起了凄厉的防空警报声。

自从敌机第一次空袭武汉以后，余瑞华在余府选择了一块地方，修了一个小型防空洞，足够余府一家老小以及下人们全部躲进去。

余瑞光夫人急急忙忙带了余雅芳，在丫鬟的簇拥下，奔向了防空洞。其他的下人陆续进入以后，给洞门上了闩。这时候，大门忽然被人敲得砰砰作响。一个下人赶紧打开门闩，是余瑞光回府了。

第一声防空警报拉响的时候，余瑞光已经离开了纱厂，快要走到余府了。

躲进了防空洞，看到二妹，余瑞光马上想起自己回余府的目的。

纱厂的大部分纱锭以及纺纱机器已经拆卸完毕，而且装好了箱，跟王俊财、王俊喜兄弟两人联系妥当，明天一早开始装船，后天便可以开赴重庆。他要告诉夫人，尽快做好上路的准备。

余瑞光对余雅芳说道：“二妹，你回去汉口，告诉你二哥二嫂，我们明天准备向父母亲以及列祖列宗的灵牌告别，最好让他们都回来参加一下。”

余雅芳回到王府的时候，王俊林仍然躺在床上思考怎么与蒋夫人拉上关系。他说道：“你又去看瑞华了吗？他这头犟驴，有什么好看的！”

“犟驴已经出来了，还受到了蒋委员长的接见，已经回去部队了。”余雅芳很不高兴地说道。

王俊林呼啦啦一下子坐直了，目不转睛地瞪着夫人，似乎在权衡夫人到底说的是真是假。过了好一会儿，他终于说道：“好，真是一个好兆头。只要瑞华回去了部队，我也一定能够回去部队。”

“你怎么还想着回部队？堂哥不是希望你接管家族的产业吗？”

“我不是做生意的料。瑞华的罪名比我还重，他回去部队了，我为什么不能回去？唉，我为什么一听到可以回去的话，立马跑出来了呢？”

余雅芳的心掉入了谷底。她痛苦地闭上眼睛，心里泛起无边的痛苦和懊恼。难道一直要面对这样的丈夫吗？不，她再也不愿意面对他了，她得离开王府，离开丈夫一段时间。她的心里突然产生了这样一种冲动，而且这种念头越来越强烈，催促她很快做出决定：我要上战场，替丈夫赎罪，替自己减轻一些痛苦。

她轻轻地嘘了一口气，说道：“我已经决定了，我要去战场。”

王俊林大吃一惊：“你要去战场？你能去战场做什么？”

“我要带一个战地服务团去战场，跟他们一道救治伤员，为抗战将士运送粮食和弹药，帮助抗战将士挖掘战壕。”余雅芳说道，声音不徐不疾。

王俊林蒙了，急切地抓住夫人的手，说道：“你知道什么是战场吗？那完全是一台巨大的绞肉机，一个巨大的杀人场，子弹在四处嗖嗖乱飞，炮弹不断落到身边，天空中还有飞机轰炸，江面上还有军舰炮击，到处都开动着一台台杀人的机器，要杀死你，绞死你。你怎么能去战场？”

余雅芳用力地抽出了自己的手，坚定而又冷静地说道：“明天，我会跟二嫂说，后天，我就可以去战场亲眼看一看你说的绞肉机长的什么样。”

夫人真是疯了！王俊林在心里说道。他瞪着夫人，许多话争先恐后，都想冲出口腔，但挤挤撞撞，一个字也出不来。他的脑子里忽然灵光一闪，冒出了一个惊人的念头：为什么不能利用夫人去战地的事情做文章，让自己重新得到蒋委员长的信任，像余瑞华一样，恢复原来的职务呢？

不，不能啊，子弹不长眼，炮弹更加危险，飞机更是索命的无常，不能因为自己让夫人冒险。可是，夫人心意已决，看起来九头牛也拉不回来了，为什么不能让夫人为自己做一点事情呢？

踌躇了好一会儿，王俊林说道：“你要去战场，我不拦你。不过，你要对外面的人说，你是受了我的影响，代替我走上战场的。”

余雅芳眼睛眯成一道缝，盯着丈夫。

王俊林说道：“夫人，你只要说那么一句话，我就得到了解脱。你难道要眼睁睁地看着你丈夫郁郁而死吗？”

“你难道能眼睁睁地利用你夫人而不觉羞愧吗？”余雅芳问道。

第二天一大早，余雅芳来到了八路军办事处，见到了二哥二嫂，说出了自己的想法，并把大哥对自己说的那些话全都告诉了他们。

赵璇滢兴奋地说道：“我早就知道，你一定会走上战场的。很好，我已经把一批强烈要求去战场的抗日救亡青年组织起来，编成了一个战地服务团，马上要出发了。我把他们交给你了。”

“去了前线，你不仅要注意自身的安全，还要注意团体的安危。要多听一听前线将士的呼声，他们具有丰富的战斗经验。”余瑞祥说道。

等到二哥二嫂交代完了，余雅芳提醒道：“大哥要把父母的灵位迁去重庆，希望你们一块回府参加告别仪式，可别忘了。”

余瑞祥和赵璇滢相互对视了一眼，说道：“我们实在很忙，今天肯定回不去。明天一大早，你二嫂看能不能抽出时间到码头上去为他们送行。”

余雅芳希望劝说三弟回去余府，也没有成功，心里郁闷。

她回到余府的时候，下人都在余瑞光的支使下忙碌不堪。

道士在整个院落里摆开了一个很大的道场，吹吹打打，喊喊唱唱，忙得不亦乐乎。来宾有的围观，有的坐在一块说话，还有的帮着余瑞光夫妇干点活。

余雅芳一看到这么多人，心情顿时好了许多。眼睛一转，看到了大嫂，她想朝大嫂跟前走去。突然，王俊喜出现在她面前。

王俊喜说道：“怎么只有你一个人？即使余瑞祥、赵璇滢、余瑞华来不了，王俊林没有什么事做，他应该过来呀。”

余雅芳的情绪立即一落千丈。

赵承博挤了过来，数落王俊喜：“你这个人太不上道了，怎么当得好一帮之主呀。道士已经把灵位取出来了，我们快点向世伯他们叩头去吧。”

不由分说，赵承博一把拉着王俊喜，两人同时跪倒在一排排灵位面前。

一个手执引魂幡的道士不住地围着灵位唱着，一边唱，一边慢慢地挥动着引魂幡，朝着灵位点来点去。其他的道士一边敲着鼓打着锣，一边跟在后面附和。道士每唱一句，跪倒在地的人就叩一阵头。

余雅芳赶紧跪倒在地，跟着叩起头来了。有人朝她递过来一个什么东西，她本能地接过来一看，是一块白色的布巾。她朝那人望去，竟然是大嫂，只见大嫂的头上正搭着一块白色的布巾。她马上把白巾也搭在了头上。

“他们都是大忙人，都在操心国家的事，列祖列宗是不会怪他们没来送行的。”大嫂轻声说，“其实，你大哥太拘泥了，非要请他们回来干什么？”

余雅芳喉管一热，轻声说道：“二嫂明天早晨会到江边为你们送行。”

姑嫂二人忽然觉得跪倒在地的人都起来了，连忙跟着也起身，只见道士已经把灵位全部收拢，排列在一起，郑重其事地交给了余瑞光。余瑞光双手捧着，往准备好的一个箱笼里面放去。锣鼓声已经停息了，只有鞭炮声依旧在不断响起。

余雅芳禁不住心里有些发酸，眼睛红红的，说道：“真的要离开了？”

赵承彦安慰似的说道：“余世兄只不过是早走一步，负责跟那边接洽，随后，我们都会到重庆去跟余世兄会合的。”

“是啊，眼下大家都在，都能来余府为世伯他们送行，已经很不错了，以后我们王府、赵府离开的时候，肯定不会有这么热闹了。”王俊喜说道。

“都是小日本害的！我要是有姐夫的本事，绝不当缩头乌龟，早跑到前线去跟小日本干起来了！”赵承博愤恨地说道。

王俊财说道：“唉，子孙无能，害得列祖列宗在地下都不安稳！”

“余世兄明天就要出发了，还是说一点好听的话吧。”赵承彦说道。

他们转换话题，憧憬未来，慷慨激昂的情绪渐渐涌了上来，竟然越说越高兴，似乎他们这一次只不过是短暂的分别，很快又会重新相聚。

第二天一大早，所有在余府留宿的人都起了床，吃过早饭，一个接一个地从灵位面前经过，跪下去，叩完头，缓缓地离开。余瑞光准备亲手提起箱笼走出余府。一个人急急忙忙地赶了过来，跪倒在灵位面前，砰砰砰，接连叩了三个响头。

“二嫂！”余雅芳激动地喊叫道。

“幸好没有耽误送列祖列宗最后一程。”赵璇滢说道。

“你不要这么说，你们在干大事，列祖列宗心里明白。”大嫂说道。

余瑞光捧起箱笼，走在最前面，径直朝码头进发。余雅芳、大嫂、赵璇滢紧紧地跟在余瑞光后面，她们的身后是王俊财、王俊喜、赵承彦、赵承博等亲朋好友以及其他前来送行的人。下人和丫鬟簇拥在他们两边，迤逦走向码头。

路面已经被王俊喜的帮众控制起来了，一路上几乎没有任何阻碍，很快，一行人来到码头。

余瑞光上了船，把箱笼安放好之后，跟着送行的人一道，到每条船上去查看。装载纱锭和机器的船只上，同样装载了许多工人。所有的船只都查看过了，王俊财、王俊喜、赵承彦、赵承博、赵璇滢、余雅芳等人陆续走下了船只，跟余瑞光夫妇道别。

船即将开了。突然，空中响起了凄厉的防空警报。赵璇滢心头一凛，赶紧猛烈地挥动着手臂，吆喝着船只快点散开。

余瑞光倒很镇定，微笑着向赵璇滢和送行的人挥了一下手。

“王世兄，哥，我们也得快点离开。”赵璇滢看到大部分船只已经驶入江心，余瑞光所在的那条船也已经驶离码头，说道。

众人正要起步，天空中传来了敌机的轰鸣声。他们呆了，一齐望向天空。

敌机已经飞了过来，一个俯冲，朝余瑞光乘坐的船上扔下几枚炸弹，一声接一声爆炸之后，船上冒出了浓烟，传出了一声声撕心裂肺的叫喊声。

赵璇滢隐约看到余瑞光冲进了船舱，心头涌起一种不祥的预感，声嘶力竭地喊叫着。王俊财、王俊喜、赵承彦、赵承博也都慌乱起来了，顾不得自己正处在敌机轰炸的危险之中，大声询问船上的情况，但没有人回应。余雅芳跟在二嫂身后，一样声嘶力竭，泪水好像断线的珍珠般往下掉落。这时候，天空中一下子出现了好几架敌机，敌机疯狗一样地追着船只，猛烈地投掷炸弹，爆炸声把整个江面摇得哗啦啦乱颤。

“个斑马的日本人！狗日的日本人！天杀的王八蛋！老子要把你们这些东洋杂种全部杀死！”王俊喜指着天空骂道。

很快，敌机飞走了，不过，不是被王俊喜骂走的，而是被中国空军赶走的。

余瑞光所乘的那条船只在江中不断地转着圈。在逐渐飘散的硝烟下，他们隐约看到，余瑞光正抱着一具尸体，走上了甲板。他神情麻木，痴痴呆呆，他们的心好像被什么东西重重地击打了一下，一个个差点跌倒在地。

第十四章

砥柱中流

余瑞祥不能回余府向父母以及列祖列宗的灵位告别，是因为他要在这一天离开武汉，前往南方各省区指导共产党组织的工作。

这段日子，长江局经常接到报告：一些地方党组织要么仍然沿袭土地革命时期的政策，提出了一些跟统一战线不合拍的口号，给实际工作造成了很大的被动；要么一切都听从国民党当局的命令，失去了独立自主的原则。

按照长江局书记王明的说法，沿袭土地革命时期的政策，是彻头彻尾的错误，听从国民党当局的命令，才是符合抗日总体目标的。因而，他极力主张严厉地惩处前者，支持后者。可是，长江局运转至今，在深关抗日统一战线的重大问题上，经常与中共中央发生偏差，引起了其他各位领导人的深深担忧。他们再也不愿意听任王明继续我行我素，一致要求按照中央的精神处理。王明没有办法，只好决定派遣一位深孚众望的人物前去处理。

这时候，新四军内部也存在着一些问题。因为军长叶挺早已脱党，副军长项英以组织原则为由，经常与叶挺发生摩擦，叶挺好几次都要撂挑子走人，因而，必须有人前去新四军调解叶挺与项英的矛盾。还有第四支队的高敬亭，本来对国共合作想不通，不愿意离开七里坪，向安徽推进，经组织反复做工作，勉强率部启程了，在部队应该进入何处、怎么抗日等重大问题上，与新四军军部发生龃龉，经常不服从命令。

到新四军去做工作，不熟悉新四军领导人，没有赢得新四军将领衷心拥戴，显然是完不成调解任务的。余瑞祥成了不二人选。

余瑞祥带着一名警卫员和几位工作人员一路步行前往。

按照计划，余瑞祥首先找到了各地的党组织，了解清楚了各个党组织的近况，向他们不厌其烦地解释了党中央统一战线政策的实质内容，纠正了他们在实际工作中出现的偏差。随后，他来到了新四军军部，分别见到了叶挺和项英，摸清了他们的想法，对项英的许多做法做了善意的批评和提醒，也对叶挺的工作给予了肯定，让新四军两位主要领导人之间的关系融洽了许多。紧接着，他马不停蹄地奔向江北，来到了第四支队营地，找到了高敬亭，几番交谈，让高敬亭愉快地服从命令，将部队开往新四军军部指定的位置。

此时，鉴于武汉保卫战的外围作战已经打得如火如荼，国民党正面战场亟须共产党新四军的配合，余瑞祥提出了新四军应该在敌后积极展开活动，大力牵制敌人的计划，交由叶挺和项英执行。

处理完这一切，不觉一个月快要过去了，余瑞祥启程赶回武汉，途中，他决定到战斗最激烈的庐山一带去看一看虚实。

庐山一带国民党军的战场指挥官是薛岳。此人在北伐的时候，曾是余瑞祥手下，此时担任第九战区第二兵团总司令。得到余瑞祥前来防区的消息，薛岳马上把麾下各路将军召集起来，列队排在指挥部的两边迎候。

薛岳的指挥部，设在当年南昌起义的指挥部里。一进去，余瑞祥不由得触景生情，感慨万端，真有一种恍如隔世的感觉。

日本人撞进马当要塞、攻陷湖口以后，马不停蹄地夺取了九江。紧接着，日寇在姑塘登陆，其地面部队在海军、空军的配合下，向庐山展开了猛烈的攻击。防守庐山的国民党军经过一阵短暂的溃逃以后，薛岳接连枪毙了几个惊慌失措的师长、团长，稳定了军心，把摇摇欲坠的阵线给稳固下来了，先后在金官桥一线、岷山、星德公路一线跟日寇展开了反复的拼杀。后来，因为星子被日寇占领，金官桥一线的侧翼受到了威胁，再加上敌人继续增兵侵犯瑞昌，攻占了瑞昌，薛岳所部的另一侧翼同样暴露在敌人的直接攻击之下，薛岳不得不命令部队向黄老门一线阵地撤退。日寇攻势凌厉，很快攻至阵地前面。这时候，薛岳赫然发现，后面的乌石门一线，竟然是一个天然的反八字阵地，犹如一把锋利的剪刀，只要敌人敢冲进来，无论多少人马，都会被剪成稀烂。薛岳立即调整部署，将十几万人马撤向乌石门一线，打造好了剪刀，磨好了刀口，只等敌人飞蛾扑火，咔嚓咔嚓把它剪成齑粉。

“余长官乃当世军事奇才，今天光临第二兵团司令部，薛某深感荣幸之至。可惜身处战地，无法找到美酒佳肴，为余长官接风洗尘，特请余长官海涵！”宴席准备好了，薛岳起身说道。

“薛将军太客气了！你我都是军人，一切以抗日为要！”余瑞祥说道。

“余长官总是快人快语，令人感佩！薛某有个不情之请，明天可否到薛某布设的阵地看一看？有余长官亲自指教，我相信，定当杀得东洋鬼子魂飞魄散！”

“薛将军有要求，余某敢不遵命。”余瑞祥微微一笑，说道。

第二天，薛岳亲自陪同余瑞祥，带了一个小型车队，飞快地奔向战地。国民党军队仍在跟日寇进行战斗，老远就可以听到枪战声，不过，并不激烈。

薛岳脸上浮现出几分得意的神色，说道：“自从薛某把部队部署在乌石门一线，日本人识得厉害，再也不敢展开疯狂的攻击。我军可以趁机好好休整，养精蓄锐，只等日寇师老无功，突然发起凌厉一击，一举歼灭！”

很快，他们到达了乌石门阵线。站在一个突起的山包上，余瑞祥朝四周一望，果然发现打从自己所占的位置，向两边各摆开了一道起伏不定的山峦，犹如一把张开的剪刀，任何撞进来的东西，都逃不过被剪的命运。

薛岳颇有点沾沾自喜地说道："余长官，请不吝指教。"

余瑞祥说道："薛将军如此胸有成竹，余某岂敢指教？不过，薛将军，可否把你的军事形势地图拿出来，我们当场研讨一番？"

作战参谋打开了一幅巨型地图，放在一块稍微平坦的地方。

仔细探究了好一会儿，余瑞祥郑重其事地说道："综观整个战场形势，薛将军的部署固然不错，可是，薛将军，阵地再好，其实都只能在一定的条件下发挥作用。"

薛岳惊讶地问道："余长官，你是不是看出了什么问题？"

余瑞祥说道："单就阵地部署来看，似乎没有问题。可是，如果敌人绕开了阵地，插向其后侧，这道阵地不仅会失去效用，甚至还会造成致命的危险。"

薛岳小心谨慎地看了一遍地图，抬起眼，看着余瑞祥。

余瑞祥说道："日寇第二十七师团已在庐山山麓集合完毕，如果该师团加入到日寇第一〇六师团的行列，和该师团一道向德安方向展开攻击，一举攻陷了德安，然后以三个师团的兵力向咸宁方向发展攻击，以一个师团的兵力部署在修水北岸，防备你的大军对其进行攻击。那么，你这道阵地还有用吗？"

薛岳急切地说道："余长官，请你指教。"

余瑞祥说道："我军武器装备不如日寇，不利用有利阵地重创敌人，实在非常可惜。要想打破敌人的图谋，你必须牵着敌人的鼻子走，首先把日寇第二十七师团的注意力引向其他方向。"

薛岳想了想，说道："薛某愚鲁，请余长官赐教。"

余瑞祥说道："把日寇第二十七师团的攻击方向引向瑞昌，敌人将很难绕开这道反八字阵地；即使敌人绕开了这道阵地，也会很快被我军发觉，在这道阵地附近，可以另外创造一个战场。"

薛岳恍然大悟。瑞昌不在他薛岳的防御范围之内。薛岳决计跟张发奎部联络，一道加紧攻击瑞昌，逼迫日寇第二十七师团入彀。

这时候，日寇第一〇六师团出动一部分人马，向把守在白云山附近的中国军队发动了攻击。敌机嗡嗡叫着，一飞到战场，立马从屁股下面滚出一串串炸弹。

剧烈的爆炸声惊天动地，连余瑞祥所在的位置都受到了强烈震动。他下意识地举目望去，浓烈的烟雾朦胧了视线，只能隐约看到阵地上有人影在晃动。

余瑞祥心里一动，赶紧朝那儿走去，薛岳稍一迟疑，也跟着走了过去。突然，敌机在天空打了一个旋，飞了过来，径直地朝他们投下了几枚炸弹。

“卧倒！”余瑞祥一面大声吆喝，一面敏捷地趴倒在地。

一声接一声的爆炸过后，腾空而起的尘雾连成一片，把半个天空都遮蔽了，到处灰蒙蒙的，什么都看不清晰。余瑞祥耳朵嗡嗡作响，眼前一团模糊。他紧紧地闭上眼睛，过了片刻，睁开来，隐约看到有人影在身边晃动。他摆了一下头，挣扎着想站起来，忽然感觉到有一双手朝自己的身上探摸过来了。

那是一双柔软的手，从她的身上流露出一种熟悉的气息。余瑞祥禁不住心里一激荡，准备开口询问。

那人却先开了口：“这人还活着，快来人呀，把他抬走。”

余瑞祥惊喜地喊道：“雅芳！”

那双手不再动弹。余瑞祥比较清晰地看到：妹妹一脸惊讶地望着自己。

“你怎么到这里来了？”余瑞祥问道。

“二哥！”余雅芳抑制不住自己的情绪，扑进了余瑞祥的怀抱，哭叫起来。

余瑞祥说道：“让二哥看看，你是不是变成了一个坚强的战士。”

朝余雅芳身上打量了好几遍，余瑞祥称赞道：“很好，很有战士的风范！”

“余长官，想不到余团长竟然是你的妹妹，真令人心生敬意！”薛岳说道。

兄妹两人一同循着声音望去，只见薛岳以及随从人员都站在旁边，把他们紧紧地围住了。每个人的身上都布满了尘土，却很有精神，显然没有人受伤。

薛岳说道：“我做梦都没有想到，余团长竟是余长官的妹妹。余府就是余府，个个都是英雄。想当初，听说余瑞华师长带领一个团的人马，在马当前线跟日寇疯狂地拼命，迟迟得不到救兵，坚守了两天两夜，打出了我军的威风。真乃举世少见的英雄！”

余雅芳刚到九江的时候，恰逢日寇在姑塘登陆，朝庐山发动了猛烈的攻击。她赶紧带着百余人的战地服务团成员来到战斗第一线，哪里有战斗，就出现在哪里。好几次她都差点被子弹打中，可是，最后还是安然无恙。眼看着部队快要抵挡不住了，她勇敢地拿起枪，平生第一次扣动了扳机，把子弹打向了敌人。她是不是真的扣动扳机，真的打着了敌人，她自己也不知道。她的勇敢精神，激励着兵士勇敢地跟日军战斗下去。很快，她的名声传到了薛岳的耳朵。薛岳以为她是共产党人，把她请到指挥部，对她极力地夸赞了一番，希望她能够把战地服务团的共产党人全部留下来，激励士气。

“薛长官，我不是共产党人，我只不过是来战地服务的。”余雅芳说道。

“余小姐，请你不要拒绝我。现在，国共合作了，我们是一家人了，绝不会对共产党暗下杀手。我真的很希望你们共产党人能够帮助我。”

“等我回去武汉，会把你的请求转告给他们。”余雅芳说道。

薛岳以为，余雅芳是要跟上级共产党组织取得联系，得到明确答复以后，再决定是否把战地服务团里的共产党人留下。没想到，余雅芳竟然是余瑞祥的妹妹，也就是说，她是王俊林的夫人，真的不是共产党人。薛岳可以不为余雅芳不是共产党人感到遗憾，但实在很为她嫁给王俊林感到遗憾。王俊林是一个什么东西？无勇无谋、贪生怕死之辈，怎么配得到余雅芳这样的女人！

余雅芳生性警觉，一听薛岳的话，马上明白过来，马当一线的确是丈夫指挥不当造成的，三弟的确是为了王俊林才蒙受冤枉。她的心里顿时涌出一股难以言表的痛苦，但是，当着这么多人的面，她不能不忍住。

短暂的战斗停歇下来了，伤员得到了救治。战场勘察完毕，定下了新的计划，薛岳心满意足，陪伴余瑞祥，并邀请余雅芳一道去了南昌。

薛岳对余瑞祥说道：“当初，见到了令妹，我还以为她是共产党，希望她为我推荐一些共产党人过来，帮我激励士气，没想到令妹竟是王俊林军长的夫人，我真是有眼不识泰山。诚恳地希望余长官不要拒绝我的要求，以最快的速度派一些共产党人到我的部队来。”

余瑞祥笑道：“为了抗日，薛长官有需要，余某一定会为你办到。”

薛岳愈加高兴，立刻命令人马为余瑞祥兄妹大摆宴席。

即将离开南昌了，余瑞祥询问妹妹：“你能跟我一块回去武汉吗？”

余雅芳轻轻地叹息一声，说道：“二哥离开武汉很久了，这一次回去武汉，恐怕早已人物皆非了。”

看着妹妹伤感的样子，余瑞祥猛然想起临走以前夫人对自己说的话：“余雅芳这次去战场，其实是希望替王俊林赎罪。她一直认为马当失守是王俊林的责任。王俊林到了军法处接受审查，她很担心；王俊林被放出来了，她很伤感，为自己没有一个有担当的好丈夫感到遗憾。”

“是啊，日本人的野蛮入侵，把我们的国家我们的家庭都搞得面目全非了。”余瑞祥说道。

“我是说，”余雅芳稍微停顿了一下，说道，“二哥离开武汉的那天，我们都去码头为大哥大嫂送行，日本的飞机前来轰炸。大哥乘坐的船只已经离开了码头，还是被日本人的飞机打中了，大嫂不幸离开了人世。”

余瑞祥心头一震，看着妹妹，好一会儿都说不出一个字来。

“也许，我不应该告诉二哥这个消息。”停顿了一下，余雅芳的情绪振奋了一些。她继续说道：“二哥，我到战场上来，一开始是为了躲开王俊林，眼睁睁地看到大嫂死在面前，我多了一层心思，要为大嫂报仇。我做的事情虽说不如那些将士，但我也在尽力。我希望一直在战场上待下去。”

“谁都不能一直在战场上待下去，即使部队，战斗时间长了，也需要休整，需要补充，才能恢复战斗力。战争年代，什么事情都有可能发生，是人，都会犯错，只要改正了，任何错误都可以原谅。”

第二天，吃过早饭，余瑞祥带着随从人员，搭乘薛岳派遣的一辆小汽车，飞一般地朝武汉方向奔去。

即将抵达武昌了，一路上，许多车辆拖载着水泥、木料以及其他各式建筑材料，争先恐后地朝城里奔去。车辆过处，掀起一阵阵黄色灰尘，弥漫在半个天空，给人一种雾蒙蒙的感觉。余瑞祥知道，地下隧道工事项目正式动工了。

车子经过余府门口的时候，他叫停了小车，让司机回去南昌向薛岳复命。

余府的大门竟然是敞开的，很多人进进出出，相互之间打着招呼。看到余瑞祥和他的随从进来了，这些人连忙围拢而去，唧唧喳喳地询问他们。

“你们这是干什么？”余瑞祥先问道。

有人赶紧说：“我们从乡下来到武昌，是为修筑地下隧道。找不到地方住，这里没人，上面把我们的村指挥部设在这里。”

整个庭院全部被各种各样的器具填满了，地面上还放着许多行李包裹。

原先准备去看看父母和大哥大嫂的卧房，现在已经不可能了。蜘蛛已经在到处结网了，苍蝇嗡嗡叫着到处乱飞。要不是有许多人在这里忙忙碌碌，余府真的会给人一种废弃的墓地的感觉。余瑞祥心里发出一声轻叹，向老百姓打了一声招呼，慢慢退了出去。

站在门外，深情地看了一眼余府，余瑞祥立刻离开。

轮渡码头上，到处熙熙攘攘，人声鼎沸。余瑞祥放眼望去，只见一大群抗日流亡青年在不停地向路人散发传单，宣传修筑地下隧道的好处。他不置可否地摇了摇头。

忽然，一个身材高大的青年人出现在余瑞祥的视野，是王卓文！

王卓文已经被余瑞祥发展成为秘密共产党员。余瑞祥交代给王卓文的任务是先在抗日流亡团体里面展开活动，发现并向余瑞祥提供一些思想正派愿意为共产党服务的进步青年，并且长期在他们中间隐藏下来，不跟其他任何共产党人发生联系，只能听从余瑞祥一个人的命令，也不允许去八路军办事处跟余瑞祥见面，需要见面的时候，可以先向余瑞祥提出请求，获得允许以后，便在指定位置相见。

本来，从武大毕业以后，王卓文是要跟赵雪莲、赵英嗣一道投奔延安的，结果，因为余瑞祥需要王卓文先在抗日流亡青年当中开展工作，把他留了下来，命令他以参加抗日流亡活动的名义，在武汉展开秘密活动。

“我想通了，不能完全不顾父亲的感受，决定留在武汉，帮抗日流亡团体做事。你们兄妹一块去延安吧。”到了约定启程的日子，王卓文说道。

赵英嗣宛如挨了一记闷棍，好一会儿还头晕目眩，云山雾罩。终于，他回过神来，说道：“既然你不去，我还去延安干什么呢？我也留在武汉，跟你一样，也帮抗日流亡团体做一些事情。”

“我一个人也要去延安！”赵雪莲义无反顾。

看到王卓文，余瑞祥心里一动，马上想起薛岳告诉他的事情：王俊林恢复了军职，正在筹备修建地下隧道。王卓文是王俊林的侄子，把王卓文派到王俊林的身边，倒是一个不错的选择。

余瑞祥马上喊道：“王卓文！”

王卓文转过头来，一看竟然是余瑞祥，他万分高兴，连忙跑过来，说道：“余世伯，很长时间没有看到你了。今天在这里遇到，真是幸运得很。”

余瑞祥说道：“毕业以后，干得不错嘛，告诉我，你这是干什么？”

王卓文说道：“宣传军事委员会修建地下隧道的政策。余世伯，武汉人的抗战热情真的太高了。你瞧，一听说要修建地下隧道，准备跟日寇在市区打巷战，民众从四面八方拥了过来，谁都想为隧道工程出一分力呢。”

余瑞祥望了望四周，问道：“是王俊林出任修建地下隧道的总指挥吗？”

“是的。”王卓文说道，神情颇有点不屑。

余瑞祥说道：“既然王俊林已经恢复了军职，全面负责修筑地下隧道，以后仍然会得到重用。他这个人虽说有很多毛病，但人很灵活，很会拉拢各种人物，因而，可以从他那儿得到很多有用的情报。你是他的侄儿，我派你到他的身边去工作，一定不会引起怀疑。”

王卓文惊讶极了，瞪大眼睛，看着余瑞祥，明显不愿意去王俊林身边。

余瑞祥郑重地说：“这是我给你的秘密使命。你只对我一个人负责，有任何消息，都只能告诉给我。除非有人带着我跟你约定的暗号来找你，你才能向来人公开身份，跟来人保持接触。”

王卓文说道：“余世伯，我实在不想去我叔叔那儿。”

余瑞祥说道：“这是命令！记住，不要跟任何人联系，要做好长期埋伏下去的准备。王俊林不管做什么，你都要像原来对待他一样。”

王卓文倒抽了一口凉气，他好不容易让自己的心情平静下来了，说道：“我原先一直不愿意去他身边，现在以什么理由才能不让人产生怀疑？”

“你父亲一定放心不下他，我相信，你父亲会跟你提这件事。”

“姑父！”一个热情的声音传了过来。

余瑞祥偏头一看，赵英嗣已经站在自己身边了。他在王卓文和赵英嗣的身上打量了一下，对赵英嗣说道：“怎么回事，你看起来没有王卓文开朗嘛，是不是遇到什么难事了？”

“没有。”赵英嗣说道。

王卓文马上说道：“余世伯，你可不能这么说赵世兄。赵府的榨油坊几天前被日本人轰平了，什么都没有了。有一家工厂搬迁到宜昌以后，走不了了，我姑父到宜昌处理那件事去了。赵府只有赵承博世叔支撑着。赵世兄能够不管家里的事情，出来继续宣传抗战，他还不够坚强吗？”

余瑞祥轻轻地在赵英嗣的肩头拍了一把，说道：“你的确够坚强！今后，无论有什么可怕的事情降临在我们头上，我们都要坚强地支撑下去。唯其如此，我们才能最后战胜日本帝国主义。”

回到了八路军办事处，余瑞祥集中精力处理即将面对的许多问题。毕竟，离开武汉一个多月了，需要向长江局报告此行的全部情况，还要了解自己走后，武汉发生了什么事情，党中央有什么最新指示。

王明看到余瑞祥走进自己的办公室，显得很高兴。两人略一寒暄，他说道：“余瑞祥同志，你回来得正是时候。在你离开新四军军部的当天，我们接到了中央的电报，要求全体中央委员都要回到延安，参加党的六届六中全会。你快收拾一下，我们明天一起动身。”

时间紧迫，其他的事都做不了，得面见蒋介石，阻止蒋介石在武汉市区修筑地下隧道。

余瑞祥回到了自己的办公室。夫人还没有回来。他正在思考如何跟蒋介石进行这一次谈话，王俊财急急忙忙奔了过来。

王俊财是从儿子那里知道余瑞祥已经回到汉口的。他没有搬迁，是为了负责动员、安排武汉三镇各厂家的迁移。赵承彦则是哪里有突发状况，迅速前去协调处理。这一个多月来，他的心头积累了无数个疑问。搬迁工作正在紧锣密鼓地进行，他十分关心前线的战局。他实在看不透前线到底会是怎样的结果，在跟各路人物的交流中，他不可能得到更加准确的消息，便把希望寄托在余瑞祥的身上。

更重要的是，他要跟余瑞祥谈一谈儿子的前途。王俊财本来以为王俊林不可能执掌家族产业，准备好好培养儿子，让他承继下去。谁知儿子要去延安，要当共产党，王俊财很不高兴，可是，碍于余瑞祥的面子，他不能干涉。儿子毕业后，他不住地唠叨，终于使儿子改变了主意，不去延安了，他松了一口气。这时候，王俊林也被解除职务，回到了王府。家族有主，儿子再想干什么，他都不干涉。没想到，王俊林折腾来折腾去，又折腾起来了，恢复了军职。他实在对王俊林有点失望，担心堂弟又会做出丢人现眼的事，反复考虑，决计劝说儿子投军，跟着王俊林，好在王俊林要做出不恰当的决定时，劝阻他。谁知儿子竟然嫌王俊林名声太臭，好说歹说，就是不同意。

王俊财说服不了，想来想去，打算请余瑞祥帮助自己劝说儿子。

“前线的战况到底会怎么样，老实说，我也很难估计。我到前线转了一圈，看到了国民党军英勇抵抗日寇的情景。如果我们的军队能够在每一寸土地上都跟日寇展开血腥的战斗，让日寇每前进一步都付出巨大的代价；如果我们布设在敌后的军队能够积极行动，大量牵制敌人，迫使敌人不断地分兵去对付游击队从而减少正面战场的压力；如果我们的战略决策不犯错误，那么，在武汉的外围可以跟日寇打很长的时间。更重要的是，如果我们的民众全部发动起来了，真正做到了全民抗战，大量消耗了敌人的力量，迫使敌人的攻击达到顶点，武汉也不是没有可能免于遭到沦陷。”余瑞祥说道。

王俊财说道：“还是余世兄见识高明，寥寥几语，令我茅塞顿开。这样说来，武汉或许不会沦落到敌人的手里了。”

余瑞祥慎重地点了点头，说道：“我们当然要朝这个方向努力。不过，因为会出现一些意料不到的事情，必须为武汉沦陷做好充足的准备。”

王俊财叹了一口气，说道：“对于国民党军队，我实在感到有一种说不出的滋味。别的高级将领到底怎么样，我不清楚，从俊林身上，我看出了一种不祥的征兆。丢了马当，解除了军职，本来应该好好反思一下自己，不要再强行去做自己做不了的事情。可是，他挖空心思，寻求恢复原来的职务。也不知道他到底找了多少人，又花费了多少银子，最后还利用雅芳走上战场的事情大做文章，终于换回了军装。军事委员会并没有给他一个明确职务，先要他筹备建造地下隧道。像他这样的人，建造的地下隧道，能用吗？”

余瑞祥说道：“俊林受过挫折，有了教训，会好好干的。”

“怕是江山易改，本性难移。”王俊财叹了一口气，说道，“我想让卓文跟着他，好让他看到卓文，心里有些警惕，谁知我那个儿子硬是不愿去。”

余瑞祥劝慰道：“王世兄，你的想法不错，王卓文是一个优秀的青年人，他去了俊林那儿，确实可以预防俊林再做错事。”

“指望王俊林不做错事，比指望妓女不卖身还难。”一个声音灌进了王俊财和余瑞祥的耳朵。

两人抬头一看，王俊喜已经站在了他们的面前，脸上满是不屑的神情。

王俊喜继续说：“想想看，连一个女人都要利用，还有什么丑事是他干不出来的？趁早打消让卓文去王俊林那里的念头。如果他实在找不到好地方，我的大门随时为他敞开，哪怕把帮主让给他，我都愿意。”

“闭上你的嘴！”王俊财怒斥道。

王俊喜丝毫不以为意，坐在余瑞祥身边，说道：“要我说，当年余世伯把雅芳嫁给王俊林就是一个大错误。”

“越说越不像话了，你不作声，没有人把你当哑巴。”王俊财声音提高了不少。

王俊喜嘿嘿一笑，说道：“不说他就不说他，用得着这么声嘶力竭吗？”

他转过头，对着余瑞祥，说道：“余世兄，我知道你今天回来，明天要走，马上赶过来，本来想对你说一说王俊林是怎么利用雅芳上前线为自己脸上贴金的，但我哥不让我说了，我真的不知道再跟你说一些什么。这样吧，只要你需要什么，你告诉我一声，哪怕是天上的太阳，我也要爬上去把它给你摘下来。”

王俊喜把自己的行踪掌握得这么清楚，余瑞祥暗暗心惊。但他还是保持着笑意，说道：“天上只有一个太阳，还是让它在天空待着吧，世界万物都要依靠它存活下去呢。”

王俊喜说道：“以后，只要涉及余世兄的亲人，都是我的事，只要我活着，我一定会替你把你的亲人照顾好，不让他们受一点伤害。”

余瑞祥深受感动，说道：“王世兄言重了，余某非常感谢。”

王俊财感到很纳闷，问道：“余世兄又要走？要去哪儿？”

“回延安。”余瑞祥说道。

王俊财感叹道：“卓文曾经也说过要去延安，后来因为我不去了，我觉得有点对不住你。现在，又是我，想把他送到俊林身边去。”

“王世兄，我明白你的意思，你这么做，无论对你对俊林对卓文都是好事。”

余瑞祥的话还没有说完，竟被王俊喜的笑声打断了。王俊喜说道：“这一下可真有好戏看了，王卓文要是不成为王俊林一样的人，我宁愿脑袋被人拧下来当尿壶。”

“像我这样的人难道不好吗？”一个冷冷的声音传了进来。

王俊喜放眼一看，只见王俊林已经带着一个卫兵闯了进来。王俊林脸上浮现出了可以触摸得到的怒火，眼神阴冷，浑身都冒出了一丝丝火气。

“好呀，像你这样的人怎么不好呢？几次惹出事端，都有贵人相助，依旧官运亨通，怎么不好呢？”王俊喜阴阳怪气地说完，站起身，朝王俊林瞥了一眼，扬长而去。

王俊林恨得咬牙切齿，但不能不忍住。他坐了下来，说道：“听你们的意思，是要把卓文送到我的部队来，是吧？真是太好了，我非常需要一个像他一样能干的人做秘书，又是自己家的人，放心。哥，你今天就可以叫他到我这里来。还有赵英嗣，让他也来吧。”

“俊林哪……”王俊财忽然觉得说什么都不合适，硬生生地停住了。

王俊林说道：“我知道，你们还是很担心我。我会用我的行动向你们证明，我会做好的。一听说瑞祥回来了，我不是立马赶过来准备好好向他请教吗？”

前些日子，他找了很多门路，最后因为余雅芳去了战地服务团，让他找到了觐见蒋夫人的机会，得到了蒋介石的重新任命。他那个军的人马，重新回到了他的手里。紧接着，他接到了军事委员会的命令：负责修筑地下隧道工程。

王俊林不是一个贪财的人，决心好好表现一回，把在战场上失去的东西，全部从修筑地下隧道工程中捞回来。

他在汉口搭建了一个指挥部，吸纳了好几位顶尖的工程专家，一头扑在制定地下隧道的构筑方式与路线上。经过各位专家的反复论证与磋商，他已经拟订出了方案，并且动员起一部分民众，陆续来到了武昌、汉口两地。只要他一声令下，这些人马上会破土动工，在一个月的时间内，把地下隧道修好。

“我们的计划是这样的：在汉口，地下隧道工事从龙王庙一直修到刘家庙，连绵十五里。隧道的顶端距离地面三尺，隧道高三尺三，宽一丈三尺，每隔一百五十步设一个瞭望枪口，安置重炮处所，以此固守到底。武昌那边，则从奥略楼的脚下，一直修筑到徐家棚江岸。格式跟汉口这边一样。这是一个很庞大的计划，需要处理的事情很多，为了武汉的安危，我特地来向你请教，这个计划还有没有可以完善的地方。”王俊林摆出了一副谦恭的姿态，说道。

“老实说，对于固守武汉，我有不同的看法。综观整个战场局势，南路日寇和北路日寇分别遭到我第五战区和第九战区的顽强阻截，远远不能跟中路的日寇取得密切配合；长江北岸的日寇已经接连攻下了广济、浠水，正朝武汉方向凶猛地扑了过来。一旦中路日寇突进到武汉，利用这些工事，的确可以大量地消耗敌人。可是，南路和北路的日寇一旦分别夺取了咸宁、信阳，并且继续向西展开攻击，势必会对武汉形成一个很大的包围圈。所以，我准备去见一见蒋委员长，郑重地提请蒋委员长注意，不要偏离过去的决策，还是在武汉外围跟日寇进行大的战斗比较有利。这样的话，武汉用不着驻防那么多部队，可以把五个军的力量相继派遣到第五战区和第九战区，支援他们的作战行动，以便武汉外围阻击战能够支撑得更加长久一些。”余瑞祥说道。

王俊林愣住了，说道：“这么说，不必修筑地下隧道工事了吗？”

“也许，因为武汉外围的战况越来越紧急，蒋委员长想用修筑地下隧道来鼓舞人心，表达坚守武汉的决心。不管怎么样，我决定跟蒋委员长好好谈一谈其中的利害关系。”余瑞祥坚定地说道。

终于，余瑞祥跟蒋介石见面了。他把自己一路上看到的战争实况以及怎么调整新四军的游击区域，以配合正面作战等重大事情，扼要地向蒋介石报告了一回。紧接着，就有关武汉的防守，他提出了自己的设想。

蒋介石说道：“余兄弟，你的意见很中肯，我会好好考虑。我现在能够答复你的是，我可以把一部分兵力派到战场上去。余瑞华是一个很好的将领，他很快会重返战场。在回去延安之前，余兄弟不辞辛苦地来到军事委员会，向蒋某人提出这个意见，蒋某人很为余兄弟为了国家的前途和命运不辞辛苦钦佩万分。希望余兄弟回来的时候，只要有什么想法，立即跟蒋某联系，蒋某随时恭候余兄弟光临。”

说到这里，蒋介石稍微顿了一下，身子朝余瑞祥跟前一倾，煞有介事地说道：“余兄弟刚从战场回来，明天又要离开武汉，今天嘛，蒋某打算在家里为余兄弟举办一个小型家庭晚宴，邀请几位曾经跟余兄弟关系密切的军政要员过来，一来是为余兄弟接风洗尘，二来也是为了替余兄弟饯行。怎么样？”

回到八路军办事处的时候，已经是深夜了。卧房里亮着灯，夫人正在等待自己，余瑞祥想起跟夫人分开的居多，在一块的时候很少，不觉心里微微涌出一丝歉意。

他加快步伐，很快走到了卧房门口，这时候，门从里面打开了。

赵璇滢探出了脑袋，把他迎了进去，说道：“听王俊喜说你已经回来了，我真的很想马上抛开一切事情，赶回来跟你见面。”

余瑞祥眼睛一热，说道："我一直没能好好地跟夫人生活在一块，让夫人担心了。等我从延安回来，一定会多抽出一些时间陪一陪夫人。"

赵璇滢脸上洋溢着幸福的笑意，说道："我像是一个寻求爱抚的小孩吗？"

余瑞祥也笑了："你是一个抗战先锋。等把日本鬼子全都赶出去了，我们可以真正地颐养天年，好好待在一块，永远都不分开了。"

"那个时候，我们可以一块慢慢地变老，一块慢慢地走过余下的时光，哪怕死亡，也不能让我们分开。"赵璇滢眼睛里流淌着一抹温情一抹憧憬，说道。

紧接着，她的目光变得锐利了，脸色变得坚定了。她严肃地说道："这次，你离开武汉，也许很长时间回不来。你有什么要嘱咐的，快点告诉我吧。"

余瑞祥摇了摇头，说道："夫人早已是独当一面的猛将，心思比我还要细腻，我能有什么要嘱咐夫人的呢？只是，我听说赵府的榨油坊已经被日本人的飞机全部轰平了，我本来应该去汉阳看一看岳母她们，好好安慰她们，劝说她们离开汉阳，去重庆找我大哥。可是，我没有时间。我们是共产党人，为了抗战，可以抛弃一切，但我们永远不会忘记我们的父母、我们的亲人。在这种时候，亲人的一声问候，可以抵得上万贯家财。"

赵璇滢含着眼泪，点了点头，说道："我会尽快去汉阳劝说母亲离开武汉，不过，母亲一向都很偏执。听柳彤萱说，榨油坊被日本人轰炸的那一天，母亲发下誓言，赵府什么都没有了，但是，赵府还有列祖列宗留下的土地和房子，还有列祖列宗的坟墓。赵府的人无论是生是死，都不能离开祖宗留下来的基业。哥哥去了宜昌，母亲亲自登门，带着承博、柳彤萱和下人，去把哥哥的亲生母亲接进了赵府。我们的儿子，也显得非常坚强。"

余瑞祥咬了咬牙，说道："鬼子的炮火，将把中国变成他们自己的坟墓。"

第十五章 暂别武汉

前线的战局越来越糟糕了。

中国军队饶是竭力苦战，依旧挡不住日寇的进攻步伐。十月初，沿长江两岸直接向武汉发动进攻的日寇之作战态势是：南岸的日寇连陷黄石、大冶、鄂城，逼近葛店；北岸的日寇则一鼓作气地攻下了蕲春、浠水、黄冈、上巴河，逼近了黄陂。与此同时，南路日寇击破了薛岳部的防守阵地以后，试图向岳阳方向推进；北路日寇从合肥出发，接连攻下了六安、潢川、罗山，锋芒直指信阳。一时间，武汉受到了强烈的震动。

武汉民众纷纷收拾行装，逃向四川、湖南，更多的人逃到了乡下。

八路军办事处更加繁忙。工作人员依旧在不停地收集各种消息，发往延安；不断组织抗日救亡团体动员民众、鼓起民众抗战到底的勇气；不断接待来自全国各地的形形色色的人群；不断跟各党派、各团体进行友好的沟通。

赵璇滢越来越感到难以应付。

她没有回去汉阳赵府劝说母亲她们离开武汉。她实在没有时间，脑子被各种各样亟待处理的抗日事宜填得满满的，根本容不下其他事情。

柳彤萱没有完全抛开妇女抗战救国联合会的工作，仍在汉阳分会承担了一定的职责。为此，她经常会过来汉口，当面向赵璇滢汇报情况，并征求意见。柳彤萱也会说一说赵府的事情。

“哥哥已经回来了，曾经劝说过母亲，她们死活不愿意离开赵府。赵承博还是那副样子，母亲不愿意离开，他一句话都不劝。倒是王俊财和王俊喜兄弟到过汉阳，也劝过母亲，还是没法让她改变心意。”

“余明亮越来越懂事了。他嫌家里闷，跟着我去医院，在伤员中间穿来穿去，跟他们说着笑话，问他们为什么会受伤，说他要是去了战场，一定会好好保护自己，不会受到任何伤害。”

柳彤萱忽然觉得不该再说下去了，再说下去的话，姐姐一准担心她的儿子会变成第二个王俊林。

因此，柳彤萱把余明亮接下来说的一句话咽回肚皮：“看到了敌人，打得过就打，打不过还要冲上去，不是自己找死吗？只有傻瓜才干得出来！”

赵璇滢没有注意到弟媳的情绪，只是哦哦地应付了几声。随即，她毅然决然地说道：“越是紧张的时候，越要鼓足前线将士的士气。你快回去汉阳，组织妇救会多缝制一些慰问袋。我会尽快组织几个战地服务团，让他们带上前线。”

柳彤萱把王俊财和王俊喜兄弟到过汉阳放在一块说，是想不露痕迹地掩饰她与王俊喜之间不可告人的关系。

其实，王俊喜并不是同他哥哥一块探访赵府的，也不是偶尔，而是经常。他打着劝说周莹莹、李香香离开汉阳的旗号，为的却是柳彤萱的身体。柳彤萱好像一块万福膏，你沾不得，一沾上去，准会被她掏空身体。王俊喜沾上了她，身体快要被掏空了，从此害怕她，躲着她，可是，时间一长，又思念她，心甘情愿地希望被她掏空。因而，他又主动找上了她。其时，因为王俊喜一直躲着不见她，柳彤萱心绪不宁，由思念、渴望，逐渐变成了怨恨。她发誓一辈子都不要再与这个人有任何来往。王俊喜竟然突然出现在她的面前。她浑身一颤，顷刻之间，满腔的愤恨消失得干干净净，恨不得当场投进他的怀抱。从此，只要找到机会，他们就悄无声息地从众人眼前消失，到一处安全场所大行云雨之欢。

完了，王俊喜说道："如果她们真的不走，你也走不了，那么，我也不走了，留下来保护你。"

柳彤萱先是好一阵感动，紧接着，点了一下王俊喜的脑袋，拿腔拿调地说道："别尽说一些逗人开心的话，真的到了那一天，你恐怕跑得比兔子还快。"

事实上，到时候王俊喜是不是跑得比兔子还快，柳彤萱并不真正放在心上。自从复出并没有得到自己期望的效果，又遭到了王俊喜的遗弃以来，她便对任何事情都不太放在心上。如今，跟王俊喜媾和，不过是为了获得肉体上的满足，对这个人，她已经不抱任何希望，也没有想到过要拿自己的肉体换得希望。

不过，她对未来充满了担忧，不能不问姐姐："日本人真的会占领武汉吗？"

赵璇滢说道："除非上天大发慈悲，一夜之间让日本人全部发瘟死光，否则，谁都没有办法阻止这群凶残暴戾的野兽闯进武汉！刚才你说过，母亲她们好像不愿意离开，是吧？依我看，还是应该想办法让她们离开为好。"

一说到日本人会进入武汉，连一向精明强干的赵璇滢都慌了神，说话颠三倒四，失去应有的分寸，柳彤萱感到一种恐惧袭上了心头。但是，她不能逃离。谁叫她嫁给了赵承博，成为赵府的儿媳呢？赵府现在什么都没有了，她丧失了曾经向往的东西，能够跟丈夫跟家人一块，死在一起，也是一种幸福，一种解脱。

赵璇滢看不出柳彤萱的心思，她正为自己面临的困境发愁，没时间继续跟柳彤萱说话，叮嘱她赶紧回去把慰问袋弄好。

弟媳一走，她收回目光，眼睛朝桌面上扫了一遍，顺手拿起一个文件，瞟了一眼，扔下了，又拿起另一份文件，看了几眼，仍然不是自己要处理的事情。她轻声询问自己：“我现在到底要干什么？”

赵璇滢回答不了，想了想，起身准备前往电报室，询问有没有延安方面发来的最新消息，突然听到楼下传来了唧唧喳喳的说话声。听动静，人数不少，而且发出声音的人正朝楼上走了过来。

“又会有什么事情呢？”她抬眼望去，那群人已经挤进来了。

打头的竟然是余雅芳。虽说脸色比以前黑了许多，也消瘦了许多，但赵璇滢一眼认出她来了，心里一阵欢喜，赶紧起身迎上前去。余雅芳一看到二嫂，张开手臂，扑进了赵璇滢的怀抱。

“二嫂，想死我了，我还以为，我再也见不着你了。”余雅芳撒娇道。

其他的人格外兴奋，一同唧唧喳喳地说开了。赵璇滢竟然一个字都没有听清，只有面带歉意的微笑，不住地向大家示意。

赵璇滢端详了余雅芳好一会儿，说道：“二嫂真的很为你们担心。”

“有前方将士保护，我们一个都没有受伤。”余雅芳忽然想另外一件事，“二嫂，武汉的气氛怎么好像怪怪的，到底是在搞什么名堂？”

赵璇滢微微一笑，问道：“怎么个怪怪的？”

一名战地服务团成员抢着说：“在回来的路上，我们看到很多老百姓逃出了城；回到城里，到处在修筑工事，挖地下隧道。这到底是要在武汉跟日本人打一仗，还是要放弃武汉？”

赵璇滢说道：“军事委员会虽说制定了只在外围抵抗日本人攻击的战略，实际上还是舍不得放弃武汉。毕竟，这十个月来，在武汉发生了太多太多的事情，直接关系到中国的抗战前途和命运，它已经不再仅仅只是一座城市，承载了太多的东西，几乎可以看做是精神符号。仅从地理位置而言，武汉又是中国的中心腹地，以武汉为中心，南到广州，北抵平、津，画一条线段，东部，是中国最繁华的地方，聚集着几乎全部工业设施；西部则非常贫穷落后。大家都知道，要想抗战到底，没有一定的经济实力与工业实力做后盾，将是异常艰难的。所以，军事委员会一时间难以下定彻底放弃武汉的决心。眼下，日本人即将沿长江一线打到武汉来了。老百姓逃亡，工厂的加速搬迁，地下隧道工事的修筑，便是军事委员会矛盾心情的直接反映。”

“长江沿线的仗怎么打成了这个样子？我们到过前线，亲眼看到薛岳将军的部队一直把守在老龙门一线，跟日寇激战近两个月，并没有失去多少地盘嘛。”有人愤愤不平地说。

这下子激起了众人的情绪，众人吵吵嚷嚷，声音越来越大，几乎能把整座八路军办事处的大楼都给抬到天空中去。

“是他们怕死，不敢抵抗日本人，这样的部队，应该受到审判！”

“干脆，我们都穿上军装，到战场上跟日本人拼命去。”

“怎么能放弃武汉呢？军事委员会以前说的都是空话吗？”

赵璇滢好不容易让众人冷静下来，说道：“你们到前线去了一个多月，实在太辛苦了，先各回各家，好好休息一阵子。其他的事情，我们回头商谈。”

办公室里只剩下赵璇滢和余雅芳，姑嫂二人心里想着同样一个人：王俊林。

其实，余雅芳在战场上一刻都没有忘记过丈夫。无论丈夫多么不堪，她仍然思念他，只是，她带有任务，决不会像丈夫一样，为了思念或者任何其他原因而逃避。越是思念，她越坚强地在战场上待下去。直到有一天薛岳忽然把她请进指挥部，告诉她中路鬼子即将打到武汉了，要她收拢人员回去武汉，她才不得不离开战地。

回到武昌，她带领服务团成员到昙华林向第三厅汇报了此行的全部情况，得到了厅领导的高度赞扬。随后，战地服务团就地解散，余雅芳和汉口的战地服务团成员一道回到了汉口。

余雅芳迫切希望跟二哥二嫂见面，向他们打听丈夫的情况。于是，她直接来到了八路军办事处，其他成员一样希望见一见八路军代表，全都跟过来了。

现在，办公室里只有二嫂和自己，余雅芳心里不由自主地再度泛出了丈夫的模样，但她走的时候又是那么决绝，而且在前线一待近两个月，她一时间很难问得出口。

“王俊林现在的确变了。”赵璇滢读懂了小姑子的心意，说道，“他几乎很少离开指挥部，一直在指挥军民修筑地下隧道工事。”

余雅芳默不作声，眼睛盯着二嫂，希望二嫂继续说下去。

赵璇滢怜爱地抚摸着余雅芳肩头，继续说：“刚开始，有三弟在王俊林身边，他还能得到一些休息。不久，日寇快要打到信阳了，三弟接到命令，带领大部队开赴战场，他从此很少有足够的休息时间。你应该去看一看他。”

突然，外面传来了王俊喜的声音：“是雅芳回来了吗？我可接到了消息，说是到这里来了。”

话音还没有落地，王俊喜已经走了进来。

他仔细地打量着余雅芳，称赞道：“我怎么说来着？雅芳一旦上了战场，就是一个伟丈夫。看这身上流露出来的杀气和霸气！我都没法比。”

赵璇滢笑着打断了王俊喜的话："没想到，你很会说奉承话嘛。"

"我说的是实话。"王俊喜一本正经地说道，"我敢说，如果王俊林在这时候见了雅芳，一定会羞愧死的。"

人都喜欢听奉承话，余雅芳本来兴奋着，忽然听出王俊喜明显地贬低丈夫，心头立马微微涌起一些不快。

王俊喜一直和丈夫明争暗斗，甚至好几次都差点置丈夫于死地，余雅芳都知道。她在心里很想怨恨王俊喜，却又恨不起来。毕竟，王俊喜对她自己，还是十分关心的。别的不说，当她宣布要去前线的时候，不仅王俊财阻拦，王俊喜一样竭力阻拦她。王俊财阻拦不了，只能对她说要好好保重自己，王俊喜则不同，直接派了两个手下一直跟在她身边。战斗最激烈的那一次，眼看日本人快要冲上阵地了，她赶紧捡起一件武器，准备打向敌人，但不会开枪，不由得心急火燎，到处拨弄着各种部件，丝毫不看周围的形势。一颗炮弹嗖的一声打了过来。一个人猛地把她扑倒在地。一声剧烈的爆炸以后，她晕过去了。幽幽苏醒过来，感到身上好像压了一座大山，她很想动，又动弹不了。这时候，一双手把她扶起来了。她感觉到一个什么东西从自己的身上滚落下来，顿时嘘了一口气，赫然看到王俊喜的一个手下正蹲在自己面前。

他着急地问道："夫人，你还好吧？"

余雅芳感觉还好，眼睛一转，赫然发现一具尸体躺在自己脚边。那具尸体浑身上下没有一点完好的地方，脑袋被打烂了，只有一团红白两色混杂在一起的脑浆，在她的眼前晃动。她感到一阵恶心，脑袋一昏，又倒在了地上。

再次醒过来以后，她知道死者是王俊喜的另一位手下。一见炮弹落到她的身边，他迅速扑过去，替她挨了那一颗炮弹。在那一刻，她的勇气全部鼓起来了。从那以后，无论遇到多么激烈的战场，她都会义无反顾地冲上去。

因为这，余雅芳应该感激王俊喜，哪怕他公然羞辱丈夫，她也没法责备他，甚至没法对他说一句不礼貌的话。

赵璇滢最懂余雅芳的心思。王俊林受人敬仰受人爱戴，她比谁都高兴；王俊林受人羞辱受人打击，她比谁都难过。事实上，王俊林几乎没干过受人爱戴的事，出丑露乖的事却不胜枚举，余雅芳心里的痛苦是别人无法理解的。但是，她爱着王俊林，只有忍受因为爱带给她的一切副产品。这次带领服务团上前线，并非完全是为了逃离，而是满怀令丈夫变好的希望。她一定非常希望听到更多有关丈夫变好的消息，王俊喜继续夹枪带棒地说下去，岂不是向余雅芳心口捅刀子吗？赵璇滢赶紧打断王俊喜的话，把话题引到其他方向。

王俊喜讪讪地住了口，问余雅芳："你总得给我说一说，战场上到底是怎么回事吧？"

余雅芳说道："谢谢你救了我。"

王俊喜说道："谢我干什么？我去过前线吗？没有，我怎么救你呀？救不了嘛，是你自己救自己。"

"不，没有哥哥的手下，我早被炮弹炸死了！"余雅芳说道。

"只要你没事，我死几个兄弟，有什么要紧？"王俊喜挥了挥手，说道。

这时候又一个人进了门。

是一个青年军人，身子挺得笔直，肩扛少尉军衔，一脸的英气勃发。

"哎呀，我说是谁，原来是我们家的公子嘛。"王俊喜首先热情地叫开了，赶紧起身，伸出一只手，在军人的肩头上拍了又拍。

正是王卓文，虽说很不习惯叔叔在自己的身上拍拍打打，可叔叔毕竟是汉帮帮主，一向喜欢动手动脚，他不好当面令叔叔难堪，只能任由他去，表情颇为僵硬，嘴巴上好像缝了一条线。

"卓文，你也当兵去了？"余雅芳感到很惊奇，问道。

"是呀，不知道他哪根神经搭错了，跑到王俊林手下当兵去了，现在是王俊林的秘书。"

王俊喜回答了余雅芳，立马转过话头，数落王卓文："我真搞不懂，你原来不是说要去延安吗？去延安呀！没人拦你！但你改了主意，改了主意就改了，当兵嘛，为什么不到薛岳将军的部队去？偏偏要听你父亲的话，去王俊林手下当兵。你比赵英嗣差得远！赵英嗣不去王俊林那儿，嫌王俊林不会打仗，宁愿去别的部队。"

王俊喜看起来是信口开河，丝毫不理会其他人的感受。其实，他是有意而为之，试图在余雅芳面前狠狠地打击王俊林，令她对王俊林彻底死心，从此以后彻底与王俊林断了关系。因此，一听到手下报告，说余雅芳回到了汉口，正在八路军办事处跟赵璇滢说话，他立即赶过来。

"叔叔，如果你说累了，请你坐下来，听我对婶婶说几句话，好吗？"

"王卓文，你可真的出息了，跟着王俊林，别的没有学到，阴阳怪气，不认长辈的一套你倒是学得很快。"王俊喜说道。

赵璇滢赶紧说道："王世兄，卓文有话要说，你别拦着。他肯定是从指挥部那边过来的。他有事，可耽误不得。”

王俊喜一愣，不得不打消了继续横插一杠子的念头。

王卓文暗嘘一口气，对余雅芳说道：“婶婶，我的确是奉军长的命令来看望你的。你这一去快两个月了，军长很惦记你。可是，工程还没有结束，他不能来看望你，让我来对你说一声，请你回来以后好好休息一阵子，日本人快要打到武汉来了，会有更多的工作等着你做。”

丈夫果真变了，再也不是原来那种只顾自己的人，还有什么比这个更令她感动的呢？余雅芳心猿意马，马上准备起身，跟王卓文一道，去看望王俊林，重新投进王俊林的怀抱，告诉他，自己一直在等待这一天。

王俊喜一见余雅芳的表情，立马意识到，自己的企图已经彻底失败了。他不禁在心里叹息一声，摇了摇头，再也不说话了。

这时候，办事处的一个工作人员惊喜地冲了过来，对赵璇滢说道：“好消息，特大好消息，薛岳将军在万家岭打了一个大胜仗，消灭了一两万日本鬼子！”

“这么说，武汉有救了！”王俊喜惊喜地跳了起来，大声说道。

赵璇滢立即对那位工作人员说道：“分别发一份贺电给薛岳将军和军事委员会蒋委员长，立即组织人员，向全体民众发布这一重大好消息。”

工作人员兴冲冲地退出去了，赵璇滢脸上洋溢着笑容，打算说点什么。

余雅芳率先说道：“真遗憾，我没能在那儿坚持下去，不过，我知道，薛岳将军是因为听了二哥的话，才打了这场大胜仗的。”

赵璇滢、王俊喜、王卓文一同惊讶地问道：“这是怎么回事？”

余雅芳把她当时看到余瑞祥跟薛岳一块查探战场、规划部署的情景说了出来。

“没错，你二哥一定帮薛将军出了不少好主意！”赵璇滢高兴地说道。

“如果天下多几个像余瑞祥这样的英雄豪杰，日本人怎么敢在中国横行霸道？”王俊喜敬佩地说道。

“不能聆听余世伯的教诲，是我一生的遗憾！”王卓文叹息道。

“你可以听你余世伯的教诲。只要你脱掉军装，离开王俊林，你余世伯一定会接纳你！”王俊喜立即抓住王卓文的手，说道。

“我不能离开军长，他需要我！”王卓文冷静地说道。

“是啊，国共合作时期，你已经投靠了王俊林，一定不能再离开他。”赵璇滢瞥了余雅芳一眼，对王卓文说道，“你在他身边，一定要好好照顾他。”

万家岭大捷给武汉三镇社会各界民众带来的冲击实在太过巨大。一时间，保卫大武汉，不让武汉落入敌手的豪情充盈在整座江城上空，甚至紧接着丢掉了信阳，也没有引起民众对时局的过多担忧。

然而，事实常常与民众的期盼背道而驰。日寇向武汉步步进逼，另一拨日本人已经登陆珠海，把守广州沿线的中国军队一触即溃，接连丧师失地。

赵璇滢心里不得安宁。可是，她无法深入思考广州失守与武汉保卫战之间的关联，只有热切地盼望丈夫或者长江局的其他领导人快点回到武汉，指明武汉保卫战到底应该怎么坚持下去。

很快，余瑞祥接受毛泽东和中共中央的委托，返回了武汉。

回到延安以后，余瑞祥依旧十分关心武汉方面的战局，每天他都会得到武汉方面的最新战报。

武汉外围方圆数百公里范围的战争，一样牵动着中共领袖的心。当日本人在珠海登陆的消息传到延安之际，毛泽东已经开始思考武汉到底有没有继续守卫下去的必要。别说日本人攻占了广州过后，会割断中国跟外界联络的国际通道，从深远的方向构成了对武汉的大包围；即使是武汉外围的攻防战，也已经快要见分晓。中路日寇沿着长江两岸迅速扑向武汉，前锋已经在叩击武汉的门户了，北路日寇攻陷信阳，从北方威胁武汉的退路。毛泽东敏锐地意识到，继续提出保卫武汉的口号，只会束缚自己的手脚，不利于今后的抗战大业；撤离武汉，却可以保存中国军队的实力，激发民众持久抗战的热情，继续跟日本人战斗下去。因而，作出了弃守武汉并督促国民政府军事委员会撤退的决定。

随即，毛泽东单独召见了余瑞祥，开宗明义地说道："余瑞祥同志，中央决定派你立即回去武汉，帮助蒋先生做出撤离武汉的决定，并且对我党的各级组织机构做出妥善安排。"

余瑞祥回到武汉的第一件事情是向八路军办事处人员传达中央的指示。他顾不上休息，立即召集全体人员，说道："同志们，继续提出保卫武汉的口号，已经不能适应现在的局势了。"

这是准备放弃武汉吗？众人心头一凛，相互打量了一眼，谁都不作声。

"你们的表情告诉我，你们已经准确理解中央的最新政策了！不错，我们是要弃守武汉！"余瑞祥顿了一下，说道，"因为一旦武汉直接遭到日寇的攻击，并且被日本人攻占，必然会令民众彻底丧失抗战的信心。况且，战局的最新发展，决定我们不可能继续保卫武汉。你们看，中路日寇即将兵临武汉城下，北路日寇正朝武胜关发动攻击；南路日寇虽说在万家岭遭到大败，依旧会按照既定目标，朝咸宁乃至岳阳一带发动进攻。武汉军民即使竭尽全力扼住中路日寇的攻击，最后也会陷入南北两路日寇的包围。徐州会战时期，军事委员会不是果断地做出了撤离徐州战场的决定，让数十万中国军队脱离了被日寇合围的命运，才有了这几个月的武汉外围保卫战吗？同样，为了尔后更好地消灭敌人，坚持抗战，我们不能跟日寇在武汉消耗下去。”

这番话宛如迎面吹来了一阵春风，把盘旋在赵璇滢脑子里杂乱无章的头绪给捋清了。不过，她还是有话要说：“我们以前一直说保卫武汉，现在又有了万家岭大捷，在这种时候宣传放弃武汉，不是很难让民众信服吗？”

“关键是我们共产党人首先要信服，只要我们都信服了，一定有办法让民众明白我们为什么要放弃武汉。”余瑞祥以不容置疑的口吻说道，“这是一个不容争议的问题，留给我们的时间不多了，我们还要处理一切善后工作。我马上去军事委员会，把我党对时局的最新判断以及如何调整军事战略报告给蒋委员长，劝说他下定放弃武汉的决心。当然，我想，蒋委员长一定也做好了放弃武汉的准备。他现在不能公开这个决定，主要是要看我党的态度。你们不要再有丝毫犹豫，应该快速发动我们的各级党组织，宣传放弃武汉的最新政策，并且通知湖北临时省委的各位负责人，晚上到八路军办事处来，我要跟他们详细地商讨我们的党组织应该怎么转移，应该向哪里转移等重大事项。”

“余主任，我们什么时候能够回到武汉？”一名工作人员突然问道。

“我们只是暂别武汉！以后一定会杀回武汉，重整山河！”

余瑞祥一离开，八路军办事处好像炸了锅一般，人人忙碌起来。

很快，国民政府军事委员会做出了准备放弃武汉的决定。

消息传来，民众一片哗然，各种各样的声音交织在一起，在武汉的上空急剧旋转不休。共产党、国民党以及各种抗日救亡团体、各民主党派都付出了最大的努力，终于使民众清醒地认识到放弃武汉势在必行，愿意离开的，纷纷收拾行装，拖家带口，向湘西、向四川、向乡下奔去。

这时候，敌机出动得更加频繁了，不仅肆意地轰炸整个武汉三镇，而且朝逃难的民众以及开赴各战场的中国军队一阵接一阵猛烈地轰炸。死亡的阴影无时无刻不笼罩在武汉军民的头上。

地下隧道工事已经全部竣工。王俊林接到了最新命令，留下一个旅，继续把守在岱家山一线，带领主力部队，去鄂东北跟余瑞华的人马会合，归属第五战区，一块向西转移。

余雅芳亲眼看到王俊林以后，不顾一切地投入他的怀抱，畅快淋漓地哭了好一阵子。从此，丈夫在她心目中，又是一切。如今丈夫即将再度走上战场，她没来由地又有一些担心，决定跟他一块走上前线。

王俊林深知国民党军队的品行，哪怕跟日寇打得再激烈，一旦接到撤退的命令，一准会犹如决堤的洪水，谁也挡不住。跟着部队撤退，后果难料，他实在不敢让夫人跟着自己。何况，王氏家族的产业，也需要人打理。堂兄王俊财因为一直在协助其他的厂家向西搬迁，过度劳累，竟然在家族产业差不多快要搬迁完毕，他自己也准备离开武汉之际，突然病倒了，医生说他不能动，要是动了，在路上没准会出好歹。王俊财只好留在王府。逐步搬迁到重庆的产业将无人打理。夫人早已熟悉王家产业，由夫人去重庆打理产业，总比去前线好得多。

想到这些，王俊林带了王卓文，趁着出发之前的一点空余时间，赶回了王府。

王府已经显得很空荡了，只有医生进进出出，试图用最短的时间让王俊财康复。王俊喜正在王俊财的病床前，关切地看着医生的一举一动。余雅芳和王俊喜夫人都陪着王俊财夫人，在旁边说一些宽心话。

见王俊财眼睛紧闭，脸色苍白，身体消瘦，王俊林心里长叹一声，转头询问待在旁边的医生，堂兄到底什么时候能够痊愈。医生劝说他最好把病人送进医院。

可是，医院早已挤满了从战场上转移过来的伤员，而且即将放弃武汉，伤员也在陆续转移之中，到处一片忙乱，哪里有地方可供王俊财治疗。王俊林说不上话来。王卓文眼睛红红的，强忍泪水，什么都不说。

“我们即将开拔了。王府现在竟然变成了这个样子，实在让人很担心。”王俊林说道。

得知哥哥不能动弹的那一刻，王俊喜打定了主意，如果哥哥不能行动，自己也不会离开武汉，手下有一大群帮众，有他们的保护，王俊喜不相信哥哥会出什么事情。不过，为防万一，他还是劝说王俊财母亲、嫂子和自己的夫人一道去重庆。然而，无论他怎么劝说，她们都不愿意离开。

王俊喜把心一横，吼叫道：“狗日的！大不了一家人都死在武汉，有什么可怕的？不走了，都不走了！”

他这么一犯横，王府一门女人还真有些忌惮，再也不敢吱声了。

“你不用担心，做你的事去吧。”王俊财夫人抬眼看着王俊林，说道。忽而，她把儿子拉到了面前，眼泪禁不住哗哗地流淌：“孩子，跟你叔叔走吧，家里的事，你不要惦念，有你二叔呢。”

“是呀，是呀，都走吧，只要有我在，天塌不下来！”王俊喜拍着胸脯说道。

“我跟你一块去。”余雅芳说道，慢慢地站起身。

“堂兄不能去重庆了，家族的产业怎么办？你去重庆打理家族产业吧。婶婶、大嫂她们也都跟着你一块去。这样，我们会更放心。”王俊林说道。

然而，余雅芳主意已定，可不管家族的产业了。

“你不要这么任性，即使二嫂知道了王府现在的情况，也不会让你跟着我去前线。”王俊林说道。

王府的事情跟对丈夫的不放心交织在一起，令余雅芳深受折磨。她很想征求二嫂的意见，但知道二嫂这一段时间太过忙碌，迟迟没有打扰她。现在，丈夫的话提醒了自己，是得尽快去一趟八路军办事处看望二嫂了。把这些事情告诉二嫂，二嫂怎么说，自己便怎么做。

于是，余雅芳跟丈夫一道，在王卓文的陪伴下，来到了八路军办事处。

余瑞祥和赵璇滢都忙得焦头烂额。看到王俊林他们进来了，余瑞祥简单地打了一声招呼。赵璇滢连忙走过去，招呼他们坐下。其他人一见，不好继续打扰，很快各自离开了。

近十天来，办公室里第一次出现了短暂的寂静，寂静得让余瑞祥和赵璇滢似乎觉得这不是真实的。余瑞祥把椅子拉了一下，离王俊林更近了。赵璇滢泡上了茶水。王卓文把茶水分别递给了王俊林和余雅芳，站在王俊林身后。

“要去前线了，特意来跟我话别的吧？”余瑞祥面带微笑，对王俊林说道。

“老实说，我们今天来这儿，不是为我，而是为了雅芳。”王俊林说道。

赵璇滢扫了余雅芳一眼，问王俊林：“难道你不放心雅芳吗？”

余雅芳连忙说道：“我想跟他一块去前线，可是，他说王府的产业全部搬去了重庆，堂兄病重，无法上路，要我去重庆接管产业。”

赵璇滢惊问道：“王世兄病得很严重吗？”

王俊林和余雅芳不约而同地点了点头。王卓文脸色严峻，一动不动，似乎他们说的人跟自己没有一点关系。

余瑞祥叹息道：“琐事缠身，我们竟然不知道王世兄病得如此厉害！”

赵璇滢当然清楚余雅芳为什么要跟随王俊林一块上前线，也早已知道王俊林已经接到了开赴前线的命令以及这项命令里面的意蕴。

信阳一落到日本人手里，蒋介石的一些嫡系将领为了保存实力，擅自离开了他们把守的防线，致使日寇长驱直入，接连夺得了很多地方，把很多继续在正面跟敌人作战的国民党军队，包括余瑞华的部队，全部包围起来了。而且，余瑞华还担负着掩护各路人马撤离的任务。在这种情况下，王俊林去收拢余瑞华的部队，饶是带着他的主力人马，危险程度可想而知。余雅芳跟随王俊林一块去前线，得冒多大的风险？那可比带着战地服务团上前线的风险大多了。而且，既然王俊财生病了，不能去重庆，王家的产业也的确需要人打理。

赵璇滢说道："雅芳，你别一心想着要上前线了，既然王家的产业需要人打理，你去重庆吧。要知道，王家产业为多少人多少军队提供了粮食，管理好一个产业，比你上前线更加困难，更有意义。"

余雅芳愣了半晌，轻轻地叹息一声，算是接受了二嫂的意见。

夫人可以确保平安，王俊林显得非常高兴，马上询问余瑞祥自己去了前线以后，应该怎么安全地把部队撤离出来。

余瑞祥说道："其实，你自己心中有数，不必问我。我现在唯一能对你说的是，决不能因为撤离放弃了一切，到了需要牺牲的时候，一定要不惜一切代价，跟敌人战斗下去。"

王俊林、余雅芳、王卓文一离开，赵璇滢想起了母亲，想起了儿子，想起了哥哥、弟弟、弟媳。是不是也得抽出时间，回去汉阳赵府，让母亲她们也全都去重庆避难？

忽然，赵璇滢接到了一个可怕的消息：去河南方向收养战地儿童的人员已经收拢了几十个儿童，走到河南与湖北交界的地方，听到武汉正在撤退的消息，不知道该往哪儿走。

她思索了好一会儿，也没有想出一个妥当的办法，对丈夫说道："这里的工作差不多快要安排完毕，我马上去河南，把那一批儿童转移到重庆去。"

余瑞祥点头道："非常时期，只有你去，才能让他们逃离敌人的魔爪。"

话音刚一落地，余瑞祥赶紧对着门外大喊一声，一个工作人员飞一般跑了进来。余瑞祥命令他火速准备车辆，把赵璇滢送往湖北与河南交界的地带。工作人员回答一声，马上从眼前消失了。

余瑞祥回头一看，夫人正望着自己，似乎有很多话要对自己说。他握着夫人的手，说道："你去吧，我会尽量把一切都安排妥当。"

赵璇滢感激地点了点头，脸上露出了一抹微笑。这时候，外面响起了喇叭声。她迟疑一下，扑进了丈夫的怀抱，然后突然松开，决绝地跑出了办公室，坐上小车，风驰电掣地朝河南方向奔去。

过了几天，一切都处理完毕，明天一早便要离开武汉了。想起这一年来在武汉上演的一幕幕情景，曾经人文荟萃，人口膨胀到一百几十万的大武汉，现在只剩下三十万人口，自己也要随着庞大的撤退人流一道离开这座承载了他无数希望的城市，余瑞祥的心里很有点不舍。

“今天的暂别，是为了明天的返回！”他试图这样安慰自己。

但安慰不了，那种不舍的情绪竟然越发紧紧地攫取了他的心。余瑞祥任凭这种情绪把他拖向无法预测的深渊，一点都不想挣扎，想在离开之前放纵一次，让情绪完全控制自己，这样，他才觉得自己是一个有血有肉有感情的人。

忽然，夫人闪现在他的脑海里。他一个激灵，想起了夫人临走之前那复杂的眼神。夫人为了失去父母失去家园的儿童，义无反顾地踏上了一条凶险难测的道路，把对儿子、母亲、家人的惦念压在心底，全部带走了。夫人舍不得她的儿子、她的亲人，余瑞祥曾经对夫人无言地承诺过，即将离开了，得实践这个诺言。

他连忙赶去汉阳，到了赵府，拜见了岳母，劝说岳母一家人跟自己一道，明天离开武汉。

“璇滢呢，她已经走了吧？你也要走吧？就算你们都走了，我也一定要留在汉阳。赵家现在什么都没有了，只有祖宗留下来的房产，我们还有什么可怕的？不走，我们绝不走！”周莹莹根本不听余瑞祥的劝说，决绝地说道。

王俊喜终于把王俊财母亲、夫人、嫂子和余雅芳等人送上了去重庆的火轮。他自己不能离开，心里颇感不是滋味，想起了柳彤萱，便来到赵府，想看一看赵府是不是真的不会搬往重庆。没料到，竟遇上这样一幕。

王俊喜连忙对余瑞祥说道：“余世兄，既然伯母已经做出了决定，你不要继续勉强了。我也走不了，我会尽力为他们提供保护的。”

余瑞祥心头涌起了淡淡的伤感，抱了抱儿子，对赵承彦、赵承博、柳彤萱交代了几句，不得不离开了赵府。他心情沉重地过了汉江，回到了汉口，没有直接回去八路军办事处，而是去了王府。

王俊财仍然不能动弹，双眼紧闭，任凭医生在他身上扎针、按摩。

余瑞祥差点滚出了泪花，轻轻握着王俊财的手，说道：“王世兄，你为了支持抗战，做出了巨大的牺牲，现在居然不能行动，怎不叫人叹息！希望你能迅速恢复健康，继续为抗日事业贡献你的智慧与力量。”

第十六章 劫后余生

第二天，赵承博早早地起了床，顾不上洗漱，急忙去了汉口八路军办事处，准备为姐夫送行，并询问姐夫应该怎么避开日本人的屠杀和虐待。

“你是一个聪明人，应该知道，当强盗撞进了你的家门，你不可能指望他们会大发善心。”余瑞祥冷静地说道。

“既然如此，你手下有人，为什么不把母亲和你的儿子都带走？”

余瑞祥说道：“我缺少人手，没有能力把她们全部带走。何况，我还有很多事情要处理，这一路也并不是直接去重庆。”

赵承博叹息一声，说道：“这一别，不知道我们还有没有再见面的机会。”

余瑞祥在赵承博肩头重重地拍了一下，说道：“承博，你要好好照顾她们。总有一天，我们会在武汉相见的。”

送走了余瑞祥，赵承博心头更加空寂。想了想，他迈步走向王府。

王府大门紧闭，里面几乎听不到什么声息。赵承博怔住了，心头生出异样的感觉。他敲了两下大门，听到里面传来一阵脚步声，很快，门开了，一个下人站在他的面前。

“赵二爷！”下人恭恭敬敬地喊道。

“你家老爷身体好些了吗？”赵承博一边迈步进入王府，一边问道。

“大家都希望老爷快点好起来！”下人说道。他重新关好大门，拉上门闩，在前面带路，把赵承博带到了王俊财的卧房。

王俊财依旧躺在床上，双目紧闭，气息微弱。另有两个下人站在床边，注视着他的一举一动。一名医生在为他检查身体。赵承博进去的时候，王俊财身子晃动了一下子，紧接着，眼睛竟然睁开了。

赵承博走到他面前，惊喜地问道：“王世兄，你清醒了？”

“我这是怎么了？”王俊财依旧气息微弱，问道。

“你病了好一阵子，一直没有睁开过眼睛，谢天谢地，你总算清醒了。”

王俊财“哦”了一声，病倒之前的事情立马像走马灯一样在脑海里回旋起来。他虚弱地问道：“是不是都搬走了？”

“走了！都走了！蒋委员长走了！国民党的军政高官走了！所有抗日流亡团体都走了！连八路军办事处也走了！”赵承博说着说着，心里开始发酸，但不能不尽力挤出一丝笑意，很想表现出满不在乎的气概，可样子看起来很瘆人。

“你怎么没走？”王俊财同样挤出一丝苦笑，问道。

“不走了！日本人来了又怎么样？只要不惹老子，老子不去管他；惹了老子，老子赤手空拳，也要把他们全部干掉！”赵承博眼里放出凶光。

王俊财一阵激动，剧烈地咳嗽一声，脑子一歪，又晕了过去。

下人吓得脸色苍白，手足无措。赵承博大吃一惊，伸直脖子，要凑到王俊财脸上看他的反应，被医生拦住了。

医生正在给王俊财配药，见此情景，他疾走过来，先翻开王俊财的眼皮，端详了一下，然后用听诊器在他的前胸后背听了好一会儿，这才收起听诊器，从药箱里又拿出一些药来，配好药水，为王俊财打上了点滴。

这时候，又从外面传进一阵敲门声。一个下人连忙跑了出去，不一会儿，王俊喜带领几个手下急匆匆地奔了进来。

“不得了，日本人已经打到岱家山来了！王俊林留在那儿防守的队伍，已经跟他们干上了！”王俊喜嚷嚷道，“如果不是惦记我哥哥，老子真想跟日本人好好干一场！”

八路军办事处前脚走，日本人后脚就打到武汉的门口来了？赵承博脑子一片空白，好一会儿都不知道自己到底该说什么，该做什么。

王俊财再一次睁开了眼睛。看到弟弟在身边，他显得很有点惊讶，气息微弱地问道：“你怎么没走？”

王俊喜说道：“我走了，你怎么办？哥，日本人已经打到岱家山了，王俊林在那儿只留了一个团，不禁打，很快会被日本人赶出阵地的。我们不能继续待在这里了，我想好了，我们趁早搬到法租界去。”

抗战爆发后，王俊财为了表达支持抗战的决心，动员一家人从租界搬回了华界。

“我不去租界，即使死，我也要死在这里！”王俊财抓住王俊喜的手，声音仍然很微弱，但语气很坚定。

“哥，留得青山在不愁没柴烧！再说，回去租界，也是回去王府呀！”

说完，王俊喜把哥哥的手拿开，立即命令自己的手下抬来了担架，垫上厚重的被子，招呼着他们把哥哥搬移到担架上，连同医生一块，准备离开了。

王俊喜发觉赵承博依旧愣在那儿，不由得眉头一蹙，说道：“你怎么还愣着呀，赶快回去，把伯母和你一家人都迁来，跟我们一块到法租界去呀！”

看到赵承博要走，王俊喜又拦住他，说道：“不如这样吧，我派几个手下跟你一块去汉阳，一定要把伯母她们都接过来。要快，晚了，日本人攻进汉口了，就不好走了。”

赵承博鸡子啄米一样地点着头，跟随王俊喜他们朝门口走去。

一出门，赵承博便跟王俊喜分了手，带着王俊喜交给他的几个手下，急切地朝江边奔去。他们搭乘渡船，过了汉江，一上码头，立马拦住几辆黄包车，风驰电掣一般地奔向赵府。

进了门，赵承博急匆匆地对母亲说道：“不好了，日本人马上要攻进汉口。王世兄让我们快点搬去法租界，跟他们住在一起。他们说，日本人不敢进入法租界，整个武汉三镇只有那儿最安全。”

李香香显然很有些动心，却不敢做主，把祈求的目光转向周莹莹。

周莹莹呵斥道：“慌慌张张，成什么样子！去法租界干什么？我不是早已说过，纵然死，也要死在赵府吗？”

赵承博分辩道：“我们去法租界，不是还没有离开武汉吗？”

日本人快要攻进汉口，王俊喜邀请一家人去法租界避难，柳彤萱恨不得马上收拾行装，离开这个是非之地。周莹莹的一声呵斥打破了她的幻想，吧嗒一声，泪水滚出眼窝，她怔怔地站在屋子里，一句话也不说。

“母亲，我们还是躲到法租界吧，要不然，真的很难想象会有多么可怕的后果。”赵承彦非常理智，赶紧劝说道。

周莹莹心意已决，绝不会随意松口。她不肯去汉口，虽说的确是为了关照祖宗留下的产业，另外还有一层原因：王芝英嫁给了赵承彦以后，她和李香香可没有给王芝英好日子过，差点闹得王府跟赵府老死不相往来，她还有什么脸面接受王府的恩惠？李香香似乎也对王府怀有深深的愧疚，低下了脑袋，默不作声。刘芳芳一向逆来顺受，眼下重回赵府，更是什么话都不说。

赵承彦对王俊喜的手下说了一些好话，把他们打发走了，另外提出了一个替代方案：“为了安全，我们到乡下去避一避。”

周莹莹眼见得一家人眼睛里都写着“离开”两个字，不好再坚持了。她叹息一声，说道：“好吧，既然你们一定要抛弃祖宗留下的唯一产业，你们都走吧。我一个人待在赵府，看日本人能把我一个孤老婆子怎么样。”

没有人会丢下她不管，于是，再也没有人提出离开赵府了。

榨油坊被夷为平地以后，周莹莹遣散了几乎所有的下人和丫鬟，整个院落显得非常空寂。一阵阵微风吹过，骚动了光秃秃的树枝，沙沙的响声给整个院落更增添了几分幽静的气息。

天色黑下来的时候，唯一留下来照顾余明亮的下人走进厨房，准备好了晚饭。一家人索然无味地吃完了饭，回到了客厅，只有下人忙着拾掇饭桌。

突然，门外传来一阵阵慌乱的脚步声和一声声叫喊。一屋子人都惊呆了，不约而同地变了脸色，一个念头刹那间浮上心头：难道日本人已经打到汉阳了吗？

“我去看一看。”赵承博一边说，一边准备起身。

李香香赶紧阻止道：“你别动！”

外面的声音愈发慌乱，叫喊声愈发清晰了一些。他们分辨出来了，那些声音是打从汉口撤到汉阳的中国军队发出的，意在大声告诉民众日本人已经开进了汉口，吆喝民众赶快躲开。

紧接着，他们听到一阵阵打开屋门的声音。随即，无数个询问声传入了他们的耳朵，中间夹杂了孩子的声声哭泣和老人的叫喊。中国军队的叫喊声越来越大，脚步声也越来越杂乱无章。他们可以分辨得出来，那些声音的主人几乎奔向了同一个方向。

很快，赵承博判断出来了，他们正朝十里铺方向一路狂奔。他再也忍耐不住了，不容母亲反应过来，腾身而起，一阵风似的刮了出去。

外面已经下起了小雨。打从汉江和长江刮过来的一阵阵微风，不时地变换方向，雨水在风中飘摇，好像皮鞭抽打之下的陀螺，那么无助，那么凄凉。

借着一团团的火光，赵承博清楚地看出来了，一队兵士提了长枪，从远处朝这边迅速奔了过来；很多邻居已经打开了大门，高举火把，扶老携幼，慌慌张张地加入到奔跑的队伍。

“赵二爷，你们真的不走吗？”有人问道，丝毫没有停止奔跑的脚步。

赵承博不愿意回答他们，赶紧迎着那群兵士跑了过去。他大声问道：“日本人已经占领了汉口吗？他们是不是马上要打到汉阳来了？”

“整个汉口已经落到日本人手里了，快走，离开汉阳！”兵士毫不停歇。

赵承博心里一阵发紧，他很想飞奔回府，催促母亲赶紧离开。一想起母亲态度决绝，他长叹一声，逆着兵士跑过来的方向奔去。

远处冒出了一团团的火光，然后迅速地连成一片，把整个天空都映照得一片彤红。他隐约听到了一片哭叫声，那是万念俱灰之人绝望的哭叫！赵承博的心像被什么东西狠狠敲击了一下，放慢了脚步，定睛远眺，赫然发现前面正是汉江南岸，那道火光已经形成了一道巨大的火墙，在汉江北岸肆意地横行，吐出了一道道巨大的火苗，舔舐着灰蒙蒙的天空。

日本人在放火焚烧汉口，赵承博明白过来了，心里更加痛苦。

他不准备继续朝前面跑去了，得赶紧回府，趁着日本鬼子还没有来到汉阳，无论如何，要把母亲和一家人转移到乡下去，也许，今晚是唯一的机会。

逃难的人已经把整个街道都堵塞住了，赵承博不能信马由缰，只有跟在他们的后面，艰难而又费力地朝赵府挤去，心里像火烧一般焦急而又痛苦。

差不多子夜时分，他终于回到了府邸，一家人仍然坐在堂屋里等着他。

赵承博说道："日本人已经在汉口放火了，我听到了对岸的枪声和哭叫声。日本人是畜生，我们不能跟畜生讲道理，母亲，我们赶快走吧，到乡下去！"

"回来就好，睡觉去吧。"周莹莹冷静地说道。

赵承博急切地说道："母亲，难道你没有听说过南京吗？日本人正在把武汉变成南京，你不能眼睁睁地让赵府的人一个个送死！你应该给赵府找一条活路！"

周莹莹说道："孩子，不是我不给赵府找活路，是日本人不给我们活路。既然他们把武汉当成南京，来了就烧就杀，无论逃到哪里，只要遇上他们，都会被他们烧被他们杀。我们为什么要逃？为什么要离开赵府？死在赵府，能够跟赵府列祖列宗永不分开，是我们的福气。"

说完，周莹莹站起身，牵了余明亮的手，进入自己的卧房。

赵承彦一直冷静地坐着，宛如一座雕塑，不言不语，似乎他已经明了赵府最后的命运，再也不愿意抗争了。

"大哥，难道你能眼睁睁地看着赵府完蛋吗？"赵承博冲到他的跟前，说道。

赵承彦从嘴角里牵出了一丝苦笑，说道："先看一阵子再说吧。日本人的前锋部队不会太多，即使攻占了汉口，也不可能立即攻击汉阳。明天一早，我去汉口看一看情况，实在不行，我们还可以进入归元寺。日本人再凶残，总不至于连归元寺都去烧去杀吧。"

"大哥，去汉口的事情交给我吧，家里托付给你了，你跟归元寺方丈最熟，会为赵府找到安身立命的空间。"赵承博眼前一亮，说道。

犹如绝境之中看到了希望的光亮，一家人的情绪马上开朗了许多。赵府的气息顿时不再那么沉闷，也不再那么令人窒息，他们继续说了一会儿话，便分散开来，各自回房安歇。

柳彤萱和赵承博一道回到卧房。她一头扑在丈夫怀里，说道："明天我跟你一块去汉口。"

赵承博摇了一下头，轻柔地把夫人从怀里推开，说道："我是去汉口查看情况，你跟着我干什么？在家里好好待着吧，明亮和母亲他们还需要你呢。"

赵承博发出了凄惨的笑声，说道："你说什么呀？我是谁？天不怕地不怕的赵承博。我不过是去一趟汉口，有什么好怕的？好好睡觉，我明天一早去汉口，中午之前一定会回来。”

第二天天刚亮，赵承博便起了床，离开了赵府。

很快，他来到了江边。整个汉江南岸，似乎是一片废弃的荒地，一只只系在江边的木船，随着江风的吹拂在江水中飘荡不止。遥望汉口那边，仍然可以看到一团团的火光，在微雨中闪烁出光亮。赵承博接连询问了好几个船家，没有人敢冒险去汉口。赵承博着急了，掏出一把银圆，交给了一个船老大。

船老大说道：“赵二爷，日本人在那边烧了一夜，杀了一夜，谁敢去呀？你纵使把赵府全都送给我，我也不敢去呀！你行行好，放过我吧，你要船，我可以把船给你。”

赵承博给船主丢下了一把银圆，果然打算自己摇起木船，过去汉口。可是，船根本不听他的使唤，不停地在水面上打着旋。他用力一大，木船差一点倾覆。他无计可施，不得不放弃了摇船过江的企图。

他想了一会儿，忽然有了主意。脱下衣服，朝地面一扔，接连蹦跳了好一阵子，直到身体发热了，他一头扑进了江水，慢慢游向了对岸。

江水很有些寒意。赵承博禁不住打了一个哆嗦，不由得骂起王俊喜来了：“王俊喜，你是个言而无信的小人，说过会照顾赵府，可是，日本人来了，你当了缩头乌龟，连个鬼影都见不到。”

赵承博鼓足勇气，咬着牙，继续朝对岸凫去。终于游得顺利了一些，不久便游到了江心，他抬眼朝对岸望去，隐约看到有几个手提长枪的人影在晃动。

一定是日本人在对岸设立了岗哨！赵承博心想。

出于本能，他找到了一个安全的地方。刚一上岸，他便听到了一阵阵吼叫声，赶紧往已经枯萎的草丛里面一趴，留意周围的动静。

有人从距离他不远的地方走了过来。日本人的叫唤声，和着一两句中国人的哀求声传进了赵承博的耳朵。他听不懂日本人的话，但看到几个衣服褴褛的人正在日本人的驱赶下，颤颤巍巍地走向了江边，其中有两个人甚至还拄着拐棍，走起路来十分吃力。赵承博稍微挪动了一下身子，看得更仔细了，赫然认出那两个拄拐棍的人正是把抚恤金捐出来的辛亥老兵。

日本人要他们到江边做什么？赵承博脑子里闪出了一个巨大的问号。

难道是要把他们驱赶到江里面去，淹死他们吗？一想到这里，赵承博心头一阵紧缩：日本人太不是东西了，自己可是经常在水里游来游去的，还差点游不过来呢，把他们赶下江水，他们还能活下去吗？

赵承博屏住呼吸，赫然发觉那两个辛亥老兵脚下一个趔趄，人随即倒了地，抱着拐棍，在地面接连翻滚了几下，忽然停住不动了。日本人笑得前合后仰。紧接着，有两个日本人走了过去，飞起一脚，试图踢那两个辛亥老兵。两个辛亥老兵突然挥起拐棍，把两个鬼子扫倒在地，随即翻身而起，坐在日本鬼子的肚皮上，用拐棍扼在日本鬼子的脖子上，拼命地朝下猛压。日本鬼子双脚不停地乱弹了一会儿，身子一挺，不能动弹了。

看到这里，赵承博血管贲张，恨不得大叫一声好。忽然，他看到其他几个日本人枪杆子一抡，砸在两个辛亥老兵头上，几把刺刀，猛力捅进了他们的心脏。两个辛亥老兵抡起了拐棍，软软地落到地上，身子一扑，扑倒在地。

赵承博双手紧紧地握住拳，眼泪不由自主地流出来了。

日本人继续用刺刀猛烈地在两位辛亥老兵身上胡乱捅了一阵子，剜出了他们的心脏，用刺刀挑着，朝站在一边瑟瑟发抖的十几个乞丐面前走了过去，把心脏分别放在两个乞丐嘴边，叽里呱啦地说着什么。乞丐不停地摇着头，日本人继续把心脏朝他们嘴边递去。一个乞丐跪倒在地，哇哇大哭起来。其他的乞丐同时也跪倒了，也是哇哇大哭。

赵承博怒火万丈，恨不得冲上前去，揪起他们的衣领，狠狠地扇他们几个耳光，喝令他们一块反抗。可是，身子一阵阵发冷，他动弹不得，只有继续眼泪汪汪地看着接下来的情景。

一个日本人把刺刀狠狠地捅进了一个乞丐的嘴里，刹那间，一道鲜血从乞丐的嘴里流出来了。随即，那个乞丐头一歪，重重地倒了地。

“八格牙鲁！”日本人凶狠地大骂，把刺刀递到了一个乞丐的手里。

乞丐颤抖着拿起了刺刀，惊恐地看着日本人。日本人又是一声怒骂，乞丐把刺刀上的心脏送进了自己的嘴里，然后哇的一声吐出来了，心脏像一道利剑一样劈面朝他正当面的一个日本人脸上飞去。日本人恼羞成怒，一把夺过刺刀，猛地朝那个乞丐的心脏上捅去。乞丐接连摇晃了两下，倒了下去，另外的乞丐号啕大哭起来。日本人一边玩，一边用枪杆子把乞丐分成两列，让他们面对面地站着，把刺刀递了过去。

日本人一定是命令他们自相残杀了，赵承博痛苦地闭上了眼睛，再也不忍心看下去了。

隔了好一会儿，周围归于平静。赵承博再度看去，乞丐已经全部倒在地上，日本人剜了他们的心脏，正慢慢地朝嘴里送去。赵承博可以听到自己的牙齿吱嘎作响：“日本人都是豺狼，你不杀掉他们，他们就会杀掉你！”

日本人哈哈大笑一阵，离开了。赵承博慢慢爬向那群乞丐和两位辛亥老兵。

两位辛亥老兵浑身上下已经没有一点完整的骨肉，只有脑袋还可以分辨得出来谁是谁。他们眼睛睁得老大，一种不屈的精神感染着赵承博。他伸出双手，轻轻地抚摸着他们的眼睛，让他们合上了眼睛，然后拿起他们的拐棍，费力地在地上挖出了一个坑，把两位辛亥老兵埋葬了。

日本人真的比豺狼还要凶残，被他们抓住了，只有死路一条。不用再朝前去了，回去吧。不，已经过了江了，赵家头可断，说出去的话不能不做数，何况，自己熟悉汉口，日本人刚到，总能找到避开他们的办法。

他剥下一个乞丐的衣服，穿在自己身上，仔细观察了一下四周的动静，看出了一个没有日本人活动的地方，弯着腰，快速地走了过去。

他总算走在了汉口的街面上。街道上没有一个行人，人们早已逃之夭夭。大火正在四周不断地熊熊燃烧，并且飞快地朝这边扑了过来。他辨别了一下方向，手里提了一根拐棍，弓着腰，警惕地朝着六渡桥方向呈“S”形地奔了过去。他忽然听到了一声声咆哮和呵斥。

是日本人的声音！他心里一紧：日本人在这里干什么？

紧接着，他听到了一阵杂沓的脚步声，和一些人的哭泣声，还有什么东西相互撞击的声音。各种声音交织在一起，显得十分凌乱。他稍微迟疑了一下，决定继续去六渡桥看一个究竟。

他紧紧地贴着墙壁，探头探脑，不一会儿，眼前出现了一群群垂头丧气的人，好像羔羊一样，在日本兵士的驱使下，朝着汉正街方向走去。

这群畜生，难道是要把武汉人全部杀绝吗？赵承博火冒三丈，在心里骂完日本人，又责怪那些民众：你们曾经踊跃过，怎么一在日本人的刺刀面前，就变成了一群羔羊？你们难道不能反抗？

他缩回身子，准备绕开这条道路，插到队伍的后面去，通知留下来的老百姓能跑多远跑多远，别让日本人抓住了。

仗着熟悉整个汉口的地形，很快，他插到了六渡桥靠近江汉路的路口。

这时候，又传来一阵阵杂沓的脚步声、慌乱的吆喝声，是日本人的声音。他感到好奇，贴着街面采取跳跃性行进的方式，奔了过去。

一大群强盗撞进了一座座豪华的庭院，杀死了主人，抢走了所有值钱的东西，连同从其他各个地方抢夺的许多东西，全部堆积在街道的四周。每一堆什物的跟前，都有几个小孩或者妇人。还有一些人冲进了某一个漂亮屋子后，再也没有出来，把一堆一堆的东西，朝屋子里面送去，准备和屋子一道据为己有。

整个街道上，已经没有一个活着的中国人，中国人早已死了，呈各种各样的姿势，躺在大街上，或者门槛上；女人的衣服全部被撕烂了，浑身赤裸，全身都是鲜血；许多小孩，身子从中间分开了；那些年轻力壮的人，要么没有了头颅，要么没有了四肢，要么只是一副完整的身体，浑身上下钻满了洞眼。

赵承博倒抽了一口凉气，终于明白那些老百姓为什么会在日本人的刺刀下变得如此温顺了。日本鬼子杀了那么多人，跟随日军一道来到武汉的日本人，任意抢劫，任意抢占房屋。他要迅速离开这个地方，快点去法租界找到王俊喜，但一不小心，拐棍碰到了墙面，砰的一声响，惊动了正在肆意抢夺的日本人。

日本人似乎有些吃惊，不约而同地转过头来，竟然看到一个乞丐手拿拐棍站在那儿。他们不由得哈哈大笑，顿时扔掉了手里的东西，一齐朝赵承博扑了过来。

“狗杂种！没有武器也是豺狼！”赵承博眼中冒出了怒火，心里恨恨地骂，“不给你们一点教训，你们怎能知道武汉还有中国人！”

他操起了拐棍，飞快地朝一个日本人冲去，劈头一棍，把那个家伙的脑袋打歪了，日本人扑通一声倒在了地上。赵承博心里涌起一阵快感，血管贲张，朝围拢过来的日本人一阵猛扫，日本人疯狗一样地朝他扑去。一个日本人夺过了他手里的拐棍，另外几个日本人扭住了他的手，他奋力地挣扎着，终于从日本人手里挣脱出来，不辨方向，急忙朝另外一侧的街道跑去。日本人不停地叫喊着，跟在后面追了过来，赵承博不敢怠慢，越跑越快。

突然，从后面传来了一声枪响。紧接着，一粒子弹嗖的一声贴着赵承博的脑门朝前面飞过去，打进了一面墙壁，激溅起一些火星。赵承博朝后面一看，竟然有一队日本兵士冲了过来。不能落到他们手里！他没头没脑地一阵狂奔。

过了许久，后面似乎没有声音了，赵承博慢慢地停下来，前面竟然又出现了一队日本兵士。这些狗杂种也看到了他，一声吼叫，端着长枪追了过来。赵承博赶紧朝另外一个街道口奔去。很快来到了一面矮墙，他纵身一跃，跳上了矮墙，眼睛朝四周一望，只见遍地都是日本人。他本能地跃上一间屋子，气力不济，一下子跌倒在瓦片上，差点滚了下去。

日本鬼子搜寻了一阵子，跑到另一方向去了。赵承博松了一口气，躺在冰冷的瓦片上，顿时感到浑身软弱无力，肚子咕咕叫唤不停。

继续去找王俊喜吗？街面上到处都是日本人，不仅有日本兵，也有日本平民，全像疯狗一样，见了中国人就扑上去，恐怕不等找到王俊喜，自己的小命便会玩完。那么，回去汉阳吧。恐怕也回不去了，一天没有吃饭，早已饥肠辘辘，别说过江，即使能够走到江边，也不太可能了。他很有些后悔，明知道汉口已经落到了日本人手里，跑过来干什么？恍恍惚惚之中，他的眼帘浮现出夫人柳彤萱的身影，心中更是一阵阵发慌：难道真的再也见不到夫人，再也见不到母亲了吗？

一想到夫人，一想到母亲，勇气爬上他的心头。无论如何，都要回去汉阳，死也要跟母亲跟夫人死在一块，赵承博一下子坐了起来。

这时候，下面传来了一阵吆喝声。他吃了一惊，放眼望去，很多日本兵士已经朝他这边奔了过来。他慌忙腾起身，在屋顶上一阵乱跑。一阵阵枪响，子弹在他四周胡乱地飞。他猫着腰，没命地沿屋顶朝前奔跑。前面，已经是房子的尽头，一群日本兵已经拥了过去，正在那个缺口等他自投罗网。赵承博咬了咬牙，折身又朝后面跑去。日本兵一阵叫唤，又是一阵追赶，又是一阵子弹射了过来。

有一伙日本兵已经爬上了屋顶，提着枪，朝赵承博迎面扑来。他心里一凉，赶紧回头，又朝另一端跑去，跑着跑着，眼见得中途没有东洋杂种了，便纵身一跃，跳了下去。

一阵钻心的疼痛从脚下升腾而起，迅速袭遍了他的全身，赵承博强烈地忍住，拖着脚奔向了一个僻静的巷口。

日本兵仍在后面追赶不止。赵承博接连拐了几道弯，甩脱了他们，再次爬上了一个屋顶，仰面朝天，浑身瘫软，倒在瓦片上。

天色已经黑下来了。他美美地休息了一阵子，分辨了一下方向，准备去法租界继续寻找王俊喜，要不然，他不仅回不了汉阳，甚至连性命也会丢在汉口。

赵承博辨识清楚了方位，下了屋顶，走到街面上。因为有了甩脱日本人的经验，一听到有人的说话声和脚步声，他机敏地躲藏起来，直到没有任何异动了，才蹑手蹑脚地继续前行。

天快亮的时候，赵承博疲惫至极地进入了法租界。

王俊财还没苏醒。王俊喜一听赵承博历险的经过，不由得十分焦急，说道："听说日本人今天已经占领了武昌，不出两天，汉阳也会落到日本人手里。你好好休息一会儿，我为你安排一下，让几个兄弟无论如何把你送回去，告诉伯母，你们一定要离开汉阳。"

赵昏昏沉沉地入睡之际，忽然，赵承博被人猛地推醒。

"不好了，日本人已经从武昌派出了一支部队，渡过长江，往汉阳去了。"

是王俊喜！

一天一夜噩梦般的逃亡经历，以及日本人疯狂烧杀掠抢的场面在眼帘晃动，赵承博大叫一声，从床上跳下来，准备冲出去，被王俊喜拦住了。

王俊喜说道："我哥哥现在时而苏醒时而昏迷，我放心不下他，不能跟随你一块去汉阳，已经特地挑选了几个好手，他们一定会把你平安送回汉阳的。只要伯母她们没有事，你不要耽误，快点带着她们离开。"

在汉帮众兄弟的护送下，赵承博一行人费尽周折，到达了江边。早有一只木船在江边等候着他们。他们赶紧登上船，飞快地划动木船，向汉阳划过去。划船声惊动了岸上的日本兵，日本兵发现了目标，一齐开了火，但木船越划越远。

赵承博嘘了一口气，庆幸自己能够回到汉阳。他并不知道，当他还在汉口市区跟日本人周旋的时候，赵府已经遭受了灭顶之灾。

日本兵的确是从武昌乘坐船只，渡过长江，进入汉阳的。这时候，国民党军队早已逃得无影无踪了，汉阳敞开胸怀迎接了这群如狼似虎的日本人。日本兵一登陆汉阳，迅速划分成许多小分队，冲向了每一条街道，准备展开疯狂的抢掠。

一个少尉军官骑着高头大马，带领一群东瀛强盗，撞进赵府所在的街道。一见那座巍峨庞大的庭院，少尉军官眼睛立马泛出了贪婪的绿光，拔出指挥刀，大叫怪声，那群兵士如狼似虎地冲到赵府门口，猛烈地敲击着大门。大门发出砰砰的声响，依旧顽强地挺直了胸膛，屹立不动。兵士们退后几步，几颗手雷一块丢了过去，一声声爆炸过后，大门上出现了一个很大的窟窿。一个日本人从窟窿里爬了进去，打开了大门。少尉骑着马，一直撞进了庭院。

赵承彦站在一棵大树下一动不动。

自从赵承博离开以后，赵府的人在担忧之中度过了一天一夜。日本人在汉口和武昌的暴行，已经传到了汉阳。周莹莹终于认清了局势，再也不敢继续待下去了，决定举家逃到乡下去。赵承博还没有回来，李香香和柳彤萱死活不愿意离开。赵承彦决计把他们全部带到归元寺躲藏起来，自己在家里等弟弟。周莹莹、李香香毕竟难以舍弃赵府的财产，打算全部带走。这么一忙乱，等他们准备出发，打开大门一看，日本人已经像蚂蟥一样在汉阳的街道上游荡。他们只好退回赵府。赵承彦马上叫母亲和柳彤萱她们一块躲进庭院后面的防空洞，自己准备进去的时候，日本人打了进来。

东洋鬼子果然训练有素，一冲进庭院，立即分散开来，冲进每一间屋子，不停地翻找着东西。少尉指挥官骑在马上，不断地围着赵承彦转圈。

直到冲进屋子的日本兵扛着各种各样的东西出来了，少尉指挥官这才停止用马蹄画圈，把指挥刀向赵承彦的眼前一伸，问道：“你的，什么人的干活？”

“我是这里的主人。”赵承彦说道。

“这里的，还有其他的人，花姑娘的有？”少尉指挥官问话还没有落地，日本强盗爆发了一阵哈哈大笑。

赵承彦脸一扭曲，说道：“家里的人都跑了，只我一个人。”

少尉指挥官眼睛四处乱瞟，看到地面留下的一块花手巾，弯下腰，用指挥刀把它挑起来，拿到鼻子上闻了闻，样子很沉醉。他对赵承彦说道：“你的，没有对皇军说实话，是要付出代价的。”

眼睛里马上冒出了凶狠的光，喝令他的兵士：“给我搜！”

东洋杂种扔下手里的东西，手雷一个接一个地朝着四处扔去。刹那间，响起了一阵接一阵的爆炸声。

一个女人的惊叫声从不远处传了出来。日本兵哈哈大笑，立刻朝惊叫声传来的方向扑去。很快，他们发现了一扇门，打开门，一个风韵楚楚的女人出现在日本人面前。日本人一阵狂笑，把柳彤萱抓了出来。紧接着，周莹莹、刘芳芳、李香香都被抓出来了，余明亮也被抓出来了，还有几个包袱的银圆以及赵府剩下的财宝，全部被搬了上来。

少尉翻身下马，走到柳彤萱的跟前，用手抬起她的下颌，脸上流露出淫荡的微笑：“哟嘻，真是一个中国美人。”

“放开她，你们需要什么东西，都可以拿走。”赵承彦走了过去，说道。

少尉指挥官摇晃了一下头，转过身躯，一把将柳彤萱提起来，猛地撕开了她的上衣。

“畜生！”赵承彦骂道，想冲上前去，被两个日本兵死死地按住了。

柳彤萱本能地弯下腰，护住自己的胸部。少尉指挥官不住地摇头晃脑，似乎在打量一幅无比珍贵的油画。忽然，他再一次把她提起来，撕扯她的裤子。

周莹莹慌了，试图冲过去阻拦。几个日本兵一拥而上，朝着周莹莹扑去。刘芳芳赶紧去阻拦，一个日本兵把周莹莹按倒在地，另外的日本兵把刘芳芳、李香香也分别按倒了。几个女人在疯狂地、凄厉地叫喊着。

赵承彦怒火万分，不停地挣扎着，两个日本兵竟然像两把老虎钳一样，把他紧紧夹住了。他挣脱不了，只有不断地咒骂。

“放开我姥姥！”余明亮突然冲了上去，一口咬在一个日本兵的手上。

那个日本兵痛得哇哇大叫，立刻放下周莹莹，转头一看，竟是一个孩子，气恼之下，拿起枪，准备朝余明亮开火。

“余明亮，快跑！”赵承彦喊道。

余明亮紧接着又准备朝压住刘芳芳的一个鬼子咬去，听了舅舅的叫喊，回头一看，日本兵的枪已经对准了自己，吓愣了，一动不动。

“快跑！”赵承彦喊道，奋力地挣脱了日本兵的掌握，一脚踢向了那个拿枪的日本兵。

枪响了，子弹嗖的一下，从少尉指挥官的头顶飞了过去。

余明亮反应过来，赶紧朝大门口跑去。

那两个日本兵再次把赵承彦抓住了。不由分说，日本人把赵承彦捆绑在一棵大树上，用刺刀一块一块地割去了他身上的肉。家中的女人们也被日本兵凌辱至死。

过了汉江，赵承博老远便看到了日本人疯狂抢掠的情景，心里一阵阵发紧，暗自祈祷：“老天爷，千万不要让赵府出事。”

在汉帮帮众的掩护下，赵承博终于绕开了日本人的视线，进入了赵府。

面前的惨状令赵承博再也无法走动了。他脑子里一片空白，瞬间之后，爆发了一声凄厉的大叫，风一样地跑到亲人们面前，把他们一个个抱起来，放在一块，对着天空怒吼道：“狗日的日本人，老子要跟你们拼到底！”

第十七章 反抗之火

王俊财再度苏醒以后，立即询问弟弟："日本人是不是已经进入汉口了？"

"是的，我是赶在日本人进入汉口市区之前，把你带到法租界的。"

王俊财不再说话，一直用探询的目光死死地盯着弟弟。王俊喜非常清楚，哥哥是急切地希望了解日本人是不是把武汉变成了南京。他怎么能把他亲眼看到、亲耳听到的事情告诉给病重的哥哥呢？然而，面对哥哥执著的目光，王俊喜徒唤奈何，多少吐露一点日本人在武汉的劣行，但隐瞒了许多令人发指的事实。

"畜生！"王俊财挣扎着支起了上半身。噗，一口鲜血喷出来，身子一软，棉条一样，软软地倒在床上。

"哥！"王俊喜声嘶力竭地大叫道。

王俊喜再也不能任由哥哥躺在府上了。他命令人马把王俊财送进了医院。

当天晚上，王俊财又苏醒过来了。他微微睁开眼睛，下意识地朝前后左右缓缓地看了一遍，说道："我不能住院，尤其不能住外国人的医院！国家正在抗战，我不能为国出力，为什么还要羞辱我？"

"哥，养好身体，你才能为国出力！"王俊喜劝说道。

"我没用！我不争气！"王俊财痛苦地闭上了眼睛，喃喃地说道。

过了很久，王俊财终于接受了自己已经住院治疗的事实。不过，他仍然希望更多地了解日本人到底在武汉干了一些什么。平静下来的时候，他还是用那种探询的眼神紧紧地盯住弟弟。

"哥，帮里有事，我得走了，我们明天再说，好吗？"王俊喜不敢面对哥哥的目光，连忙站起身，说道。

王俊喜出了病房，一头跌坐在一把候诊椅上，长叹一声，闭上了眼睛。他暗问自己："有什么办法可以逃避哥哥的询问？"

他想不出办法。呆坐了好一会儿，耳边响起了哥哥的咒骂："畜生！"

"畜生！他们确实是畜生！"王俊喜情绪激动起来，骂道，"这帮畜生丧尽天良，干尽坏事！他们杀了那么多人，奸了那么多妇女，抢了那么多东西，还逼迫老子食言！堂堂汉帮帮主信义何在！"

他一直没有忘记自己对赵璇滢和余瑞祥夫妇许下的诺言。但事到临头，他竟然没有办法帮助赵府摆脱灭顶之灾。何况，里面还有一个曾经给他的精神与身体带来了无限欢娱的女人：柳彤萱。

从手下那儿知道了赵府院落里的惨状，王俊喜痛心疾首，火冒三丈，立即命令一干人马，躲开日寇的视线，去了汉阳，一看到落单的日本人立即开枪，打死了十几个仍然在疯狂抢掠的日本强盗。

“畜生！老子无法面对哥哥，老子可以杀你们！”王俊喜越来越激动，决绝地说道，“从明天起，老子让你们知道汉帮的厉害！”

王俊喜立即回去帮会，当夜召集帮众，命令他们三件事：第一，杀日本人；第二，找赵承博；第三，找余明亮。可是，帮众费尽心机，一连找了好几天，都找不到赵承博的下落，余明亮也像影子一样消失不见了。

“赵承博是大人，可以不去管他，你们一定要把余明亮给我找到！”王俊喜不得不缩小目标。

又是几天过去了，汉帮成员全体出动，分散到武汉三镇每一个角落，不仅仍然没有找到余明亮的影子，甚至一点有用的消息都没有探听出来。余明亮到底是被日本人杀死了，还是被日本人抓到什么地方去了？谁都不知道。

“继续杀！继续找！”王俊喜冷酷地命令道，“找不到余明亮，把你们见到的日本人统统给我杀了！”

汉帮帮众在整个武汉三镇不断地向日本人开冷枪，彻底激怒了这群东瀛强盗，也让他们误以为武汉三镇到处都有国民党特务或共产党安插下来的秘密工作人员。一旦有日本人受到袭击，日本军方准会疯狂地在难民区展开搜捕行动，任何人都有可能是怀疑对象。一旦成为日军的怀疑对象，立即遭到拷问甚至屠杀，整个难民区宛如人间地狱。

是的，是难民区。日本人占领了汉口以后，把昔日繁华的六渡桥、江汉路一带划定为日侨区，把世世代代居住在那一带的汉口民众全部驱赶出来，让跟随着日本军队攻击的步伐前来抢夺中国财富的日本侨民强占了去。随即，倭寇将汉正街一带划为难民区，把中国人全部驱赶过去。只在利济路汉正街口与硚口汉正街口留下两个进出口子，每一个口子都布设了岗哨，由持枪荷弹的日本宪兵把守，周围架设了带着电网和铁丝网的栅栏。水电全部切断，整个难民区陷入了一片死寂之中。

难民区的街道上到处都是流浪的孩子。日本人一旦看到了，立刻疯狂地追赶他们。这些残暴的强盗端着刺刀，噗的一声，刺进一个个来不及逃走的孩子心脏。吓傻了的孩子一下子瘫倒在地，眼睁睁地看着这些狰狞的恶魔刺向自己。

这时候，王俊喜忽然发现一个孩子很像余明亮。他赶紧率领人马干掉了日本鬼子，一把抓起那个孩子的手。他失了望，孩子不是余明亮。

从此以后，王俊喜只在流浪的孩子当中寻找余明亮。一连寻找了十几天，还是不见踪迹。愧对赵璇滢和余瑞祥的情绪无时无刻不像火一样在他心里熊熊燃烧。他不能停下寻找余明亮的步伐，无论如何，也要把余明亮找出来。如果余明亮真的被日本鬼子害了，他一定要让更多的日本人拿性命来偿还。

王俊喜越发失去了理智。只要看见日本人，他会毫不犹豫地掏枪便杀。那些打算跟随日本军队来到六渡桥发洋财的日本商人，已经有很多命丧在他的手下。每个日本人丢掉性命以后，都会在武汉三镇掀起一阵血雨腥风，更多中国人会由此而惨死在日本人手里。他还是无法罢手。

他这么闹了一阵子，有人沉不住气，找上门来了。找他的人是军统特务，姓姚，跟王俊喜算得上是老熟人。撤离武汉的时候，姚先生受命组建军统汉口小组，潜伏下来，准备伺机刺探日本人的情报，刺杀有可能当汉奸的原国民政府军政官员，以便振兴抗战军民的士气民心。

“你为了一个孩子，把整个武汉三镇搞得鸡犬不宁，我实在佩服得很。不过，我希望你不要继续这么干下去了，你越是这么干，日本人越会疯狂报复，你想找到那个孩子一定会更加困难。我们曾经合作过，现在可以继续合作嘛。我们可以帮你寻找那个孩子；你呢，在我们需要的时候，帮助我们做一些事情。”

“老子从来都是独来独往，不会听从任何人的命令。”王俊喜冷冷地说道。

姚先生哈哈一笑，说道：“王兄弟，请你不要误会，我没有要你听从我的命令。好啦，不管怎么样，王兄弟的事就是姚某的事。王兄弟即使不答应为我们做事，看在以前的交情上，姚某一定会帮助你找到那个孩子。”

不容王俊喜回答，姚先生身子一旋，朝一个拐角处一扑，快速离开了。

王俊喜呆了一下，等姚先生消失不见了，快速地朝另外一个方向走去。忽然，前面出现了几个日本鬼子。王俊喜敏捷地退后几步，迅速地靠上了一面墙壁，手里握着枪，和他的人马一道警惕地注视他们的动静。

这时候，从另外一个巷子口出现了几个孩子。孩子们唧唧喳喳地欢叫着，有跳起来骂日本人的，有朝他们扔石块的，然后哈哈一笑，燕子一样地朝相反的方向跑去。日本鬼子叽叽歪歪地一阵大叫，指着叫着，朝那几个孩子追去。

王俊喜看得出来，这几个孩子是在故意逗引日本人。孩子们如此胆大，前头肯定布设了什么陷阱，王俊喜决计跟上前去看个究竟。他更加仔细地盯着那群快要消失的孩子，竟然从中发现了一个熟悉的身影，心里一喜，赶紧率领手下人马，尾随在日本人的后面，追了过去。

接连拐了好几个巷子口，那帮孩子们还没有停下来的打算，而是继续带着东洋鬼子在一个接一个巷子口转悠。王俊喜不觉感到有些好奇：这帮孩子们到底是要干什么？日本兵手里拿着长枪，孩子们手里可什么都没有拿，只不过仗着人小机灵，贴着墙壁转来转去，让日本人的子弹打不着，一直下去，可不好了，给子弹碰着了，不死也要带伤，最后会被日本人抓住。

日本人可什么恶毒残忍的事都做得出来！王俊喜曾经亲眼见过，几个日本人看到一个小孩在前面猛跑，追了一阵子，追着了，先是一刀砍断了那个孩子的一条腿，然后一刀砍断了那个孩子的另一条腿。孩子痛得在地上胡乱地翻滚。日本人还不罢休，两个东洋杂种冲上去，一人捉住了那孩子的一只手，另外几个日本人手里提了刀或者刺刀，在孩子身上胡乱地割下一块一块的肉。

见此情景，王俊喜怒火万丈，率领几个手下冲了过去，几枪把那几个鬼子的腿打断了，同样一刀接一刀地割去了那几个日本人的肉。一刀下去，日本人恢复本性，杀猪一般地大叫一声，昏死过去。

他妈的日本人也怕死！从此以后，只要看到日本人在怎么对付自己的同胞，他立马在自己抓住的日本人身上如法炮制，还给日本人一个现世报。

不能任由那帮孩子胡闹下去了。王俊喜使了一个眼色，几个手下立即分头离开，准备去堵各个巷子口，把日本人全部收拾掉。

忽然，那帮孩子不再继续转圈了，迅疾拐进了另外一个巷子。日本人已经失去了方向感，又恼羞成怒，不管那么多，跟着一阵猛追。

王俊喜放眼望去，忽然想起来了，前面是一个死巷子，周围的屋子都是低矮的瓦房。他马上明白那帮孩子们的用意。

“即使余明亮不在里面，这帮孩子也是孺子可教。”王俊喜心里说道。

他重新朝已经分开的人马使了几个眼色，那些手下纵身一跃，跳上了瓦房，弯着腰，迅疾地朝死巷子奔去。

王俊喜也敏捷地跳了上去，一眼望去：日本人已经快要被引进巷子深处，孩子们已经不见了踪影。

这时候，一块瓦片从屋顶上砸了下去。日本人朝上面一看，一个孩子的身影倏忽一下从眼帘消失了。再朝前面一看，是一个低矮的小围墙，赶紧赶了过去，准备从那处围墙上爬上去。从屋顶上哗啦一声，滚下一段木头，重重地砸在日本人身上。这帮东洋畜生挤在一起，毫不提防，全部被打倒在地。紧接着，那群孩子站在屋顶上，揭开了瓦片，纷纷扬扬地朝着日本鬼子砸了下去。

王俊喜大叫一声好，赶紧朝那帮孩子跟前奔去。他看得异常真切，余明亮确实在那帮孩子中间，而且，看样子，余明亮分明是孩子们的头目。他惊喜万分，不顾一切地朝孩子们跑去，一面跑，一面喊叫："余明亮，干得好！"

孩子们略一惊，撒手准备逃跑，看清从屋顶上围拢过来的都是中国人，马上不跑了，继续揭起瓦片狠狠地砸向那些鬼子。

说话之间，王俊喜飞身来到了孩子们的跟前，一把抓住余明亮，大笑道："好孩子，跟你父母一样，有种！"

余明亮顾不上高兴，说道："王世伯，放开我，我还要打这些王八蛋。"

"他们一个都跑不了！"王俊喜话音还没有落地，他的手下已经全部围拢过来，一起跳了下去，拿起日本人的枪，用刺刀照着日本人的心脏狠狠地捅去。

"看见了吗？对付日本人，一定要狠要快，一旦打死他们，必须快点跑。要不然，会有更多的日本人过来，到时候，你们一个都跑不了。"王俊喜说道。

王俊喜随即抱起余明亮，在屋顶上猛跑一阵子，没有看到日本人，便纵身一跃，跳了下去。他的人马把那些孩子抱起来，跳了下去，飞快地离开。王俊喜心头欢喜，只顾带着余明亮朝法租界跑去。

余明亮猛烈地挣扎着，说道："王世伯，你要带我去哪儿？"

王俊喜脚下毫不停歇，说道："跟我去一个安全的地方，我要把你们都培养成对付日本鬼子的绝顶好手。"

王俊财在医院住了几天，坚决要求出了院，回到了王府。有下人悉心照顾，他的身体状况一天比一天好了起来。他愈发惦记着外面的事情，无奈身体仍然很虚弱，不能下地，无法亲自了解情况。

忽然，王俊喜带着一个孩子进来了。看到他们浑身鲜血，王俊财大吃一惊，身子倏忽一下坐了起来。

"哥，你看，我把谁带回来了？"王俊喜兴奋地说道。

王俊财朝余明亮看去，分明可以分辨出一个熟悉的身影，可这孩子又是一个乞丐，他只有拿疑惑的眼神瞪着弟弟。

"哥，是余明亮，余瑞祥和赵璇滢的儿子余明亮呀！"王俊喜说道。

王俊财缓缓伸出手来，在余明亮的脸上轻轻地擦了几把，说道："告诉世伯，赵府到底发生了什么事，你为什么没有跟你父母一块走？"

余明亮眼泪哗啦啦地流淌不已，哭着把赵府发生的那一幕说了出来。

王俊财的眼里冒出了怒火，心中一阵阵的绞痛。他哆嗦着把余明亮的眼泪擦拭干净，说道：“好孩子，你受苦了！”

余明亮接着把他逃出赵府以后的经历说了出来。

原来，余明亮一逃出赵府，跑到街上，看到到处都是日本人，他们正如野兽一样端着枪，踢开一家家住房，抢出各种各样的财物，还把一个个男人女人拖到大街上，把他们打得死去活来。日本人一看到他，丢下手里的猎物，便来抓他。他下意识地甩开膀子就跑，根本不知道自己到底是要跑到哪儿去。

好不容易摆脱了日本人，他坐在了一片荒野，看着满眼的山峦，想起了姥姥、舅妈、舅舅，甚至想起了父亲、母亲，不知道自己要到哪里去，一时悲从中来，哇哇大哭起来。哭了好一会儿，他感到肚子有些饥饿，想寻找一些食物，却什么都找不到，只有拔起地上业已枯萎的野草，塞进了嘴里。

夜晚降临了，一阵阵秋风吹动着树梢，发出沙沙的声响。他感到一阵阵恐惧，不敢在这荒郊野外待下去了。本能地朝四周一望，前面冒起了一团团火光，一声声枪响不时传入了他的耳朵，还有痛苦的惨叫，强烈地触动着他的心脏。

这时候，耳朵边似乎回荡着母亲和父亲的声音：“孩子，你要记住，你的父母都是共产党人，是为了国家不受日本人的蹂躏，才不得不把你交给姥姥、舅妈、舅舅的。在任何时候，你都要想到你是我们的孩子，哪怕你必须单独面对有可能出现的厄运，你也要坚强，要记住你应该干什么，不应该干什么。”

父亲和母亲的话虽说很笼统，但他从舅妈舅舅那儿知道，只要是中国人，面对入侵的日寇，都要反抗，都要以牙还牙以眼还眼。自己怎么能躲开，怎么能在姥姥、舅妈、舅舅一家人都受到日本人欺压的时候，独自一人跑掉呢？他浑身上下点燃了火焰，催动他举步朝赵府走去。

他绕过了日本人布设的岗哨，机敏地躲开了东洋鬼子的巡逻队，跌跌撞撞，终于回到了赵府。他找遍了赵府的每一个角落，找不到一个人。他们都到哪里去了？是被日本人抓走了吗？他问自己，根本得不到回答。

赵府太过空寂，余明亮没来由地感到害怕，决计走出赵府，找个人问一问。一出门，他遇见了一个孩子。

那孩子的家人全部被日本人杀光了，只有他独自逃出了魔掌，昏头昏脑地在整个市区躲避着日本人的追捕。他曾经跑进赵府，看到赵府到处鲜血淋漓，到处都是尸体，也见到过赵承博回来以后把她们都埋葬在赵府的庭院里，便颤抖着把他看到的事情全都告诉了余明亮。

复仇的火焰在心中猛烈燃烧。余明亮四处收拢无家可归的孩子，只要看到落了单的日本人，立即举起棍棒、木头、铁棒、石头，猛地扑过去，一阵狠揍。

很快，日本人注意上了他们。从此，只要看到十岁左右的孩子，日本人举刀就砍，举枪就杀。一时间，汉阳的孩子差一点被日本人杀光了。

余明亮他们无法继续待在汉阳，机灵地混在一群码头工人中间，去了武昌，在武昌闹得日本人心惊肉跳。很快，武昌也待不下去了，他们只好来到了汉口。熟悉地形很花了他们一段时间，终于，他们这天第一次在汉口动手了。

王俊喜很有些奇怪，说道："我听说有一些孩子闹得鬼子惶惶不安，曾经派了很多手下寻找你们，可是，一直没找着，还以为是日本人编造的瞎话呢。你们怎么连我的手下都骗过了？"

"我们从不跟任何人接触，从来不在同一个地方打鬼子。"余明亮说道。

王俊喜哈哈大笑道："跟你父亲一样足智多谋。好孩子，从今天起，我开始教你枪法，教你怎么跟各种各样的人打交道。要知道，仅仅跟日本人拼命还不够，该忍受的还要忍受，该见风使舵还要见风使舵，才能无往而不胜。"

他首先教孩子们枪法，在法租界无法教授这个，他便在一群手下的护送下，去了汉口郊外，辗转来到木兰山，住在深山里。那儿有各种各样的飞禽走兽，它们是训练孩子们枪法的活靶子。

王俊财逐步恢复了健康，再也不需要他经常陪伴。

他挑选了几个最机警的手下，或明或暗保护着，不让任何一个陌生人接近哥哥。

他继续在武汉三镇每一个角落布设了暗探，全面监视着日寇的行动。为了防止日本人察觉出了这一切都是他在暗中操纵，他命令人马继续袭击日本人。

余明亮似乎天生是玩枪的好手。王俊喜只要一说完射击要领，余明亮立即举枪朝在天空飞行的一只鸟儿打去，飞鸟应声坠落在地。

可是，其他的孩子不如余明亮那么有悟性，王俊喜还得花费很长时间训练他们。至于余明亮，王俊喜还要教会他其他的东西，怎么分辨时机，怎么有效地保护自己，等等。这一切，花费了王俊喜将近半个月的时间，总算让余明亮学会了，其他的孩子尽管并没有达到王俊喜想要的效果，但也差强人意。

王俊喜准备在最后几天，带着这群孩子去偷袭一个日寇据点，看一看他们受训以后在实战中能发挥出多大的效果。

突然，他接到一个消息，汉阳那边又出现了一支神秘的队伍，四处捕杀日本人。

王俊喜大为吃惊，他头一个想到了赵承博。难道赵承博跑到什么地方去练出一身本领，拉起了一支队伍，回来向日本人报仇吗？这似乎太不真实了，赵承博怎么可能拉起一支队伍，而且这支队伍比自己的帮众还要神出鬼没呢？他分明没有这个胆量，也没有这个能力嘛！

排除了赵承博以后，王俊喜怀疑他们是军统或者是共产党。

军统都是搞暗杀的行家里手。姚先生很想跟他继续合作，被他拒绝了。因为在他看来，如今日本人已经占领武汉，要想跟日本人斗，又不受大的损失，最好的办法是独来独往，不跟其他人联合，这样的话，即使有兄弟落到日本人手里，自家兄弟也绝不会出卖自家兄弟。军统那帮人可就不一定了。

王俊喜不愿意跟军统继续合作，还有一个理由，就是他的女儿王晓燕。

他把女儿王晓燕送去军统，老实说，是存有私心的，一来希望女儿到时候能够给自己提供一些有价值的情报，或者在军统内部给王俊林上眼药。二来也是希望女儿有一个大好前程，毕竟，他刺探情报的能力一点不比军统差，戴笠会考虑到这一层给予女儿前程，换取自己的情报。原先，他可以直接跟军统合作，现在，女儿去了军统重庆训练班，他再也不愿意直接跟军统合作，试图等女儿出来再说。他料定，戴笠一定会识得其中的奥妙，女儿不出山，他不会再跟军统联系。

因为姚先生一心想尽快跟他达成合作意向，王俊喜不能不认为，也许，这是因为姚先生查出了赵府的死因，想到通过向日本人复仇，来取悦他。果真如此的话，等事情明朗以后再看吧。

王俊喜亲眼看到余瑞祥夫妇的所作所为，对共产党产生了很深的敬意。如果这支人马是共产党，他会主动前去接触。

他捋清了思路，命令手下："一定要查出那些人的底细，尽快来告诉我。"

手下气壮山河地回答后，并没有立即离开，而是一副欲言又止的样子。

王俊喜眉头一拧，大声呵斥道："有话就说，不要像女人一样婆婆妈妈吞吞吐吐。"

那个手下接着说出来的两件事情令王俊喜感到很头痛：一是因为日本人强行把王俊喜手下的码头以及其他产业全都收走了，王俊喜只顾跟日本人拼命，银子很快会断顿了；二是日本人有进入法租界找王俊财的端倪。

都是日本人闹的，王俊喜什么时候手头缺少过银子？既然日本人不让王俊喜好好活下去，日本人也别想好好活下去。

王俊喜说道：“日本人不是喜欢到处抢掠吗？叫兄弟们从今以后专门抢日本人的银号，抢日本人的商行，抢所有日本人的财物，问题不就解决了？”

日本商人不是军队，只不过狐假虎威，汉帮对付他们，绰绰有余。不过，哥哥即将受到日本人的威胁，这件事确实不太好解决。看起来，演练的事情只能搁置下来，让孩子们跟随那些手下，到实战中去检验吧。王俊喜立即带领手下和那群孩子避开日本人的岗哨，回到了法租界。

王俊财已经能下床活动了。他走到庭院，正慢条斯理地舒展拳脚，一见弟弟急匆匆地带着一群人马回来了，不由得微微一笑，问道：“大功告成了？”

“哥，你没事吧？”王俊喜顾不上回答，急切地问道。

“你不是看到了吗？”王俊财继续保持着微笑，说道。

王俊喜略微放了心，挥了挥手，让手下和孩子们都去歇息了。他对哥哥说道：“听说日本人正在到处找你，我们恐怕得另找一个更安全的地方了。”

“知道日本人为什么要找我吗？”王俊财不动声色地问道。

王俊喜说道：“还能为什么？日本人就是畜生，一定是那些汉奸走狗告了密，知道你不遗余力地帮助国民政府抗日，前来找你麻烦。”

“即使如此，这里是租界，日本人不敢随意闯进来抓我杀我。”

“哥，日本人不是人，你不能跟他们讲人性，离开这里，才是最安全的。”

王俊财挥了挥手，说道：“你放心，日本人现在还不敢得罪法国。无论他们打算把我怎么样，或者试图迫使我干什么，我不出去，他们毫无办法。不过，我倒希望你能找到一条出路，我们一块到重庆去。”

这一下，触动了王俊喜的心思。已经找到了余明亮，哥哥也差不多康复了，确实没有理由继续留在武汉，与家人分离。得好好计划一下，看怎样安全地离开武汉，选择怎样的路线才能安全抵达重庆。

听说，日本人已经向西发动攻击，把通向重庆的道路几乎全部遮断了。怎么引开日本人的注意，在路上遇到了日本人怎么应对等一系列问题，都得思虑清楚，好好规划。还要收拢手下的人马，临走之前，狠狠地教训日本人一顿，夺取一些财产。这些都是中国人的，不能便宜日本人。

王俊喜思考了整整一夜，把所有的问题都理出头绪了。

听到哥哥已经起了床，他打开房门，走了出来，对哥哥说道：“我已经考虑好了，这几天，我处理完一些事情，我们一块上路到重庆去吧。”

吃过早饭，王俊喜准备带着手下出去。

突然，几个布设在外面的暗探跑了进来，报告了他们一个令人震惊的消息：“有一群日本鬼子正朝这里过来了！”

王俊喜拔起枪，手一抖，准备率领手下冲出去。余明亮和那群孩子也跃跃欲试，摸着枪，也要朝外面奔去。

王俊财镇定地说道：“这里是法租界。日本鬼子不敢胡来。你们都退下去，躲起来，我倒要看一看他们到底是来干什么的。”

众人迅速退了开去，兄弟二人坐在桌子边，不慌不忙地饮着茶。

从外面传来了整齐而有节奏的脚步声，兄弟二人毫不理睬，继续谈笑自若。脚步声停下来了，一个人的脚步声传了进来。

一个日本翻译幽灵一样出现在王俊财和王俊喜兄弟面前。

翻译说道：“大日本皇军驻武汉宪兵司令前来面会王先生，已经到了王府门口，请王先生前去迎接。”

王俊喜朝他翻了一个白眼，从鼻孔里发出一声冷哼。

王俊财不动声色地说道：“王某一介草民，从来不跟日本人打交道，更不跟日本军人打交道。你出去告诉他们，让他们走吧。”

翻译冷笑道：“王先生，你不要拒人千里之外，要不然……”

翻译的话还没有落地，那阵整齐的脚步声又响了起来，声音一步步逼近了屋子。很快，一群东洋鬼子出现在王俊财和王俊喜的面前。翻译连忙扔下王氏兄弟不管，弓着腰，跑到他们面前，正要说什么，中间的一个肩扛少将军衔的日本军人把手一摆，翻译顿时知趣地退到一边去了。

这显然就是日本宪兵司令了。他走到两位不动声色的中国人跟前，说道：“王先生，鄙人前来打扰，实在事出有因，请不要介意。”

王俊财冷冷地说道：“我不会介意。你们日本人已经闯进了我的家门，把我一家人杀的杀，赶走的赶走，想干什么就干什么，我手无缚鸡之力，怎么能介意呢？”

宪兵司令说道：“王先生误会了。大日本皇军来到中国，是希望跟你们中国人一道，共同建立一个大东亚共荣圈，让我们的子孙后代，都能生活得很安宁很幸福。在武汉，大日本皇军很希望建立一个模范区域，可是，因为许多受到共党分子鼓动的危险人物异常活跃，而无法实现。更有甚者，导致了许多人的死亡。我很想改变这个现实。王先生，你非常受人尊敬，我特意前来请王先生出山，担任武汉维持总会会长，全面负责武汉的社会治安，配合皇军把武汉建成一个理想的乐园。”

王俊喜从鼻孔发出一声冷哼，说道：“杀人的理想乐园，真是有趣极了！”

宪兵司令颇感不快，不过，对比起要迅速利用一个有威望的人物出面来维护秩序，能够让日本人抽出更多的兵力来保护日本人的安全，遇到这种不愉快算不了什么。何况，日本人已经知道王俊喜是一个非常厉害的角色，同样希望把王俊喜拉进他们的怀抱。

显然，宪兵司令仍然把在武汉不断出现的针对日本人的屠杀行动当成是共产党以及国民党所为，并没有怀疑王俊喜，觉得一个再大的帮会，也是乌合之众，眼睛里面除了利益，根本没有别的东西。上海滩那群流氓大亨，不都是这样吗？谁都没有真心抵抗过日本人，手下的虾兵蟹将一拨接一拨投靠了日本人，供日本人驱使。日本人相信，王俊喜也是这样的人物。

宪兵司令把眼睛转向了王俊喜，说道：“王先生，我一样深知你是一个大大的豪杰，希望你也能出面，帮助大日本皇军维护武汉的秩序。”

王俊财再也不愿意听宪兵司令说下去了，冷冷地下了逐客令：“将军阁下，我王氏兄弟从来不是做官的料，你请回吧。能让王某在这里安静地享受生活，王某已经心满意足了。”

“希望王先生慎重考虑大日本皇军的要求。王先生考虑好了，可以随时来找我，鄙人将不胜欢迎。”说完，宪兵司令领着一大群人扬长而去。

“这帮王八蛋，以为你们真是阎王，没人管得了吗？这里是租界，法国人不会让你们胡来的！”王俊喜腾身而起，冲着那伙日本人叫骂道。

“他们不动粗，把我们关在这里，法国人也无可奈何。”王俊财冷静地说道。

王俊喜说道：“哥，我本来计划好了，准备这几天收拢人马，先搞一笔钱再走，现在看来不能等下去了，我们马上就走。”

说完，王俊喜立即喊来自己的几个手下，准备让他们出去通知各路人马，立刻离开武汉，分头朝重庆进发。但他的话还没有说出口，便被王俊财拦回去了。

他说道：“不要忙乎了，我们走不了了。”

王俊喜脑门腾出一道火光，怒骂道：“我不信，日本人还真的能把我们困死在这里。”

他径直朝外面走去。他刚一出门，立刻有一个日本人朝他逼了过来。

日本人说道：“王先生，法租界是最安全的，请你待在屋子。”

王俊喜放眼朝远处望去，只见前面果然出现了不少人，正在那儿悠闲地转悠着。他心头一凛，明白那些人是什么货色。他哈哈一笑，说道：“不就是要老子在屋子里好好休息吗？老子正好犯困，回去睡觉了。”

进了屋子，王俊喜气愤地说道：“斑马日的日本人，真的不让我们出去。”

“看我怎么对付他们。”余明亮手拿一个弹弓，飞快地冲出屋子。

日本鬼子一见有人出门，马上阻拦。余明亮不慌不忙，一边朝弹弓里装铁钉，一边迎着他走去。日本人深感奇怪。一只麻雀正好在树枝上跳来跳去，余明亮反手一扬，铁钉打了出去，麻雀一头栽了下来。余明亮赶紧跑了过去，飞快地捡起了麻雀，往日本人的怀里送。东洋鬼子接连后退。余明亮回头朝租界跟华界相交的路口奔去。一群日本人像一面墙壁一样挡在他面前，任他怎么嬉笑耍弄，“墙壁”无动于衷，继续朝他压了过来。

余明亮把弹弓一收，说道：“不让出去玩就不出去。”

他转身重新回到了屋子。

王俊喜气得发抖：“狗杂种，等到天黑，老子非得把这帮王八蛋全部送去见阎王不可。”

“你还是什么都不要做为好。要不然，不仅我们，恐怕连你在外面的手下都会有危险。要知道，日本人现在怀疑是共产党或国民党在杀他们，一旦他们怀疑上了你，你的人马顷刻之间会遭殃的。”王俊财冷静地说道。

王俊喜倒抽了一口凉气。兄弟们现在不知道法租界的情况，如果他们得不到命令，派人来到法租界，被日本人抓住了，岂不是会白白丢掉性命?

无论如何，今天晚上要试一试，闯出去一个兄弟，传出自己的最新命令：任何人都不准进入法租界，仍然在外面不时地袭击日本人。

忽然，王俊喜又觉得这样不妥当。如果外面的兄弟不到法租界来，日本人不是一样会嗅出疑点吗?

王俊喜正在绞尽脑汁地思索着，从外面传来了一阵脚步声。

很快，门打开了，两个日本鬼子拖着一个浑身受伤的人进来了。东洋强盗把那人朝王俊喜跟前一放，说道：“王先生，实在对不起，这个人说是要找你，我们很担心你的安全，教训了他一下，希望他不是来威胁王先生的。”

王俊喜气得攥紧拳头，恨不得劈面朝日本人脸上打去。

但王俊财拦在弟弟前面，他笑容可掬地对日本人说道：“今后，凡是要找我们的人，你们愿意怎么处理都行。”

看到日本人扬长而去，王俊喜冲到哥哥面前，说道：“哥哥，这里是法租界。日本人怎么能这样对待我们？你去跟法国人说一说，他们肯定不会容忍日本人在这里胡作非为的！”

“在任何外国人眼里，中国人什么都不是，不管什么人，都可以被他们抛弃。他们需要的只是从中国得到什么东西，不能失去什么东西。国民政府已经走了，日本人如今占领了武汉，法国人会为了我们去得罪日本人吗？别做梦了。挺起胸膛，迎接一切厄运吧。”王俊财说道。

一连几天，王俊喜都好像一头失去自由的猛虎，被日本人困在笼子里，心里的火气一天天地增大。更令他恼火的是，接连有好几个兄弟被日本人送了进来，都被打得皮开肉绽，甚至有一个兄弟刚被送进来便断了气。他恨不得冲出屋子，集合众兄弟，跟日本人拼个鱼死网破，但在哥哥的劝慰下，不得不硬生生地压下了满腔的火气。

从被日本人送进来的这些兄弟那儿，王俊喜知道，自己的兄弟已经知道法租界发生了什么事情，正在收拢人马，部署如何救出自己和哥哥。

一旦他们有行动，东洋鬼子很快会查明发生在武汉三镇的所有针对日本人的行动都是汉帮干的，只需要出动一个中队的人马，汉帮便会灰飞烟灭，法租界当局也会以扰乱治安的名义参与行动。王家产业早已处理掉了，没有什么好损失的，王俊喜也不怕死，可他不能不为哥哥以及所有的兄弟寻找一条活路。

一切其他的办法都不可能解决问题，唯一能够解决问题的办法是先答应日本人的要求，去做这个劳什子维持会长再说。可是，那是汉奸啊，王氏家族的人再不济，也不能当汉奸。那不是当汉奸，只是当维持会长，什么坏事也不替日本人做，这样可以吗？

王俊喜思考了整整一个晚上，告诉王俊财：“哥，看样子我们兄弟俩得有一个人出面当维持会长了。在大家眼里，我本来不是什么好人，千古骂名都由我背。只要有机会，你带着余明亮和这些孩子离开武汉，到重庆去，告诉他们，我不是汉奸。”

第十八章 路在何方

当上了维持会长以后，王俊喜立即对整个难民区的社会秩序进行整顿，把汉帮帮众全都集合起来，分街道、分路口，设立了好几个维持站点，全面维护整个难民区域的安全，监视一切有可能针对日本人与汉奸的刺杀活动。很快，他取得了成效，不仅难民区的秩序初步走上了正轨，针对日本人与汉奸的刺杀事件也骤然减少了许多，被日本宪兵司令誉为大日本皇军最亲密的朋友。

在暗中，他已经跟汉阳那边出现的一支人马取得了联系。他们不是军统，不是共产党，而是赵承博拉起来的。

在汉帮帮众的帮助下，赵承博掩埋了三位母亲、哥哥以及夫人以后，不吃不喝，坐在他们坟前发呆。等天完全黑下来的时候，他突然站起身，从厨房里拿出两把菜刀，塞在衣服里面，准备出去找日本人报仇。

街面上到处都是日本人。他们宛如一群疯狂的野兽，继续逮着男人就杀、逮着女人就奸、逮着财物就抢、逮着房子就烧。赵承博不敢莽撞，躲在黑暗的角落里，耐心地等了好一会儿，直到那群疯狗把人杀光了，把东西抢光了，把房子烧光了，然后五音不全地唱着《君之代》，全部送进黑夜的嘴巴，他才走出来，利用墙壁和树木作掩护，往前面走去，试图寻找落单的日本人。

这时候，有几个日本人从一个屋子里走出来了。

赵承博下意识地抽出菜刀，站在一面墙壁下，静静地看着他们，只见他们肩上各扛了一个很大的包裹，手里各拿了一条长枪，摇摇晃晃地朝自己当面走了过来，从他们嘴里发出了一声声淫荡的笑。

“王八蛋！”赵承博立刻想到了母亲和夫人，不禁血管贲张，心里骂道。

他抓紧菜刀，等日本人从面前走过去以后，突然冲出来，朝走在最后的那个日本人后脑勺砍去。那家伙发出一声惨叫，东西一丢，脑袋一歪，便朝地下倒去。说时迟那时快，赵承博赶紧把菜刀抽了出来。噗的一声，鲜血喷射出来，激溅到他的脸上。他用手臂擦了一下脸，挥起菜刀，扑向前面的日本人。那些日本人已经听到动静，回头一看，赫然看到了他举起的菜刀。

“去死吧！你们这些王八蛋！”他大吼一声，猛力一刀，朝最靠近他的一个日本人头上砍去。日本人的颅骨很硬，把菜刀夹住了，赵承博一下子拔不出来。

其他几个日本人把包裹一扔，提起枪，端起刺刀，朝赵承博扑了过来。赵承博毫不理会，还在不停地抽动那把菜刀。一把刺刀快要刺进赵承博的胸口了。

突然，划过了一道闪电，把日本人全都打倒在地，兜起赵承博一阵狂奔，几乎眨眼的工夫，便甩开了日本人，来到一个安全所在。

“放开我，我要去杀日本人！”赵承博喊叫道。

“阿弥陀佛，施主有能力杀得了那些日本人吗？”

赵承博微微一怔，抱头痛哭。

那人是归元寺的老和尚，到外面讲经刚回来。知道了赵府蒙受的灾难，他仰天一声叹息，说道：“阿弥陀佛，赵施主暂时跟老衲到归元寺落脚吧。”

归元寺一片凌乱。砸坏的佛像，丢落一地的佛经以及香客捐献的香油钱，在微风的吹拂下，扬起了一阵阵沙沙声。方丈与一群僧人正拾掇它们。还有一群僧人在一处空旷的地面上架了几口大锅，烧煮着稀饭。地上坐着许多老百姓，他们衣服褴褛，浑身沾满鲜血，神情呆滞，默不作声。

遭受日本人的烧杀掳掠过后，他们竞相来到归元寺，试图寻求佛祖庇护，赫然发现日本人连佛门圣地都不放过。他们深知归元寺不是栖身之所，转身准备离开，被和尚们挽留下来，他们给饥肠辘辘的百姓递上一碗稀饭。

在方丈面前，老和尚双手合十，念了一声阿弥陀佛，把赵承博引荐给他。

方丈说道：“赵施主进入归元寺，跟我寺有缘。你带着赵施主到后堂去，给他找一个清静点的地方安歇吧。”

赵承博脑子里一直不停地闪现着亲人惨死的画面，怎么都不能安宁。他亲眼看到归元寺已经成了什么样子，连归元寺都不能幸免，留在武汉，还有活路吗？没有了！要想活下去，只有一条路可走，继续跟日本人干下去！看到一个杀一个，看到两个杀一双，直到把这些狗强盗全部杀光！然而，他孤身一人，是无法跟日本人对抗下去的。他想到了姐姐赵璇滢，想到了姐夫余瑞祥，甚至他们在武汉发动民众的一幕幕情景，走马灯一样地在眼前浮现。

他顿觉浑身上下充满了力量：“不错，众人拾柴火焰高！要像姐姐和姐夫一样，把大家全部发动起来，一块向日本人讨还血债！”

问题是，现在跟姐姐和姐夫在时的情形完全不同，怎么把大家发动起来，又怎么向日本人讨还血债呢？

忽然，他听到从前面传来了一阵阵杂乱的声音。他心里一紧，飞快地奔了过去，赫然发现一大队日本人端了长枪，把避难的民众围起来了。方丈、老和尚，还有所有的僧人，都双手合十，站在日本人与难民中间。

他轻轻地一闪身，躲在一棵大树的背后，屏住呼吸，留意那儿的动静。

通过一个翻译的话，赵承博听出来了，因为几个日本人被砍死了，鬼子找不到凶手，怀疑凶手混进归元寺来了。

方丈双手合十，对日本指挥官说了一些什么。可是，日本人根本不听他的，指挥刀一挥，东洋鬼子兵如狼似虎地冲进了人群，看见身强力壮的男人立马提溜出来，恶狠狠地询问他是怎么杀死皇军的，听不到回答，日本人一刺刀捅进他的肚子，人群中发出了一声惊呼。随即响起阿弥陀佛的念佛声。

赵承博攥紧拳头，好不容易抑制了冲出去的冲动，痛苦地闭上了眼睛。

一声惊呼传进耳鼓，他睁开眼睛，只见老和尚口里竟然流淌出了鲜血，前胸后背同时刺进了几把刺刀。他流出了泪水，慢慢地瘫倒在地。

他回过神来的时候，看到方丈站在自己面前。他痛苦地抓扯自己的头发。

“佛门虽不杀生，更不鼓动杀生。可是，赵施主，只要你想清楚了应该怎么做，尽管去做。”方丈依旧非常平静，语调柔和，脸上带着笑意。

赵承博心里一颤，更是大彻大悟：今后无论遇到怎样的凶险，都要面带笑容，用仇人的鲜血和脑袋来祭奠亡灵！

很快，他从失去家园的人群中挑选出了十几个人，在归元寺秘密训练偷袭日本人的方法。他已经有过偷袭日本人的经验，又很有天分，设计了各种偷袭日寇的战术，训练起来异常刻苦认真。

二十多天以后，赵承博告别了方丈，偷偷向驻扎了一个班的鬼子营地摸去，把日寇的长枪短枪一股脑地拿了过来，上好刺刀，找准日本人的心脏狠狠地刺下去，然后割掉他们的生殖器，塞进他们的嘴巴，悄无声息地离开了。

一战成功，赵承博更加频频向日本人下手。日本人恼羞成怒，发动兵力四处搜捕，但无论如何，都找不到是谁向他们下手。

王俊喜当上维持会长以后，立即跟赵承博取得联系，约定双方相互配合，只要找到机会，便在整个武汉三镇随时出击，杀掉一切可以杀掉的日本人。

日本人遭到暗杀的境况愈演愈烈。日本宪兵司令准备调来一支皇协军，任命皇协军首脑为警备司令，加强对日本人的安全保护。

军统消息灵通，很快，姚先生再度找到王俊喜，希望跟他合作，一块干掉那些汉奸。王俊喜纵使怀了不愿意跟军统合作的心思，但是，时过境迁，一来自己身上贴上了汉奸的标签，二来为了对付即将开来的皇协军，不让他们碍手碍脚，便于自己暗地里继续杀日本人，他爽快地答应下来了。

紧接着，他撒开一面巨大的罗网，查出即将上任的警备司令竟然是王俊林。

王俊喜吓了一大跳，心里想道：王俊林不是率领人马去跟余瑞华会合，准备一道向鄂西转移的吗？怎么可能去当汉奸？

几天以后，王俊林果然率领一支人马回到了武汉，再度上任警备司令。

这一天，日本人让王俊喜带着维持会的一帮人马，早早地来到谌家矶、江岸车站一线迎接王俊林。

王俊林骑着高头大马，脸上的表情很复杂，惊喜中夹杂着一份无奈。

见他似乎哪儿也不看，王俊喜笑嘻嘻地跑到王俊林跟前，一把抓着了他手里的缰绳，说道："王司令，我王家列祖列宗一直在地下保佑你啊，无论什么时候，你都能当上警备司令。真是王家天大之喜！"

愤怒地瞪了王俊喜一眼，王俊林心里说道：论当汉奸，你王俊喜比我还要早，凭什么要这么挖苦我？何况，我是在不得已的情况下才投靠日本人的。

王俊林率领人马前去武胜关一线的时候，做好了要跟日本人拼一个你死我活的准备。因而，一出武汉，他率领部队日夜兼程，很快赶到了武胜关，遵照军事委员会的命令，指挥属下人马修筑工事，并跟余瑞华取得联系。

离开武汉之际，王俊林知道余瑞华正率部在柳林一线跟日本人展开激战。

余瑞华是在第五战区战况异常危机的时候，接到军事委员会的命令，率领人马从武汉赶往宣化店，准备在宣化店一线堵截日本鬼子。但他率部紧赶慢赶，赶到宣化店的时候，鬼子兵已经从罗山方向攻向了宣化店，从宣化店又一路向柳林方向展开攻击了。余瑞华姗姗来迟，连敌人的尾巴都没看到，心急如焚，命令人马急速追赶敌人，一口气追到了柳林。

这时候，日寇已经夺取了柳林车站以及铁路两边的各个山头，居高临下，利用中国军队修建的阵地，摆好了战场。

余瑞华率部一到柳林，立即命令人马向柳林车站发动攻击，经过几轮激战，夺回了柳林车站。紧接着，他试图扩张战果，继续命令部队向日寇把守在附近的高地发动进攻。集中了所有的火力，竟然啃不下日本人的阵地。部队伤亡惨重，得不到增援，不得不停止攻击，跟日本人对峙。后来，他总算等来了一支部队，可这支部队并不是协助余瑞华一块攻下柳林，而是要跟余瑞华部换防，让余瑞华率领人马火速前往信阳救援。

信阳一旦落入敌手，武汉将会产生怎样的震动，余瑞华心里非常清楚。因而，一接到命令，余瑞华立即移交了部队的防区，率领人马向信阳疾行。

日本人已经从外围向信阳展开了猛烈的攻击。天空中升起了几个巨大的热气球，上面托载着几个日本人，不停地指手画脚，日本人的炮火准确地打向了信阳城里的中国军队。

这些王八蛋，一定是利用热气球为日军炮兵指示目标了。余瑞华发狠地率领部队朝敌人的炮兵阵地后面发动猛攻，打乱了敌人的部署。敌人不得不抽调人马前来阻挡。余瑞华毫不退却，命令部队不停地进攻，迫使日寇从攻击信阳城的队伍里抽调更多的人马。

余瑞华暗自嘘了一口气，心想：这下，只要中国军队从日本人的侧翼展开攻击，日本人将会陷入一片混乱。

他这么想，是因为他知道胡宗南部刚好部署在敌人的侧翼，只要胡宗南率部猛攻过来，不仅自己可以得救，信阳城也会安如磐石。可是，他等了一天，不见胡宗南部发动进攻，反而隐约看到信阳城里的中国军队有了撤退的迹象。

“日本人的部署已经被我打乱了，正是我军攻击敌人的大好时机，怎么能撤走呢？谁下的命令？”余瑞华连忙命令通讯部门跟第五战区司令长官部联系，但一时间，哪里联系得上？

他仍然指挥自己的人马拼命战斗。渐渐地，陷入了日寇的四面包围。

突然，他看到前面出现了一阵骚动，赶紧派遣一个卫兵到那个连队的阵地上去查看动静，如果敌人已经攻到阵地当面，就命令该连连长迅速组织人马展开反击，务必把敌人打回去。

很快，那个连长带着一个女人急匆匆地跑了过来。

竟然是二嫂。二嫂为什么来到了这里？是怎么来到这里的？余瑞华脑子里倏忽闪出了这几个问题。

赵璇滢说道：“余师长，我知道，你现在几乎陷入了绝境。可是，我还是希望你能够派遣一个排的人马，帮助我把一群孩子带离战场，送到安全的地方去。信阳城已经落到了日本人手里，李宗仁司令长官已经下达了撤退的命令，你也得尽快撤退。”

“你是从城里面出来的吗？”余瑞华吃惊地问道。

“是的，我是带着孩子们从城里出来的。我本来是要在部队继续抵抗日本人的时候，带领孩子们转移到一个安全地带，看看武汉是不是已经在进行撤退。谁知道守城部队在接到了撤退命令以后，只顾自己逃命，根本不管我们。我是看到这里还在发生激烈的战斗，判断这里的指挥官一定会带着我和孩子走，才带着孩子们冒着敌人的炮火，赶过来的。”

“二嫂，你是说，准备放弃武汉吗？”余瑞华问道，喉咙发紧。

他在临走以前，蒋委员长还说要死守武汉，并且正从南北两路抽调人马和组建新的军队，赶赴武汉，参加武汉保卫战的，怎么仅仅十几天的工夫，竟然发生了如此天翻地覆的变化呢？一定是自己没有能力先拿下柳林，切断日本人继续朝武汉方向展开攻击的希望。他把一切责任全部揽在自己身上，心里随即泛出了一丝忧伤。

“是的，军事委员会决心弃守武汉。”赵璇滢坚定地说道，“难道你不记得徐州会战吗？我们保存住了军力，才有跟日本人继续打下去的资本。”

是的，道理就是这么简单。主力要撤退，总要有人担负掩护任务，那么，自己钉在这里，掩护那些部队撤退吧！余瑞华心里说道。

望着这群陆续出现在身边的满脸都是惊恐表情的孩子，他轻轻叹息一声，立即命令那个连长，带着赵璇滢和那群孩子，向战场的后面撤去，自己指挥人马继续朝敌人展开攻击。

“你如果不立即跟我们一道走，会很难甩脱敌人。”赵璇滢对余瑞华说道。

余瑞华微微一笑，算作回答。他已经替赵璇滢选好了一条撤退路线，只要二嫂能够带着孩子们安全回到中国军队的保护范围里，足矣！

很快，一天的时间过去了，余瑞华仍然不能跟任何一支部队取得联系。为了给其他部队及那些孩子安全转移赢得时间，他咬着牙命令部队连夜修筑工事，准备第二天跟敌人展开更加猛烈的激战。

天一亮，余瑞华准备命令人马战斗，敌人竟然全部撤走了。

余瑞华气得一拍脑门，大骂自己糊涂：“日本鬼子一旦发现了中国军队撤退的迹象，还跟自己较什么劲呢？一定会不顾一切地追击去了。”

他火速收拢部队，朝着中国军队撤退的方向追去。

余瑞华很快抓住了一支东洋鬼子。他立即命令人马在行进间发动攻击。

日寇在倒下了一批人马过后，调转枪口，朝着余瑞华的人马疯狂地扑了过来。一时间，整个战场上，敌中有我，我中有敌，杀成一团，一片混乱。直到天黑的时候，枪炮声与激烈的厮杀声才慢慢归于平静。

余瑞华收拢人马，清点了一下，现在已经不足一个团的编制了。怎么办？继续跟日寇打下去，很快便会全军覆没。如果真的能够拖住敌人，自己的人马纵使全部阵亡了，也在所不惜。只可惜，跟大部队已经失去了联系，撤退的中国军队肯定已经实施了无线电静默，自己无论怎么跟日寇拼命，都不可能对撤退的部队产生任何影响。

他想起了二嫂和那群孩子，去找二嫂吧，保护那些孩子，也是一件有意义的事情。

但二嫂去了哪个方向，他根本不知道。

在余瑞华进退两难之际，王俊林竟然用无线电跟他联系上了，命令他向武胜关方向靠拢，准备在武胜关一线挡住敌人的攻击，掩护那一带的军队突围。

余瑞华很纳闷：这里的部队已经在撤退，王俊林是要掩护哪一路军队撤退呢？是靠近大别山北麓的一支军队要撤退吗？要是这样，自己即使率领人马赶过去，也很有可能再次陷入敌人的包围。

踌躇了很久，他派遣一支前卫部队在前面探路，大部队随后跟上，转身朝武胜关方向奔去。

忽然，余瑞华接到了消息：说是前面出现了一股敌人。

敌人正急匆匆地朝某一个方向奔去，似乎是在追赶一股什么人。混乱的战场上经常会出现这样的情况，余瑞华本来不愿意理睬这支日寇，突然接到了王俊林发过来的最新命令，说是他正率部朝广水、花园一线撤退，命令余瑞华火速改变行军方向，前去广水、花园跟他会合。

余瑞华望了一下地形，赫然发觉敌人正是朝广水、花园一线追去的。

敌人是在追击王俊林，得快点率部赶上去，拖住敌人。

他不顾部队已经非常疲劳，继续率领人马朝前面追去。

不一会儿，余瑞华接到了前卫的报告，说是看到赵璇滢带着那群孩子，已经陷入了日寇的包围。

日本人原来是为了追赶二嫂和那群孩子！余瑞华命令前卫部队即刻赶上前去，杀进敌人的队形，主力部队立即兵分几路，朝赵璇滢所处的位置扑去。

余瑞华跟随一路部队，疾速向前奔驰，过了好一阵子，登上了一个山包。他架起望远镜，隐约看到前面的山坳里躲着一大群人，山上却埋伏着一支队伍。

日寇扑到山麓，突然遭到了埋伏，马上列成战斗队形，疯狗一样向上猛扑。

他心里一惊：即使前卫部队冲上前去，也难以把敌人的注意力全部移开。一旦敌人突入二嫂和孩子们的队形，后果不堪设想。

不由分说，余瑞华急切地命令部队更加快速地朝敌人冲去。

这时候，前卫部队已经从另一个方向冲到了敌人的背后，向敌人发起了攻击。敌人分出一部分人马阻拦，其他兵力继续冲锋。

很快，余瑞华率部冲杀过来。敌人有所察觉，赶紧又分出一部分人马，依托山麓，调转枪口，准备迎击。但中国军队冲击速度太快，没等敌人调整完毕，他们用一阵弹雨迅猛地打向敌阵。敌人恼羞成怒，分出更多的人马，掉头用猛烈的火力阻挡余瑞华的人马。

此时，其他各路人马相继冲了过来，从不同方向一块向敌人发起猛攻。

终于，部队撕裂了敌人的阵线。余瑞华一马当先，冲到赵璇滢跟前，问道："你们怎么跑到这里来了？"

赵璇滢说道："到处都是敌人，我只能带着孩子们和你的一个连队四处跟敌人兜圈子，以此寻找能够逃出敌人包围圈的机会，谁知最后还是被敌人发现并包围了。"

余瑞华心里涌起一种不祥的预感：敌人行动如此迅速，自己的人马纵使跟大部队会合了，恐怕也很难突破敌人的包围圈。而仅仅只有自己的人马，一旦被敌人逮住了，注定会落得全军覆灭的下场。权衡再三，他觉得最稳妥的办法还是迅速向军部靠拢，跟王俊林一块想办法脱离敌人的包围圈。

于是，余瑞华留下一支人马，继续牵制敌人，自己带领主力保护赵璇滢和那群孩子，先朝东部山麓冲了一阵子，然后迅速转移方向，朝应山扑去。

一路上，到处都是敌人。余瑞华不能不带着队伍跟敌人兜起了圈子。

"我们与其继续向王俊林靠拢，不如趁日本鬼子追击中国军队的机会，调转方向，朝信阳方向前进。"赵璇滢冷静地思索道。

余瑞华眼前一亮，立即决定跟王俊林取得联系，把自己碰到的情况告诉他，让他率领那拨人马向自己靠拢，而不是继续朝花园前进。然而，他没法用无线电跟王俊林联系上。

也许，王俊林发现因为用无线电跟自己取得联系，让敌人捕捉到了他的行踪，遭到敌人的追踪，便命令部队不再使用无线电通讯了，余瑞华心想。

赵璇滢说道："没有时间了，赶快行动吧。我相信，王俊林一样会遇到敌人，一样会改变转移路线，向信阳进发，前来跟我们会合。"

部队太过疲劳，孩子们更加疲惫不堪，也更加恐慌。余瑞华朝整支队伍望了一眼，从心里发出一声感叹，带着队伍果断地朝信阳方向奔去。

他们一路沿着山路向信阳城开进，到了夜间，队伍来到了一座很大的山峰面前。余瑞华命令人马全部进入山林，查明周围没有敌人的动静以后，布设了一批岗哨，派遣了一些侦察人员四处侦察敌情，命令大部队就地休息。

天快亮了，派出去侦察敌情的人员陆续回来汇报，四周没有发现敌人的行踪，这里是三里城，已是礼山县与河南罗山交界的地带。

"人马已经极度疲劳了，附近既然没有敌人，不如下山进入三里城，给部队找一些吃的，让部队好好休息一下。还可以派遣人员，前去寻找王俊林，把他的人马也拉过来。”赵璇滢提议道。

余瑞华默默地点了点头。紧接着，他派遣一些人员四处打探敌情，也打听王俊林的下落，然后带着主力部队和孩子们进入了三里城。

不多久，他们竟然发现了一个部队留下的粮仓和弹药库。余瑞华喜不自胜，命令部队埋锅做饭，人马饱饱地吃上了一顿，除了留下一些岗哨之外，其余人全部进入了梦乡。

赵璇滢一直睡不着，她的眼帘时时会泛起儿子余明亮的身影。儿子现在怎么样了？武汉已经落到了日寇的手里，儿子要是没有离开，岂不是跟这批孩子一样无家可归吗？自己能够照顾这些战争遗孤，却没能照顾自己的儿子。一想到这里，她忍不住流出了眼泪。

但是，她不会让情绪控制了自己，她是一个共产党人，哪怕正处在逃离敌人包围圈的关键时刻，一样得依靠民众，发动民众，让民众为自己提供日寇的确实消息。因而，她不能不强打精神，忙忙碌碌地接触民众动员民众去了。

终于，她支撑不住，一头扑倒在地，睡着了。等她苏醒过来的时候，她发现自己竟然已经昏睡了一天一夜。

这时候，余瑞华已经跟王俊林重新取得了联系。

正如赵璇滢预料的一样，王俊林率领队伍不论向什么方向转移，都会碰上敌人，便做出了向信阳城方向开进的决定，并且派出人马，沿着花园通向余瑞华所在地的方向，前来寻找余瑞华，传达王俊林的最新命令。

在三里城等了两天，终于等来了王俊林和他的队伍。

赫然发现赵璇滢就在余瑞华的队伍里，王俊林颇感惊讶。

“快别惊讶了，赶紧商量一下，究竟怎么冲出敌人的包围圈，向主力部队撤离的方向转移。”赵璇滢微笑着说道。

王俊林把军部设好后，在三里城方圆几十里地的范围里设了观察哨，召集团长以上的军官，商量以后的路究竟该怎么走下去。

奔波了好几天，不仅把部队而且把王俊林自己也拖得疲惫不堪。王俊林一疲惫不堪，继续跟敌人周旋下去的信心慢慢动摇。日寇横行天下，已经得到了中国的繁华地区，国民政府即使跑到了重庆，穷乡僻壤，能跟日本人继续战斗下去吗？既然陪着国民政府只有送死，为什么不能投靠日本人呢？

且慢！真的投靠日本人吗？投靠日本人就是汉奸啊！难道王府要出汉奸吗？不能，实在不能当汉奸！那可是千古骂名，一旦粘上了，谁都揭不掉。可是，不当汉奸，不说别的，单是被东洋鬼子追得像兔子一样漫山遍野乱跑，何时才有出头之日？何况，照这样打下去，国民政府早晚玩完，自己不过是先人一步而已。

他的眼帘，忽然闪现出夫人的身影。他倒抽了一口凉气：我在马当打了败仗，夫人已经差不多拿我当敌人了，一旦投靠了日本人，夫人会怎么对我？

一想起夫人，他不敢继续朝投靠日寇的邪路上走，甚至连想一下都不敢。可是，活命第一的思想终归占了上风，而且，夫人已经去了重庆，跟他分居两地，信息不通，纵使投靠了日本人，夫人也不会知道，即使知道了，夫人看不到他，不是可以省掉面对的尴尬吗？

攻克了夫人这座堡垒，还有其他的堡垒需要攻破。余瑞祥、王俊财、赵承彦，以及所有曾经对他寄予希望的人们，这些其实是容易攻克的，王俊林不会为他们任何一个人而活着，王俊林一向我行我素，绝不会看他们的脸色。

那么，民意呢？王俊林确实曾经得到过民意的拥护，心里曾经畅快过，但也感受到了民意的无情，心里曾经懊恼过。无论是好的坏的，过去了的，都过去了，他不想被民意束缚了手脚，他要生存，他要生活，他需要的如此简单！国民政府不能为他提供生存的机会，他为什么不能另攀高枝？

如果说他还有介意的人的话，那一定是余瑞华，他一定要说服余瑞华。他知道，谈话将是异常困难的，但他不能抛弃余瑞华。毕竟，余瑞华是他的小舅子，手里有一个师的人马。他急急忙忙地赶来做说服工作，谁知竟然碰到了赵璇滢。一个余瑞华已经很难说服了，有了赵璇滢，王俊林更是说不出口，只有先集合众人开会研讨。赵璇滢列席会议，是余瑞华提议的，王俊林不能不给个面子。

许多军官对被日寇驱赶来驱赶去感到恐惧，感到担忧，兴起了要投靠敌人的想法。这么一来，他们跟余瑞华和赵璇滢发生了激烈的争论。

会议进行不下去了，王俊林连忙和稀泥。但遭到了余瑞华和赵璇滢的严厉驳斥。王俊林下不了台，只有硬着头皮做出决定：以一个团的兵力作为前导，余瑞华保护赵璇滢在中间，自己率领大部队在后面，继续朝信阳方向前进。

路上依旧不时会遇到敌人，他们兜兜转转，在三里城获得的粮食差不多快要吃光了，部队还是不能突破敌人的包围圈。

“我率领一支人马，向应山方向发动攻击，一旦日寇敞开了一条道路，你们迅速冲出包围圈。”余瑞华决绝地对王俊林说道。

随即，他分出一个连队的兵力保护赵璇滢和那群孩子，亲自率领手下人马突然调转方向，向应山方向开进。很快，他们跟一股搜索的敌人相遇了。余瑞华命令部队迅速开火，展开了激战，果然把周围的敌人全都吸引过来了。

为了让大部队和赵璇滢她们更加安全，余瑞华一面抵抗敌人，一面向应山方向继续前进，敌人紧追不舍，并且，其他的敌人得到消息，从四面八方围拢过来，封锁了每一条道路。兵士已经疲惫不堪，道路也遭到了封锁，余瑞华索性命令人马就地修筑阵地，跟敌人展开了一连串激战，硬是顶住了敌人的攻击。但他手下的人马越来越少了，阵地被压缩得只剩下不到一里地的范围。

“兄弟们，几天过去了，军长他们肯定已经逃出了敌人的包围圈。我们跟敌人拼了！”余瑞华呐喊一声，挥动着手枪，准备扑向当面的敌人。

然而，敌人竟然停止了攻击，并且向两边分开，在余瑞华面前敞开了一条道路。紧接着，余瑞华看到一群人朝他走了过来，正中间的赫然是王俊林，在王俊林的身边，还跟着其他几个师长以及王卓文。

余瑞华惊异之间，王俊林已经走到他的跟前来了。

王俊林说道：“放下武器，跟我一块投靠日本人吧，我不能眼睁睁地看着兄弟们全部倒在我的面前。”

余瑞华一把扭住王俊林的衣领，高高地举起拳头，照着王俊林的脸就打。

王卓文一个箭步走上前去，横在王俊林和余瑞华中间，紧紧地抓住了余瑞华的拳头，说道：“余师长，请你冷静点，好好想想眼前的局势，不要为伯母和那群孩子担心，她们已经脱离了日本人的包围圈，很快会安全地到达重庆。”

“让他打吧，只要他觉得打我几下能解恨，让他打吧。”王俊林说道。

看到余瑞华放下了手，王俊林马上改变了语气，说道：“其实，我也不想投靠日本人。可是，如果不这么做，二嫂他们不可能安全离开。日本人太多太厉害了，你并没有完全引开他们。不投靠他们，我们都得死。”

接触到王卓文意味深长的目光，余瑞华仰天叹息一声，说道：“我决不做对不起老百姓的事。”

日本人不可能不逼迫他们做对不起老百姓的事，余瑞华很快发现了这一点。可是，已经变成了皇协军，他只能尽量保证自己不胡作非为，跟着日寇到处搜捕中国军队，并且眼睁睁地看着东洋鬼子在自己面前胡乱地抓捕中国人，为他们修筑工事和道路。

终于，余瑞华接到了命令，即将和王俊林一道回武汉。他非常渴望回到武汉，但以汉奸的身份回到武汉，让他心里很窝火。然而，又能怎么办呢?

王俊林回到武汉以后，受王俊喜一顿讥讽，心里颇有点不痛快，但不能不压抑住。赵府的遭遇，令他感到难过，只不过这种难过瞬息之间过去了，翻篇了。他要活下去，他只能这么做。他非常清楚日本人交给自己的使命，是尽力保证日本人的安全，并且为日本军队修建南湖机场以及为日本军队输送武器弹药、粮秣、伤病员。他得竭尽全力去做。

余瑞华接受了王俊林的命令，直接带领他的人马去了武昌，试图避开跟熟识的人正面相碰。

王俊林把部队全部安顿下来以后，带了几个随从，去了法租界。

王俊林一回到武汉，王俊财马上得到了消息，他气得差点吐血，很想直接找上警备司令部，把王俊林狠狠地痛骂一顿，一想到日本人仍然在暗中监视自己，他只能抑制这个冲动。

反复思考了好几天，王俊财决计再也不要跟王俊林见面了，并叫王俊喜寻找机会让自己离开武汉去重庆。没想到王俊林还是站在他的面前了。

王俊林一副受尽委屈的样子，把他是怎么上前线，怎么被国民党抛弃，怎么跟日本人周旋了很长时间，最后又怎么为了保护赵璇滢和她带领的孩子们，不得不投靠日本人的经过原原本本地说了一遍。

王俊财可以相信王俊林做过那些事情，绝不相信王俊林真的是为了赵璇滢才投靠日寇的。王俊林一向见风使舵，有了危险，准会首先逃开。王俊财对此心知肚明，一直闭着眼睛，不理睬王俊林。

好一会儿没有听到王俊林的声音了。王俊财突然睁开眼睛，冷冷地望着他，说道："人啊，一旦堕入阿鼻地狱，便是魔鬼，你不能指望他再有人性。今后，无论你干什么，你能稍微有一点恻隐之心，王氏家族的列祖列宗也不会因你感到太羞愧。"

王俊林辩解道："哥哥，我从来没有做过伤天害理的事！"

他一直是这样！他一直没有改变！王俊财再也控制不住自己的情绪，腾身而起，一把扭住王俊林的衣领，把他拖到列祖列宗的神位面前，踢了他一脚，喝令他跪下，怒骂道："你从来不是一个有骨气的人。你跟余瑞祥一道发动辛亥首义，在清军打过来的时候，你投降清军；你跟余瑞祥一道参加了南昌暴动，国民党军队打来了，你投靠了国民党；现在，日本人打来了，你又投靠了日本人！伯父因为你羞愤得自杀了，你还要让他老人家在地下不得安宁。你不配做王家的子孙，王家跟你从此一刀两断，你要抓我，可以，抓吧，把我送到日本人那儿去吧！你跟着日本人，一定没有好下场！"

在王俊财怒骂王俊林的时候，余瑞华一样在遭受着王俊喜的奚落和嘲笑。

王俊喜知道余瑞华投靠了日本人，直接带领队伍去了武昌之后，准备带着赵承博一道去武昌讥刺他。但还没有动身，姚先生又来找他了。

姚先生说：“王兄弟，我们合作，可以很快达成你最大的心愿。”

王俊喜最大的心愿是置王俊林于死地。但是，他不会和军统特务合伙杀掉王俊林。他要借助日本人的手，来拧下王俊林的脑袋，让王俊林临死之前知道投靠日本人最后会得到什么样的下场。

他带着赵承博一道去了武昌，硬生生地把余瑞华堵在他的屋子里。

“哈哈，余老弟，你既然已经回到了武昌，为什么不通知一下老哥呢？老哥要是早知道消息，一定会带领我全部兄弟摆开十里长阵，恭候你荣归故里呀。”王俊喜一面打躬作揖，一面笑嘻嘻地说道。

余瑞华臊得满脸通红，恨不得地上裂开一道缝隙，自己好钻进去，永远都不出来，哪里还敢跟他说话？

赵承博见余瑞华躲闪着王俊喜的目光，便非要把他笼罩在自己的目光之下，让他无处可躲：“余兄弟回来得正好，赵府一家老小，只剩下我一个人了。我非常想念我母亲、我夫人、我哥哥，你把我送去见他们吧！”

余瑞华脑海里同时响起了王卓文的声音。

王卓文示意他不要轻举妄动以后，曾经私下里跟他会过一面，说道：“余叔叔，也许，我们可以暂时在日本人的队伍里容身，以后有人需要我们的时候，我们不是可以帮助他们吗？”

余瑞华恍然大悟，从此以后死心塌地跟着王俊林投靠了日本人。他在等待时机，等待有人前来跟他联络。他知道，武汉撤离之前，不管是军统、中统，还是共产党方面，都会有人暗中留下来。只要跟他们取得了联系，自己身负汉奸骂名，隐忍留下，将比直接留在国民党军队队伍里要强许多倍。但是，他不能对任何人说，必须咬着牙忍受一切痛苦。

等赵承博话音落地，余瑞华冷静地说道：“赵世兄，我了解你的处境。赵府蒙受了巨大的灾难，我深感难过，怎么会杀你呢？我想保护你，为了你的安全，请你到我队伍里来吧。”

第十九章 机场风波

王俊喜清楚，余瑞华终归跟王俊林不一样，不是真心当汉奸。这跟他自己很合拍。因而，他非常希望余瑞华跟军统接上关系。

军统刺探情报、搞暗杀的能力，似乎无人能比；而且，军统老板戴笠深受蒋介石信任，跟他们接触，只要搞到有用的战略情报，很快会传到蒋介石耳朵，那个时候，余瑞华将不再是千夫所指的汉奸，而是深藏敌人巢穴的英雄。他决定接受王俊喜的意见。

“那么，你得提前做好准备！”王俊喜说道。

余瑞华问道：“怎么准备？”

“为了掩人耳目，你必须经常到鬼出没的地方去。你现在还是人，首先得把你变成鬼才行！”王俊喜说道。

当天晚上，为了把余瑞华变成鬼，王俊喜把他带到日侨区的一个高档酒家。

二人刚进去，马上有几个日本女人迎上前来，陪着他们走进了一个雅间。王俊喜一边跟女人调笑，一边向余瑞华丢去几个意味深长的笑。可是，余瑞华无动于衷，王俊喜只好挥了挥手，把女人都赶出去了。

王俊喜下意识地朝门边望了一眼，只见门已关上，白色的壁纸上没有人影。他收回目光，说道：“老弟，你老是摆出一副不跟人合作的态度，有意思吗？能把人变成鬼吗？你不能变成鬼，不管走到哪里，不管干什么，都会引起日本人的怀疑和猜忌。日本人不重用你，你即使跟人家联络上了，也没法搞到人家需要的东西，有何益处？你应该表面上对日本人俯首帖耳，找到机会就去捅日本人的屁眼，不是比你一天到晚要死不活摆出一副苦瓜脸要好得多吗？”

余瑞华如梦初醒，真正下决心改变自己。可是，一个平常对日本人说话不太感冒的死硬派，一下子来一个一百八十度的大转弯，不仅日本人会怀疑，王俊林也会怀疑他准备干什么。余瑞华得一步一步把自己变成一头畜生。

这时候，他已经接到命令，率领所属人马维护扩建南湖机场工程的秩序。

民工几乎全是从武汉三镇抓过来的老百姓。不仅日本人抓他们，王俊喜也帮忙抓。只要在路面或者街道上遇到了身强力壮的汉子，日本人准会像饿狗扑食一样地一拥而上，稍有反抗的话，立刻刺刀见红。王俊喜不使用刺刀，但他手下的兄弟如狼似虎，眼睛一瞪，袖子一挽，身子一扑，比刺刀还要管用。几天以后，他们抓到了数千人，全部送到南湖机场来了。余瑞华的人马成了看守。

日本人对余瑞华很不放心，派来了一支宪兵部队，说是监视民工，其实主要针对的是余瑞华。

起初，余瑞华不允许部队毒打那些可怜的民工，有一天，民工竟然当面对他瞪起了眼珠，大骂他是汉奸走狗。

余瑞华气得眉毛倒竖，喝令兵士一拥而上，把那个民工捆绑起来，吊在一棵大树上，亲自拿着鞭子，狠狠地抽打着他的全身。民工的惨叫声令人心悸，余瑞华毫不理会。

王俊喜走了过来，摇头道："你终究不是打人的料。我给你做一个示范。"

说完，王俊喜一把从余瑞华手里夺过了鞭子，猛地一鞭子抽在民工的脸上。民工发出一声撕心裂肺的惨叫，脸上马上出现了一条粗大的血迹。

随即，王俊喜抖动着鞭子，对余瑞华说道："看见了吗？打人有打人的法子，耍把式是打不痛人的！"

余瑞华接过鞭子，把心一横，照准民工脑门狠狠地抽去。

两个日本宪兵牵着一头狼狗走了过来，狼狗被血腥味刺激得眼睛发红，吐着舌头，跟它的主人一样，一副随时都会扑上去的样子。

"你的，这样的不行。皇军的有更好的办法。"一个日本宪兵从余瑞华手里夺过了鞭子，把它扔得远远的，命令王俊喜的人把那人放下来。

那个民工瘫倒在地，发出了一声声哀鸣。

日本人到处看了看，似乎在寻找什么东西。没找着，日本人对王俊喜说道："你的，去找一根绳子的有！要快！"

王俊喜赶紧摆了一下头，他的手下马上跑开了，很快找来了一根绳子。

日本人朝余瑞华的卫兵招了一下手，命令他动手脱掉民工的衣服。

余瑞华意识到一定会发生什么惨祸了，暗地里向卫兵摇了一下头，忽见王俊喜投来了让他快点执行命令的眼色，心里一声叹息，把手一挥，转过身去。卫兵见状，飞快地脱掉了民工的衣服。

这时候，日本人拿出了刺刀，狞笑着朝民工走去。

一个日本人把民工反身按倒在地，另外一个日本人拿着刺刀，在那个民工屁股底下接连轻轻地划了几下。

"畜生！"余瑞华怒火万丈，下意识地从腰间准备抽出手枪。可是，看到王俊喜投来了制止的目光，他硬生生地压住了火气，缓缓地松了手。

此时，他赫然看到，日本人已经把刺刀捅进了民工的肛门，猛烈地旋转一下，马上扯出了一团血淋淋的东西，然后用绳子把那个东西拴紧了，全然不顾民工痛苦的叫声，把绳子的另一端拴到了狼狗的肚子上。

紧接着，日本人一声吆喝，狼狗奋力地朝前面一阵猛跑，把民工的肠子全部拉扯出来，然后拖着它在地面上一路狂奔，鲜血一路洒了过去。

余瑞华从心里发出无可奈何的哀鸣，王俊喜目瞪口呆，形同木偶。

日本人哈哈大笑，紧紧地追随着狼狗，和狼狗合为一体，拖着那人朝人多的地方走去。沿途遇上的民工吓得瑟瑟发抖，站在那儿，不敢动弹。日本人挥动着刺刀，准备朝一个挡道的民工刺过去。

王俊喜一个激灵，清醒过来了。他连忙说道："太君，他们的命不值钱，可是，把他们都捅死了，机场可就很难扩建起来了。"

日本人收起了刺刀，在王俊喜的肩头上拍了几把，哈哈大笑。

那个剜出民工肛门的日本人夸耀地对余瑞华说道："你的，以后要像这样的干活。中国人的，不用这样的刑罚，是不会听从你的命令的。"

从此以后，日本人不仅可以对余瑞华说一些话了，也能对他翘一下手指，甚至在王俊喜邀请一些日本人去寻欢作乐的时候，他也成了他们的同盟军。不过，他只去日本人的妓院，只愿意肆无忌惮地在日本女人身上大展拳脚。

渐渐地，他跟日本人更加亲热起来了，可以在日本人开设的酒店里任意出入。他已经能够在日本人面前游刃有余地展现自己对他们恭敬有加的一面，也能强忍着内心的煎熬，像王俊喜一样，做出种种让人不齿的行为。

这时候，日本人为了百般盘剥中国民众，麻醉中国人的抵抗意志，在武汉三镇推广了售吸所、妓院以及各种赌博行当。这是王俊喜的本行。王俊喜希望能够从中得到一份暴利，因而十分卖力。几乎一夜之间，武汉三镇的难民区充斥了售吸所、妓院以及各种赌场。

为了让日本人完全放弃戒心，余瑞华亦参与其中。

这一天，接头时间到了，王俊喜带着余瑞华进入那家日本人开设的酒家。两人没有像以前一样，一进来便各自进入一间房子，抱起一个日本女人快活，而是一块进入一个雅致的房间。有三个身穿和服的女人正等在那儿，门一开，她们摇动腰肢，迎上前去。王俊喜、余瑞华各拥一个女人，坐了下来，在她们的脸上亲昵地拍打着，揉搓着，另一个女人则随着《君之代》的旋律，跳起了舞。

"哈哈哈，王先生选择这个地方谈生意，真是别致！" 一个举止潇洒的人走了进来，笑道。

"姚先生！"王俊喜连忙站起身，向他伸出了手。

“如果我没有猜错，这位一定是余师长！”姚先生与王俊喜寒暄过后，把目光转向余瑞华，说道。

“姚先生客气，今后还得仰仗姚先生，我们才能一起发财！”余瑞华说道。

“余师长兵权在握，我等理当相互合作，共同发财！”姚先生说道。

从王俊喜那儿得到有关王俊林和余瑞华等人的思想状况之后，姚先生深感余瑞华是一个可以拉拢的人，一心想把他发展成军统人员。做了很多准备工作以后，他亲自出面与余瑞华接触。

“痛快！姚先生快人快语，想必手头货源充足。”余瑞华说道。

姚先生哈哈一笑，说道：“余师长尽管放心，姚某不是夸口，无论你需要多少，尽管开口，我保证如数送到你的手上，而且都是上等的好货。”

酒家老板进来了，笑道：“如果我没有猜错，你们准是在谈烟土，对吧？”

“先生如果有兴趣，算上先生一份。”姚先生连忙说道，“这样，在皇军面前更是通行无阻。”

“不错。”王俊喜马上接腔，“佐藤先生跟军界关系深厚，我们到这里谈生意，就是想要佐藤先生参加。”

酒家老板惊喜万分，殷勤地陪着他们一边喝酒，一边说话，一时高兴，浑然不觉已是深夜。这时，姚先生酩酊大醉，不断地说着胡话，不断地指手画脚，忽而倒向这边，忽而倒向那边，丑态百出。

佐藤说道：“这位先生不能喝酒，实在是大大的遗憾。”

姚先生眼睛一翻，接连说道：“我能喝，我能喝。”

一头倒在了余瑞华怀里，嘴里不断地发出咕咕的声音，一副马上要吐出来的样子。余瑞祥连忙把他的嘴从自己怀里移开。但那人把嘴移到余瑞华的耳朵，含糊不清地说着什么。

姚先生告诉他，日寇的飞机经常从武汉周边的机场起飞，去轰炸重庆，给重庆民众的生活造成了极度苦难，希望他们能够在敌机出动的时候，提前发出情报，让重庆方面有充足的时间做好防空准备。

为了完成第一次任务，余瑞华和王俊喜分别派出一部分人员，伪装成一般的民众，在武汉三镇以及方圆几百里的机场附近潜伏下来，专门侦测敌机的活动动态及机场人员的活动状态。

他们还没有摸清敌机出动的规律，姚先生有点迫不及待，又准备跟王俊喜见面了。

这一次，他们是在法租界的德明饭店见面的。

姚先生急切地说道："王先生，重庆那边持续不停地遭到敌人的轰炸，尽管我知道你们要完成侦测敌机活动规律的任务非常吃力，但是，我还是希望你们能够尽快取得一些效果。"

王俊喜说："我跟余师长已经把人员安排下去了，也对敌人的机场进行了一段时间的观察。因为敌人的防范非常严密，中国人根本无法靠拢机场，只能先在机场附近观察敌机的活动动向。这是我们的人马这段时间观察的敌机的活动状况，如果你们能够从中找出敌机轰炸重庆的规律，可以马上告诉我们，一旦有敌机起飞，我们准会立即通知你。"

很快，王俊喜接到姚先生的通知，根据重庆遭受轰炸以及从汉口及其附近的孝感等机场飞往重庆的时间判断，这些敌机大都是去轰炸重庆的。军统组织留在武汉的人员并不多，难以担负起所有的联络任务，更无法密切观察敌机，仍然把这项任务全都交给王俊喜和余瑞华。

当第一批去重庆轰炸的敌机遭到中国空军的拦截以后，姚先生立即在武昌日本人开设的那家酒店约见了余瑞华和王俊喜，他已经带来了一大批烟土。

这时候，佐藤得到消息，屁颠屁颠地跑过来了，一见生意已经做成，日本人高兴得手舞足蹈。几个人摆开战场，大口喝酒，大块吃肉，高谈阔论，大有为了钱可以把一切都不放在心上的神情。

不一会儿，姚先生喝醉了，靠在余瑞华耳朵，说重庆方面对他们给予了极高的评价，给他们下发了一笔奖金，希望他们能够继续跟军统合作，在敌人的心脏驻扎下来，为保卫重庆，做出他们的努力。

余瑞华心头大是欢畅。他不再仅仅满足于在机场外围探听敌机的动向，打算派遣人员深入到敌人的内部，拉拢一些日本人为自己所用，从日本人那儿得到可靠的情报，或者是直接把敌人的机场炸掉。

已经跟王俊喜联合了，他不打算隐瞒他，便跟王俊喜商量究竟如何行动。

"我们的人员已经靠拢机场了，可以慢慢观察敌人的动态，一旦有机可乘，炸掉机场并非难事。我们现在正负责扩建南湖机场，要想搞出一些炸药和雷管，并不困难。从现在开始，我们可以暗地里为炸毁敌人的机场做准备。"王俊喜十分高兴，说道。

王俊喜心里一高兴，忍不住要回去法租界对哥哥王俊财说一说了："哥，我是怎么投靠日本人的，你很清楚；王俊林是怎么投靠日本人的，你也很清楚。我们完全不同嘛。更不同的是，我马上要干出一件足以震惊武汉三镇的事情，让日本人看一看，中国人是不可能屈服的！”

“你准备干什么？”王俊财关切地问道。

这时候，余明亮从屋子里跑出来。他接受了王俊喜的训练之后，一直期盼着快点去杀日本人，不料，迟迟没有动作，心里早已长了毛，不断地询问王俊喜什么时候能够让自己做一些事情。

王俊喜说道：“我已经跟余瑞华商量好了，要去炸敌人的机场！”

余明亮高兴得一蹦三尺高，马上说道：“我也去，那一定很好玩！”

王俊喜说道：“这可不是好玩的事，你老老实实地待在家里，等有了合适的机会，我自然会交给你去做。”

王俊喜和余瑞华紧锣密鼓地谋划如何炸毁汉口机场的时候，日本宪兵司令部得知去重庆轰炸的飞机遭到了中国军队的拦截，而且，中国军队分明早有准备，判断有人跟重庆取得了联系，大为震怒，派出大批宪兵，连带着让王俊喜和王俊林的人马都全副武装，连夜集合，兵分两路，前去难民区搜捕可疑分子。

整个难民区笼罩在一片夜色之中。没有月亮，只有点点寒星眨巴着眼睛，悲天悯人地俯瞰着这块被东洋鬼子蹂躏的土地。一点一点的灯光，宛如天上的星斗一样，零星地洒落在这片没有光亮的区域。阵阵微风吹过，光亮晃荡着，宛如幽暗的墓地里发出的磷光。只有两个难民区的出入口闪亮着耀眼的灯光，各有一伙人手里拿着长枪，高声喊叫着，从出入口冲进了这片被黑夜笼罩的世界。

黑夜里立即出现了令人心悸的响动。男人女人惊讶而又慌乱的相互询问声、孩子可怜的哭泣声、什物被人撞倒在地的乒乒乓乓的声音，连成一片，撕裂了死寂的夜空，在天幕回荡。

“出来！你的出来！”日本人的吼叫声令人恐惧。紧接着，就是踢门声、叫骂声、吆喝声，以及翻箱倒柜的声音。

“你的，安居证的有？”日本强盗粗鲁地询问着。

随之，闪起一道道手电筒的亮光。日本宪兵从一个个面色紧张神情恐惧的男人女人手里一把夺过了一张张安居证，就着手电光扫了一眼，继续命人在整个破落的屋子里翻来翻去。

一时间，整个汉正街，到处都是日本宪兵、皇协军，还有王俊喜的人马以及日本宪兵的狼狗。一道道手电光在天空中不断地交错，不断地分开，把整个天空刺出了无数个窟窿。

此时，王俊喜跟在日本宪兵头目身后，进入了一户人家。

户主是一个很健壮的青年男人。在手电筒的晃动下，女人尽管显得非常恐惧，但也显露出了小家碧玉般的纯情与漂亮。

日本宪兵头目凶狠地问男人："你的，把皇军机密的泄露给重庆的有？"

男人脸色苍白，浑身发抖，上下牙齿不住相叩，发不出清晰的音节。

"八格！你的就是密探！"宪兵头目一声咆哮。

立即有两个日本人冲了过来，扭住了那个男人的双手。

王俊喜生出恻隐之心，连忙说道："太君，他的是吓怕了的干活。"

那个女人慌慌张张地冲过来，跪倒在日本宪兵头目的面前，说道："太君，我的丈夫是大大的良民，没有做过一件坏事。"

"哟嘻。"宪兵头目伸出手来，托起了女人的下颌，宛如欣赏一件艺术品一般，一边鉴赏着，一边发出了赞叹的啧啧声。

男人意识到接下来会发生什么事情，突然精神亢奋，猛力一挣，挣脱了日本人的掌握。他一把将女人拉了起来，朝着一边退去。

宪兵头目眼睛里冒出了怒火，一步步逼近了男人，猛地在男人脸上扇了几个耳光。紧接着，他抽出指挥刀，径直地刺进了男人的胸膛，然后用刀尖一点一点地把吓傻了的女人衣服挑开了。

一个光洁丰腴的肉体呈现在他们的面前。从尖刀上滴下的血液，在女人的胸部慢慢往下流淌。

王俊喜惊讶极了，赶紧说道："太君，我们的，是要搜捕可疑分子的干活。"

宪兵头目挥了一下手，逼向女人。女人突然发出一声凄厉的叫喊，一口咬着他的脖子，双手在他脸上挠来挠去。宪兵头目脸上出现了一道道瘆人的血迹，哈哈大笑一阵，忽然腾出手来，猛地一拳打在了女人的下颌。女人松开口，嘴巴里流淌着鲜血，眼睛里依旧冒着怒火，作势还要扑向宪兵头目。但宪兵头目双手紧紧地捧着她的脑袋，依旧在欣赏着这个精美凄惨的艺术品。女人接连不断地挣扎着，脚一下子踢在了宪兵头目的裆部。宪兵头目一声大叫，连忙松开手，身子缩成一团。其他的日本人见势不妙，一拥而上，把女人紧紧地抓住了。女人继续不停地叫骂，不停地挣扎。宪兵头目支起身子，疯狂地扑了过去，把女人压在身下。

王俊喜无力救那个可怜的女人，只有紧闭双眼。

女人继续挣扎，继续不停地在宪兵头目脸上咬来咬去。宪兵头目已经把生殖器刺进了女人的身体，嘴里发出了一声声狂叫。女人突然把他从身上摔了下来，一脚踢在他的裆部，然后奋力地一头扑去，一口咬住了宪兵头目的生殖器。宪兵头目发出了杀猪一般的嚎叫。其他的日本人赶紧拥上前去把女人打昏了。

紧接着，日本人脱光了衣服。等到这一群畜生轮换着发泄完兽欲，女人似乎一点气息也没有了。

王俊喜暗自叹息一声，说道："太君，我们的别处的干活？"

宪兵头目摇了摇头，问道："你的，蜡烛的有？"

王俊喜异常惊讶，饶是不解，也只有把掉落在地上的几个蜡烛头捡起来。

"你的，放在她身上的有。"宪兵头目说道。

王俊喜怔了怔，顺从地把蜡烛放在平躺在地上的女人的身上。

"不，这样的干活。"宪兵头目比画着。

王俊喜明白过来，日本人是要他把蜡烛插进女人的下身。

畜生！王俊喜在心里发出一声怒吼，回过身来，试图冲向宪兵头目。一见好几个日本人都盯在自己身上，他心头一凛，再也不敢轻举妄动了。

"太君，她已经死了，没有必要折腾她的尸体。"王俊喜使出了缓兵之计。

但不管用。宪兵头目一直盯着他。王俊喜咬了咬牙，把一根蜡烛插进了女人的下身。女人微微一动。王俊喜倒退了几步。宪兵头目用眼睛示意王俊喜继续把剩下的蜡烛分别放在女人的乳房上、嘴巴上、肚皮上，拿来了煤油，淋在了女人的身上，然后点燃了蜡烛。蜡烛很短，很快引燃了女人身上的煤油。

女人凄绝地大叫一声，突然从地上腾起身，冲向了宪兵头目，紧紧地抱住了他，一口咬在了他的喉管上。火在宪兵头目的身上燃烧起来了。日本人赶紧冲过去，但女人和宪兵头目已经连成一体，成为一个火球，在他们的眼前不停地跳跃着，滚动着。日本宪兵头目绝望的凄惨的大叫声，在屋子里一阵阵回响。

王俊喜惊讶极了。这是一个什么样的女人？她身上竟然能蕴藏着这般深厚的复仇怒火！要是所有的中国人都像她一样，即使日本人再多，恐怕用不了多久，也会被复仇的怒火全部烧死。

他浑然不觉日本人已经举起了火把，将火把恶狠狠地扔向了这座房子。强烈的火光刺痛了王俊喜的眼睛，也刺痛了王俊喜的意识，他赶紧跑了出去。

几乎每个日本人都在动手放火。与这间房子毗连的整条街道，到处升腾起一团团熊熊烈焰。王俊喜的脑子嗡的一声响：为了一个死去的日本宪兵头目，这些东洋狗杂种要把整条街道全部烧掉吗？

他恨不得马上抽出别在腰间的枪，喝令手下将放火的日本畜生全部放倒在地。但到处是人在奔跑，到处是人的叫唤。日本人架起了机枪，只要有人从街道冲出来，子弹准会像暴雨一样穿透他们的身体。

王俊喜绝望了，很想吼叫，很想动手，但冥冥之中，一点意识也没有。

火光照亮了整个天空，也照亮了四周的街道上出现的惶恐不安的人群。王俊喜统统看不见了，也听不见了，不知道日本人是怎么收兵的，也不知道自己是怎么回到法租界的。

王俊财一夜都没有入睡，看到弟弟样子很恐怖，他的心里头涌现出一种不祥的预感。他默不作声，用探寻的眼睛一直看着弟弟。

王俊喜倒进了沙发，喃喃自语："日本人都是畜生！老天爷，为什么要他们活着？难道你不知道，他们活着，是对人类的犯罪吗？他们每个人都该死，每个人都该进地狱！老天爷，快把他们都收走吧！"

王俊财依旧看着弟弟，还是一言不发。

等待弟弟说出了他看到的一切，王俊财攥紧了双拳，愤怒地砸在桌子上，说道："他们真的连畜生都不如！"

"我决定自己动手，炸掉汉口机场！"王俊喜眼睛里冒出了决绝的光。

王俊财一愣，深知此事非同小可，不敢作声。

王俊喜改变了口吻："哥，法租界不安全，到处都是军统、日本人以及一些不知来头的人，你还是离开为好。一切都由我一个人来承担吧！"

仰望着天花板，王俊财轻轻地叹息了一声。

王俊喜看出了哥哥的心思，说道："你不要继续想着王俊林了，从他当年投靠清军的时候起，他已经不值得你为他担忧，你去重庆吧，我会把一切都安排好的。炸掉机场以后，看情况，我也会去重庆的。"

"你以为我们走得了吗？"王俊财苦笑道，"忙你的去吧，有你这些话，哥就放心了。不要管我，只要我不出法租界，谁也不会对我怎么样。"

王俊喜对汉口机场附近的地形早已了如指掌。他不能继续等待下去，命令自己的人马继续跟日本人套交情，准备适时选择一个最易避开日本人关注的方向，把地道挖掘到机场边缘，把炸药运送进去，炸掉机场。

怎么处理挖掘出来的泥土？王俊喜打算利用附近那条国民党军队留下的防御工事。

盘算好了以后，他立即向日本人提出建议：为了维护机场的安全，应该将这道阵地继续加高加固，把中国人全部挡在机场外面。

日本人听了，异常欢喜，马上指令王俊喜搜罗人马，准备修建工事。

领了日本人的命令，王俊喜立即命令汉帮帮众进入难民区，一阵搜寻，抓来了不少青壮年人，把他们驱赶到机场外围，加固那道阵地。一时间，王俊喜的恶名在整个难民区传扬开来，人人恨不得食他的肉寝他的皮。

王俊林得知详情，跑去法租界，对王俊财说道："哥，你怎么只骂我当汉奸，不骂王俊喜呢？我是没有办法，才投靠日本人的，一点坏事都没干过。王俊喜干出了那么多坏事，他才是王家的败类。他才是汉奸，我不是。"

因为对王俊喜心怀不满，纵使不知道他有炸毁汉口机场的计划，王俊林也怀疑他有不可告人的目的。因而，王俊林在日本人面前煽风点火，说道："太君，王俊喜突然提出要修建工事，我怀疑里面肯定有什么阴谋。请太君批准我的人马以维护秩序为名，监视他们。"

日本人不仅对王俊喜不放心，对王俊林一样不放心。这兄弟两人经常相互攻讦，倒给了日本人利用他们相互监视的机会。于是，王俊林接到命令，派出了一个营的人马，看守整个修建工事的现场。

一切筹划妥当，马上准备实施。关键时刻，王俊林竟然添乱，不仅派出了几百人前来监视，而且每天都抽出时间过来看一看。王俊喜大为恼怒，恨不得命令手下兄弟把王俊林的人马干掉，连同王俊林一块送上西天。但这样一来，他肯定不可能炸掉机场。因而，他只能忍气吞声。本来为了保护余瑞华，他不打算让余瑞华卷入其中，现在，他不得不寻求余瑞华的帮助。

于是，王俊喜派人去了武昌，在南湖机场的扩建工地上见到了余瑞华。

第二天，余瑞华以说服王俊财出来为日本人做事的名义去了汉口。见了王俊财，他费了好一番口舌，也不能使王俊财改变心意，反而挨了一顿冷嘲热讽，只得灰溜溜地退出了法租界。

路上巧遇王俊喜，余瑞华便接受他的邀请，去施工现场做一些指导。

王俊林派遣的人马果然严密监视着每个人的动向。刚刚送走王俊林，看到余瑞华在王俊喜的陪同下前来查看，皇协军官长赶紧一块围拢过来，讨好地向余瑞华介绍情况。

其中一个连长是余瑞华的人。听完了介绍，他挥手让其他人离开以后，留下这个连长，旁敲侧击地说出了自己此行的目的。

连长深知此事关系重大，赶紧表态：无论王俊喜有任何行动，他都不会干涉，也不会说出去。

地道快要挖掘好了。姚先生突然出现在王俊喜面前，他依旧是一副烟土买卖人的样子，大声粗气地跟王俊喜说着话。

王俊喜把姚先生引进了法租界。两人马上进入了正题。

“你要该多加小心。王俊林还派了一伙人在暗中监视你们的行动，幸好我早已了解到这一切，暗地里替你处理好了，要不然，你的地道修不到今天。地道修成了，后面的事还有很多，哪一步都大意不得。”姚先生说道。

“这个混蛋，总有一天，我要弄死他！”王俊喜恨得头发里起了火。

“王世伯，你的人没法完全掌握王俊林的举动，更不晓得他想什么。我去王俊林那儿，只要他有任何动静，我都会告诉你们。”余明亮说道。

姚先生在他头上拍打了一下，说道：“你年龄太小，能从他那儿得到什么呢？”

“你太小看我了，我会有办法让他听我的。”余明亮保证道。

姚先生笑道：“小小年纪，就有一股大丈夫的气概，真是好样的！不管有没有用，单凭这一点，值得让你到王俊林那儿走一趟。我已经派出全部人马，都在紧张地注视着这边的动静。我留在你这里帮助你，我会爆破，而且对付日本人和王俊林，我也有一手。”

王俊喜深感欣慰，愿意把一切活动的指挥权全部交给姚先生。

姚先生说道：“为了保证爆破取得成功，最好的爆破时机应该选择在工事刚刚修筑完成之际。这样的话，地道的挖掘工作需要慢下来，以便跟工事的进度一致。而且，挖掘地道的行动越是接近机场，越是容易引起日本人的注意，任何一个不小心，都有可能让挖掘行动曝光。所以，增加修筑工事时候的噪音，改在白天挖掘地道，利用工事的响声来掩盖地道的挖掘，是我们的唯一选择。”

王俊喜深知，白天挖掘地道一样会遇到一些问题。因为刚开始挖掘地道的时候，他主要考虑的是如何尽量避开日本人的注意，入口处很僻静，如果白天从这里进出，一样会引起日本人以及王俊林人马的注意。

姚先生说道：“从今天起，进入地道以后，任何人都不要再出来了，让他们晚上休息，白天挖掘。每天晚上，派人给他们送去一天的饭菜与饮水，直到挖通地道为止。随后，我们将陆续把炸药送进去，爆破由我亲自干。”

王俊喜从各种途径搞来了一批批炸药，陆续秘密朝地道口运过去。姚先生化装成王俊喜的一个帮众，时刻跟在王俊喜身边，注意着周围的一切变化。

工事越是快要完工，王俊林越是到现场来得勤了一些，几乎每天都会带着余明亮过来看一看，试图嗅出王俊喜从事秘密活动的蛛丝马迹。

王俊林去法租界见堂兄的时候，一眼看到了余明亮，眼帘马上浮现出了赵璇滢带着一大群孩子，跟随自己的队伍到处逃难的经过。他心里涌起了一种怜惜的情愫，很希望自己能够把余明亮带在身边，给予他很好的生活。可是，王俊喜和王俊财都不愿意让余明亮跟着他，他没有办法强行把余明亮带走。

这一天，余明亮竟然跑来找王俊林，说成天跟着王俊喜太没意思了，要跟他一道生活，有人有枪，想干什么就能干什么，那样才能耀武扬威，才有气派。王俊林哈哈大笑，把余明亮留在身边，无论走到哪里，都会把他带到哪里。

余明亮的确很机灵，只要王俊林说过的话，马上记住，再也忘不了。他很奇怪，王卓文为什么会在王俊林背后对自己说："余明亮，你回到我父亲那儿去吧，这里不是你能待的地方。"

小家伙说道："我差点被人杀死了，知道待在哪里最安全。"

王卓文总是跟在王俊林身边，警惕地留意周围的一切。他为人机警，很有智慧，把重庆遭受轰炸、日本人到处搜捕军统特务、叔叔要加固汉口机场的防御工事等等事情连接在一块，很快判断出叔叔王俊喜要干什么。叔叔大节不亏，为了民族，可以舍生忘死，王卓文感到高兴。同时，他担心叔叔会因一时疏忽留下漏洞，酿成灾难，总是暗中帮助叔叔消除一切有可能暴露出来的痕迹。

余明亮倒成了王卓文的同盟军。只要余明亮看到了王俊喜和姚先生的眼神，马上知道自己要干什么了，立即用尽办法，把王俊林和日本人的注意力转移走。

这是修筑工事的最后一天了。余明亮跟在王俊林身边，来到了工事修筑的现场。他没有看到姚先生的踪迹，感到奇怪，一双小眼睛不停地四处乱瞟。

"你在看什么？"王俊林问道。

"没有。"余明亮机敏地回答道，眼睛一抬，忽而感到前面不远处散发出一种说不清的气息，他心里好奇，不知不觉地朝那儿走去。

王卓文马上呵斥道："余明亮，工事快要竣工了，不得到处乱跑！"

余明亮一个激灵，果然收住了脚步，回头扫了一下，每个人都瞪大眼睛看着自己。他心想，此时不说点什么，怕是不好交代了。脑子一转，他说道："我好像看见前面有一条野狗。"

"是吗？我过去看一看。"一个日本人朝那儿走去了。

一旦被日本人发觉，地道里面的人都有杀身之祸，自己也会脱不了干系。王俊喜急眼了，心头不断地翻滚着：得赶紧行动，消灭日本人。

可真要这么干了，手下那么多兄弟怎么办？他跟着日本人朝前面走去。

王俊林、余明亮、王卓文都跟在他们身后。

日本人已经走过了那个秘密的地道口，王俊喜暗地里嘘了一口气。这时候，突然传出了一声哗啦啦的响，紧接着，余明亮发出了一声惊讶的大叫。日本人和王俊喜立马回头过来，只见余明亮已经滑到了地道口。

“什么的干活？”日本人问道，马上冲了过来。

王俊喜心头一凛，试图暗中掏出手枪，手却被王卓文死死地按住了，王卓文朝他不断地递去制止的眼色，王俊喜朝后面一看，许多日本人已经围拢过来。

“这是怎么回事？”王俊喜反应奇快，赶紧问道。

地道里闪出了一点火光，王俊喜马上醒悟过来，转身朝地道外面跑去。

嗖的一声，从地道里扔出了一个炸药包，一声剧烈的爆炸过后，冲在最前面的日本人全部被炸死了，其他的人慌作一团，呼啦啦一声，全部卧倒在地。

“冲进去！”后面的日本人拥上前来，命令道。

王俊林爬起身，连忙命令自己的人马朝地道里面冲。皇协军端起枪，一边朝里面冲，一边开了火，子弹横飞，打在狭窄的地道壁上，激溅起无数火花。从地道里面也传出了枪声，子弹把冲在最前面的几个人打倒了。其他人再也不愿意朝里面冲了，日本人恼羞成怒，枪口不停地朝王俊林人马头上点去。

“冲进去！”王俊林大声喊道，“第一个冲进去的人，大大的有赏。”

为了免除日本人的怀疑，王俊喜也不得不下达了冲进去的命令。

从地道里面又打出了一阵子弹，一个炸药包嗖的一声，飞了出来。众人不约而同地趴倒在地，趁此机会，王俊喜的人马开了枪，将冲在最前面的几个伪军打死了。

硝烟慢慢飘散了。日本人喝令王俊林的人马在前面开路，前面的人倒下了，后面的人接着朝里面冲。

在日伪军的疯狂攻击下，里面再也打不出一粒子弹，滚不出一个炸药包了。日伪军兴奋地冲到了地道的尽头，里面没有一个活人了，只有一堆还没有完全连接上的炸药堆放在一块，蓦然发出了一道耀眼的亮光，照亮了一切。

第二十章 苦难未央

为了改善武汉地区周边的安全环境，日本人集结了十万兵力，裹挟全部伪军，循着襄阳至花园以及京山至钟祥两条公路向西进犯，试图全歼转移到大洪山、桐柏山两个地区内的中国军队，进一步削弱第五战区中国军队的军事实力，占领随县、枣阳，进而进占襄阳、樊城、南阳等重镇。与此同时，为了稳定武汉的社会秩序，日本人决计成立武汉市特别政府，物色晚清重臣湖广总督张之洞的儿子张仁蠡担任市长，准备择日举行就职典礼。

王俊林率部回汉以后，本来负责维持武汉三镇的社会治安，如今率领人马，离开了武汉，开赴前线，帮助日寇，跟中国军队作战去了。维护武汉市区治安的任务，落到了维持会长王俊喜头上。

这对王俊林和王俊喜来说，都不是什么好事。如果说王俊林率领一支由中国人组成的军队，不是听从中国政府的号令前去抵御入侵之敌，而是听从日本人的驱使，准备与中国军队交锋，心里很不痛快的话，那么，王俊喜心里岂止是不痛快，简直是撕心裂肺地疼痛了！本来不应该出现任何纰漏，临了竟然会因为余明亮的好奇，功亏一篑。他没有炸得了汉口机场，反而让姚先生以及进入地道的人员全部死在里面，自己无法趁乱引爆还没有完全装配好的炸药，只能眼睁睁地看着那些本来可以爆发出极大的能量、将汉口机场送上西天的炸药，化作一团火焰，在地道里面一连燃烧了一天一夜。

从此，王俊喜受到了日本宪兵的怀疑。他接连不断地接受日本宪兵的盘问，接连不断地接受日本宪兵的调查，完全失去了行动的自由。最后，日本宪兵总算没有查出任何跟他有关的蛛丝马迹，表面上，他被解除怀疑。

撞过了鬼门关以后，王俊喜很有些胆寒。不过，他强装英雄，像困兽一样在屋子里走来走去，大骂道："狗日的日本人，下次你们还会有那么好的运气吗？"

余明亮自知这一次闯大祸了，本来一直躲在王俊林身边，不敢见王俊喜。如今，听王俊林告诉他，知道王俊喜已经没事了，他不想继续当缩头乌龟，特地跑回来见王俊喜，说道："王世伯，如果不是我，那些兄弟一个都不会死。我要为他们报仇！我练好了枪法，一直没有拿日本人的脑袋试枪，你带领我们一块杀日本人，为死去的兄弟报仇！"

"好！好！好！有骨气！"王俊喜把余明亮举起来，称赞道。

停顿了一下，王俊喜说道："等过一段时间，我想出办法，一定带着你为兄弟们报仇！"

"为什么不是现在？"余明亮问道。

"日本人还在怀疑我们呢，现在报仇，头一伸，马上会被这帮斑马日的发现，到头来，我们不仅报不了仇，连吃饭的家伙都会被他们拿走。”王俊喜转变了语气，“你回到王俊林那儿去，随时等我的消息！”

日本人不再怀疑王俊喜，交给了他一项新任务：“王会长，你的明白，大日本皇军的来到中国，不是为了占领，不是为了抢夺，而是为了共同繁荣，共同反共。可是，你们的南京政府竟然拒绝了大日本皇军的好意，联合共产党，跟大日本皇军作对，大日本皇军只好跟中国军队打下去。武汉已经落到大日本皇军手里，大日本皇军为了让武汉比以前更加安全，更加繁荣，需要在难民区建立娱乐场所，更需要有正常的商品流动。总之，大日本皇军需要的是繁荣，而不是破败与衰退。希望王会长好好想一想办法，让所有的生意人都重新开张营业，让所有的人都能享受快乐。”

“个斑马的，你们这些日本人把武汉变成了活地狱，竟然觍着脸谈快乐，谈繁荣，真是见你妈的大头鬼！”王俊喜心里大骂道。

骂归骂，事实上，一看到赚钱的机会从天而降，王俊喜还是会紧紧地抓住。他把自己最信任的几个头目找来，把日本人的意图告诉他们，商量到底应该在哪里开办戏院，在哪里开办酒店。

“帮主英明，我们赚日本人的钱，杀日本人的人，想一想心里都痛快！”众人纷纷说道。

“个斑马的，那是赚我们中国人的钱！”王俊喜笑骂道。

“只要有钱赚，管他是中国人的，还是日本人的！”众头目见风使舵，说道，“只不过尔后动手的时候，一定只能杀日本人！”

跟几个手下商量后，王俊喜回到法租界，对王俊财说道：“哥，日本人想重新开放市场，这是一件好事，我是做不来的，你得出面动员原来的那些商家把他们的厂子商店都开起来。这样，老百姓不是也有一条活路吗？”

王俊财淡淡地说道：“只要你把消息放出去，很多人会趋之若鹜，你不要勉强我了。”

得到了汉口机场不仅没有炸成，反而被日本人发现以至于死了很多热血英雄的消息以后，王俊财一直对弟弟王俊喜的行为感到失望，更对堂弟王俊林的行为感到痛心。他把王俊林找了过来，大骂了他一顿。

因为汉口机场免于遭受中国人的破坏，王俊林得到了日本人的夸奖，心里美滋滋的，一来觉得自己的好运是余明亮带来的，二来想到今后免不了要继续跟王俊喜明争暗斗，决定一直把余明亮带在身边，把他培养成心腹，并在关键时候把他当成一枚替自己遮风挡雨的棋子。

一听堂哥的怒骂，王俊林立即把余明亮推出来当挡箭牌：“这事不能怪我，是因为余明亮好奇心重，让日本人发现了端倪。”

王俊财愈发恼火：“你连自己做了什么，都不敢承认，还要推到一个孩子的头上！难道你没有看见，日本人到底在武汉做了一些什么吗？你清醒吧，不要指望依靠日本人，你可以得到什么好处，只会给你给我们王氏家族带来羞辱！”

骂完了王俊林，王俊财又把矛头转移到王俊喜身上：“你跟军统那帮特务都是糊涂蛋。连一个孩子有可能惹出什么事端都搞不清，不知道提前预防。死了那么多人不说，汉口机场没有被炸掉，重庆有多少老百姓要遭殃？”

王俊喜无言以对。

无法说服哥哥，王俊喜只有亲自出马，进入难民区，找那些曾经的商家和厂主谈话。果然有很多人早已盼望这样的好事能够落到自己头上，没让王俊喜费多大劲，他们立即挺枪出马，几天以后，把这一摊子事情全部弄成了。

现在，市场开放了，酒家拔地而起了，戏院也有了，日本人物色的武汉特别市政府的市长人选张仁蠡乐意任职，其他大小官僚，也已经全部找齐。万事俱备，日本人迫不及待地选择在华中派遣军攻克第五战区的防区以前，把市政府成立起来，正式拉开大日本皇军会给予武汉民众安宁生活的大幕。

选择市长就职仪式场地的任务落在了王俊喜头上。他很快瞄上了淮盐公所，拿出一笔巨资，把它翻修一新。

他不想继续出事。姚先生死了以后，再也没有任何人跟他联系了，他也没有察觉到有任何军统特务活动的迹象。但是，他深知军统特务像一条条看不见的毒蛇，躲在极为阴暗隐蔽的角落里，一旦有了机会，一定会以迅雷不及掩耳之势冲出来，咬你一口，让你死于非命。他没有出卖过军统，可还是防着军统，命令自己的人马，监视路口和可疑的人，并且在日本人以及张仁蠡进入淮盐公所的路上以及淮盐公所内部，都安插了大量的人手。

一旦有人捣乱，是不是需要开枪，很值得王俊喜思量。他实在不愿意自己的手上沾染任何一个中国人的鲜血，更不会主动招惹军统。他命令自己的兄弟：“只要发现可疑的人物，一定把他们给我赶走。”

手下问道：“如果他抽出了枪，我们是不是可以反击？”

“难道你们是死人，一定要亲眼看到人家拔枪，才确认他是可疑人物吗？”王俊喜有点生气了，几乎暴跳如雷。

张仁蠡就职典礼的日子终于到来了。王俊喜早早地来到淮盐公所，亲自检查了准备情况，一切看起来都很正常，他暗自松了一口气。

很快，一辆辆汽车、摩托车组成的钢铁队形，从汉口市区的街道上径直奔驰而来。张仁蠡坐在一辆汽车上，他两边各有一个日本人，他们手里都握着指挥刀，脸上流露出笑意，不停地对张仁蠡说着什么。张仁蠡笑容可掬，毕恭毕敬地聆听着，似乎一个虔诚的小学生在聆听老师的教诲。

王俊喜得到了消息，赶紧从淮盐公所跑出来，集合手下，沿着道路两边排列成两路纵队，迎接日本人和张仁蠡大驾光临。

等前面的摩托车开过去了之后，中间的小车停下来了。张仁蠡先下了车，连忙扶住后面一辆车的车门，宪兵司令腰挎大刀，从车子里面下来了。王俊喜赶紧迎上前去，点头哈腰，和张仁蠡一道，把宪兵司令置于中间的位置，陪着他走进了淮盐公所。

里面已经来了许多人，大多是商界以及各个厂家的代表，其中有一些人是王俊喜从四处抓过来的，在武汉商界拥有一些地位，更多的人是自动送上门来的。警备司令王俊林指派了一名师长留守武汉，此时，师长站在门口，恭迎的队伍一直延伸到了主席台上最显赫的位置。

主席台设在楼上，在王俊喜的精心布置之下，俨然一座戏台的模样。底层是一个颇大的空间，摆放了许多桌子，桌上摆放着各种茶点，桌子边缘放着很多椅子。与会人员全都站起身，用谄媚的目光看着宪兵司令。

在张仁蠡和王俊喜的陪同下，宪兵司令已经登上了最上面一层的戏台。

戏台的顶端悬挂着一条红色的横幅，上面写着：武汉市特别政府成立大会。一排铺上了红地毯的桌子，摆放在最中央。那儿一样肃立着几个恭迎宪兵司令的人，全是预备进入特别市政府的高级汉奸。

王俊喜走到扩音器面前，宣布大会开始，台上台下响起了一阵热烈的欢呼声。紧接着，宪兵司令讲了一通东亚共荣的道理，然后是宣读命令，张仁蠡从宪兵司令手里接过了市长的委任状。

这时候，一阵热烈的鞭炮声响了起来，烟雾冉冉升起，在微风的吹拂下朝着天空扶摇直上。

突然，几声枪响突破了鞭炮声编织的帷幕，钻进了每一个久经沙场者的耳鼓。随即，几粒子弹嗖地朝前台上飞了过去。宪兵司令非常机灵，头朝桌子上一趴，子弹嗖的一声打在后面的帷幕上。

王俊喜连忙拔出枪。硝烟在前台上空飘荡着，隐约看到从几道门的后侧，同时出现了几个人影。王俊喜本能地一枪打向了一个影子。

台下顿时混乱不堪，有人大喊大叫，有人急匆匆地起身逃跑，很多人撞到一块，扑通倒在地上，被慌乱的脚掌践踏得嗷嗷大叫。

汉帮帮众一见王俊喜开了火，一齐踊上前去，拔枪射击。

张仁鑫吓得脸色苍白，一头钻进了桌子底下。宪兵司令瞬间坐直了身子，挥了一下手，其他的日本人迅速跟在王俊喜人马身后冲了过去。

鞭炮声停歇了，枪声却在继续，而且越来越远离了淮盐公所。王俊喜看到一道道身影犹如一道道闪电一样融入了难民区，喝令人马继续追赶。日本人端了枪，也拼命地追赶过来。

汉帮帮众立刻兵分几路，分头朝四周包抄而去。日本人跟在身后，王俊喜要猛勇地追，要在日本人面前表现出自己的忠诚。身边有两个兄弟跟着他。

仗着熟悉地形，很快，他甩开了日本人。接连转了几条街道，眼帘倏忽之间出现了一条人影，他紧紧地追了过去，没有开枪，可是，追了好一会儿，再也没有看到那道人影了。他很纳闷，朝前面看了一眼，立即命令手下的兄弟分开，朝一条孤立的街道包抄而去。

两个兄弟一走，王俊喜立马朝拐角方向冲去。

突然，王俊喜感到一个冰冷的枪口顶住了自己的太阳穴。他把手里的枪扔在地上，说道："你们都是英雄，我非常佩服你们的勇气，很想跟你们交往。"

他感到对方加大了力道，心知对方不愿意跟自己废话，转而说道："英雄，你今天能到这里来暗杀日本宪兵司令，说明你一定做好了充分的准备，把一切都调查得清清楚楚。你应该知道，我不是汉奸，我同样在杀日本人。我曾经帮助过军统的姚先生炸过汉口机场，虽说最后没炸成，可是，我已经尽全力了。"

"你说，姚先生是怎么死的？"是一个女人的声音，听起来有些熟悉。

但是，王俊喜拿不准她到底是谁。既然她已经开口说话了，说明她肯听自己解释，自己一定可以讲清其中的原委。

忽然，传来了杂乱的脚步声，王俊喜急忙说道："来了很多人，快把你的枪收起来，跟着我，这样，日本人肯定不会怀疑你。日本人不是人，见了女人，他们就是畜生。"

那边犹豫了一下，显然是在考虑王俊喜的意见。突然感到从两边冲过来了两道人影，她马上调转枪口，砰砰两枪 ，结果了王俊喜的两个手下，呵斥王俊喜："你这个汉奸，我差一点上了你的当！你的死期到了。”

从那人身上散发出一团杀气，王俊喜隐隐感到她正在扣动扳机。

这一回，王俊喜听出声音来了，是王晓燕。他不由得十分欢喜，说道：“女儿，我的乖女儿，你可不要开枪。我是被逼无奈才投靠日本人的，你要是杀了我，你就失去了父亲，等你发觉你杀错人了，你一定会后悔。”

他突然感到头上刮起了一阵旋风，紧接着，一个什么东西飞快地砸了下来。王俊喜脑袋一晕，重重地倒在了地上。

等他苏醒过来的时候，王俊喜赫然发现自己正躺在一家医院里。

头很痛，钻心的痛。他感到痛苦，不仅是因为女儿用枪柄狠狠地砸了他太阳穴，更多的是因为女儿竟然不听他的辩解，差点要了他的性命。他很想立马起身，去找到女儿，向女儿说清楚，自己真的是迫不得已，真的没有主动干过任何坏事，都是日本人逼迫他干的。但女儿到底在哪里呢？他并不清楚。还有，女儿是不是已经脱离了危险？

无法对任何一个人说，他只能憋在心里，病情竟然一天天地加重，总是发着低烧，喃喃自语着一些谁都听不清的话。

迷迷糊糊中，他的眼帘不时地晃动着女儿的身影。

女儿那张可爱的脸庞一浮现在他的眼前，他立马感到浑身上下流淌着幸福的甘泉。女儿的脸上流露出了一抹笑意，正要投入他的怀抱。他伸出手，要把女儿紧紧地拥抱，女儿脸色突变，手里突然出现了一把手枪，手压扳机，正对着他的太阳穴，用几乎变调的口吻说道：“你这个汉奸，去死吧！”

“我不是汉奸！”他很想大喊。

但女儿手里的枪响了。他看见自己的头挨了一枪，一道鲜血朝天空飞去，然后掉下来，洒落了一阵血雨。

他大叫一声，眼睛猛一睁开，赫然看到哥哥王俊财正坐在自己的跟前。他睁大眼睛朝四处张望，没有看到女儿，心里不知道是喜悦还是解脱，是哀伤还是沉重。

王俊财说道：“我知道，你患的是心病。你不要想那么多，只要你问心无愧，不需要辩白，总有一天，人家会理解。”

这么说，哥哥一定见过女儿了，王俊喜惊喜万分。那么，女儿应该知道，自己不是暗害姚先生的人，那次纯粹是余明亮惹出来的意外。

戴笠接到汉口军统组几乎全军覆没的消息后，十分震怒，立即把王晓燕派回武汉，并且另外加派了很多骨干人员，前来调查姚先生等人的死因，准备铲除出卖军统组织的人，搞清日本人的情报，在武汉重新恢复情报网络，暗杀一切大小汉奸，振奋武汉民众的抗战热情。

王晓燕等人是分头秘密进入武汉的。很快，把矛头锁定在王俊喜身上。

侦察好了地形，确定了在得手以后各自退却的路线，王晓燕与军统成员相继来到了淮盐公所，准备伺机向宪兵司令张仁蠡、王俊喜开火，一块将他们全部解决。

他们全都隐藏在贺客中间，趁着鞭炮响起来的机会，一起动手。

但他们并没有射中目标。欲待继续射击，王俊喜反应太快了，竟然命令他的手下从四面八方追了过来。他们不能不一面反击，一面朝后退去。

这一下，王晓燕更加确定父亲就是出卖姚先生的人，是真正的汉奸。

王晓燕一面朝前面狂奔，一面不时地回过头来阻击追赶她的人。七拐八弯，后面再也听不见追踪者的脚步声了，枪声在远处响起，而且越来越远，她庆幸自己已经甩脱了追踪者，松了一口气。经过一阵狂奔，体力有点不济，她想暂时歇息片刻，然后离开难民区，回去在法租界租住的房子。

这时候，她竟然听见了脚步声。她迅速地退入角落，朝脚步声传来的方向望去，发现追赶过来的人竟是父亲。她万分惊讶，脑子里混乱极了：是躲开父亲，还是迎着父亲冲上去，让父亲死在自己手里？

她看出来了，父亲也发现了她。父亲带领的两个手下已经分开了，显然是想包围自己。她躲在一个拐角处，手扣在扳机上，等着父亲冲上来。

父亲出现在她的枪口之下，她只要轻轻一压扳机，立刻会射出一粒子弹，打爆父亲的脑袋。但她竟然感到心在颤抖，手也在颤抖。

当父亲从她身边经过的时候，她突然将枪口对准了父亲的太阳穴，很想说一些什么，可究竟是质问父亲，还是谩骂父亲，她也不清楚，只有一言不发，紧紧地将枪口对准了父亲。

父亲竟然说出那一番话来了，父亲是在狡辩，她不需要父亲的狡辩，只要结果了父亲，一切都会结束。

王晓燕正要扣动扳机，父亲的那两个手下竟然过来了。她迅速调转枪口，结果了他们，然后敏捷地把枪口对准了父亲。眼帘浮现出昔日父亲宠爱自己的一幕幕情景，她稍作迟疑，挥起枪柄，猛地砸在父亲的脑袋上。

然而，父亲对她说的那些话，一直在她的耳边回荡不休。在一个子夜时分，她神兵天降般地出现在王俊财面前。

“伯伯，你不要这么看着我，你早就知道，我已经加入了军统，我是接到戴老板的指令，来到武汉的。”王晓燕说道，“我父亲说过，他不是有意要暗害我那些同事，是真的吗？”

王俊财惊讶地说道：“这么说，是你把你父亲打伤了？”

“伯伯，你还没有回答我。”王晓燕坚持问道。

王俊财说道：“我的确见过姚先生跟你父亲在一块讨论如何联手炸毁汉口机场。事情本来进展得很顺利，那天准备炸掉机场了，王俊林带着余明亮去了。余明亮察觉出了一些什么，想去看看，引起了日本人的怀疑，事情露馅了。当初，我曾跟你父亲说过，要想跟日本人斗下去，得万分小心才行。也曾劝过你父亲，不要继续跟着日本人干了，不过，你父亲不干，别人也会干的。你父亲明着替日本人干事，暗地里还可以给日本人制造一点麻烦。”

王晓燕说道：“可是，他完全是在替日本人做事，对我们的人从来没有手下留情过。”

“你父亲毕竟是汉帮的总头子啊！这也是我不愿意离开武汉的原因。我要看着你父亲，还有你叔叔，不要让他们一错再错。”

看着伯伯痛苦万分，王晓燕心里一样很痛苦。父亲即使真的怨恨日本人，在私底下曾经杀死了很多日本人，但能抵消他的罪恶吗？

还有叔叔，一提起叔叔，王晓燕的心里更加一阵阵的痛。她是王俊喜的女儿，在许多方面有父亲的遗传，对叔叔的一些过分行动，并不很反感，唯有对叔叔在日本人面前挺不起腰杆，让她感到痛心疾首。

叔叔接到了命令，要去跟余瑞华的部队会合，掩护大部队突围，她曾对叔叔寄予了无限希望。她很想看到叔叔英勇无畏地抵抗日本人的战报，但苦苦等待，一直得不到任何消息。

这一天，王晓燕正在野外训练，突然看到赵璇滢领着一群孩子，疲惫不堪地从面前经过。她惊喜地叫喊：“余伯母！”

赵璇滢认出了她，说道：“晓燕，你干练精明了，祝贺你！”

王晓燕知道，赵璇滢一向对军统不感兴趣，这话不是客套，就是言不由衷。她嘿嘿一笑，连忙转换了话题：“余伯母，你这是打从哪儿过来的呀？怎么还带着一群孩子？”

赵璇滢招呼孩子们休息一会儿，把这一路经历的事情全部告诉了王晓燕。

叔叔能在日寇的包围之中，率领人马东突西撞，一直跟日本人周旋，最后还派出一个营的人马把赵璇滢送出了敌人的包围圈，无疑令王晓燕十分欣慰。她钦佩地说道：

“这么说，叔叔真的变成英雄了嘛！”

等训练快要结束的时候，王晓燕忽然听到了一个晴天霹雳的消息：不仅父亲投靠了日本人，在武汉做了许多坏事，而且叔叔王俊林也早已投靠了日本人，手上沾满了更多中国人的鲜血。

她的心在滴血。为了洗刷父亲和叔叔给王氏家族带来的耻辱，王晓燕坚决要求回去武汉，参与针对王俊喜、王俊林的一切行动。

临走之前，她打听到了余瑞光的消息。尽管损失了许多设备，余瑞光依旧是最大的纱厂主之一，享有很高的声誉。

王晓燕毫不费力地找到了他，说道：“余世伯，我一直打听不到我奶奶、婶子和我母亲她们的消息。她们难道都没有到重庆来吗？”

余瑞光凝视着她，过了很久，说道：“你奶奶去世了，你父亲、你伯伯、你叔叔没有来，你母亲和婶子都在重庆。”

“她们在哪里？”王晓燕急切地问道。

余瑞光没有说话，带王晓燕去了一个庞大的院落。一走进去就看到余雅芳和母亲她们正坐在院落里，一个个低头不语。她燕子一样冲到母亲的身边，快乐地大叫一声：“母亲！”

“是晓燕呀！”母亲、婶子、伯母眼眶里都噙着泪水。

短暂的欢乐之后，王晓燕不能不面对一个无法回避的问题：母亲她们为什么来到了余瑞光的府邸，跟余瑞光生活在一块。

她终于知道了原委：因为父亲和叔叔相继投靠了日本人，国民政府军事委员会得到王氏家族的产业全部属于王俊林的报告，作为逆产，将其全部没收了。母亲她们无处栖身，接受余瑞光的邀请，来到余府，跟余瑞光一块生活。

王晓燕宛如五雷轰顶。叔叔投靠了日本人，父亲投靠了日本人，但母亲、伯母和婶子没有投靠日本人，难道政府不能给她们一些必要的生活保障吗？冲动之下，她立马准备去军事委员会，向蒋委员长提出申诉。但被母亲她们拦住了。

“他们都是汉奸，已经让王府老小够丢脸了，你还去跟谁理论？就这样吧，余府不是外人。孩子，要是你能回武汉，碰见了你父亲和叔叔，你问一问他们：他们投降日本人，可曾考虑过王家今后怎么在世上立足？还有你伯伯，他一直很刚强，不知道他怎么样了。你找到他以后，告诉他，我们都很好。他要是能来重庆，尽快过来吧，不能到重庆来，也得好好照顾自己。”

尤其是余雅芳，因为丈夫投敌，她被彻底击倒了，一直病倒在床上，母亲和伯母每天守候在她的身边，开解她。碰到天气晴朗，没有敌机前来轰炸，便搀扶着她走出屋子，坐在院落里晒太阳。

跟王晓燕说了许多话，余雅芳一阵晕眩，昏了过去。

王晓燕心里好像有万千根钢针一同扎她。从那时候起，她暗暗发誓，只要一回到武汉，首先会杀掉父亲和叔叔。可见到了父亲，她无法下手。

王俊财长吁短叹："只要你父亲和你叔叔还活着，我是不会去重庆的。我虽说不能让他们变得更好，但一定要影响他们。孩子，你要杀掉他们，从国家民族的角度，伯伯支持你；可是，他们毕竟是你父亲是你叔叔，不该你亲自动手。"

说着说着，王俊财竟然失声痛哭起来。

伯伯是为了远在重庆寄人篱下的夫人她们，还是为了侄女有可能跟弟弟以及堂弟骨肉相残，或者两者兼而有之？王晓燕不知道。但是，她深深地受到了震撼。是的，父亲跟叔叔不一样，而且无论怎么对他们，自己都不能亲自动手。那么，自己能不能影响他们？把他们拉回到为国家服务的道路上来呢？

王俊喜一样感到痛苦。他很想大声叫喊，自己从来没有想到过要害人，没有想到过要跟着日本人一道干下去。然而，他不能叫喊，日本人随时都会来医院，而且，谁也不知道到底有多少日本人埋伏在医院周围，监视着自己的行动。王俊喜只能任凭泪水横流，默然无语。

轻轻地在弟弟肩头上拍了几把，王俊财说道："无论干什么，你都要好好深思，千万不要再做任何错事。我们都是人，是中国人，是受到日本人残害的中国人！"

王俊喜慢慢地解除心头的烦忧，身体便逐渐好了起来。

正在家里养病，突然听说汉口出现了霍乱症，王俊喜连忙带着几个手下，坐上摩托车，朝难民区奔去。

一路上，行人稀少，只有东洋鬼子的军车和摩托车突突响着，在大街小巷上横冲直撞。王俊喜猝然生出一种恍如隔世的感觉。他的身体仍然有些虚弱，手下不敢开快，因而，摩托车抵达硚口汉正街出入口的时候，已经是艳阳高照了。这时候，王俊林已经带着一群手下赶了过来。

王俊林带领伪军跟随日本鬼子兵一道去攻打大洪山、桐柏山，一个多月以后，铩羽而归，回到了汉口。

没有给予中国军队狠狠一击，反而让日本人看到了王俊林的部队是中看不中用的绣花枕头，从此以后，东洋人再也不会对王俊林和颜悦色了。王俊林识得利害，生怕惹恼了他们，一回到汉口，无论大小事情，都要亲自出面处理。

听说张仁蠡、王俊喜差一点被人暗杀，王俊林一样为自己的安全担心。每次外出，他都要带大批人马保护自己，并且在暗地里部署了很多秘密保护人员。

他下了车，突然听到从后面传来一阵摩托车发出的声音，回头一看，王俊喜竟然也跷起胯子，从摩托车上下来了。

“知道雅芳现在怎么样了吗？”

王俊林刚要走开，听见了王俊喜的说话声，他本能地转过身，望着王俊喜。

脸上浮现一抹讥诮的笑意，王俊喜跟着耸了一下肩头，一面朝日本人把守的岗哨走去，一面说道：“她一直躺在屋子里，不能动弹，气若游丝。如果你在武汉干的事继续传到她的耳朵里去了，她恐怕很快会连那一点气息也没有了。”

王俊林心里一惊，稍一迟疑，马上追了过去。他喉头发紧，迫不及待地问道：“你是从哪里得到消息的？雅芳患了什么病？为什么不送医院？”

“你是问我吗？我什么都不知道，你去问我哥。”王俊喜讥笑道。

忽然，他看到前面出现了一幕奇怪情景，再也不跟王俊林说话了，甩开膀子，三步并作两步，跑到了岗亭跟前。

一个衣服褴褛的汉子，正跪在一块砖头上，他的头上还顶了一块砖，双手高高地把另外一块砖举过了头顶，浑身上下大汗淋漓，并且在不断地颤动，两块砖在他的身上也是不住地颤抖。

王俊喜从来没有想象过，竟然还有这么整人的。日本人真不是东西！骂他们是斑马日的侮辱了斑马！骂他们是婊子养的侮辱了婊子！

这时候，有一个人头戴礼帽，挺着胸膛，高昂着脑袋，手里掐着一个纸片一样的东西，雄赳赳气昂昂地从难民区走了过来。

王俊喜不觉有些吃惊，举目望去，赫然发现那人竟是戏院的一个名角。

他下意识地朝日本兵望去，只见两把刺刀顺势一拦，挡住了那人的去路。那人将手里的纸片递了过去。日本人根本不接他的纸片，刺刀朝他胸部挺了一下，眼睛示意他要取下帽子，向日本人鞠躬行礼。

看那人还要坚持的样子，王俊喜赶紧赶了过去，对日本人说道：“太君息怒，他是戏院的名角，一向不出来的，不知道规矩。我这就叫他懂得规矩。”

日本兵收回了刺刀。王俊喜正要对那人说话。又有一个人走了过来。

此人毕恭毕敬地取下头上的帽子，朝日本人接连鞠了三次躬，拿出了两张纸片，在日本人眼前展示了一下。日本人叽叽哇哇地说了一句什么，他掏出了一把硬币，恭恭敬敬地交给了日本人。站在两边的日本人拿着一个喷头，朝他的前面喷洒一通，紧接着一声吆喝。这人转过面来，把后背也让日本人给喷了一遍。喷洒完毕，他向日本人露出奴才般的谄笑，出去了。

“像他那样吧，好汉不吃眼前亏。”王俊喜轻声对那人说道。

那人瞥了王俊喜一眼，继续昂首阔步朝日本人的岗哨跟前走去。

“你的，规矩的不懂！”日本人吆喝道。刺刀挡住了他的去路。

紧接着，有一个日本兵冲了过去，一把取下那人头上的帽子，塞进了他的手里，命令他把双手举过头顶。那人奋力地挣扎着，怒吼着。

王俊喜赶紧上前劝说道：“快点把帽子举过头顶，向太君鞠躬。”

那人喝叫道：“我一个中国人，出入中国的地方，凭什么要朝日本人鞠躬？”

拿着刺刀的日本人立即把刺刀架在一块，命令王俊林的人马把铁丝网拉了过来，挡在路口。一个宪兵头目过来了，一声嚎叫，日本人迅疾地冲了上去，几个家伙一块把那人抬了起来，举得高高的。

王俊喜脸色煞白，赶紧向日本宪兵头目打躬作揖，说道：“太君，他是我戏院的台柱子，可不能这样对他呀。我向太君鞠躬，我向太君赔礼。”

还没有等他说完，一个日本兵嫌他碍事，一脚踢在他的大腿上。

王俊喜打了一个趔趄，本能地退后了一步。日本人从嘴里发出一阵野兽一般的叫声，猛力地把那人朝地上掼去。砰的一声，紧接着又是啪嗒一声，那人着地了，脊椎骨被摔断了。

那人爆发出一声凄厉的惨叫，嘴里喷出了一口鲜血。

王俊喜吓得差点跌倒在地。王俊林呆若木鸡。日本人哈哈一笑，又一次扑了过去，抓住那人，抬起来，再次高举过头顶，又要把他摔下去了。

脑子一嗡，王俊喜赶紧又冲上前去，哀求日本宪兵头目道：“太君，你们不能这样啊。他是我戏院的台柱子，我给你们赔礼了，给你们鞠躬了，给你们叩头了。”

一边说，王俊喜一边真的要给日本宪兵头目跪下叩头了，他的手下马上抢在他的前面，给这头目空一切的畜生跪下了。

日本宪兵头目哈哈大笑，一声怪叫，那些日本人仿佛豺狼听到了同伙的叫唤，突然把那人抛在那架铁丝网上。哧哧哧一连串的响声过后，那人发出一声痛苦的惨叫，撕心裂肺，穿过了云层，在天空中久久回荡不休。

跪在一边的那条汉子一惊，头一歪，倒了下去。

日本人马上扑了过去，一把抓起他，把他高高地举起，然后猛地朝地上摔去，又是一声惨叫，直冲王俊喜的耳鼓。

王俊喜再也不敢看下去了，更不敢听这种声音，捂了眼睛，试图离去。

日本人越发畜性大发，一下紧似一下，直到把那人摔成了一团烂泥。

王俊林默默地注视着，一声不吭。他的人马矗立不动，似乎风华的石雕。

这时候，从里面跑出来一个人，报告有巷子里发现一个人染上了霍乱。

日本宪兵头目立即喝令王俊林、王俊喜："你们的，统统的过去，铁丝网的抬着，机枪的抬着，进去的干活。"

留下两个日本宪兵把守着出入口，其他的日本宪兵跟王俊林、王俊喜以及他们的人马一块，朝发生霍乱的那个巷子口奔去。王俊林和王俊喜的一部分人马分别拖带着一副巨大的铁丝网，吃力地跟在日本鬼子后面。

引路的人站在巷子口，指着一幢房屋，说道："是在这里发现霍乱的。"

日本宪兵头目立即吆喝人马用铁丝网把整条街道围住。

王俊喜心里升起了一种不祥的预感，说道："太君，是不是要把他们全部隔离起来？"

"你的，不要多问，太君的说话，你的干活。"日本宪兵头目说道。

街道里面的人一见这个架势，心知不妙，连忙扶老携幼，试图往外面跑。机枪哒哒哒哒地响了，子弹像暴雨一样密集地朝人群打去，人群一片一片地倒地。有的人急忙朝另外的方向出逃，日本人的子弹一样追上了他们。

"不能这样，让没患病的人出来，不就没事了吗？"王俊喜绝望地说道。

"是啊，太君，这样下去，中国人会被你们杀光的。"王俊林同样劝阻。

日本宪兵头目挥了挥手，说道："他们的不死，霍乱的就会传播出去，整个的难民区，统统的会死光。为了更多的人的安全，他们不仅要死，而且还要把整条街道烧掉，不能让一个细菌的存活。"

"可是，还有其他的办法预防霍乱。"王俊林、王俊喜异口同声地说道。

日本宪兵头目再也不理会他们，只顾吆喝着人马快点拿来煤油，泼向了整条街道。随即，日本人举起枪，接连砰砰几声响，大火顿时从各个方向腾空而起，瞬间吞没了整个街道。恐怖的哭叫声久久在空中萦绕。

第二十一章　阻截行动

王俊林再次率领人马走上了战场，对他来说，这是一件求之不得的好事。毕竟，借此机会，他可以脱离那些痛苦的面对。

自从回到武汉之后，几乎每一天，王俊林不是帮助日本人抓人杀人，就是亲眼看着日本人抓人杀人。他积累了二十多年的抓人杀人经验，在日本人面前，完全够不上档次，太没品位。人家日本人那才叫艺术，把本来充满恐怖与血腥的抓人杀人过程，当成艺术来经营和欣赏，只有日本人做得出来！他们是伟大的艺术家！他们是人类灵魂的工程师！全世界，只有大和民族与生俱来，深深懂得并人人会实践这种艺术！别人连给他们当学生的资格都不够！

他们能把一个个鲜活的生命，驱赶到任何一个地方，然后围起来，一面喝着天皇陛下赏赐的御酒，一面津津有味地欣赏着这一个个生命先自动脱掉全部衣裳，赤身裸体地在他们面前跳舞，直到跳够了，跳不动了，倒在地上，再也起不来，成为永恒的艺术品，优雅地写在日本人的教科书上，供全体日本国民景仰。

他们可以优雅而又熟练地把一个人捆在一条板凳上，用一把钝刀子，一边一点一点割下他的皮肉，一边眯着眼睛，打着节拍，依稀陶醉在《君之代》的旋律之中，对痛苦的叫喊声如醉如痴；他们可以把一个人绑在一棵砍倒的树上，打一个呼哨，让狼狗紧紧地咬住那人的脖子，一齐敲锣打鼓，激励狼狗把人朝四周乱拖，仿佛那是天皇陛下发出的玉音，令他们痴迷；他们可以把一个人的衣服剥个精光，朝他身上喷洒一种什么药水，用一种皮一样的东西，紧紧地把那人包裹起来，然后使劲地朝外拉，把那人的皮肤从身上全部揭掉，使得那人活像一只被剥皮的野兽，痛苦地哀嚎，宛如来自日本皇宫的宫廷戏，令每一个日本人都为之着魔，神魂颠倒。

王俊林不懂得这门艺术。每当遇到日本人这么做，他就毛骨悚然，很想问一问那些日本人到底是不是人，能够想出如此惨无人道的刑罚！不过，他不能问，也不敢问，只能站在一边，眼睁睁地看着日本人把他们的艺术行为推向一个又一个高峰，在人类历史上书写极其辉煌灿烂的篇章。

他一样很不理解，怎么难民区里面有那么多抵抗人士，他们怎么一定要放着平静的日子不过，去触日本人的霉头！你是人，日本人连畜生都不如，人跟畜生较什么劲？你让一让就过去了，干吗一定要搭上自己的小命？

这时候，他突然想起了夫人，心里隐隐作痛。

那一天，王俊喜提了一句夫人却又不说下去，王俊林为夫人牵肠挂肚，带着一群兵士去了法租界。他急切地问堂兄："哥，我夫人怎么样了？"

王俊财冷冷地说道："你还会关心雅芳吗？"

余雅芳是他的夫人，无论他做过多么令人不齿的事情，王俊林从来没有不关心她，从来没有不把她放在心上。而且，天地良心，投靠日本人以前，他不是没有考虑过夫人的感受。

"你真的惦记她，就应该好好想一想自己到底应该怎么做。"王俊财继续冷冷地说。

"哥，我是没有办法才投靠日本人的。如果你跟我一样，带领一支队伍，陷入了日本人的包围，又遭到了国民党的抛弃，你说，你应该怎么做？"王俊林大声说道。

"我要是你，会率领队伍继续跟日本人周旋下去，哪怕队伍全部拼光了，只剩下自己一个人，也要坚持，不死不休！"王俊财说道。

王俊林一声长啸，突然抱住脑袋，接连打了几个旋，一副痛苦不堪的样子。他哀求道："哥，求求你，不要说这样的话，行不行？你没有碰到当时的情况。你要是碰上了，你一样会寒心。"

他忽然翘起了脑袋，看着堂兄，继续说："我一样非常痛恨日本人。他们到处抓人捕人，到处肆意屠杀，什么坏事都干尽了，我恨不得杀掉他们。可是，我不能这样做，我要活下去，只能委曲求全，我可以保证，我尽量不帮助日本人残害我们的同胞。"

王俊林话还没有说完，忽然听到了一声冷笑。紧接着，他感觉一个枪口压在了自己的太阳穴上。他一阵惊讶，偏头一看，虎虎生威地站在自己身边，正用手枪指着自己脑袋的人竟是王晓燕。

他故作镇定地说道："乖侄女，拿开你的枪，别这么对着你的叔叔。"

"呸！你这个汉奸，今天遇上我，你只有死！"王晓燕冷冷地说道。

她按了一下枪机，手指扣动着扳机。

王俊林浑身上下冒出了冷汗，他说道："你为什么不杀掉你父亲？他也是汉奸。他比我投靠日本人还要早些，比我干的坏事还要多些。他是你父亲，你下不了手，却来杀我，好吧，你杀了我，杀了你的叔叔吧。"

那张青春而又漂亮的脸上浮出了一抹残酷的笑容。

王晓燕冷酷地说道："王俊林，你放心，一旦查出王俊喜帮助日本人坑害同胞的确切证据，我一样会把他送上西天！"

王俊林心里一阵嘀咕：完了，这丫头跟她老子一样心狠手辣，如今连她老子都要杀，哪会在乎一个叔叔！没想到，王晓燕竟然收回了手枪。他感到脑袋一阵轻松，一眼看去，竟是王俊财把王晓燕的手拨过去了。

他嘘了一口气，想说些什么，一时找不到不惹王晓燕生气的话头。

王俊财替他解了围，对王晓燕说道："今天，他是来探听你婶子消息的，为他还有一点情意，你今天不要难为他了。"

"你还想着婶子吗？我看到过她，她正在余世伯的府上，跟我母亲和伯母住在一起。听到你当汉奸的消息，她又气又急，昏死过去了。醒来以后，她再也没有康复过，一直病恹恹的，人已经消瘦得只剩下一张皮了。"

侄女说的每一句话都强烈地冲击着他的心，令王俊林感到浑身上下一阵阵发抖。他抓住王晓燕的手臂，急切地说道："为什么不把她送进医院？她会死的！"

"你还会担心婶婶的生死吗？"王晓燕甩开了他的手，怒喝道，"你明知道婶婶会为你牵肠挂肚，你却投靠日本人！是你把她变成这个样子的！你是伤害婶婶的元凶！"

"是我，是我！我是罪人！"王俊林哀求道，"我请你们把她送进医院！"

"医院救不了雅芳的命！能救她的人只有你！"王俊财仰天叹息道，"你真想雅芳好好活下去，就别再跟日本人一起干了！"

"你继续令婶婶伤心，真的会活活要了婶婶的命！"王晓燕瞪大眼睛，说道。

王俊林凝视着王晓燕，依稀她是老天爷送来的一根救命稻草，专门救夫人来的。他知道，她一定有办法跟重庆取得联系，让夫人知道自己虽然投靠日本人，绝不会做日本人的帮凶。为此，王晓燕叫他做什么，他都愿意。

两人达成秘密协议，只要王俊林探听到日本人方面的任何情报，都会在第一时间里交给王晓燕；王晓燕向戴笠汇报已经将王俊林吸纳成为军统秘密谍报人员，并把这个信息通知给余雅芳。

随即，日本人又准备出动大批人马，向大洪山、桐柏山方向展开攻击。

王俊林提前把这个情报给了王晓燕，王晓燕立即发给军统总部。李宗仁洞悉了日寇的全盘计划，迅疾进行临战前的动员，布设好了阵地，调整好了部署。

不久，数万日寇裹挟着难以计数的伪军兵分几路，攻向了大洪山、桐柏山，碰上了中国军队筑成的铜墙铁壁，经过一个多月的战斗，损兵折将，丢失了无数人马，不得不再次铩羽而归。

王俊林得到了军统的嘉奖，同时也得到了夫人的最新消息：听说丈夫在暗中为抗日军队做事以后，余雅芳心情开朗，身体慢慢康复了。由于军事委员会的干预，王氏家族的产业重新回到了余雅芳手中。与此同时，她还继续参加了妇女抗战救国联合会的活动。

夫人能够重新振作起来，王俊林深感欣慰。不过，一想起蒋介石以及国民政府没收王家产业，导致夫人差点命丧黄泉，王俊林心中十分恼火。

他再也不愿意给王晓燕提供情报，他不是推脱，就是只给一些不重要的消息，说道："我能够感觉得到，我似乎受到了日本人的怀疑，得有一段时间不能活动了。等我得到了更加紧要的情报以后，一定会交给你。"

武汉仍然是各种势力明里暗里角力的场所。在日本人的迫使下，王俊林饶是万分不情愿，也不得不继续帮助日本人抓捕那些抵抗分子。日本人用尽各种各样的酷刑，撬开了许多被捕人员的嘴巴，得到了第五战区竟然在为反攻武汉做着积极准备的重要情报。

日本人大为惊讶，赶紧从各个方向抽调人马，增加武汉周边的防御力量. 同时准备再度向第五战区中国军队把守的阵地发动攻击，彻底打乱李宗仁部的部署，确保武汉安如磐石。

中国军队一直非常关注武汉日寇的动向。王晓燕接到军统总部的指令，略施小计，从王俊林那儿挖出了这个绝密情报。

第五战区准备不足，日寇又加强了戒备，李宗仁只有进一步补充人马，通过军事委员会命令各路预先留在敌后打游击的队伍，向日寇同时发动骚扰性攻击，以牵制敌人的力量。

这时候，王俊林忽然发现，在鄂东北地区，共产党的抗日武装竟然已经形成了很大的气候，他们时不时会向日寇据点发动一些零星的袭击，一旦有小股的日寇出来扫荡，准会遭到共产党抗日武装的埋伏，乃至于在整个武汉的四周，都存在着抗日的武装。

因为接连遭到共产党人的袭击，日本人十分恼怒，觉得在武汉地区一定存在共产党的情报网络，出动了大批宪兵，四处查询共产党人的踪迹，而且命令王俊林的警备司令部加紧针对共产党的搜捕活动。

抓捕了数以千计的可疑人员，无论怎么严刑拷打，没有一个共产党。

"也许，他们确实不是共产党。"王俊林担心日本人又会开设艺术课，对日本宪兵司令说道，"监狱里人满为患，不如把他们都放了！"

"不，王桑，难道你不想再见识一下伟大的大和民族最先进的艺术吗？我保证，你永生难忘！"宪兵司令说道。

王俊林马上见识到了大和民族最先进的艺术：日本宪兵把抓捕的人员要么丢进水牢，放出无数条毒蛇，追逐他们，缠死他们，吞噬他们；要么丢进设立在宪兵总队地下洞里的硝镪水坑，不一会儿的工夫，一条鲜活的生命彻底消失。

东洋鬼子急于要向西发展攻击，以确保武汉的安全，而在武汉四周，共产党的抗日武装以及国民党军队预留下来打游击的武装，都让他们寝食难安。为了解除在向西发展攻击之际后方以及侧翼遭到共产党和国民党军队的威胁，日本人决定首先集合起各地的日伪军，兵分九路，向共产党人最活跃的地区展开扫荡。

王俊林一接到命令，马上集合人马，跟随日本军队，向鄂东北方向进发。

他对余瑞华仍然不太放心。不管哪一次跟国民党军队作战，余瑞华率领的部队似乎总是一出击，准能打中国军队的要害，迫使其不得不立即退却。但一旦王俊林率领大队人马，跟随倭寇一道改变主攻方向，投入到余瑞华这边来，准备扩大战果，彻底消灭中国军队，总是不能如愿。于是，王俊林很怀疑，日本人也很怀疑：余瑞华跟中国军队如此配合默契，莫不是他早已跟中国军队暗中联络好了？但他们不论想了多少办法，都没有找到余瑞华的破绽。

余瑞华的确跟中国军队有联络，因为他已经跟军统人员取得联系了，成为军统的内应。每当日本人要采取大型行动，余瑞华一得到消息，立即告诉军统人员，然后通过军统人员跟第五战区商定了自己的行动路线。即使日本人改变了计划，他也准能很快跟军统人员联系上，因为在他的队伍里，已经埋伏下来了一个军统人员，此人就是王晓燕。

王晓燕回到武汉，拥有多种身份，要么化装成楚楚动人的风尘女子，寄身妓院；要么是大家闺秀，出入一些高档宴会场所；要么变成小家碧玉，只知道居家过日子，对其他的一切毫不关心；要么会化身举止潇洒的男人，周旋于名媛贵妇之间。通过各种途径，她获取了不少有关日寇的情报信息，得到了戴笠的嘉许。她在警备司令部发展的人员，第一个并不是王俊林，她盯上的是余瑞华。余瑞华从骨子里是不愿意背叛国家的，这跟王俊林完全不同。她以各种身份接近余瑞华，摸清了他的思想以后，马上以本来面目跟他相见。

“我想，我们应该好好谈一谈！”王晓燕微笑道。

“是的，我们确实应该好好谈一谈！”余瑞华似乎并不觉得奇怪，同样面带微笑，说道，“我已经等了很久，没想到，等来的人竟然是你！”

“跟你说话，很痛快！”王晓燕说道，“我查得很清楚，你需要一个电讯员，我们合计一下，让我来干，怎么样？”

从此以后，王晓燕携带一个秘密电台，跟随余瑞华到处作战。日寇的任何信息，都是余瑞华告诉她，然后通过她的电台发往军统总部的。

这一次，余瑞华要率领队伍去扫荡共产党的抗日根据地，一样少不了把王晓燕带在身边。甚至，他知道这一次很有可能会跟二嫂赵璇滢再一次正面相斗。

他知道赵璇滢已经来到鄂东北地区，成为鄂东北地区共产党抗日武装的一员重要将领，是因为他见到了赵雪莲，为赵雪莲提供过武汉地区日寇的一切情报。他曾经询问赵雪莲是不是见过二嫂，才知道二嫂已经回到了湖北。

“也许，这就是二嫂、我和王俊林的宿命，任何时候，我们都会碰到一块，无论我们是敌人，还是朋友。”余瑞华在心里说道。

他非常想见一见二嫂，有很多话要对二嫂说，但他知道，他不可能跟二嫂相见。二嫂不把自己当成汉奸，并且命令赵雪莲一进入武汉，立即前来找自己，让余瑞华很感安慰。

其实，赵雪莲并不是一到武汉，就立即去见余瑞华。余瑞华已经投靠了日本人，无论他是真投靠，还是假投靠，不搞清楚真相，赵雪莲不会贸然去见他。

从武大毕业以后，在姑父余瑞祥的安排下，赵雪莲去了延安，进入了马列主义大学。她不仅加入了共产党，而且接受过秘密工作人员训练。训练结束以后，组织上派遣她进入武汉，为共产党抗日武装获取情报。

她是从延安辗转来到鄂东北共产党抗日根据地的，在那儿，她见到了姑姑赵璇滢，跟姑姑谈起了自己在延安的经历，几天以后，在姑姑的安排下，她秘密进入了武汉，在法租界安了家。

赵雪莲是跟熊先生一块进入法租界的。熊先生是一个举止潇洒气度不凡的共产党人，他们的身份是一对来自南洋的未婚夫妇，深知武汉遭受了怎样的破坏，准备豪赌一把，在武汉开拓一番事业。所以，一定居下来，他们很快跟武汉各界的头面人物拉上了关系，取得了他们的信任与好感。

“老实说，武汉不一定会合适你们。”王俊林对他们心存疑虑，说道。

“但是，有王司令照顾，武汉一定是一个令人着迷的地方！”赵雪莲一直微笑着，其未婚夫熊先生说道。

“不错，乱世才有发达的机会！”王俊喜立马说道。

“王会长一语道破玄机，今后，多多仰仗各位了！”

王俊喜见他们出手大方，举止高雅，很愿意跟他们亲近。他拍着胸脯向他们表示：“你们想在武汉干什么，就可以干什么，有我在，包你们发大财！”

他们微笑着接受了王俊喜的好意，也接受了来自各路人马对他们的关照。

很快，他们考察完毕，确定了要做的生意，并且在德民饭店包了一个套房，作为与各路人物打交道的固定场地。暗地里，赵雪莲则在所谓南洋未婚夫的掩护下，根据不同的时机，乔装打扮成各种各样的形象，搜集日伪军的情报，与其他地下党接头。

赵承博带领手下的一票人马早已进入了余瑞华的队伍。他现在已经是营长了，一样改头换面，没有几个人知道他就是昔日赵府那个花花公子。他一刻也不愿意停止杀掉日本人的企图，他手下的那票人马只要一找到机会，准会向落单的日本人下手。

看到那个举止高雅的南洋华侨，赵承博心里就感到亲切、温暖。踌躇和盘算了一段时间，在赵雪莲举行的一个酒会上，趁着她离开人群、独自一人朝厕所方向走去的当口，他跟了过去。

“去了南洋，看到你姑父姑姑了吗？他们都好吧？”赵承博突然问道。

赵雪莲一回头，赫然看到叔叔已经站在了自己面前。她微微一笑，说道：“他们都很好，他们让我给你捎来口信，总有一天，他们会回来的，希望再看到你的时候，能跟你好好叙一叙旧。”

“我不会让他们失望的。”果然是侄女！赵承博心里暗喜，把脑袋伸向赵雪莲的耳边，“有什么事需要我帮忙的话，不要客气。”

这时候，王卓文陪伴着王俊林走了过来。赵承博耸了耸肩，离开了赵雪莲。赵雪莲一见王俊林直冲自己而来，不能不收住脚步。

王俊林煞有介事地问道：“小姐，是不是那个人打扰你了？”

赵雪莲笑道：“不，他让我想起了南洋。”

王卓文说道：“小姐的音容笑貌令人心醉，想必南洋一定是个好地方。”

赵雪莲望着他，一脸的笑意：“如果先生有兴趣，等我这边的生意走上了轨道，可以邀请先生去南洋一游，那将是我莫大的荣幸。”

“也是我的荣幸。”王卓文说道，眼睛同样流露出了一抹醉人的笑意。

忽然，他注意到了赵雪莲手上戴的一个东西，脑海里马上响起了余瑞祥的话：“记住，无论什么时候，无论你掌握了多么重要的情报，都不要尝试跟任何人接触。只有我或者是我派出的人，戴着我与你约定的东西，说出了我与你约定的暗号，你才能跟他接触，也只能跟他一个人接触。”

“难道说，她是余世伯派来找我的联系人？”王卓文心里掠过一个念头。

王俊林笑容可掬地跟赵雪莲说完话，王卓文不动声色地说出了余瑞祥告诉他的暗语。

赵雪莲面对着王俊林，笑道：“王司令，你的这位秘书是一个很有趣的人。”

她优雅的举止、不凡的谈吐、令人羡慕的家世和财富，都令王俊林产生了好感。他很想挖熊先生的墙角，撮合她和王卓文，哈哈大笑道：“有很多女孩子追他，他一个都没有看上，甚至连话都不爱跟人家说。只是对小姐，他才表现得这么有趣。我想，小姐身边要是没有那个未婚夫，他一定会向小姐发起进攻的。”

赵雪莲脸上露出了醉人的笑容，说道：“那是我的荣幸。有趣人，你有这么好的上司，实在值得庆贺，为了不辜负王司令，以后我们可以经常保持联系吗？”

王卓文脸一红，神情似乎很有些窘迫。

下意识地瞥了王卓文一眼，王俊林笑道：“可以，完全可以。他是我侄儿。小姐什么时候想见他，我都可以为你们提供方便。”

赵雪莲在王卓文说出了那番暗语以后，心头一样非常激动。想不到当初不去延安的王卓文，竟然是姑父安插下来的共产党员。他突然不去延安的时候，自己当时还很不高兴，狠狠地责骂了他一顿呢。这下好了，原来自己要联系的人就是王卓文，王卓文要是知道了自己的真实身份，该是多么有趣。

自此以后，赵雪莲只要找着了借口，便会去警备司令部跟王卓文见面。眼前没有外人了，赵雪莲立即向王卓文提出了要尽快搞到日寇发动扫荡的情报。

王俊林率领人马前往鄂东北抗日根据地扫荡之前，赵璇滢已经得到了准确情报，做出了妥当部署：动员根据地的老百姓坚壁清野，躲进了深山老林；在沿途各狭隘的山路口上到处敷设了地雷和陷阱；每一个方向上，都留下了数额不等的游击武装，迟滞与监视敌人的行动；大部队部署在机动位置，准备等敌人筋疲力尽，要回去据点的时候，突然出击，拦截敌人，消灭能够消灭的敌人。

跟共产党人打了近十年仗，王俊林深知共产党人打仗不讲章法，神出鬼没，倒也不敢大意。他命令人马，小心谨慎地朝共产党抗日根据地搜索前进。可是，日本人等不及了，逼迫王俊林加快速度，在前面快速开路。

“司令官阁下，八路军和新四军狡猾狡猾的有，我们要慎重。”王俊林说道。

“他们的再狡猾，也逃不过大日本皇军的眼睛。你的不要有任何顾忌，向他们的老巢继续推进。每一个村庄的，都给我烧掉；每一个人的，都给我杀掉。”

一连几天，几乎所有遭到攻击的地方都空无一人。王俊林越来越觉得可疑，日本人也似乎意识到共产党一定是在前面布设了陷阱。可是，再厉害的陷阱又怎么能抵挡得了大日本皇军要彻底摧毁共产党抗日根据地的信念？日本指挥官命令各部，继续沿着预定的路线朝根据地核心地区推进，并把指挥部尽量前移，以适时了解战况。

很快，有一支队伍看到了共产党游击队的影子。他们正躲在一座大山上，不停地向沿路前进的日寇开枪射击。

东洋鬼子顿时凶焰大炽，架起山炮，朝着山上一阵猛轰。随即，日本指挥官命令日伪军向山上展开了攻击。

突然，一阵轰隆轰隆的声音，宛如惊雷，在日伪军头顶炸响。日伪军抬眼朝上面一看，竟然是一根根圆木与滚石组成的大阵，以排山倒海之势，凶猛地扑了下来。日伪军哪见过这阵势，吓得心惊肉跳，扭头撒腿朝后面跑去。但圆木与滚石很快倾泻而下，直冲着日伪军砸了下来。哇啦哇啦的叫唤声，声嘶力竭的惨叫声，乒乒乓乓的砸击声，还有不停的爆炸声，连在一块，直冲云霄。

日本指挥官和王俊林都在山脚下，两人正拿着望远镜观察山上的动静，竟然看到了这一阵势，心里也是一阵胆寒。

“司令官阁下，快快地后退。”王俊林惊慌失措地说道。

“八格！”日本指挥官大骂一声。

他的声音还没有落地，一个巨大的圆木喧嚣着直奔他的头顶上砸了过来。王俊林大惊失色，猛地一推，把他推到一边去了，圆木扫着了王俊林的腿，王俊林扑倒在地，撕心裂肺一阵叫唤。日本指挥官爬起来，一眼望去，山上到处都是残兵败将，身边的人马都被圆木和滚石打倒了，死了的很难看，活着的在不住地哭泣，还有一些侥幸没有受伤的人，吓得浑身瘫软，在地上不敢动弹。

“快快的起来，给我冲。”日本指挥官挥着指挥刀，凶狠地叫道。

王俊林挣扎着爬起来，腿跛了，跟在日本指挥官的身后，趔趄着朝山上奔去。

王卓文也被一根圆木撞倒在地，昏死过去。苏醒过来一看，王俊林和日本指挥官正指挥人马朝山顶跑了过去。他挣扎着爬起来，跟在他们身后。

日伪军好不容易爬上山顶，上面竟然没有一个人。他们远远望去，只见几道人影消失在另外一座山峰的背后。日本指挥官恼羞成怒，命令队伍继续追击。

王俊林阻拦道：“共产党游击队神出鬼没，司令官阁下，不要上了他们的当。”

日本指挥官还没有来得及发话，顷刻之间，有无数个电报涌了过来。

各路日伪军纷纷报告：他们深入到了共产党抗日根据地以后，没有找着一个人，却接连跌进了共产党人布设的陷阱，不是踏进了地雷阵，就是掉进了一个个巨大的坑凼，下面布满铁钉和尖利的竹扦，根本用不着共产党来打，人马已经死了无数。询问下一步是不是还要继续朝共产党根据地内部进攻。

这时候，王俊林接到了余瑞华的报告，说他已经认出了对手，是赵璇滢。

眼帘回荡着跟赵璇滢、余瑞祥对敌以来自己一直很少取得胜利的往事，王俊林更加不愿意继续深入共产党抗日根据地了，对日本指挥官说道：“司令官阁下，据余师长报告，他已经查清了共产党人的首领是赵璇滢。她是一个很会打仗的人，喜欢利用各种机关攻击对手，为了避免损失，我们还是撤军吧。”

日本指挥官眼睛里发出了狼一样贪婪的光彩，说道：“很好，一定要活捉了赵璇滢，把整个共产党的地盘全部给我夷为平地！”

赵璇滢带领那批孩子逃出了日寇的包围圈以后，一路辗转到达了重庆。蒋介石集团再也没有了在武汉时期跟共产党人亲密合作的精神，而是处处限制刁难共产党人，让赵璇滢觉得自己在重庆做妇女工作，是一件很受压抑的事情，她向组织提出申请：到战场上去，去跟日寇做坚决的拼杀。

“我知道，别人一定会把我们当怪物，好不容易夫妻团聚了，又要主动分开。”赵璇滢说道，“仿佛我们……”

余瑞祥随着八路军办事处来到了重庆。对于国民政府以及军事委员会隐隐露出来的限制共产党以及各民主党派、抗日团体活动的不祥预兆，他感到非常不安，为了维护国共合作与抗日统一战线，极力地跟国民政府的军政要员一直在沟通联系。一年来，夫人给予了他很大的帮助，让他能得心应手地跟各路人马展开联系，现在，夫人想离开重庆，他心有不舍，却说道：“我们都是革命者，本来就跟别人不同。”

他开始主动为赵璇滢的离开操心了。

“你的申请得到了批准。想一想，你到底要去哪个战场？”余瑞祥在处理完一件颇为棘手的事情以后，代表组织慎重地对夫人说道。

“李先念已经在鄂东北地区打开了局面。那儿距离武汉很近，经营好了，是插在武汉日寇喉咙的一把尖刀，可以牵制敌人对重庆发动攻击。我对那一带虽说不是很熟悉，但也有所了解，我去那儿吧。”

真的要离开八路军办事处离开丈夫，赵璇滢心里又有一点不舍。临走之前，帮丈夫处理了很多问题，她说道：“你还有什么需要嘱咐我的吗？”

余瑞祥笑道：“你变得谦虚了。不过，我真的觉得有必要进一步提醒你，我们面对的敌人是异常残暴异常邪恶的日寇，任何的冲动与不理智，都有可能给我们的队伍带来严重的损失。”

来到鄂东北地区，在李先念的支持下，赵璇滢很快组建了一支妇女部队，在日寇发动的小规模扫荡之中，牛刀小试，一举消灭了一个排的日寇，自己却无一死伤，赢得了众人的赞许。

在妇女指导委员会的工作经历，使得赵璇滢养成了战略全局观念，面对极其复杂的环境，她提出了全局发展思路并制定了采取怎样的措施实现这个全局发展思路的大体的框架。她跟任何人都能够有效沟通，哪怕一个从来没有见过面的人，短时间沟通后，她也有办法让人家跟着她的观念走。几乎每个人都对她佩服得五体投地，人们不约而同地尊称她为赵大姐。

接到了赵雪莲传过来的情报以后，赵璇滢、李先念以及根据地的各位领导人分析了敌人攻击根据地的意图以及要想达成的目标，决定实施坚壁清野，把敌人引进根据地内部，利用各种有利地形打击敌人，使敌人陷入只能被动挨打却不知道新四军在哪里的局面，彻底地激怒敌人，让敌人失去理智，做出错误的决定，然后出其不意，歼灭可以歼灭的日寇，扩大新四军的影响。

每一条攻击道路上的敌人，都遭遇了埋伏，人马损失无数，却根本找不到一个新四军，也看不到一个老百姓。敌人果然被激怒了，不断地朝根据地内部推进，不断地放火烧掉每一个村庄、每一座山头。

赵璇滢觉得歼灭敌人的时机快要来临了，亲自带领一支人马出现在余瑞华面前，用猛烈的火力攻击，将余瑞华部的攻击阻挡下来了。

余瑞华其实并不希望扫荡新四军根据地。当他看到对手竟然是赵璇滢的时候，心里升腾起一种要帮助赵璇滢消灭日寇的想法，急切地希望跟赵璇滢取得联系，又找不到好办法，只有命令人马在攻击之时抬高枪口。

赵璇滢清楚余瑞华是不会甘心替日本人做事的，也在试图跟余瑞华取得联系。一见战场上的情景，她马上明白过来，自己当面的对手必定是余瑞华。得迅速跟余瑞华取得联系，让他将自己来到战场的情况汇报上去，激怒敌人，让敌人把注意力全部转向自己，以此把敌人引进陷阱。可是，怎么跟余瑞华取得联系，让他进行配合呢？

余瑞华的人马跟日寇纠缠在一块，甚至余瑞华本人也在日寇指挥官身边，是不可能派人直接跟余瑞华取得联系的。

赵璇滢了解余瑞华的个性。她相信，一旦余瑞华明白了她的意图，一定会想办法脱离日本人的视线，跟她会面。她命令人马用猛烈的火力，打向敌人。同样，子弹并没有打着余瑞华的人马，日寇一旦跟上去，随即一个接一个地朝地上倒去。

“八格！你的，跟新四军的有关系。”日本联队队长眼中冒火，大骂余瑞华。

余瑞华说道：“新四军一定在使离间计，你可不能上当。”

“你的说一说，怎么对付新四军？”

“我率领人马冲锋，大日本皇军使用炮火猛轰，可以避免损失。”

日本联队长命令炮火展开攻击，一时间，山头上炮声隆隆，硝烟弥漫。

余瑞华率领人马奋勇地朝上冲。赵璇滢连忙收拢部队，朝后面的山头冲去。余瑞华紧追不舍。

日本联队长不敢怠慢，指挥日寇尾追而去。但是，日寇很快遭到了新四军拦截。前面仍然传来了激烈的枪战声，这边的日本人被绊住了，凶相毕露，野兽一样猛烈撞击了半天，突破了新四军的防线。登上山峰，隐约看到前方是余瑞华的人马在跟新四军进行拼死的战斗，日本联队长赶紧率领队伍冲了过去。

其时，赵璇滢已经跟余瑞华联系上了，眼看日本人已经全数攻上来了，连忙率领人马消失在周围的群山。

“新四军不过如此，只会故弄玄虚，根本不堪一击！”日本联队长跟余瑞华会合在一块了，说道。

“大佐阁下，这支新四军非常狡猾，非常厉害。最好不要继续追击，要不然，我们会受到很大的伤害。”余瑞华劝说道。

日本联队长挥了挥手，说道：“不，新四军的是乌合之众，经不起雷霆一击，只会到处的乱跑。加快速度继续追击。”

余瑞华说道：“大佐阁下，把这里的情况汇报给司令长官阁下，和其他几路人马一块发动攻击，才是最好的策略。而且，司令官阁下也会觉得你是值得信赖的。”

日本联队长把这边遇到的情况报告给了最高司令长官以后，立马命令自己的人马，向新四军根据地腹地快速前进。

登上了一个山峰，远远望去，前面是一片山岚相连的地方，到处炊烟袅袅，到处人来人往，到处都是一片欢腾的情景。

“八格牙鲁！新四军的老巢在这里！”日本联队欣喜若狂，大声叫道。

那块地方实在太大，需要所有的日寇极力配合。日本联队长庆幸已经给最高司令长官报告过，如今马上命令队伍停止前进，再度向最高司令长官报告，并指示方位。

日本最高司令长官接到报告，准备命令全部人马，发动向心攻击。

王俊林劝说道：“我很了解赵璇滢是什么人，司令官阁下，我们不能轻敌，新四军这是布好了陷阱，要把我们都引过去呢。”

日本最高司令长官笑道：“你的忘了，我们的扫荡，是为了把新四军统统的消灭掉，方便我们紧接着的攻击大洪山、桐柏山。新四军的已经出现了，我们的不消灭他们，还等什么的干活？”

于是，日本最高司令长官命令各路人马，全力赶往新四军出现的区域。跟原来一样，每一路日伪军都遇到了各种陷阱，一路上损失了不少人马，终于快要接近新四军集中的地方了。

“我们的，已经对新四军形成了合围，新四军的，统统的都要被消灭。这真是天皇陛下的荣耀。”日本最高司令长官狂妄地说道。

王俊林心里有一种说不出的害怕。他跟赵璇滢对阵多年，实在太了解赵璇滢了，如果不是在暗地里部署好了陷阱，绝不会暴露她们的目标。因而，王俊林暗地里命令手下人马：一旦发觉情况不对，立即扭头逃跑，能跑多远就跑多远。

这时候，日寇实施了炮火攻击。一时间，漫天炮火，在方圆数十里地的山地轰响，浓烈的硝烟，把天空都染成了一片乌黑。人的说话声，马的嘶叫声，被轰轰隆隆的炮声淹没，完全听不见了。

炮火攻击了整整一天，日伪军从九个方向，向中间地带发动了最后攻击。人的呐喊声，枪的喧嚣声，手雷的爆炸声，战马的鸣叫声，响成一片，浩浩荡荡。很快，人马合拢了，却到处看不到一个人影。

日本最高司令长官得到报告，气急败坏，发疯一样挥起指挥刀，吼叫道：“用火，让中国人领教一下大日本帝国的艺术真谛！”

这群来自东瀛的强盗确实人人掌握了艺术的真谛，他们人人拿着一个火把，火把挨上了柴草，刹那间，到处都是毕毕剥剥的声响，到处都是舔舐天空的火苗。日本人还没来得及欢呼喝彩，突然，响起了一连串惊天动地的爆炸声，震得整个区域不断地摇晃。人的惨叫声，战马的哀鸣声，穿过了一阵阵巨响，在空中回荡不已。

第二十二章 粮食问题

那场令人谈虎色变的霍乱还没有远去，饥荒已经伸出了邪恶的舌头，残忍地舔舐着苦难的民众。一时间，到处啼饥号寒，饿殍遍野。

日本人怀揣所谓建立大东亚共荣圈的梦想，在所有被他们的铁蹄践踏的土地上，制造了许多令人惊叹的“世纪杰作”。什么霍乱，什么饥荒，什么种种其他天灾人祸，在他们的眼里，又算得了什么呢？他们甚至觉得大自然太仁慈了，没有像他们一样充分发挥想象力，展现艺术的奥妙。因而，他们毫不理会大自然的创造力，此时此刻，日本人的眼睛仍然盯着向西发展进攻，把他们的艺术行为扩展到西部去。从新四军根据地撤回以后，休养了一个多月，日本驻汉最高司令长官即日寇第十一军司令官按捺不住，蠢蠢欲动，集合日寇主力，纠集十余万伪军，准备大举向第五战区的中国军队发动攻击。

“司令官阁下，如今饥荒之年，武汉已经很不稳定，继续用兵，定会出现很多困难，恐怕于皇军大大的不利！”王俊林劝说道。

“你的不懂艺术，也不懂军事！”日寇第十一军司令官不屑一顾地说道，“武汉的不稳定，是大日本皇军抓的人不够多，杀的人不够多，只要抓多了，杀多了，自然会稳定下来的，与饥荒之年有什么关系？倒是大日本皇军应该趁此机会，快快地消灭支那军队，结束战争！”

“司令官英明！”王俊林拍了一下马屁，连忙撇清自己，“我将竭力稳定武汉，保证阁下没有后顾之忧！”

“不，你的，必须前线的干活。我的，集中力量，一举消灭支那军队！”

日伪军突然行动，一下子把国民党军队的防线撕得支离破碎。眼看胜利在望，新四军突然向日伪军的后方补给线主动出击，给日伪军的后勤补给造成了空前的压力。日寇第十一军司令官怒火攻心，慌忙命令王俊林率领所部，转而攻击新四军，确保补给线的顺畅。

王俊林火速率领自己的人马，朝新四军扑去。饶是他非常熟悉共产党军的战法，把自己的人马划分为很多小队，去捕捉他们的踪迹，保留基本力量，以便随时得到确凿消息以后，扑向其主力，一举彻底歼灭。但是，他总是晚了一步。新四军打一枪就走，王俊林的人马处处扑空，整天疲于奔命，被拖得精疲力竭，再也无法作战。

他很想改变这个窘况，但无论采取什么样的行动，都会被识破。并且，新四军的行动总是比他快一步，在他还没有完全施展开来之际，准会神兵天降，突如其来地给他当头一棒，然后迅速离开，消失无踪。

对付新四军已经令王俊林感到焦头烂额，更令人窝心的是，他常常接到报告，粮食时常遭到一些饥民的哄抢。

这次走上前线，饶是要跟新四军作战，王俊林还是不敢大意，担心饥民会抢夺粮食，派出大量人马输送粮食。果然，粮食车队每经过一个地方，饥民总会不顾一切地冲过来，抢夺粮食。护送队伍如临大敌，立刻架起机枪步枪，布列成一道阻击阵地，把子弹打得好像从天而降的冰雹，毫不停歇地砸向那些饥民。此时此刻，饥民眼里只有散发诱人香气的粮食。他们势如波涛，滔滔不绝地朝车队方向拥去。只要一扑上车队，立即不顾一切地抓起大米朝口里猛灌。机枪吐出杀人的牙齿，把许多饥民打倒在地。饥民发出怒吼，红着眼睛，纷纷扑向护卫兵。在机枪和步枪的咆哮声中，饥民们一片片地倒了下去。前面的饥民变成了尸体，后面的饥民继续冲锋，冲入敌人的阵地，用手掐，用牙咬，用脚踢，用屁股坐，顷刻之间，把他们全部打倒在地。随即，饥民一拥而上，重新抓起大米，猛地往嘴巴灌去。很多人撑死在车上，也有一些人活下来了，扛起粮食朝家里跑去。

第一次听到饥民如此拼命的消息，王俊林重重地倒进椅子里说不出话来。

随后，他想到了一个为自己打击新四军不力而开脱的理由，向正在前线指挥日伪军跟中国军队激战的日寇第十一军司令官报告："司令官阁下，我们面临的敌人不仅仅只是新四军，还有那些饥民，饥民才是最可怕的对手。他们犹如飞蛾扑火，不死不休。请抽调一些皇军过来吧，要不然，我们的补给线将全部被新四军和饥民割断。"

日寇第十一军司令官倒抽了一口凉气，说道："他们疯了，真是疯了！对待疯狂的人，只有杀戮才能解决问题！舍此之外，什么办法都不灵。"

"可是，司令官阁下，我的人马实在太少，补给线太长，到处都在遭到新四军和饥民的攻击。我即使把所有的人马全都投入进去，也铺展不开啊。"王俊林绝望地叫道。

因为补给线几近彻底瘫痪，日寇第十一军司令官不得不再次草草收兵。

八格牙鲁，饥民竟然如此可怕，武汉现有三十多万人，全都处在饥饿状态，一旦他们闹起事来，大日本皇军即使拥有再多的人马，也不可能杀尽这些饥民，反而成为饥民嘴里的肥肉！看起来，原来的想法错了，对待饥民，仅仅杀戮是不够的，更重要的是安抚饥民，可以继续让他们饿肚子，但不能让他们成天见不到一点粮食。中国人低贱，只要有一口吃的，绝不会竭力反抗皇军。于是，收兵回营的日寇第十一军司令官不得不寻思解决饥饿问题的办法。

第一步是从各地紧急调运大量粮食到武汉来。这需要资金，日本人是不会出这笔钱的，需要中国人自己负担。第二步是加大复归复业的力度，让那些逃跑出去的商人以及工厂厂主都回武汉，重新开设他们的商店，开设他们的工厂。物资有了流动，不仅可以彻底解决饥荒问题，也为大日本皇军作战起到很大的帮助作用。

日本人做出了决定，马上把这件事交给王俊喜来完成。

当第一次率领人马跟随日寇向西展开攻击的时候，王俊林担心余明亮跟着自己上前线有所闪失，把他带回租界，准备交给王俊财，谁知碰上了王俊喜。

“想回到我的身边来吗？”王俊喜看都不看王俊林一眼，问余明亮道。

“世叔，你能原谅我吗？”余明亮问道。

“你是孩子，有什么不能原谅的？”王俊喜说道。

“不，你不能跟他待在一起，你不是要上战场吗？我带你上战场！”王俊林生怕余明亮跟王俊喜跑了，立即改变了主意，对余明亮说道。

第一次上战场，日伪军便打了败仗，余明亮心里越发看不起王俊林。回汉口之后，他思来想去，觉得窝在王俊林身边，永远会被人看不起，还是王俊喜的做法最合他的心意，因此他决定回到王俊喜的身边。

“王世叔，对不起，我不愿意继续在王俊林身边待下去。”一见到王俊喜，他低头说道。

“好孩子，我不是早说过吗，你想怎么干都成，用不着跟我道歉。你已经长大了，应该有自己的人马。从今天开始，叔叔给你几个最忠勇的手下，让他们帮你拉起人马，作为你今后横行天下的本钱。”王俊喜高兴地说道。

“可是，王世叔，我只想跟着你一起干。”余明亮说道。

“我没有说不让你跟着我一起干呀，不过，你总得有自己的人马，不能事事都要我替你做主吧。”

其实，王俊喜是不愿意让余明亮像自己一样背负骂名。让余明亮另外拉起一支人马，也是为了让余明亮有自己的班底，锻炼他独当一面的能力，好在尔后接替自己成为汉帮帮主。

王俊喜得到要他迅速号召所有的商家和厂主筹集资金，准备从外地紧急调运粮食回来的消息，心里既无限欢喜，又有一些哀愁。

哀愁的是，日本人统治了武汉近两年，王俊喜饶是一手控制了整个武汉三镇的烟土、赌博、娼妓三大最赚钱的产业，辛辛苦苦赚回来的银子，大多数流进了日本人的腰包。他王俊喜家大业大，尚且不能拿出多少资金，其他商家又能拿出多少？欢喜的是，他又找到了一门最赚钱的生意。眼下到处都闹饥荒，真的要把这些粮食运回了武汉，想定出什么价码，就是什么价码，谁敢说一个不字？岂不是银子哗啦啦地从天上掉下来吗？更不用说，还可以朝粮食里面掺沙子了。

任何事情在将要发生之前，都会预先露出一些苗头，只有最敏锐的人能感觉得到。当饥荒隐隐然现出苗头的时候，王俊财很是忧心，曾经对王俊喜说道："今年的日子肯定不好过，你要是能够准备一些粮食，帮助民众度过饥馑岁月，民众一定会对你感恩戴德，你让他们赴汤蹈火，他们肯定不会推辞！"

"说得轻巧，但做不到啊。别说我拿不出多少现金，即使拿出来了，哪有办法搞到运输车辆和船只？它们可都控制在日本人的手里呀。"

"你不是有很多手下吗？让他们肩扛背驮，能运回多少就运回多少！"

王俊喜深知自己手下都是一些什么样的货色，你要他们去玩女人、赌博、吸食大烟甚至杀人、放火、抢劫，他们都能干出名堂，可谁都做不了苦力。他摇头苦笑了一下，拒绝了哥哥的建议。

弟弟不愿意预先为应对饥荒做准备，王俊财只有自己动手。他不知道从哪里弄到了一笔不小的资金，更不知道通过什么途径采购回来了一批粮食，堆积在只有他一个人知道的地方。看到饥荒一天比一天严重，大量的饥民流进了武汉，王俊财筹划一番，开设了一个施粥所，为饥民提供一些稀粥。

王俊喜当时曾想，要是这批粮食是自己的，该赚回多少银子呀。他不能让白花花的银子随意被哥哥糟蹋了，说道："哥，这样不要钱的施舍，好像也不好吧？"

"我不过是替别人为饥民施粥。国难当头，不要干什么事情都想到赚钱。"

被哥哥抢白了一顿，王俊喜说不出话来。当时，他心里很羡慕哥哥，恨不得这些粮食全部变成他的。现在，天从人愿，自己即将得到更大的一批粮食了，王俊喜却犯愁了，不知道从哪里搞出来这笔资金。

"这日本人，都他妈的成精了！个斑马的，他们什么事都不操心，扔给你一块骨头，你还得当肥肉来整！"王俊喜心里骂道。

想一想一旦事情办成了，一定能够得到一大笔白花花的银子，王俊喜无论如何不能被资金挡了道，命令手下无论用什么办法，也要从各商家以及厂主手里榨出银子。

大棒底下果然没有事情是干不成的，银子很快凑齐了，交到了日本人的手里。不多久，粮食运回了武汉。

各米店得知消息，纷纷来找王俊喜，希望尽快把粮食分拨到他们手里。

王俊喜冷笑一声，说道："不要着急，兄弟要好好地清点一番，计算一下每一个粮店大约需要供应多少饥民，然后通知大家，前来领粮。”

众人不敢违抗，没有人敢提出异议。王俊喜赶紧去了粮仓，准备命令他手下的兄弟打开粮袋，朝里面掺杂沙子甚至是石块。

沙子和石块早已准备好了，是王俊喜事先命令他的人马以修建粮仓的名义，运到了粮仓的。

弟弟一撅屁股，王俊财便知道他要拉什么屎。得知所有的粮食都由弟弟分配以后，王俊财把王俊喜叫到跟前，敲打道：“天老爷害人，日本人害人，我们自己可不要害人。要不然，老百姓可真的没有活路了。”

王俊喜说道：“哥，我人虽坏，还知道哪些事能干哪些事不能干。你把心放在肚子里吧，我绝不会再朝中国人身上捅刀子！”

王俊财放心不了，又没有办法监督王俊喜的行动，只有默然不语。

听了王俊喜的命令，兄弟们赶紧打开粮袋，准备往里面掺杂沙子和石块了。但一打开粮袋，人人好像触了电一样，手掐着粮袋的口子，望着王俊喜，宛如一段段呆木头，发不了声。

“怎么啦？”王俊喜心知有异，一头蹿了过去，抓出了一把粮食。

这是什么粮食呀？沙子竟然超过了大米，能吃吗？王俊喜心里顿时腾起了怒火，破口大骂：“日本人都不是好东西！他们竟敢挖好陷阱，算计老子！”

“怎么办？”手下的兄弟问道。

王俊喜当然知道手下兄弟是询问他还要不要往粮食里面掺杂沙子和石块了。已经没法吃了，还能往里面掺沙子吗？他愤怒地踢了一脚粮袋，喝叫道：“把它们都给我分到粮店去，立即！马上！”

手下的兄弟说道：“我们什么好处都得不到了，岂不是白忙活？”

“日本人是畜生，我们也当畜生吗？”王俊喜骂道。

“我们即使不往里面掺沙子，别人也会以为我们掺过啊。”那个兄弟说道。

“狗日的日本人！”王俊喜破口大骂道。

他无法抑制自己的怒火，一直不停地大喘粗气。跟着日本人干没屁眼的事，还被日本人算计。好吧，日本人既然这么干，老子也给日本人一点厉害瞧一瞧，要不然，他们还真的以为整个武汉太平了，王俊喜做出了报复日本人的决定。

他再也不敢在粮仓待下去，更不敢看到粮店那些商家领到粮食以后会是什么样的反应。他离开粮仓，闷声不响，准备返回法租界，对哥哥说这件事。

王俊喜一走，他手下的兄弟马上打开粮仓，开始分发粮食了。

见了掺着沙子的粮食，米店老板们议论纷纷，但在汉帮那群如狼似虎的彪形大汉面前，谁也不敢太过放肆。斠过面，他们立刻破口大骂。王俊喜和他手下掺杂沙子的事情很快在武汉三镇传扬开来了。

得到消息，王俊财十分震怒。他像一头豹子一样在屋子里走来走去，不时地看着门外，准备一看到弟弟，立马猛扑过去，把他撕成碎片。

弟弟垂头丧气地进来了，王俊财心里涌起一股怒火，把桌子一拍，怒骂道："我再三告诫过你，老天爷可以害人，日本人可以害人，但我们不可以害人。可是，你竟然还是做出这种猪狗不如的事情，如果我王氏家族的列祖列宗地下有灵，也会为你感到羞愧！"

王俊喜满腹委屈，赶紧分辩道："哥，这件事不是我干的。我得到那些粮食的时候，就是这个样子的呀！"

"不是你干的，为什么日本人把粮食交给你的时候，你不迅速分发下去？为什么你在此之前要修葺粮仓？粮仓那儿堆积的沙子和石块又是怎么回事？"王俊财愈发恼怒，质问道。

王俊喜心里一抖，羞愧地低下了头，不敢看哥哥愤怒的目光。他支支吾吾说道："我确实是打算朝粮食里面掺杂一些沙子和石块。可是，打开一看，日本人已经在里面掺杂得太多了，我恨不得把里面的砂子和石块全都捻出来呢，哪里还会再去掺杂？何况，就这么一点时间，掺杂得过来吗？"

一时间，屋子里陷入死一般的沉寂。王俊喜缓缓地抬起眼，看着哥哥，只见哥哥一脸的无奈。他张了一下口，想说点什么，临了却又闭上嘴。

王俊财长长地叹了一口气，说道："我记得，你好像说过，日本人要你抓好复归复业这件事，让所有有能力经营商店与厂子的人，都重新开张，是吧？不管日本人是为了达成什么目的，真的把这件事抓好了，对老百姓来说，也是好事一件。"

紧接着，王俊财告诉弟弟，应该如何帮助那些人把商店和厂子开起来。

王俊财宛如给王俊喜注射了一针兴奋剂，一下子把他的情绪煽动起来了。第二天，王俊喜把手下几员健将召集起来，拟定了几条有关复归复业的动员与支持措施，挽起袖子，写在纸上，立即命令人马到处张贴，到处宣传。

可是，饥民们谁也不理睬他们，甚至有些饿得发慌的民众，径直冲上前去，一把撕掉了刚刚张贴上去的告示，怒骂王俊喜的手下："你们要想害人，不必遮遮掩掩，直接杀掉我们好了！别搞那么多花样！"

汉帮帮众怒火万丈，果然举拳就打，三拳两脚，打死了好几个饥民。

这一下，引爆了饥民对汉帮的切齿痛恨。呼啦啦一下，饥民宛如浑身上下点着了一团火，一块朝王俊喜的人马扑去，扑倒了，便使劲地打，使劲地踩，竟然把一条条五大三粗的汉子给打死了。紧接着，他们浩浩荡荡地冲向王俊喜开设的赌场、妓院、售吸所，见了东西，就狠狠地打，狠狠地砸，谁都拦不住。

王俊喜心痛极了，赶紧吆喝人马去阻止，但怎么阻止得了？这边的饥民一闹腾起来，其他的饥民得到消息，也一块闹起来，加入到了冲击妓院、赌场、售吸所的阵营。汉正街的每一条街道上，都响起了饥民愤怒的吼叫声以及女人男人惊恐的叫唤声。

日本宪兵司令担心日本人受到冲击，命令王俊林火速出动人马，前去难民区维持秩序。

王俊林不敢怠慢，立即命令一个团长带领人马，分兵两路，分别从利济路汉正街出入口和硚口汉正街出入口冲进了难民区。子弹早已上膛，机枪已经拉到位了，人马从行进间分开，分别扑向了饥民闹事的地方。

“当初就是你们这些二狗子失了马当，武汉才落到日本人手里的。有种，你们去打日本人呀！”饥民纷纷地叫骂开来。

有人这么一叫骂，立即惹出了众人的心火：是呀，要不是这些二狗子，日本人根本打不进武汉，武汉也不会有霍乱，更不会有饥荒。一切灾祸，全都是这帮二狗子带来的。饥民们愤怒地朝王俊林的人马冲了过去。

伪军立马朝拥过来的饥民开了火，子弹喧嚣着，把饥民一片片打倒在地。

趁他们换子弹的当口，饥民一哄而上，三五个饥民围住一个兵士，拳打脚踢带用口咬，不一会儿的工夫，把那些兵士全部打死了。

王晓燕和赵雪莲得知消息，心头一紧，分别思谋解围之法。

与此同时，王俊林得到了报告，派出了更多的人马。日本宪兵司令亦出动人马，从各个方向朝这里奔腾而来。

赵雪莲寻思良久，觉得最好还是应该由王俊林出面解决。

以什么名义进入警备司令部呢？赵雪莲想到王俊林一直撮合自己和王卓文的婚事，顿时有了主意，拿了请柬，去邀请王卓文参加自己与熊先生婚礼。

王俊林派遣更多的军队进入难民区以后，坐立不安，心里把王俊喜骂了一百遍：“都是你这个害人精，图那么一点便宜，害得谁都不快活。”

突然，他得到报告，知道赵雪莲到了警备司令部，马上让王卓文把她带进来，笑道："赵小姐，是来看卓文的吧？"

"不错，如果能荣幸请到王司令大驾光临，我更加感激不尽。"赵雪莲说道。

"赵小姐，这一次恐怕你会失望的。"王卓文说道。

赵雪莲下意识地瞥了王卓文一眼，说道："如果王司令有事，届时，王卓文先生一定要参加我的婚礼。"

王俊林一愣，问道："赵小姐要成亲了？"

"是的，过两天，我会和熊先生结婚。今天特意来送请柬，没想到，王司令竟然有事。"

"真遗憾，这下，我们家王卓文彻底失去了一段好姻缘。"王俊林说道。

"多承王司令关照，小女子感激不尽。令侄一表人才，文武双全，理当有更合适的女子跟他相配。"赵雪莲说道。

"赵小姐真会说话！"王俊林高兴得哈哈大笑起来。

"好了，王司令有事，小女子不敢打扰。"赵雪莲说道，立即准备离开。

"虽说不是什么大事，但说起来很闹心，那些饥民闹事，把我搞得焦头烂额。"王俊林说道。

"饥民闹事，的确是一件非常头疼的事情。采取强硬措施，只会引发饥民更大的仇恨。消灭了饥民闹事的源头，他们不是很快偃旗息鼓了吗？"

赵雪莲的话还没有说完，王俊林的眼睛马上亮了：是呀，日本人想在武汉搞出繁荣的假象，肯定不希望饥民把事情闹大。饥民是因为王俊喜在粮食里面掺杂了沙子，一时气愤不过，纠集起来闹事的，借机让王俊喜从此以后在日本人面前失宠了，也是为自己拔除了眼中钉肉中刺。

"不错，不错，赵小姐真是能人！"王俊林连声赞叹道。

"在南洋的时候，我亲眼看到过有人这么处理问题。"赵雪莲说道。

日本宪兵已经出动了，真要是酿出了更大的事端，这个办法一准不灵了。王俊林顾不得继续跟赵雪莲说话，留下王卓文，匆匆朝闹事的地方赶去。

王卓文凝视着赵雪莲，问道："有新的任务吗？"

赵雪莲摇了摇头，说道："你应该进入深度潜伏状态，不到时候，绝不会要你做任何事情。我是为了让王俊林尽快把饥民的事情解决好，才冒着暴露的危险，违反地下工作原则，来到这里的。要不然，会有更多人会遭到残害。"

"这是人性的流露，怪不得你。而且，你了解我叔叔，最后的一句话不会引起他的怀疑。我也是这样，我每一天都会看到不愿意看到的事情。刚开始的时候，我实在很想冲出去，解决那些混账东西，可是，一想起余世伯交给我的任务，我不能不强烈地压抑自己。我已经感到自己不是人了。你要是能见到我余世伯，希望你跟他说一声，如果有可能，还是让我离开这个肮脏的地方吧。”

“这不应该是你说的话。你已经在王俊林身边待下来了，还有什么比这个更重要的呢？”

“对不起，我说错话了，我今后一定会时刻把握自己，尽量不做错事。”

赵雪莲笑了：“你让我想起在学校里的时光。那个时候，你也是一旦做了错事，准会一直不断地向老师认错，我可不是老师。”

王卓文惊讶地盯着赵雪莲，过了好一会儿，惊喜地说道：“是你！”

赵雪莲微笑道：“是的，是我。我们昔日最要好的同学，除了余立以外，现在都回到了武汉。可是，我们选择的道路并不一样，有的时候会针锋相对。想一想这些事情，觉得真的变化太大了。”

也就是说，赵英嗣回到武汉的事情，赵雪莲已经知道了，王卓文想。

赵英嗣参加国民党军队之后，因为作战勇敢，很有胆识，时间不长，便被提升为连长。他带领一个连的兵力，跟日本人进行过多次战斗，其中最艰苦的战斗发生在信阳城下。那时候，他把守着一个大门，硬是用连队兵士的鲜血和身体，破灭了日军企图从他面前进入信阳城的希望。但是，他接到了撤退的命令，他深感疑惑，信阳对于武汉的意义，难道指挥官不明白吗？

他对营长说道：“我们还可以守住信阳，为什么要撤退？”

“不要管为什么，这是上级的命令。”营长呵斥道，逼迫他带领人马，跟着大部队一道踏上了撤退的道路。

一路上，赵英嗣赫然发觉，其他的国民党军队正在跟东洋鬼子展开激战，自己是蒋介石的嫡系部队，怎么比杂牌军还要软弱，不敢跟日本人进行面对面的交锋呢？他希望营长能够向上面反映他提出的问题，不要继续撤离，要调转枪口，去跟日本鬼子进行拼死的战斗。但他遭到了营长甚至团长以及师长的呵斥。他据理力争，结果被解除了职务，关了禁闭。

他痛苦极了，不断地问自己：难道这是国民党的劫数吗？为什么因为王卓文不去延安，自己也不去了呢？但事情已经发生了，无可更改。他不可能因为关了禁闭就像各级官长希望的那样，今后谨言慎行，不再抵触军纪，赵英嗣决不会改变自己。

出了禁闭室，更让他难堪、更让他痛苦的事情是：他所在的部队竟然会到处抢掠老百姓，这跟日本人有什么区别？他一下子冲了过去，揪起一个正在动手抢掠百姓财物的兵士的衣领，把他猛地往地上一扔，呵斥道："把你的力气用到打鬼子上面去！别在老百姓面前耍威风！"

赵英嗣已经被解职了，兵士们哪里肯听他的？那些平时对他的言行不满的下层军官一起发作，纷纷向上级告状，赵英嗣再次被关进了禁闭室。

"你们难道不觉得可耻吗？你们玷污了中央军的名誉！"他大声叫道。

没有一个人肯听从他的。是日本人又要发动攻击了，上级需要他的勇敢与胆略，重新把他放出了禁闭室。

他没有恢复军职，像其他兵士一样，趴在战壕里，手里端着长枪，冒着敌人的炮火和飞机轰炸，用子弹回击正在向当面阵地发动进攻的日寇。

透过弥漫战场的硝烟，赵英嗣隐约看出了战场的全貌。自己这边的阵地还可以坚守，左翼阵地上已经没有多少反击力量了。如果敌人攻下了左翼阵地，准会迅速压过来，包围自己这边的阵地。

赵英嗣心头着急，赶紧对指挥官说道："我们这边暂时还没有危险，派遣一支队伍，去支援左翼吧。要不然，整个阵地肯定会玩完。"

"小子，我们是中央军，去干支援杂牌军的事情，只有你想得出来！"

他一气之下，说道："共产党的军队正在帮助我们拖住日本鬼子，我们为什么不能主动帮助友军？"

指挥官朝他打量了好一会儿，狞笑道："好，我命令你支援左翼阵地，左翼阵地把守不住，一切唯你是问！"

赵英嗣大喜，问道："长官，你给我多少人马？"

"共产党一个人都可以打鬼子，你为什么不能一个人去支援？"

赵英嗣心肠一硬，提了一支长枪，从阵地上穿过去，直奔左翼友军的阵地。

敌人的炮火似乎长了眼睛，一直追着他打。敌机在天空中不断地投掷炸弹，爆炸过后的浓烟与尘土，挡住了他的视线。可是，赵英嗣不管不顾，毫无顾忌地朝着左翼阵地奔去。

此时，敌人正在向左翼阵地展开疯狂的攻击。阵地上的士兵一片片地倒了下去，其余的依旧在顽强地坚持。赵英嗣一进入阵地，立刻操起枪，瞄准一个手拿指挥刀的日本军官，一声枪响，那个指挥官倒了下去。日本人毫不慌乱，仍然朝阵地上压了过来。

赵英嗣爬到友军指挥官的面前，说道："长官，如果派一点人马绕到敌人的背后去，牵制敌人，减轻当面阵地的压力，可以坚持得更久一点。"

"你是谁？"指挥官感到很惊讶，问道。

赵英嗣说道："我是中央军派过来支援你们的，请长官听从我的建议。"

指挥官哈哈一笑，说道："到底是中央军有气魄，单枪匹马就可以过来支援我们。看不起我们杂牌军，是吧？那好，老子让你瞧一瞧杂牌军是怎么跟日本鬼子战斗的！小子，记住，战场上不能耍小聪明，而是要有战斗到底的精神，哪怕只剩下一个人，没有撤退的命令，我们也会钉在这个阵地上！"

话音还没有落地，友军指挥官拔出手枪，冲出战壕，朝迎面扑过来的日本人一枪打去。战壕里面的兵士发出了一阵排山倒海般的大叫，架起刺刀，端起枪，跃出战壕，向着日本人猛勇地冲了过去。

赵英嗣一腔热血直冲顶门，呐喊一声，端着刺刀，也奋勇地冲了上去。

不知道捅倒了多少日本鬼子，也不知道这一仗是怎么结束的，等他再也找不到一个对手的时候，赵英嗣扫视了一下阵地，竟然连一个活人也找不到，日本人死光了，中国军队也死光了，阵地上尸首一片狼藉。

他仰天发出了一声长啸，把枪口对着天空，扣动扳机，打出最后一粒子弹。紧接着，他把枪一扔，跪在地上，号啕大哭起来。

这时候，中央军开了过来。这支部队因为及时帮助左翼友军压制了敌人的攻击，守住了阵地，得到了蒋委员长的最高奖励。

赵英嗣亲历了整个战斗过程，不想让这些死难的英雄们带着不名誉的印记进入黄泉，一直向上面反映战场实况。他因散播谣言，被押往军法处受审。

半年以后，他被释放出来了。他再也不愿意继续在国民党的军队里待下去，在一个夜深人静的晚上，偷偷逃跑了。

他很想到共产党那边去。为了躲避日寇和国民党军队，赵英嗣不知道绕过了多少道路，竟然鬼使神差地回到了武汉。这一下，勾起了他对家人的思念。他决定偷偷回去汉阳，看一看家人，然而整个赵府，一个人也没有了。

"奶奶呢？父亲呢？他们到哪里去了？"他非常纳闷。

他决计先找人探问家人的消息，想到了舅舅仍在法租界，便去汉口，一下子碰上了王俊喜。

王俊喜告诉了他赵府遭受的惨烈祸事以及他叔叔赵承博正在余瑞华的队伍里，时刻在寻找机会向日本人下手。

最后，他说道："依我看，你不要去投靠共产党了，留在武汉吧。"

赵英嗣是不愿意在汉奸队伍里干的，更不愿意跟着王俊喜干，跟着他们，只会令赵府列祖列宗蒙羞。

王俊喜看出了他的心思，说道："英嗣，你是我的亲外甥，亲娘母舅还会害你吗？听舅舅的话，留在武汉，一样能打日本人。知道你父亲临死以前一直说什么吗？他一直希望赵府的榨油坊能够重新开张，现在就是机会呀。日本人在大搞复归复业，只要是原先有产业的人，回到了武汉，可以继续开设各自的厂子。我可以帮助你，把你的榨油坊开起来。这样，你不仅可以实现你父亲的遗愿，而且还能暗中组织一支人马，暗地里杀日本人。谁知道是你干的呀？你知道吗？舅舅就是这么干的，在暗中不知道杀了多少日本人呢。"

赵英嗣似乎被王俊喜的这一番话打动了，不觉很有些踌躇。

这时候，王卓文正好陪着王俊林，走到了他们的跟前。

看到了赵英嗣，王俊林深感奇怪，说道："我记得，你不是参加中央军了吗？回武汉来搜集情报吗？这好像不是你干的活，应该是王晓燕干的呀。"

赵英嗣冷冷地说道："跟在日本人身后当狗，应该也不是你干的活呀！"

王俊林气得七窍生烟，说道："小子，睁大你的眼睛看一看，给日本人当狗的不只我一个人，而且，我这条狗最起码不会做出太下贱的事情。"

王卓文连忙说道："叔叔，他是说我的，我听着就是了。在这个世界上，当不了堂堂正正的人，当狗又有什么可怕的呢？能够活着，就是最大的幸福了。"

"如果你父亲听到你说这句话，他会是什么表情？"王俊喜问道。

王卓文杵在那儿，不再说话。

王俊林狠狠地挖了王俊喜一眼，再也不愿意跟王俊喜和赵英嗣说下去了，带着王卓文扬长而去。

赵英嗣一进入武汉，赵雪莲就认出了他。她也准备劝说哥哥在汉阳重新开设榨油坊。这样，可以逐渐把榨油坊变成共产党人的联络点。可是，赵雪莲一直没有合适的身份和理由去见哥哥。

王卓文提起这件事，让她眼前一亮。赵雪莲说道："当初，只有我们三个人一心想去延安。后来，你接受了我姑父的命令，暗中留在王俊林的队伍里，我去了延安，我哥却加入了中央军。他跟余立、王晓燕不一样，我们可以让他开设榨油坊。我不方便对他说这件事，你去告诉他吧。只要他开设了榨油坊，我会派人过去跟他接触。”

“那么，我们现在又要分别了吗？”王卓文笑道。

赵雪莲说道：“这一次，我主要是怂恿王俊林出面阻止那些饥民，同时把矛头指向王俊喜的。王俊喜为人狡猾，应该可以很快反咬王俊林一口。你想去看热闹的话，现在正是时候。而且，我估计，王晓燕也会有动作。”

王卓文和赵雪莲一道进入难民区的时候，饥民们仍然群情激奋，把整个街道都塞满了。王俊林的人马紧紧地把他们包围起来了。日本宪兵全副武装，和一头头凶恶的狼狗，站在伪军的外围，一副随时会扑过去的模样。

王俊林不断地挥动着双手，说道：“我派兵把你们全部集中到这里来，不是想保护王俊喜的利益，更不是保护王俊喜个人。他辜负了大日本皇军的信任，辜负了你们的期待，在粮食中掺杂了大量的沙子和石块，无论你们向他怎么发泄不满，都是可以理解的。可是，如果你们继续闹下去，会严重影响整个武汉的社会秩序。干扰大日本皇军建立大东亚共荣圈的进程。所以，我在这里很明确地告诉你们，你们必须罢手，要想跟王俊喜算账，有的是时间，有的是机会。”

饥民们的情绪早已骚动起来了，岂是王俊林几句话可以浇灭的？可是，一看到四周凶神恶煞的日本宪兵和一头头随时都会扑过来咬人的狼狗，想起日本人肆意屠杀难民的情景，饥民们不能不把满腔怒火硬生生地压抑下去。

王俊喜也赶了过来，连忙说道：“鄙人接到粮食，立即分发给各粮店，哪有时间掺杂沙子？倒是你，王司令，粮食不是你的人马押运回来的吗？路上耽搁了那么多天，其中有什么蹊跷？”

饥民一阵交头接耳，紧接着把愤怒的目光对准王俊林。

日本宪兵不能容忍中国人再度酝酿出抵抗的情绪，朝天开了几枪，说道：“你们的，统统的离开，事情的，大日本皇军会查清楚，给你们一个交代的。你们的，不立即离开的，统统的死啦死啦的有！”

第二十三章　雪地之战

这一年，武汉的冬天异常寒冷。不知道从什么时候开始，鹅毛般的大雪便飘飘洒洒地落到地面，及至清晨，地上的积雪已经有近半米厚了。这时候，雪花越来越大，好像棉絮一般，窸窸窣窣往下掉落，一阵阵北风吹过，把整座江城凝固成一片冰雪的海洋，到处晶莹剔透，寒风凛冽，人即使待在家里，围着火炉，也会感到寒冷，因而谁都不敢出门。

然而，王俊林是必须要出门的。因为日寇第十一军司令官命令他必须在半个小时之内，前往原来的商会大楼，商量一件非常重要的事情。

"狗杂种，大冷天，老子还想睡一觉呢！"王俊林躺在床上，愤怒地骂道。

然而，日本人相召，王俊林无论如何是不敢继续睡下去的。他连忙起床，一边穿衣服，一边继续骂。王卓文听见动静，推门进来了，利利索索地为他准备好了洗漱用水。他一边漱口洗脸，一边命令王卓文预备小车，预备启程。

可是，天太冷，小车无法启动。王俊林忍不住又骂了一句："狗杂种！"

王卓文立即给王俊林披好了大衣，陪同他走出了警备司令官邸。王俊林忍不住身子一寒，打了一个喷嚏，睁眼一望，只见一个排的卫兵已经站在当面。王卓文挥了一下手，卫兵呼啦啦地冲过来，簇拥着王俊林，走进雪地里。

一开始，王俊林确实情绪不高，嘴里嘟嘟哝哝地骂个不停。后来，走顺了，觉得人走在雪地里激起的咯吱咯吱的声音很有些听头，而且又不觉得太冷，王俊林兴致高了一些。他望了一眼寂静的大街，到处不见人影，忍不住叹息一声，问王卓文道："你觉得，司令官召我过去，所为何事？"

王卓文说道："八成他们又打算向第五战区动手了。"

"对头，日本人一定是这样想的！你已经可以看出苗头了，假以时日，必定是一个不可多得的军事人才。"王俊林心里也有这样的疑虑，连忙夸赞道。

原来，前不久，国民党第三战区司令长官部集中了几万人马，在皖南一举消灭了叶挺将军率领的八千余名新四军将士，并且抓住了叶挺，只有为数不多的新四军逃出了国民党军的搜捕。

日本人曾经一连三次向李宗仁将军统辖的第五战区发动攻击，都因为共产党抗日武装向日寇的交通线发动了攻击，而功败垂成。收到皖南事变的消息，日本人觉得一旦他们再度向第五战区发动攻击，共产党抗日武装断然不会主动出动人马，帮助国民党军队牵制他们。届时，他们可以毫无后顾之忧地把国民党军队赶往襄阳、樊城、南阳，或者赶往宜昌，不仅可以确保武汉安如磐石，也等于是获取了一块直接攻击重庆的前方出发阵地。对于日本人来说，这个机会千载难逢，岂有不充分利用的道理？

“如果说，司令官希望我提出意见，到底是先攻击共产党的抗日武装，还是先攻击国民党军？你说，我应该怎么回答？”王俊林又问。

王卓文很清楚，虽说皖南的新四军遭到了国民党的暗算，死伤惨重，但共产党的统一战线绝不会因此有丝毫的动摇，共产党人只会根据实际情况，在策略上作出一定的反击，绝不会在国民党军队遭到日寇攻击的时候，不利用其所处有利态势主动攻击日寇。因而，日寇如果选择在这时候攻击第五战区，一样不会达成目的。相反，一旦日寇率先集中力量攻击共产党抗日武装，国民党军队或许真的会袖手旁观。这样，东洋鬼子彻底摧毁了共产党抗日根据地之后，势必可以集中兵力，毫无后顾之忧地向李宗仁部发动攻击。那个时候，没有共产党抗日武装对日本鬼子展开牵制行动，在日军的强大打击面前，第五战区岂有不立刻土崩瓦解的道理？

不过，王卓文不能把心里话告诉王俊林。他叹息一声，说道：“日本人想怎么干，何时真正想到过要征求司令的意见？这一次，一定是天候不利，他们希望司令打头阵。司令何苦多费脑子，跟着他们干就是了。不管是先消灭共产党，还是先消灭国民党，我看不出其中有多大的区别。”

王俊林摇了摇头，甩掉了落到帽子上的雪花，说道：“你还年轻，对国民党和共产党了解得太少了。国民党绝不会因为抗日放弃消灭共产党的政策；共产党却可以为了抗日这个目的，不顾一切地帮助国民党。这十几年来，国民党杀共产党杀得够多了，有多少共产党人死在我的手里，连我自己都搞不清楚。可是，因为抗日，共产党可以诚心诚意地帮助我。我的死对头余瑞祥可以为我出谋划策，毫无保留地告诉我应该怎样跟日本人作战。你说说，他们能眼睁睁地看着日本人去攻打国民党军队吗？不能，共产党人一定会行动起来的。”

“这么说，我们应该先消灭共产党抗日武装了。”王卓文心里一抖，不动声色地问道。

“是的，如果先把攻击目标放在新四军的头上，因为国民党跟共产党之间已经出现了裂痕，国民党肯定不可能帮助共产党，这是一个消灭共产党抗日武装的大好机会。可是，我不能劝说日本人先去攻打共产党，无论怎么说，你伯母赵璇滢在那边。我怎么能眼睁睁地看到赵璇滢落到日本人手里呢？”王俊林说道。

王卓文问道：“如果日本人要率先向豫鄂挺进纵队动手呢？”

王俊林笑道：“日本人非常狂妄，他们的武器先进，士气很高，根本不在乎中国军队是不是会联合起来对付他们。在日本人的眼里，最重要的还是取得攻击重庆的出发阵地。现在，机会出现了，能够直接朝第五战区发动攻击，他们怎么可能主动攻击新四军呢？”

“明知道我们按照日本人的命令去攻击国民党军队，一定会遭受失败，为什么我们还要去打败仗呢？”王卓文似乎不解地问道。

“难道我们能告诉日本人，我们不打国民党了，只有打共产党才能取得胜利吗？”王俊林摇了摇头，说道，“不，我们不能这样做！他们的战术很高明，你根本不知道他们会从哪儿突然冒出来，狠狠地打你一下。跟他们打，最后即使打胜了，损失也肯定不会小。”

“司令是说，打共产党，也不一定能确保取得胜利吗？”王卓文问道。

“这个嘛，也许只有老天爷知道。我只知道，我们跟国民党打，即使失败了，也会比跟你余伯母作对要好得多。”王俊林顿了一会儿，又说：“再说，人家都把我们当成汉奸，以为我们一切都会替日本人着想，但他们不知道，我们为什么要替日本人着想？日本人给了我们什么？什么都没有，只不过是要我们替他们当炮灰当他们的替罪羊，或者是要我们屠杀我们的同胞。说老实话，我很厌烦这一套。不过，眼下日本人太厉害了，我们又不能不这么做。有朝一日，等日本人快不行了，我会让他们看一看，老子是中国人，不是他们日本人的狗！”

跟王俊林预料的一样，日寇第十一军司令官找他的目的确实是准备趁着国民党跟共产党闹翻的机会，集结人马，向第五战区发动攻击，特意询问王俊林有什么好的意见。

王俊林说道：“司令官阁下高见，皖南事变刚刚发生，国民党跟共产党已经翻了脸，如果我们趁机攻击国民党军队，共产党一定会袖手旁观，这是一个消灭国民党军队的好机会。没说的，我将收拾人马，跟随大日本皇军，一举将国民党军队消灭，把前线推进到宜昌一线，为攻击重庆打下坚实的基础。”

日寇第十一军司令官很满意王俊林的回答，立即下达了动员令，召集所有能够上阵的部队，从各自占领的地域出发，沿着指定路线，悄悄地向第五战区的防守地域逼近，在指定的时间里，同时向第五战区的国民党军发动突然袭击。

“这一次，日本人并没有集结部队，而是从所占地域各自出发，向第五战区悄悄地发动攻击，的确可以掩蔽行动企图。可是，万一各部队遇到新四军和国民党游击队的拦截，一定很难同时抵达攻击地域。”王卓文说道。

“日本人是希望利用恶劣的天气，悄悄地绕过豫鄂挺进纵队和国民党游击军队的营地。”王俊林说道。

“武汉到处都是军统特务和地下党，我军一出动，他们肯定知道。”

“队伍过于分散，而且，每一路队伍都是打着攻击豫鄂挺进纵队和国民党游击队的旗号，向共产党和国民党的防守地域前进的，他们恐怕难以察觉。这样也好，共产党要是真的帮不上国民党的忙，一举消灭了国民党军队，对我们来说，未尝不是好事。”

王俊林的老谋深算、易于变化让王卓文暗暗感到吃惊。他问道：“你说过余瑞华世叔总是在暗地里破坏日本人的企图。余世叔一接到命令，准会嗅出其中的猫腻，报告给王晓燕的。”

“即使李宗仁得到了情报，做了一些准备，只要不迅速传到新四军那儿去，日本人纵使遭受了严重的伤亡，最后也会打败李宗仁的部队。”

“叔叔非常痛恨李宗仁。”王卓文说道。

“我不痛恨李宗仁，只痛恨他手下那批中央军。如果当年我不是遭到他们的暗算，受尽了他们的窝囊气，一定不会投靠日本人。是他们让我变成了汉奸，我一定要给他们一点颜色看看！为了防备余瑞华事先向王晓燕透露消息，我命令他的人马最后开拔。即使王晓燕知道了，只要共产党不能迅速做出反应，李宗仁手下的乌合之众便死定了！”王俊林说完，脸上浮现了一抹得意的笑。

王卓文越发感到王俊林反复无常。他要快点把这个重要情报告诉给赵雪莲，让新四军早一点权衡利弊，做出决断。可是，他又不能主动向任何人提供情报，只能焦急地等待赵雪莲的到来。

直到要离开武汉，赵雪莲还没有出现，难道真的要眼睁睁地看到第五战区的国民党军队遭到覆灭吗？不能。王卓文决计以向父亲辞行为借口，去一趟法租界，把消息告诉给父亲。他相信，父亲不会袖手旁观。

自从投靠日本人以后，只要跟堂兄见面，王俊林准会受到斥责和教训。一般情况下，王俊林绝不会主动去招惹堂兄。不过这一次，王俊林准备见一见堂兄，向他卖弄自己怎么看出了日本人一旦先攻击新四军，然后攻击第五战区，就可以收到消灭了共产党武装与国民党军队的奇效，却没有对日本人献出这条计策，以此证明自己绝不是真正的汉奸。因而，不等王卓文提出回去租界看望父亲，王俊林率先决定带着他回到租界。

“日本人打算趁国共关系不好的时候攻击第五战区吗？”王俊财显然很有些吃惊。

“是呀，只要我跟日本人说明利害关系，第一个要扫荡的肯定是新四军了，可是，我没有这么做，反而鼓动日本人去攻击李宗仁。”王俊林更进一步，索性把日本人先攻击第五战区的决策当成了是自己出谋划策的结果。

“你们想得确实非常周到。国民党已经向新四军动手了，你们再去攻击李宗仁，赵璇滢一定不会施救。你们可以把李宗仁的部队一路赶往襄阳、樊城、南阳。如果李宗仁从宜昌调兵救援，你们还可以趁机占领宜昌。重庆的大门将会被你们撞开一道门缝，从此，你是汪精卫的红人，可以得到你要的荣华富贵了。”王俊财讥讽道。

王俊林说道：“你以为仅仅只是汪精卫吗？其实蒋介石一直在暗地里跟日本人接触，准备投降。只不过他要价太高，现在还在跟日本人讨价还价。”

“你污蔑领袖，完全是胡说八道，信口雌黄！”王俊财怒斥道。

“我说的都是实情。我是想告诉你，跟他们相比，我真的不是汉奸！”

“你永远都是汉奸！”王俊财骂道。

“随你怎么说吧。一旦我们这次撞开了重庆的第一道大门，蒋介石一定会跟汪精卫一样，跟日本人合作。剩下的事情，就是如何共同‘剿灭’共产党了。”

王俊财仰天一声长叹：“我早已不问世事了，随便你们怎么说怎么做吧，再也不要跟我说这些事情了。我累了，给我一个安静的环境，我要休息了。”

这时候，王俊喜正好进来了。

听到王俊林后面的话，他说道：“王氏家族的继承人果然非同凡响，比我们看得更远，光宗耀祖的事情，确实只有继承人能做得出来。”

王卓文一看王俊林脸色不对，向父亲泄露辞行目的的计划已经达成，连忙说道：“司令，时不我待，我们快点出发吧。”

大雪封住了所有的道路。地面早已结上了一层层厚厚的冰凌，好不容易发动起来的机械设备以及各种车辆走在上面不住地打滑，不能不小心谨慎，蚂蚁搬家一样一寸一寸地向前挪动。步兵更是深一脚浅一脚地走在雪地里，艰难地向前行进。因此，多路出发的日伪军，沿途尽管并没有遭遇任何共产党抗日武装和国民党军队，却也行动迟缓，花费了半个多月的光景，一直到农历新一年来临的时候，才终于抵达预定攻击地域。

攻击命令一下，日伪军的大炮从不同方向迅速向国民党军队阵地展开轰击。一时间，炮声隆隆，炮弹爆炸掀起的雪花把整个天空都布成了雪白的世界。眼睛看久了，难以分清对面的人与物。日伪军戴上了眼罩，朝国民党军队的阵地冲了过去。国民党军队无法抵挡，只有节节败退，很快丧失了大部分防守地域。日伪军紧追不舍，一路势如破竹，浩浩荡荡地推到了襄阳、樊城、南阳一线。李宗仁一见司令长官部危急，赶紧调守卫宜昌的人马前来增援。

日寇第十一军司令官探知消息，异常欣喜，立即调整部署，试图达成第二步目标：夺取宜昌这座城市，撞开攻击重庆的第一道大门。毕竟在雪地里行军作战，补给多有不便，虽说在战斗中并没有造成太大的损失，雪地里造成的冻伤也非常严重，急需从后方调集兵力前来协助。

在展开攻击以前，此獠已经命令其他各地日寇陆续收拢人马，准备随后跟进。此时，第一步任务已经完成，日寇第十一军司令官马上向后面发出了命令，征调所属部队继续向前线增援，并且维护补给线的畅通。

正做着趁李宗仁调兵救援襄阳、樊城、南阳，宜昌空虚的机会，把宜昌收入囊中的美梦，日寇第十一军司令官突然得到一个非常不妙的消息：补给线遇到了新四军的袭击，其他向前线增援的部队也先后遭到阻拦。

这样一来，恐怕各路人马根本到不了宜昌。日寇第十一军司令官十分震怒。

需要全盘考虑之后的行动计划，要不然，真的会遭到覆灭。其他军队纵使不能够前来增援，也一定要确保补给线。只要补给线还能确保畅通，处在战场上的人马便可以获取足够的粮食和武器弹药，向宜昌进军的各路人马遇到国民党军队阻拦，还可以利用地形，继续交战下去。必须迅速改变部署，控制住已经占领的地带，等雪全部融化，再发动猛攻。

新四军已经离开了根据地，留在根据地能有多少人马？只要命令几支朝前线进发的部队调转方向，去攻击共产党抗日根据地，肯定能够一举扫平它。等共产党的根据地被占领了，其他各路人马随即齐头并进，一块攻过来，宜昌一定会宛如熟透的桃子，掉到大日本皇军手里。

思虑成熟，此獠赶紧向各路朝前线进发的日伪军发出了电报，重新分配了他们任务，命令主力停止进攻，等待援军，抽调一些人马，兵分几路，一路负责扫清补给线上的共产党武装，另外几路去攻击新四军根据地。

王俊林立刻命令人马抓紧时间修筑工事，以防国民党军队发动反击。

王卓文心里清楚，一定是新四军袭击了日伪军的补给线，迫使日本人不得不改变部署。一旦国队能够主动出击，已经处在缺少粮食和武器弹药边缘的日伪军将很难坚持。可是，国民党军队为什么不攻击呢？他怎么都想不通。

幸而，王俊林一旦认为王卓文是可以培养成自己心腹的人才，无论出现什么战况，都会告诉他。这一次，整个部署发生了改变，多多少少让王俊林认识到了其中的奥妙。

他对王卓文说道：“还在武汉的时候，我曾经听到过许多国民党军政要员说日本人不会打仗，依仗的只是手里拥有先进的武器装备，战略上不配合，战役上不协调，等等，似乎日本人真的是笨蛋。其实不然，日本人非常狡诈，非常注重谋略，单凭现在遇到的情况足以说明这一点。遇到了新四军的袭击，增援部队不能开进了，日本人壮士断腕，绝不冒进，而是首先扫清补给线和增援途中的障碍，命令攻击的部队转入防御。这是什么样的魄力？自古以来，中国著名的将领也不过如此！如果李宗仁是一个有魄力的人，立即指挥国民党军队迅速朝我们展开攻击，我们的前景不敢想象。但是，我看不出李宗仁有攻击的企图。这样一来，我们可以依靠日本人的飞机，给我们空投粮食补给和弹药补给。一旦我们缓过劲来了，挨揍的一定是国民党军队了。”

“李宗仁难道不会考虑到这一点吗？”王卓文问道。

“他会，而且他早已考虑到这一点，也肯定做出了部署。可是，他指挥不了中央军，这是中国军队的悲哀！”王俊林叹息道。

王卓文心里一阵阵发冷，脑海里接连转过了好几个念头：余瑞华、赵承博都不会竭力替日本人卖命，他们一定也看出了日本人的窘况，在接到新的命令以后，也一定会准确判断出日寇现在面临的局势。如果他们现在跟国民党军队取得联系，让其发动攻击，他们暗中做内应，不是可以一举消灭这一路日寇吗？

他决计试探一下王俊林，说道：“司令曾经说过，余瑞华叔叔和赵承博叔叔是不愿意帮助日本人攻打中国军队的。他们现在会采取什么行动？”

王俊林说道：“他们不可能采取任何行动，也无法采取任何行动。要知道，日本人不是傻瓜。难道你没有看出来吗？在他们的身后和左右两翼，都部署了大量日军。一旦他们行动异常，日本人一定会毫不留情地干掉他们。”

这就是投靠日本人的悲哀！王卓文发出了一阵苦笑。

人啊，一旦卖身投靠，从此完全由不了自己，只能出卖灵魂。王卓文不禁为王俊林感到悲哀。王俊林知道这一切，却还要投靠日本人，又在暗地里并非真心帮助日本人。这一刻，王卓文似乎对王俊林有了更为深刻的了解。

王俊林没有让王卓文继续想下去，说道：“已经改变部署了，我们还是去余瑞华那儿看一看，他可千万不要给我惹出什么事来。”

在一个卫兵排的保护下，王俊林踏着积雪，走向余瑞华所部的攻击位置。

这时候，不下雪了，太阳露出了苍白的脸孔，似乎大病初愈的样子，有气无力地打量着这个雪白晶莹的世界。王俊林心里突然产生了一种不祥的预感：太阳出来了，冰雪很快会融化，一旦国民党军队发动了反攻，日本人笨重的武器装备注定无法在泥泞的道路上快速前进，行动迟缓的后果是不仅武器装备难以发挥作用，甚至会陷入国民党军队的包围。

国民党军队一直没有主动出击，难道是在等这个机会吗？自己应该怎么办？难道真的要陪着日本人葬送在国民党手里吗？王俊林接连不断地询问自己。他不觉感到胆寒：如果要葬送在国民党手里，谁也救不了自己。因为在国民党的眼里，自己是十足的汉奸，怎么会对自己网开一面？

“得提醒日寇第十一军司令官，严防国民党军队的攻击。”王俊林想到。

可是，一想起日本人的骄横，王俊林又不愿意提醒了。也许，日本人会注意到这个情况的，他在心里安慰自己道。

余瑞华正在召集团长以上的军官开会研究战争的局势。王俊林一进入指挥部，立刻像是有魔力一样，不仅令各位军官唰地站起身，挺直腰杆，宛如旗杆，而且把大家的目光全都吸引到他身上，跟随着王俊林的运动而运动，直到把他送到了最上首的座位坐下来。看到他挥了一下手，大家这才缓缓地坐下来。

“研究什么呢？说来听听。”王俊林似乎不经意地朝大家扫了一眼，说道。

“司令官改变了部署，我们在研判今后的局势。天气一晴朗，路面泥泞不堪，对我们将极为不利，我们可得提前做好准备。”余瑞华说道。

王俊林说道：“你们研判得再清楚，又有什么用呢？我们是在大日本皇军的统一指挥下，跟国民党军队作战的。服从命令是我们的天职。一旦做出不必要的举动，日本人可不会轻易地饶过我们。”

余瑞华说道：“司令说得极是。但是，研判清楚了，最起码在逃命的时候，我们知道会往哪儿逃跑吧。”

王俊林笑了：“没有打仗，先想到了逃跑，你可真的很会带兵啊！”

“没有办法，跟着司令这么久了，别的本事我没有学到，一看到战况不对，首先要保护好自己，我可是学会了的。”余瑞华不动声色地说道。

王俊林哈哈一笑：“你恐怕忘掉了一点，我虽说总是这样想，也总想这样做，可是，只要我想逃命，结果都无法逃掉。因为在我的四周，不仅有许多人虎视眈眈，还有许多人拿枪逼着我打下去。”

“司令没有想到把那些枪口转移到别的地方去的办法，我也想不到，所以，集合众人的意见，看能不能想出办法。”余瑞华说道。

“哦，大家想出办法了吗？”王俊林立刻精神一振，身子朝前面一倾，问道。

“司令积累了很多经验，如果能提醒我们一下，我们说不定真的能想到办法。”余瑞华笑道。

王俊林果然毫不含糊，把他这些年怎么保存自己的套路一五一十地说了出来。最后，他说道："这支部队，要想生存下去，今后全指望你们了。想出了好办法，别忘了告诉我一声。"

耳听王俊林跟余瑞华的对话，似乎全是围绕着怎么逃离被国民党军队消灭的命运展开的，但王卓文意识到，王俊林语气里含了一种对余瑞华的警告和提醒，也许还有一丝希望，希望余瑞华跟国民党军队联系的时候，也要打着自己的旗号。这才是千真万确的王俊林，一旦势头不对，立马会跑到另一面去。

不过，这样一来，王卓文反而更放心，余瑞华和赵承博已经在做准备，王俊林不仅没有反对，反而在火上浇油。王卓文可以想象得到，一旦国民党军队发动攻击，纵使王俊林的人马不是全部撤开一道阵地，把日本人推向最前沿，余瑞华和赵承博的人马也会借口抵挡不了，撒开脚丫子朝后逃跑。

国民党军队是不是准备好了呢？王卓文不知道，只有暗地里祈祷李宗仁能够跟余瑞华沟通，共同消灭已经在雪地里困守了近一个月的日寇。

日寇第十一军司令官到底不是无能之辈，一样看出了天气不利将会给自己的部队带来什么样的后果。他还得到了一个可怕的消息：新四军有向武汉展开攻击的苗头。虽说不太相信共产党军队有能力攻下武汉，一旦他们向武汉发动攻击了，造成的震动足以严重动摇日本人在武汉的统治地位，他不能不认真对待。

各路大军都被新四军和国民党军队牵制住了，连补给线也遭到了新四军的威胁，不可能从其他方向抽调人马去保护武汉。虽说已经命令各路开往前线的队伍去攻击新四军的根据地了，形势发生了变化，仅仅依靠他们显然是不够的，还得从前线抽调出一批人马，趁新四军兵力分散之际，彻底铲除共产党的老巢，一劳永逸地解除共产党的威胁。

日寇第十一军司令官盘算了一阵，决定把这一任务交给王俊林。

这家伙竟然使出了围魏救赵的妙计，王俊林不能不打心眼里佩服。可是，一想起自己要跟赵璇滢再次面对面的战斗，王俊林颇有点不愿意了。

王俊林说道："司令官阁下，一旦本部撤离战场，岂不等于是把本部防守的地域拱手让给国民党了吗？一旦他们向大日本皇军发动了攻击，大日本皇军将会四面受敌。"

"你的很有战略眼光。我的已经重新部署了，应该让出的阵地，我的一定要让出的。只要我们的在国民党的阵地上插上了一把尖刀，逼迫国民党军的不敢过分的攻击，我军能够在现有位置站稳脚跟，以后的一定可以随时把他们消灭的有。你的不要担心，快快的去吧。”

余瑞华接到了命令，异常气恼。他已经通过王晓燕，跟李宗仁沟通了联系，只等冰雪融化的时候，在国民党军队的攻击下，装作支撑不住，朝东洋鬼子的后面退去，把这些畜生推到战场最前沿，随后自己回过头来，向日本人展开攻击，一举消灭监视自己、部署在自己后面的日军。不料，竟然接到了撤出战场的命令，转而要去攻击新四军抗日根据地。

是日本人察觉到了自己的行踪，还是共产党人真的要朝武汉展开攻击？新四军并没有那么多武装，能够在日寇力量薄弱的地方建立抗日根据地，是他们的一贯政策，只有在时机有利的情况下，才会吃掉能够吃掉的日寇，绝不会有如此大的动作。也就是说，日本人是在怀疑自己了。既然如此，应该立刻行动起来，跟国民党军队沟通好，趁着撤退的时候，歼灭日寇。

踌躇了很久，他想好了一个计划，把它告诉了王晓燕。

王晓燕通过无线电台，迅速跟第五战区司令长官部取得联系，把余瑞华的计划告诉给了李宗仁，但李宗仁那边并没有准备好。

余瑞华寻思自己的队伍单独跟日寇交战，绝不是他们的对手，很快会被消灭。他只有仰天一声长叹，率领人马，向新四军的抗日根据地进发。

积雪已经在慢慢融化，道路泥泞不堪，部队每前进一步，都很困难。

不知道爬行了多少座大山，也不知道渡过了多少大小的河流，部队快要接近新四军抗日根据地了，余瑞华心头不禁涌现出一阵难以言表的哀伤。他不仅不愿意跟二嫂率领的抗日队伍作战，而且不愿意跟所有抗日的队伍作战。与日寇一块攻打中国军队的时候，他可以给中国军队提供情报，可以暗中帮助中国军队把日寇引进一个又一个陷阱，可是，这一次，他再也不是跟日寇一道行动，所有的人马都归王俊林管辖。他该怎么办？把这边的情况全部告诉给新四军，让他们来收拾这支伪军吗？如果说要在以往他可以这么做的话，现在日寇已经摆明了不信任自己，自断臂膀，有何益处？那么，是不是要劝说王俊林举军去投靠共产党，或者投靠国民党，不再受日本人的气，不再背负汉奸的恶名呢？

共产党会接纳汉奸队伍吗？国民党会接纳汉奸队伍吗？一想到这里，余瑞华禁不住打了一个寒战。尽管跟军统有过联系，王晓燕至今还在他的身边，跟李宗仁也有过沟通，好像谁也没有说他不是汉奸啊。他得对王晓燕说清楚这一点。

于是，他把王晓燕找了过来。把门一关，他严肃地说道：“这一次行动非常可疑，也许，日本人是挖好了陷阱，想让我们跳进去。我们已经开到这里来了，想必李宗仁长官那边也已经跟日寇打起来了。我们能不能率领军队打回去？”

“余将军恐怕忘记了，你留在日寇的心脏更易于帮助国民党军队，而不是回去。等日本人被赶出中国了，余将军就是抗日的幕后英雄！”

余瑞华嘘了一口气。是的，他曾经多次听到军统特务转述李宗仁的话，甚至还有军事委员会对自己的期待，他们没有明确说自己不是汉奸，含义却是清楚的。可是，难道真的要去跟新四军打仗吗？老实说，他是更不希望跟新四军打仗的，更不要说面对的新四军指挥官可能是二嫂赵璇滢。

怎样才能既执行日本人的命令，又不让二嫂的队伍蒙受损失呢？余瑞华竭尽全力思谋对策。

想了很久，余瑞华把赵承博叫到跟前，说道：“这一次，我们直奔新四军抗日根据地，共产党很可能没有察觉，我们也没有办法向他们报告消息。我想了很久，唯一的办法是你率领你的人马，先走一步，朝新四军抗日根据地疾速前进，注意隐蔽行动意图，做出一副不让任何人觉察出我们行动的样子。然后，你再想办法派遣几拨最忠勇的兄弟，脱掉军装，带着我亲笔写的情报，混入新四军抗日根据地，交给二嫂。”

赵承博带着余瑞华的亲笔信，率领一个团的人马，离开了大部队，朝新四军抗日根据地疾速奔去。部队动作甚为敏捷，没有透露半点声息。但暗地里，赵承博已经同时派出了几个当年在赵府榨油坊做工的工人，后来也是他拉起来暗杀日本人的主力，相继从不同的方向，朝根据地摸去。

很快，他们的行动被抗日根据地四周的明岗暗哨察觉了，他们相继被抓。

“我们是汉阳赵府榨油坊的工人，跟赵承博团长一道暗杀过日本人。赵团长听说他姐姐赵璇滢是新四军指挥官，特意派我们过来探听虚实。果真如此的话，他将带队过来投靠。”这几个人说出了一样的理由。

很快，他们先后被送到了赵璇滢的面前。

得到皖南事变的消息后，赵璇滢十分震惊，第一个冲动是率领人马立刻杀出大悟山。可是，明白中共中央要继续跟国民党当局保持统一战线，共同打击日本侵略者，她不能不强烈地压抑着内心仇恨的火焰，转而与李先念一道，共同发布了谴责顾祝同残害新四军将士的暴行，呼吁国民政府继续执行统一抗战政策，惩治杀害新四军抗战将士凶手的声明与电报。

不久以后，她接到了赵雪莲送来的秘密报告：日本人准备再次出动兵力，向国民党军队发动进攻，表面上看日本人旨在夺取襄阳、樊城、南阳一线，实则图谋攻击宜昌，赢得从地面攻击重庆的出发阵地。

“让小日本消灭国民党军吧，要不然，他们又会把屠刀砍向我们共产党人的脑袋了。”许多抗日将士一听这个消息，顿时喜出望外，颇有些幸灾乐祸了。

“赵大姐，依你看，我们应该如何回应？”李先念问道。

1939年初，李先念带领大约一个连队的人马，从河南确山竹沟出发，穿过了无数国民党军队防区，绕过了很多日本人占领的地盘，开到湖北，一步步动员民众起来抗日，扩大了抗日武装，建立了抗日根据地，并且把新四军豫鄂挺进纵队司令机关设在礼山县境内的大悟山脉，全面指挥周边地区的共产党抗日武装。因此，他赢得了全体抗日将士的尊重与信任。

后来，党中央派遣赵璇滢来到抗日根据地，帮助李先念开展妇女工作以及新四军的发展工作。知道赵璇滢是辛亥革命时期的妇女救护队长，李先念打心眼里非常尊重她，凡事都要跟她商量，征求她的意见。

赵璇滢说道：“虽说顾祝同部残害了我新四军八千将士，把军长叶挺将军也扣留下来了，但是，日本人要对第五战区发动攻击，我们决不能坐视不管。要不然，一旦日本人的图谋得逞，不仅大片国土要沦陷，重庆也难有安全的保障。所以，我们不仅要把情报告诉给李宗仁，而且还要趁着日本人向第五战区攻击的时候，主动出击日寇的补给线。”

李先念点了点头，马上赞同。

日伪军的进军路线非常分散，补给线一样显得毫无重心。赵璇滢向各方向派遣了大量侦察人员，一旦发觉敌人的踪迹，立刻率领机动部队赶上前去，设好埋伏，截获了敌人的许多补给物资。

现在，日寇第十一军司令官不仅命令各路前去增援的日伪军向新四军抗日根据地悄悄地开过来了，而且还从前线抽调王俊林的人马来攻击根据地。根据地遭到威胁，赵璇滢不能不慎重对待，寻思怎样应对。

这时候，余瑞华竟然派来了赵承博一个团的人马，准备接受赵璇滢的命令，与新四军一块攻击敌人。余瑞华甚至说，他的其他人马一样可以随时听从赵璇滢的命令，哪怕是伙同赵璇滢部一块歼灭王俊林的力量，也绝不手软。

消灭了王俊林的人马，把余瑞华师也拉进新四军，能够对日寇产生强烈的震动吗？赵璇滢暗问自己。当初虚张声势，说是要攻击武汉，是为了迫使日寇从战场上撤离。结果，日寇不仅不撤回攻击第五战区的部队，反而命令其他各路援军以及王俊林的伪军攻击新四军根据地。在这样的情况下，暴露了余瑞华师跟国民党军队接触或者跟共产党抗日武装有联系，又有什么用呢？得让余瑞华继续留在日本人身边，才是最有利的。

赵璇滢思来想去，想到了一个妥当的办法，命令赵承博派来的人员带回去自己的亲笔信，让余瑞华率部一直向根据地内部攻击前进，自己在前面设下一个陷阱，困住余瑞华的人马，令其再也无法前进。李先念率领新四军主力，继续不断攻击敌人的补给线，迫使敌人不敢进一步向根据地推进。

王俊林率领人马进入共产党抗日根据地以后，碰到了新四军的强烈抵抗，立即命令全体人马停止攻击。不料，余瑞华部已经陷入包围。王俊林听到消息，火急火燎地率领人马前去解救。

远远望去，泥泞的道路上，积雪尚未完全消化，宛如癞痢头一样露出一块块黑褐色土地的山腰间，到处都是子弹在翻飞，到处都是双方的人马在厮杀。

“原以为只要让新四军撤回来，自己就可以回去复命了，谁知道他们竟然如此厉害，看起来，不全力营救，余瑞华师准会全部报销了！”王俊林心头一紧，命令手下的人马火速冲了上去。

新四军经受不住反复的火力冲击，退了下去。

王俊林嘘了一口气，对余瑞华说道：“命令你的人马迅速布列成防御阵地，新四军太厉害，再也不要主动攻击他们了。”

“是！”余瑞华坚定地回答道。

第二十四章　龙潭虎穴

这一天，余瑞祥毫无征兆地来到鄂东北抗日根据地。

八路军办事处从武汉迁往重庆以后，余瑞祥继续跟国民党党政军上层人物以及各民主党派、各社会团体进行广泛密切的接触，进一步推进抗日统一战线工作，并肩负指导南方各省共产党武装进行抗战的任务。因而，只要有需要，他会以各种各样的理由离开八路军办事处。

此时，豫鄂抗日挺进纵队已经改编为新四军第五师。余瑞祥的任务是要全面考察共产党抗日武装的发展状况，准备制订一个新的发展计划，或者为第五师向其他方向打开新局面规划新的蓝图。

"为了打破国民党顽固派有可能对新四军第五师发起的摩擦以及更好地牵制日寇，配合国民党军队拱卫战时首都重庆的安全，第五师不应该限于现有的位置，应该大胆地向南方开辟新的根据地，并且把整个根据地连成一片，那样，我们的作用一定会大得多。"详细了解鄂东北抗日根据地的情形之后，余瑞祥说道。

"可是，向南发展将会跟以幕阜山为依托的国民党军接触，不是更增大了他们跟我们搞摩擦的机会吗？"有人产生了疑问。

日寇因为攻陷了武汉、广州，战线拉长，兵力不足，攻击乏力，不得不停止了大规模地针对中国军队的军事行动，从此，中国的抗战进入到了相持阶段。蒋介石集团面临的军事压力减轻了，一方面通过各种各样的秘密管道与日本人接触，试图与日本人达成某种程度的协议，以换取和平的希望，另一方面对共产党抗日武装的蓬勃兴起产生了深深的疑虑乃至于猜忌。因而，国民政府刚得以稍稍喘了一口气，各种限制共产党人以及各民主党派、抗日团体活动的政策便纷纷出笼，不停地与共产党人、各民主党派、各抗日团体制造摩擦。

"为了避免跟国民党军队之间发生摩擦，我们可以在武昌周围建立新的根据地，在武昌跟幕阜山之间架起一道无法绕过的桥梁，将不仅可以极大地威胁到盘踞在武昌的敌人，还可以跟鄂东北的抗日武装构成一个对武汉三镇的环形包围圈。"余瑞祥深思熟虑地说道。

"不错，这等于提前下了一盘大棋，只要好好经营，我们的根据地一定会有一个更大的发展！当日本鬼子末日来临的时候，凭借我们的力量，足以收复武汉！"李先念击节赞叹道。

"能不能达到目的，要靠诸位同志的共同努力。"余瑞祥说道。

李先念、赵璇滢以及所有第五师的领导人都非常振奋，在余瑞祥的引导下，为如何向南部发展进行了热烈的讨论，并且最终拿出了初步方案。

“记得我离开重庆的时候，你说过，我们很快会再见面的。想不到，仅仅过了一年多，我们真的再见面了。”只有夫妇两人的时候，赵璇滢说道，“而且，还是你到鄂东北来了，我真是太高兴了。”

“你在极端危险的情况下，能领会党中央的意图，和李先念等同志一道做出巨大的成就，很了不起。我相信，你们一定能够完成向南发展的任务。”

赵璇滢点了点头，看着丈夫，忽而问道：“雅芳她们很好吧？”

余瑞祥说道：“她们很好，你不用担心。”

赵璇滢眼圈红了：“日本侵略军野蛮入侵，使我们失去了很多亲人，也有的亲人走错了路，我真的希望她们能够好好地生活下去。如果我离开重庆的时候，能把雅芳带出来，也不至于现在牵肠挂肚。”

余瑞祥说道：“雅芳有她自己的生活，有她自己的目标，这一切，是她自己的选择，我们谁都不可能代替她。你放心吧，她已经坚强起来了。听说军事委员会干预，把王家的产业还给了她，正由她打理。而且，她还参加了各种各样的抗日救亡活动，听说还进入了妇救会，是战时儿童保育会一个重要成员。”

“她仍然很惦记王俊林吗？”赵璇滢问道。

“是的，她一直惦记王俊林。临走之前，我曾经看望过她，她说要是王俊林还在替日本人做事，她不知道自己会不会发疯。”

“她一直都不了解王俊林！真不知道她到底看上了王俊林哪一点，为什么一定要嫁给他！”说到这里，赵璇滢淡淡地叹了一口气，说道，“这也难怪，父母之命媒妁之言，女人们本来应该活得很精彩，命运却因此而被完全葬送了！自从当年父亲要把她嫁给王俊林，她的一颗心完全属于王俊林了。不论王俊林做出什么卑鄙龌龊的事，她都没有改变过心意，至多也不过是闹一下情绪，或者不跟王俊林说话，这是她唯一能够反抗王俊林的方式。可是，王俊林怎么改变得了呢？上一次，要不是余瑞华，我们整个抗日根据地恐怕会蒙受惨重的损失。”

“是呀，我们不能对王俊林抱有任何不切实际的幻想，无论他会不会为重庆方面提供情报，都要对他保持警惕。不仅如此，还要在敌人的队伍里发展我们的力量。你这一次，一定要好好地做一做这个工作。这项工作做好了，第五师向南部发展，将会顺利得多。”

赵璇滢点了点头，望着余瑞祥，心里忽然一阵冲动，很想告诉丈夫赵府发生的灭门惨祸，但马上意识到，丈夫承担了太多的工作任务，不应该为赵府这些事情让他分心。

她也很想告诉丈夫，儿子已经在王俊喜的教唆下，成为一个地地道道的流氓，小小年纪，什么事情都能做出来。可是，话到嘴边，她还是收了回去。

“告诉他，只不过是多一个人担心儿子而已，有什么用呢？”她心里叹息道。

跟天下所有其他母亲一样，赵璇滢一直希望把儿子带在身边，亲自把儿子培养成人。可是，当年，她的生命时刻受到威胁，不得不把尚在襁褓之中的儿子交给了母亲和弟媳，由母亲和弟媳把儿子拉扯长大。抗日军兴，她一直忙着鼓动民众支援抗战，仍然没有时间照顾儿子、教导儿子。武汉会战后期，因为要去河南解救其他儿童，她把儿子留给了姥姥，让儿子在日本人屠戮赵府满门的时候，受到了刺激，造成了儿子性格的变异，成了一介流氓。

“我这个做母亲的实在太差劲了，只不过生下了儿子，其他什么都没有给过他。”每当想起儿子，她都不停地责怪自己。

她很希望弥补自己对儿子的亏欠，只要一有机会，准会寻思怎么把儿子弄到身边，矫正他的行为，让儿子成为像他父亲一样的人。然而，她一直找不到机会去武汉。侄女赵雪莲从延安接受训练回来，准备到武汉执行潜伏任务，路过根据地的时候，赵璇滢曾经对她说过，希望赵雪莲能帮助她把儿子送回到根据地。可是，赵雪莲的身份不能暴露，她还是无法达成这个心愿。

现在，余瑞祥赋予了第五师新的战略任务，赵璇滢跟李先念等人商量以后，决定亲自出马，到武汉查看情况，并且了解武昌、汉阳及其附近的日军、国民党军的态势，以及当地民众的心理状况，好为下一步向南发展制订具体的计划。趁此机会，她要好好教育儿子。

为了避免引起日本人的警觉，赵璇滢决计从鄂东北辗转到江汉平原，渡过汉江，从蔡甸进入汉阳。

赵璇滢带了几个随行人员，化装成客商，一连奔波了几天，终于抵达十里铺。昔日繁华的街道，已经风光不再。到处很少有人行走，远远望去，整个汉阳城一片荒凉，只有一些日本人和伪军在街道上任意行走，车辆呜呜叫着，发出一阵阵凄厉的尖叫，令人心悸。

她知道，赵英嗣恢复了赵府的榨油坊，他手下的一批人马时常会趁着日本人懈怠的时候，在夜里神出鬼没，暗杀日本人。

赵璇滢选择走汉阳这条道路，暗含了希望能够遇上赵英嗣的意思。那样一来，她可以亲自劝说他不要一味地制造事端，引起日本人的注意，要沉住气，选准时机，一出手就迫使日本人蒙受惨重的损失。

距离赵府越来越近了，赵璇滢心里越发滚动着一种难以遏制的思念之情。要不是自己当初去了河南，母亲她们一定会在自己的劝告下到重庆或者乡下去，避免被日本人残杀的命运。还有儿子，没有教导好儿子，让儿子在王俊喜的教唆下成为一个被唾弃的人，她一样感到心疼。

即将走到赵府门口，她强烈地压抑着自己的情绪，尽量强迫自己不去看赵府。

突然，从赵府出来了几个人，中间的一个人赫然正是赵英嗣。他比以前更加干练了，也更加深沉了，从他身上投射出一种强烈的冲劲与闯劲。不过，他似乎又很有些抑郁，很有些落寞。这两种截然不同的状态，从赵英嗣的身上同时流露出来，着实让赵璇滢大吃一惊。

赵璇滢明知道哥哥已经惨死，赵府遭到了日本人的涂炭，为了遮人耳目，不得不强装着什么也不知道的样子，问道："我见过你，你是赵承彦老板的儿子，令尊大人还好吗？"

"你是谁？"赵英嗣下意识地问道。

他利用榨油坊做掩护，召集一帮身手不错的年轻人，已经在暗地里杀了不少日本人。他们计划周详，动作利索，毫不拖泥带水，人一杀，立马割断了一切线索，令日本人找不到任何蛛丝马迹。一时间，整个汉阳城里，日本人陷入极度恐慌之中。自此以后，东洋鬼子被搞得风声鹤唳，只要离开营地，都要约集十多个人，保持战斗队形，一旦发现风吹草动，准会立即开枪射击。赵英嗣再也难以下手了。随即，日本人跟伪军联合起来，布设了一个又一个陷阱，试图把暗杀日本人的抵抗分子一网打尽，但从来没有捕捉到赵英嗣的手下，也没有捕捉到一个共产党人。

赵英嗣杀日本人，得到了王俊喜和余瑞华的帮助。他跟王俊喜以及余瑞华继续保持着很频繁的联系，只要日寇有任何行动，他都会知道。日寇派遣人马在汉阳明察暗访，试图找出暗杀日本人的元凶，这些最高机密的行动，在实施之前，一样会落入他的手里。但是，他保不住还会有自己不了解的情况，因此，对打从任何地方前来的陌生人，都不能不抱有深深的警惕。

"我在汉口开了一家面粉店，你父亲因为王俊财的关系，时常会跟我见面。我逃出武汉以后，转眼过去三年了，不知道令尊可在府上？"赵璇滢微笑道。

赵英嗣冷冷地说道："家父已经不在府上，夫人，实在抱歉，我的工厂不久前重新开张，事情太多，没法跟你说话了。"

说完，不容赵璇滢再说什么，赵英嗣举步离开了。

赵璇滢不得不带着随行人员渡过汉江，准备直奔淮盐公所去寻找王俊喜。

王俊喜的耳目遍及整个武汉三镇，赵璇滢一露面，立马被他的人马发现了。本来不敢断定是她，可她竟然对赵府很感兴趣，不是赵璇滢还能是谁？王俊喜不得不深深佩服赵璇滢的胆量，连忙告诉余明亮，希望带着他一块去迎接。

“我不去。”余明亮饶是渴望拜见母亲，一想到自己的所作所为肯定不为母亲谅解，不能不低下头，声音低得像蚊子发出的嗡嗡声。

王俊喜看透了他的心思，仰天叹息一声，带了几个手下走出淮盐公所。刚刚走到利济路汉正街口，看见赵璇滢一行人正在接受日本宪兵的检查，他连忙跑了过去，热情地说道：“赵老板，几年不见，你可回来了。”

赵璇滢说道：“可惜，我两手空空，没法给王兄弟带来任何东西，反而让王兄弟费心了。”

“不必客气，赵老板回来了，就是对鄙人最大的支持。”王俊喜热烈地说道。

他大呼小叫，马上把赵璇滢一行人引进了淮盐公所，煞有介事地介绍着复归复业的大事。

“如今这年头啊，最赚钱的是烟土、娼妓以及博彩业，这些，全部在鄙人的控制之下。如果赵老板有意，鄙人可以让你入股，不出一年，你将仍然是汉口商界名流了。”王俊喜最后说道。

赵璇滢笑道：“做生不如做熟，我还是希望重开面粉店。”

看看天色已晚，王俊喜说道：“你我故人相见，我请客，去法租界德明饭店吃一顿便饭，我也会通知我哥哥，让他前来参加。”

“几年未见，令兄王俊财老板可好？”赵璇滢顺便问道。

“他跟这个世界格格不入，怎么好得了！”王俊喜说道。

说话之间，赵璇滢站起身，在王俊喜的陪同下，搭上一辆小汽车，去了德明饭店，进入一个早已准备好的包间。

“赵老板，这里只有你我二人，有什么话尽管开口，能够帮助你，是我的荣幸。”王俊喜说道。

“王世兄，你还是那么心直口快。我也不必客气，希望你能帮助我摸清日军这一阶段的行动。”赵璇滢说道。

“你放心，我一定尽最大的努力搞到你需要的东西。不过，你一向十分繁忙，其实大可不必自己出来走这一趟。凭你我的交情，只要有人拿着你的命令，我一定会帮助你。”

赵璇滢笑了，正要说话，突然听见外面传来了一阵热烈的说话声。她马上警觉起来了，说道：“怎么回事，令兄王俊财老板怎么还没有到来？”

“如果是别人，他肯定不会来，因为是你，他会来的。他这个人呀，真是没有办法，一点变通的余地都没有。日本人已经占领武汉多年，继续抱着过去那一套有什么用？又不能跟日本人拼命。你瞧我，日本人叫我干的事我干，你叫我干的事我也干。我甚至更喜欢暗地里杀那些日本人。所以，别人说我是汉奸，其实我也是抗日的。”

赵璇滢正色说道：“其实，你应该改变自己，做得更好一些。老百姓受到的苦难已经够多了，你为什么还要朝他们的身上捅一刀子呢？日本人在麻痹我们中国人的抗日意志，你却还要帮助他们开设售吸所，这些，你的确是做错了。”

王俊喜听得不入耳了，打断了赵璇滢的话头，笑道：“你知道，我就是这样一个人。我养着一大帮子兄弟，干什么都要钱，空口说白话，既杀不了日本人，也不能从日本人那儿得到任何有用的情报。”

这时候，门外一声响，紧接着，门被人轻轻地推开了。

是王俊财进来了。看到赵璇滢，他心里一阵激动，说道：“赵老板，好久不见，你的风采更加迷人了。”

赵璇滢笑道：“王老板越来越风趣了。”

说话之间，王俊财走到赵璇滢跟前，坐在她的身边。

这时候，一男一女从门边晃了一下。男人一眼认出了王俊财，不请自来，高兴地打招呼道：“王老板！”

“哦！熊老板！”王俊财站起身，与他握了一下手，说道。

“不认识吧？”王俊喜连忙替赵璇滢介绍道，“这位是南洋来的富商，出手阔绰，为人大方，到武汉差不多一两年了，如今家财万贯，非常了得！”

赵璇滢微微向他点了点头，眼睛一滑，赫然认出跟南洋富商站在一起的女人是侄女赵雪莲，心里顿时明白他的真正身份。她不动声色地移了一下茶水杯，这时候，赵雪莲似乎不经意地碰了她一下。

“他日有暇，定当登门拜访！”赵璇滢说道。

“熊老板夫妇是很讲胃口的人，你确实应该跟他们接触。”王俊喜说道。

几个人寒暄几句之后，熊老板夫妇离开了。赵璇滢优雅地伸出手来，端起了茶水，感觉到杯子下面有一个纸片一样的东西，不动声色地把纸片缩进了掌心，突然打了一个喷嚏，连忙擦拭着衣服，趁机扫了一眼纸片，上面写着：四处都是日本间谍。

赵璇滢很清楚，法国已经被德国攻占了，在德国人的扶持下，建立了一个亲德国的傀儡政府。鉴于德国与日本实质上已经建立了瓜分世界的同盟关系，日本人更是随意进入法租界，只不过还没有公然搜捕日本人认为的危险分子。但日本特务机关，在法租界的活动异常猖獗。

长期从事秘密工作，赵璇滢早已养成了小心谨慎的习惯，根本不需要赵雪莲提醒。不过，看到了侄女的字条，心里还是荡漾着一股轻柔的暖意。

王俊喜一样知道法租界到处是日本间谍，在德明饭店宴请赵璇滢，就是为了消除日本人的戒心。

眼看赵璇滢已经擦拭好了衣服，王俊财说道："汉口已经不是原来的汉口了，赵老板，依我看，你还是回去乡下，不要到这里来了，要不然，我真的很担心，你会变成什么样子。"

"哥，你不能老是这个样子，什么都担心，什么都害怕，结果你也看到了，什么都没有发生嘛。"王俊喜颇有点责备的意思。

"在我看来，一切都跟以前不一样了，看看你都做了一些什么！"

王俊财不能看到弟弟，看到了弟弟，他准会生气，准会情不自禁地要教训弟弟。他一向绝不接受弟弟的邀请，绝不离开自己现在居住的地方。但这一次，从王俊喜手下那儿，王俊财一下子猜测出来了，来人是赵璇滢。他不能不来到德明饭店。尽管他知道，德明饭店有可能藏有大量的日本人，可是，他绝不会因为有日本人就闭口不言，他就是要在这里公开数落弟弟。

"我做了什么呀？"王俊喜也有点生气了，说道。

赵璇滢一见他们兄弟两人争吵起来了，马上准备阻拦，转而一想，让他们在这里争吵一下，或许真是让自己解除日本人怀疑的好机会呢。她再也没有真心阻拦，而显得虚心假意了。

王俊财瞪大眼睛看弟弟，说道："你做过的错事还少吗？你手下已经有多少人死得不明不白，难道你不知道吗？难道你一定要等到你的人头被砍下来了，你才醒悟吗？"

"哥！"王俊喜大叫道。

他的声音还没有落地，几个日本人端着酒杯进来了，一路上摇摇晃晃，含含糊糊地说道："听说王会长在这里宴请客人，果然如此。王会长，你的客人如此漂亮，怎么不介绍给大日本皇军的认识？"

王俊喜连忙准备把赵璇滢介绍给日本人。王俊财冷冷地说道："我们这是故人相见，说一些体己话，难道皇军也要过问吗？"

日本人说道："如果只是一般的体己话，皇军当然不会过问。可是，王先生分明是在咒骂大日本皇军。"

"我是在教训我的弟弟。"王俊财说道，继续数落弟弟，"你什么事不好干？连张仁蠡要为他父亲修建张公祠，你也去掺和，而且跑得比谁都快，几乎是你一手办下来的。还要修建在中山公园，中山公园是什么地方？曾经是王氏家族的私家园林！你是在给我们王氏家族脸上抹屎！"

"哥，那是中山公园，不是我王家的私家园林。"王俊喜提高了声音，说道。

日本人眼见得王家兄弟两人为这个争吵得不亦乐乎，劝也劝不了，待了一会儿，尴尬地退出去了。

王俊财继续指责王俊喜："你说，一个汉奸，要为他父亲建立祠堂，用得着你跑路吗？他自己不知道去修建？他也是日本人的一条狗，不会比你这条狗更得日本人的信任。你不仅帮助日本人，还帮助像狗一样的汉奸。瞧一瞧，你只有这点出息，一个没用的货色！"

王俊财一口一个汉奸，一口一个狗，真的把王俊喜惹毛了。他生气地一甩茶杯，狠狠地说道："我跟你说不清楚，今后无论如何，我再也不会管你了。"

赵璇滢一见王俊喜要离开，赶紧说道："你们是故意做给我看的吗？那么，还是我离开好了。"

兄弟两人心头的怒火熄灭了，他们相互打量了一眼，不再作声。

突然，从外面又传来一阵脚步声，紧接着，一个非常熟悉的声音穿过了日本人那豺狼似的声音，挤进了他们的耳鼓。赵璇滢、王俊财、王俊喜三个人相互交换了一个神色，一个名字迅速涌上心头：王俊林。

门被轻轻地推开了。一个服务员站在门口，脸上含有一抹微笑，毕恭毕敬地把王俊林和日本人让进去了。

"这位是谁，竟然有这么大的魅力把堂兄从家里拉出来了。"王俊林说道。

"难道我能把王氏家族最大的客户拒之千里吗？"王俊财冷冷地说道。

此时，熊老板、赵雪莲的声音从另一间包房里传了出来。

门口倏忽之间又出现了几个人影，他们一闪而过，显然是去了隔壁的一间包房。赵璇滢立刻认出来了，那几个人当中有一个女人，正是王晓燕。看起来，他们的目标都是对准了自己。

赵璇滢脸上浮现了一丝淡淡的笑意："如果王司令经管了王氏家族的家产，一定会认识我。"

王俊林哈哈一笑，说道："自家人见面，犯得着唇枪舌剑吗？堂兄，这就是你们的不对了，如今很难有故人回到武汉，你们应该跟我说一声。"

既然王俊财和王俊喜真的是跟故人相见，而且也没有从王俊林脸上看出任何破绽，日本人是不会待在这里受王俊财冷遇的，对王俊林叽叽咕咕地说了几句什么，退了出去。

王俊财把脸一板，对着王俊林准备破口大骂。

门又从外面打开了，一个汉帮帮众急急忙忙跑了过来，附耳对王俊喜轻轻地说了几句。

王俊喜脸色一变，连忙起身告辞："真是不好意思，我有事要办。你们先吃着，不用等我了。夫人，你要是没有地方落脚，最好去我的公馆，在那儿，我还有一些话要对你说。"

说完，王俊喜急匆匆地出去了。

王俊财愤恨地瞪着他的背影，痛苦地摇了摇头，说道："不知道他又要造什么孽，这就是跟着日本人的下场。"

尽管堂兄并不是针对自己，王俊林也掂量得出分量，心里很有些不高兴。

他的心思再度发生了剧烈的摇摆。因为德国人已经把法国收入了囊中，现在正在向苏联大打出手。日本已经跟德国、意大利结成了轴心国，要瓜分整个世界。日本人用武力已经把中国军队逼到了最为偏远的地区，德国人以及意大利人的武力又在横扫整个欧洲，世界真的很快将要落到他们手里了。王俊林为什么要继续为军统提供情报，继续为中国政府暗中效劳呢？趁着日本人还没有发觉的机会，割断跟军统的关系，或者暗地里把军统的动向告诉日本人，让日本人把他们一网打尽。从此以后，自己就彻底安全了。

不过，现在还不是时候，何况里面还牵扯到了侄女王晓燕。日本人对付女人，那是不敢想象的。得告诉王俊财，让王晓燕离开武汉。等王晓燕离开了武汉，王俊林可以干自己想干的任何事情。

这一次，日本人说来了一个可疑人物，需要他出面试探一下，他立马过来了。他的确没有认出赵璇滢。堂兄做生意，有生意往来的女人很多，王俊林几乎都不认识，只要不是自己熟知的那些共产党，他的心里踏实了。如果说原来只要跟王俊喜一见面，两个人准会发生撕咬，那么，现在王俊喜出去了，王俊林颇有些幸灾乐祸。

他说道："他呀，除了帮日本人去抓一些难民，还会做出什么事来？"

王俊财一腔怒火，又要骂。

赵璇滢却叹息一声，率先开了口："早知道汉口的情形如此不妙，我说什么都不会回来。"

王俊财收住火气。大家满怀心思，谁也说不出更多的话来，一顿饭吃得索然无味。王俊林忍不了尴尬，不得不提前走掉了。赵璇滢勉强吃完饭后，打算告辞，王俊财知道她的身份，一定要她跟自己回去住宅。

没有一个外人了。王俊财恨声连连地说道："我真的拿这两个混蛋弟弟没有办法了，老天爷，他们为什么会成为汉奸。"

"王世兄，你千万不要自责，各人走各人的路，谁也勉强不了谁。像王世兄这种个性，恐怕不能继续在这里待下去了，你的言论太让日本人恼火，日本人肯定会对你暗中下手的。"赵璇滢说道。

"如果王俊林和王俊喜能为此清醒过来，我倒宁愿日本人来暗害我。"王俊财淡淡地说道，脸上依旧是一副痛苦的表情，"只可惜我再也不能做任何事情了。我要是有当年的豪情，一定会跟余夫人一样，跟日本人真刀实枪地干到底。余夫人，你来到汉口，肯定怀有什么目的。你也看到了，汉口不是原来的汉口，一切都要小心。"

"是的，我确实有一件很重要的事情要办，也考虑到汉口不安全，所以找上了王俊喜。王世兄，你应该放眼大局，为抗日做一些事情。"

"我已经无力做出任何事情了。"王俊财叹息道。

他不仅为两个弟弟投靠日本人的事情操碎了心，而且在听说了家族产业被国民政府没收以后，对国民政府充满了怨恨。为了支持抗日，他为国民政府提供了许多经济援助，竟然因为王俊林这个不成器的东西投靠了日本人，国民政府把王氏家族的产业全部没收了！国民政府如此不仁不义，哪怕之后还回了王氏家族产业，他也心寒了，不会再全心全意地对待国民政府。他能做的事情，只有劝说两个弟弟还有侄女。侄女对两个弟弟要打要杀的，令他感到了亲人之间相互残杀的可怕和恐怖。

王俊财一直很佩服余瑞祥和赵璇滢，知道他们可以为了实现他们的理想他们的信仰不惜牺牲一切，但他不行，他首先是一个商人，打骨子里透射出来的气息，无一不表明他需要计算利益计算得失。他算不了其中的利益，也算不了其中的得失。不过，赵璇滢提醒得对，他是需要仔细考虑，什么时候离开汉口，躲到乡下去，再也不愿意看到兄弟和侄女，这些曾经的亲人。

赵璇滢紧接着跟王俊财说起了第五师这两年的发展，这两年国际国内时局的发展变化。他恍惚明白，又恍惚不明白，这才知道自己已经完全脱离了这个世界。赵璇滢甚至说到了国民党对共产党制造的摩擦以及屠杀事件。他曾经听说过，但从来没有像赵璇滢跟他说的这么清楚。

他更是大为感叹，说道："日本人还没有被驱赶走，国民党就要杀共产党了。唉，怪不得这个世界一片混乱。"

"所以，我们的抗战，不仅需要发动更多的民众，更需要时刻提高警惕，严防蒋介石集团投靠日本人以及对付共产党。我们需要在敌人的心脏地域部署人马，发展人马，形成对敌人的包围。"赵璇滢说道。

两人一直谈到了深夜，王俊喜还没有回来。赵璇滢深感纳闷，王俊财一直感到不安。天气异常炎热，人坐在屋子里，虽说不时会刮过来一阵阵微风，但还是不停地出汗。架设在屋顶的吊扇不停地旋转着，时间一长，热风阵阵。赵璇滢感到有些憋闷，想要睡觉了。

这时候，王俊喜终于回来了。

他一进门就骂道："日本鬼子真不是人，根本不知道人还需要休息，需要吃饭，需要喝水。把两千多人集中起来，一块晒太阳，真是岂有此理！个斑马的，总有一天，老子要你们日本人晒太阳。"

赵璇滢和王俊财相互打量了一眼，疑惑地问道："你倒是说清楚，到底发生了什么事情。"

原来，有人盗割了两百丈从循礼门到中山公园一线的日本军用电线。日本宪兵立即出动，并且召集王俊林手下的部分伪军以及王俊喜的汉帮成员，把附近的居民一股脑地赶往华商跑马场。王俊喜的帮众以及警备司令部的人员，把他们团团围住。日本宪兵牵了几头狼狗，在四周走来走去。

一个宪兵头目说道："大日本皇军来到中国，是为了建立大东亚共荣圈，从来不愿意跟中国民众为敌。可是，你们中国人竟然盗割了皇军的电线，破坏了皇军的军事联络。皇军继续本着不跟你们为敌的精神，只要你们说出是谁盗割的，是怎么盗割的，把盗割的电线统统的交出来，统统的既往不咎。如果你们的不交代，皇军的也不需要虐待你们的有。你们的一直站在这里，晒一晒太阳，吹一吹风，享受一下屋子外面的阳光。当然，这里的没有水，没有饭，没有休息的地方。你们的要享受，不能随便的行动。"

人人都知道，日本人说话跟放屁一样，没有人愿意相信他们，全都默不作声。

王俊喜心里大为生气：不就是割了一点电线吗？你们杀了那么多中国人，也没有看到你们这么惊讶过！饶是如此，他还是觉得日本人的最新艺术很新鲜，煞有介事地作壁上观了。不过，很快，他不感到新鲜，而是更加残忍。

一个瘦弱的妇女被太阳晒昏了，身子不停地摇晃。日本宪兵头目站在她面前，把手一招，王俊喜的两个手下闪身而出。日本宪兵头目使了一个眼色，他们呼啦一下，脱去了女人的衣服，把女人提溜出来，站在所有人当面，把她死死地抓住，不让她继续动弹。女人痛苦地叫喊着，挣扎着。

“你的，一定是想跟人交欢的有。”日本宪兵头目说道。

他凶狠地瞪大眼睛，好像豺狼一样在人群中扫了一遍。又有几个人在摇晃。他用手一指，王俊喜的一些手下立即狼一样地扑去，呼啦啦一声脱去了他们的衣服，把男人往女人的身上抬去。男人女人都不停地挣扎着，喊叫着。

“他们的没用，你们的上。”日本宪兵头目说道。

日本人一棍子敲打在男人的生殖器上，男人一声声惨叫，昏死过去。王俊喜的手下脱光衣服，在女人身上拼命地折腾起来。完事后，女人像棉花一样瘫倒在地。狼狗凶猛地扑了过去，眨眼的工夫，将女人撕得四分五裂。

王俊喜震惊了，他痛恨手下的兄弟，更痛恨日本人。他是趁日本宪兵睡觉的机会跑回来的。

“你跟着日本人干下去，真是罪孽！”王俊财心里一阵阵发抖，手指着王俊喜，说道。

赵璇滢一样感到非常震惊。她说道：“即使真的有人盗割电线，也不可能承认。日本人既然标榜要对民众亲善，你应该以这个为借口，立刻回去华商跑马场，鼓动民众向日本人提出无言的抗议，然后把这件事告诉给社会各界。只要社会各界一致响应，可以迫使日本人放回民众。”

王俊喜赶紧出去了，迅速把消息告诉给隐藏在德明饭店的各路人马，然后让自己的亲信来到华商跑马场，暗中鼓动民众反抗。

第二天，日本宪兵跟狼狗一道，又出现在华商跑马场。这时候，已经有很多人倒在了地上。

“八格，中国人就是孬种，连晒太阳都受不了！”

很快，难民区的民众行动起来了。没有一个人肯去日本人开设的工厂做事，日本人开设的工厂和商店全部冷冷清清。

华商跑马场里，被抓的那些人经过了又一天的暴晒，更多的民众倒了地。前一天死去的女人尸体已经发臭，蛆虫不断在尸体上蠕动。没有一个人哀求，每个人的眼睛里都流露出了仇恨的光。日本宪兵头目一时恼火，喝令宪兵放出跟他们一块到来的狼狗，试图冲进民众的队形。

王俊喜说道："太君，中国人已经为这个事情闹腾开了，如果继续让这些人晒太阳，中国人一定会造反的。你们可以把中国人全部杀死，可是，大日本皇军还要跟中国军队作战，需要这些中国人为大日本皇军运输粮草啊。这些中国人都是大大的良民，我敢保证，一定不是他们盗割电线，你如果不放了他们，对大日本皇军今后的行动恐怕更为不利。"

日本宪兵头目觉得有理，可是，悄无声息地把中国人放掉，似乎有损大日本皇军的威严，也对不住跟他们一块来到现场的狼狗。

眼睛一转，他命令王俊喜找所有的商户具保，证明这些人全都是良民。

王俊喜领了日本人的旨意，赶紧回到淮盐公所，把所有的商家集中起来，列出了具保的单子，人人签名按了手印，组成一支队伍，一块来到了华商跑马场，恭恭敬敬地把保书交给了日本宪兵头目。

被日本人释放后，陆续有好几个体弱的人死掉了，更多的人受到惊吓。

民众心中已经蕴藏了一团怒火，哪怕掉落一粒火星，都会把它点燃，爆发出无限的能量。赵璇滢暗中分别跟赵雪莲以及奉自己之命留下来的地下工作人员取得了联系，命令他们积极开展工作，并大力从难民中发展武装。

此行，她还是没有见到儿子，不过，她见到了另外一个亲人，弟弟赵承博。

赵承博越来越精明，越来越稳重。在余瑞华身边隐藏下来以后，只要一出手，他与他的人马一定可以对日本人施以无情的打击。王晓燕拉拢过赵承博，可是，赵承博一直惦念姐姐，希望跟着姐姐走。

在王俊喜的陪同下，赵璇滢去武昌见了余瑞华和赵承博。他们一样没有认出她来。赵璇滢单独给予赵承博的一番教诲，让他恍然大悟，原来这个人是日思夜想的姐姐。他很想投入姐姐怀抱大哭一通，最后还是忍住了。当姐姐希望他带着一票人马在适当时候拉到大幕山一带发展抗日武装的时候，他一口答应下来。他早已意识到，这就是他要走的路。

第二十五章 王俊财出逃

日本人偷袭珍珠港之后，彻底撕破了原来的伪装，再也没有任何顾忌，随时可以进入法租界，大肆搜捕他们怀疑的对象。

两个弟弟都不可能听从他的劝告，王俊财决定接受赵璇滢的劝告，准备一过完农历新年，便逃离武汉，躲去乡下。为此，他把王俊喜找回来，兄弟两人商讨了很久，定下了出走的具体计划。然而，他们还没有来得及行动，日本宪兵司令已经准备好了一通说辞，迫不及待地来到王府。

此獠是在王俊喜和王俊林的陪伴下进入王府的。

日本宪兵司令说道："王先生，大日本皇军绝不会遗忘任何一个商业奇才。为了大东亚共荣圈的共同繁荣，希望王先生能够接受大日本帝国的邀请，正式出山，全面管理武汉的商业事务。"

王俊财的心已经飞离武汉，如今犹如兜头被日本人打了一记闷棍，禁不住眼冒金花，很有点反应不过来。他下意识地瞥了王俊喜一眼，怨恨他为什么没有早点察觉日本人的企图。

他婉言拒绝道："我已经老了，力不从心，不堪领受你们的盛情，让我待在家里好好安度晚年吧。"

日本宪兵司令说道："王先生，你正当盛年，是干事业的时候。大日本皇军可以为你提供资金，为你收拢人脉，为你解决一切问题，只需要你出马，全面管理所有的商业，这是何等的光荣啊！希望王先生不要拒绝。你的两位弟弟，一位是维持会长，一位是警备司令，都与大日本皇军合作得非常愉快。你的加盟，将会更加增大大日本皇军对你的信任。"

然而，不论日本宪兵司令怎么说，王俊财仍然一个劲地推脱。

哥哥准备离开武汉，王俊喜心里非常高兴。他以为，从此以后，可以放开手脚，毫无顾忌地干自己要干的事情。因而，他竭尽全力，帮哥哥寻找了一条安全的路线。谁知日本宪兵司令竟然在毫无征兆的情况下，把他和王俊林找过去，抢在哥哥动身之前，再度邀请哥哥出面管理武汉商业。

乍一听到这个消息，王俊喜一样很蒙，一样很有点反应不过来，期期艾艾地说道："我哥哥多年不经商，已经不中用了，司令官阁下何必要他出来。"

王俊林不知道堂兄要走，但是，他很清楚，堂兄不会跟日本人好好合作的，万一惹怒了日本人，堂兄即使有九颗脑袋，也不够日本人砍的，一样劝阻道："司令官阁下，武汉是商业奇才汇聚之地，那位熊先生，比王俊财更合适担负进一步振兴武汉商业之责，何必一定要王俊财出面呢？”

“不，王俊财先生的优势无人能比！”日本宪兵司令坚决地说道。

日本宪兵司令已经打定了主意，王俊林和王俊喜不能不陪着他走一趟。果不其然，说不上几句话，场面便僵住了。王俊喜赶紧劝说哥哥，快接受日本人的提议吧。你要离开武汉，得先答应下来，稳住日本人，再找机会逃跑，不是更好吗？但话不能明着说出来。王俊喜只有按照日本人的喜好，说自己跟日本人合作是多么的愉快，现在日本人已经攻击了珍珠港，整个世界都快变成日本人的了。替这么伟大的日本人干事，是多么荣幸的事情啊。那样一来，你将有机会周游世界，想干什么就干什么，想去哪里就去哪里了。

王俊林立马说道：“是啊，王会长一向说话不着边际，这次可算说对了。只有在大日本皇军的羽翼之下，我们才能出人头地。”

可是，任凭王俊林和王俊喜磨破嘴皮，王俊财依旧不理不睬。

继续僵持下去，日本人发火了，事情很麻烦。王俊林和王俊喜劝说不了王俊财，只能讨好日本宪兵司令：“我哥一时半会还没有想清楚其中的利害关系，请司令官阁下给予他一点时间，我们会好好劝说他，让他接受皇军的邀请。”

日本宪兵司令早已领教过王俊财的固执，倒也知道他不会轻易答应。如今，王俊财早已控制在他们的手里，此獠有的是时间和耐心，点了点头，说道：“王先生，大日本皇军的一直等待着你的加盟。”

说完，日本宪兵司令向王俊财毕恭毕敬地鞠了一躬，趾高气扬地离开了王府。

“哥，不要把我当傻子，我知道你想离开武汉。日本人已经把王府全部监视起来了，你走不了了！”王俊林说道。

“列祖列宗的颜面已经被你们丢尽了！我不想跟你们一起丢脸！”王俊财吼道。

“哥！不说这个，行吗？”王俊喜说道。

“哥，识时务者为俊杰，你不要继续抱有任何幻想。”王俊林说道，“当今这个世界，日本人实在太强大了，连美国人都不是他们的对手，你还委屈自己干什么呢？你不愿意当汉奸，你不当。由我和俊喜来当汉奸。你只是负责经营商业，规划整个商业的发展，这是给了你一个很好的展示自己才能的平台呀。国民政府没有给你这个机会，日本人给你了，你怎么不紧紧地抓住呢？”

“住口！你但凡还有一点中国人的良心，绝不会说出这样的话来！那仅仅只是为日本人管理商业吗？那是为日本人掠夺我们的资源，屠杀我们的民众，是为日本人进一步攻击中国输送血液，是帮助日本人把我们国家的资源全部集中起来，供给日本人使用，让他们肆意残害我们中国人！如果这样做不是汉奸，那么，还有什么是汉奸？”王俊财厉声呵斥道。

“哥，我们已经下地狱了，哪怕再下一百层地狱，又有什么可怕的呢？可是，我们谁都没有你的威望，不可能帮助日本人把整个武汉的商业搞得红红火火。要是你能够早一点离开，也许不会有今天的事情了。问题是，你没有离开，恐怕再也离开不了了。难道我们能够眼睁睁地看着你被日本人折磨被日本人屠杀吗？”王俊喜不等哥哥的话音落地，赶紧说道。

然而，不论王俊林和王俊喜再说什么，王俊财把眼睛一闭，再也不理睬他们了，一副随时等着日本人前来割掉他的脑袋的架势。

王俊林和王俊喜不能任由王俊财的脑袋被日本人割掉，得想一个办法，看是不是能够偷偷地把王俊财送出汉口，还不能让他们自己承担任何风险。要不然，一旦日本人怀疑上他们，会面临什么样的下场，他们比谁都清楚。但想来想去，没有任何办法不让日本人怀疑是他们做下的。

“看起来，只有依靠其他的人来把他弄走了。”王俊林说道。

王俊喜脑海里倏忽一下掠过女儿王晓燕的身影。是呀，可以叫女儿过来把哥哥救出去。

可是，明知道女儿住在汉口，甚至很可能住在法租界，却宛如一根银针掉进了大海，她不主动来寻找他，王俊喜纵使手下帮众如云，也是找不到她的。

进而，王俊喜寻思道：是不是可以利用共产党呢？

他立即否定了自己：共产党更加神龙见首不见尾，他们即使站在你的面前，你也不知道他们是共产党。这个更不靠谱。

跟余瑞华和赵承博商量吗？王俊林是警备司令，他都束手无策，余瑞华和赵承博只是警备司令手下的师长团长，他们还能想出什么办法吗？

这个不行，那个也不行，难道能眼睁睁地看着哥哥被日本人砍头？不能！王俊喜还得继续思考下去。脑子里，他把准备寻找的帮手仔细过滤了好几遍，最终下定决心，无论怎么说，还是利用曾经跟军统联系的线路，派遣手下的兄弟，与军统接上头再说。

王俊林冥思苦想过后，同样决定利用军统组织把王俊财送出去。

军统的手段他见识过，真是神出鬼没，防不胜防，直到现在令他一想起来就不寒而栗。他相信，军统一定可以把王俊财安全地送出去。不过，事情到此为止，不多捞一些实际性的好处，未免太说不过去。毕竟，在日本人眼里，破获军统特务网，那份功劳，比天还大。要在以前，他不可能如此黑良心，如今，日本人确实太厉害了，天下迟早是他们日本人的，他为什么还要跟军统勾勾搭搭，让人抓住把柄呢？暗中巧妙部署，一旦发现了军统的老巢以及军统组织内部的联络方式，把他们一网打尽，从此，他在日本人面前，想不当红人都难。

还有那些共产党。别说日本人一直怀疑武汉存在着共产党地下组织，王俊林一样对此深信不疑。当年，赵璇滢曾经打入警备司令官邸，巧妙编织了一张地下交通网，还有什么地方是共产党人不能渗入的呢？赵璇滢曾经来过武汉，王俊林还跟她见过面，虽说当时没有识破她的身份，后来等她离开了，共产党人在武汉地区展开了一系列活动，甚至赵承博在日本人虐待老百姓的时候，一气之下，杀掉了那些乌龟王八蛋，把队伍拉出去，在大幕山一带打起了游击。日寇第十一军司令官和日本宪兵司令都很恼火，为此差点把余瑞华抓了起来，连王俊林也差一点成了东洋狗杂种的刀下鬼。那一刻，王俊林恍然大悟，这一切都跟赵璇滢有千丝万缕的联系。共产党人如此可怕，只要武汉还有共产党人，自己的日子一定不会好过。如果能够借此机会让共产党人也跳出来，自己再干掉一部分共产党人，在日本人面前，不是更有说话的分量吗？

如果说以前老百姓骂王俊林是汉奸，王俊林还有一些难为情的话，现在，他早已麻木，一点感觉都没有。他为什么要难为情呢？天下快要全部被日本人收入囊中，跟着日本人，他才有前途，有希望，可以光宗耀祖，区区“汉奸”两个字，他为什么会放在心上？不过，他还是不能堂堂正正接受“汉奸”这个封号，毕竟，这不是日本人给他的，而且，说到底，在根子上，他是一个中国人，并非完全没有廉耻之心。

中国军队跟日本人已经打了四年，越打丢失的地盘越多，王俊林有理由相信，只要日本人一发狠，中国军队，无论是国民党军队，还是八路军新四军，都不是他们的对手。等把堂兄安全地送走了，把隐藏在武汉的国民党以及共产党的地下人员全部清理干净了，得到了日本人的嘉许，下一步再想办法把攻击的矛头引到新四军抗日根据地。消灭了共产党的武装，在日本人面前一定更是奇功一件。

当然啰，是不是能够消灭新四军，要视日本人的攻击意图而定。一旦日本人继续攻击长沙，他二话不说，肯定首先帮助日本人攻击长沙。

一想起攻击长沙，王俊林眼帘浮现出一幕幕情景，心情随即大为不爽了。

那还是秋天的时候，日本人调来了关东军，试图一块攻下长沙。日本人本来提前下了命令，要余瑞华在武昌拉夫，结果呢，赵承博看到日本人公开打杀了几个老百姓，一下子闹了起来，率领他的人马消灭了日本人的辎重队，夺取了很多武器弹药和粮食，躲到山上去了。日本人为此大发雷霆，非得要把余瑞华与王俊林一块关起来，严加审问不可。那个场面实在太过令人害怕，王俊林永远都不愿意再想起来。日本人呢？最后当然不可能打下长沙，于是，长沙变成了日本人心里永远的痛。谁心里痛了，肯定要把它医好，日本人也想医治这个心痛。

不想他了，想远了没有用，快点去跟军统的人马联系要紧。怎么联系？军统神龙见首不见尾，你想找他，比登天还难，他想找你，哪怕你躲在天涯海角，他也会把你给揪出来。与其自己劳神费力找他们，不如让他们寻找自己。难民区肯定有军统人员。在难民区一带制造一点事端，以此为由，大肆搜捕军统人员。这样，军统人员一定会首先找上门来的。

王俊林盘算一定，马上命令一拨手下在难民区制造了几起暗杀汉奸的事件，并且留下了一些线索，矛头直指军统特务。

接二连三地发生了暗杀汉奸事件，的确让日本宪兵司令恼羞成怒。汉奸死了倒是无所谓，但还会有谁敢来投靠日本人呀，更重要的是，那样只会促使王俊财进一步坚定决心，不来当这个商业头目，那对大日本皇军将是大大的不利了。

珍珠港事件以前，美国给日本人提供了大量的美元以及日本急需的矿产资源。跟美国人一打起来，日本人绝不可能再从美国得到任何资源，只有依靠战争抢占别国的国土，掠夺别国的资源，来为日本人的战争机器输送血液。中国最繁华的地区全部处在日本人的掌握当中，原来没有很好地利用中国人管理这些资源，导致中国人跟日本人发生了严重对立。如今改弦易辙，主要是想做一个样板，让中国人来管理中国人的资源，然后源源不断地供给日本人，支持日本人的战争。王俊财这个头开不好，今后还怎么办？

日本宪兵司令赶紧派遣出大量宪兵，连同王俊林和王俊喜的人马，在武汉三镇所有的难民区展开了地毯式的搜捕，一下子搜捕了好几千可疑人物。

可疑人员全部被带到各宪兵队，按照日本教科书上的法典对他们进行艺术熏陶。在一间间令人恐怖的屋子里，各种毒辣酷刑，一一在中国人身上展示出来。为了教会王俊喜欣赏日本人天才的血腥艺术，日本宪兵头目甚至把王俊喜叫去，让他亲眼观看了行为艺术展示的全过程。

日本兵士搬了几把椅子，放在施刑室里。宪兵头目和王俊喜并肩而坐。

几个日本宪兵拿出一张驴皮似的东西，在火上慢慢地烤热了，脱光一个可疑对象的衣服，把他吊在一根铁链上，日本宪兵在驴皮上精心地刷上了一道又一道的胶一样的黏体物质。紧接着，把烤热的驴皮粘贴在那个可疑对象的全身，甚至连脸上也全部蒙住了。

“你的，快快的说，你们的组织在哪里？是谁让你们杀掉良民的有？”日本人声音里透出不常有的凶狠，完全没有一点艺术的美感，或者说，日本人艺术美感的精华全部汇聚在这里，中国人理解不了。

“太君，我确实不知道呀。我一直待在家里，什么都不知道，我是良民。”那个人似乎意识到死亡已经来临，拼命地吼叫。

王俊喜瞪大眼睛，观看着日本人的动作，心里却一直庆幸这次暗杀汉奸的行动来得太及时了，自己一直没有找到营救哥哥的机会，现在因为这件事情，一定可以让日本人推迟威逼哥哥出面管理商业的时间，说不定，用不上军统，自己可以趁着混乱把哥哥营救出去。

日本宪兵头目一挥手，两个日本宪兵从头上把那张驴皮慢慢地撕开，那个人发出了一阵凄厉的惨叫。

不一会儿，那个人的头发连同一张脸皮都被日本人活活地剥了下来，只剩下一团团的血肉模糊，在脸上和头皮上不断地颤抖。王俊喜禁不住心惊肉跳，肚子里翻江倒海，差一点要吐出来。

然而，日本人的艺术课才刚刚开始，那个人的罪还没有受完。

日本宪兵停下来了，仔细地打量着这张血肉模糊的脸，似乎确实是一件难得一见的稀世珍品。半晌，他发出了会心的微笑，继续问：“谁派你暗杀的有？”

那个人哭叫道：“真的不是我干的呀，我什么都不知道。”

“你的，谎话的不好！”日本宪兵说道。

他迅速跳到那人的一边，和另外一个日本宪兵一道，继续慢慢地扯动着驴皮。人皮紧紧地粘在驴皮身上，两个日本人一扯动，把那个人的皮肤全部撕了下来。

那人发出了一阵接一阵沉闷的惨叫，声音愈来愈微弱。

“天哪，日本人的艺术竟然如此残忍！”王俊喜连忙避过脸去。

日本宪兵头目望了他一眼，说道：“大日本帝国的艺术，对敌人绝不仁慈！王桑，你的明白，今天不审出一个结果，你的也许一样的会被他们的杀掉。”

王俊喜不能不转过面来，惊讶地看着日本宪兵继续施刑。

那个人浑身上下的皮已经被全部剥光，宛如一个肉团在不住地抖动。日本人一声狞笑，将那个人抬起来，扔进了炉火。那人不停地在火炉里面翻滚，吼叫。日本人哈哈大笑。不一会儿，那个人咽气了。

另外一个人被带上来了。是一个女人，很有些年轻，也很有一些漂亮。

“小姐，你很漂亮，很迷人。谁都舍不得动你一根手指。只可惜，你走错了路。小姐，我可以给你一个机会，如果你供出你的组织，我马上放了你。你想到哪里去，谁都不会阻拦你。”日本宪兵头目说道。

女人似乎很有些惊恐，浑身上下不住地哆嗦着。

“小姐，不要害怕，这里的刑罚不是针对你的，是针对那些一心跟皇军作对的人。你是一个漂亮的小姐，只要你说出了你们的组织，我马上放了你。”

“我不知道，我什么都不知道。”那个女人依旧浑身发抖，说道。

王俊喜想起了女儿，大兴恻隐之心，对日本宪兵头目说道：“太君，也许她真的什么都不知道。参与暗杀活动的可疑分子，不是她这个样子的。”

日本宪兵头目笑容可掬地说道：“王桑，我把这个女人交给你了。如此一件完美的艺术品，我相信，你一定不会暴殄天物。”

王俊喜在日本人的威逼下，不得不走近那个女人。他温和地说道：“小姑娘，你不要害怕。我只问你一件事，你跟那些搞暗杀的人有没有牵连？”

“我一直在家里，哪儿都没去。”那个女人颤抖着，说道。

王俊喜回过头来，打算向日本宪兵头目讲情了。

日本宪兵头目笑道：“王桑，你的根本不懂得欣赏艺术品。对待一件优美的艺术品，你应该剥掉阻碍你观赏全貌的一切东西，悉心地鉴赏她，品味她。”

“我？”王俊喜愣住了，说道。

“你的，还是不明白？”日本宪兵头目问道。

王俊喜心里一颤，转过面来，颤抖地伸出双手，把眼一闭，一把撕开了女人的上衣。女人一声恐惧的惊叫，打开了他的眼睛，坚挺的乳房像一对白色的小鹿一样在他的眼前跳跃。随即，女人双手捂住了双乳，低声哭泣着。

王俊喜心里一声叹息，不敢继续下去了。可是，日本人依旧双眼如刀，紧紧地逼迫他又撕开了女人的裤子。一个浑身赤裸的女人立刻呈现在他们的面前。

日本宪兵头目走上前去，狼一样的目光在瑟瑟发抖的女人身上扫来扫去。不一会儿，他用一只手在她的乳房上轻轻地抚摸起来了，说道：“小姐，你的只要说出来了，现在依旧可以回去。”

“我不知道。”女人哭泣着说道。

日本宪兵头目的手继续向下探摸。女人发出了一声声惨叫。

王俊喜心里腾起了一团怒火，好几次手都按着了枪。一看到四周发出贪婪凶光的日本人，他闭上眼睛慢慢地收回了手。等他再看去时，日本宪兵头目已经将女人压在一个刑罚桌上，疯狂地强奸她。其他的日本人好像疯狗一样，全都拥了上去。一个日本人的手指被那个女人狠狠地咬住了。日本人痛得哇哇大叫，本能地一拳砸在女人的脖子上，将女人砸昏了过去。

眼见得女人昏死过去，王俊喜说道：“太君，行行好，一枪把她送到地狱去吧。不要让她受到太多的痛苦。”

日本宪兵头目发出一声狞笑，命人从地上端起一盆凉水，朝着那个女人浇了下去。女人一个激灵，被浇醒了，痛苦地呻吟着。日本宪兵头目拿了一把刀，走近了那个女人，在她的脸上和乳房上轻轻地拍打了好几下，又移到了她的阴部，在那儿反复地拍打了好一会儿，突然把刀刺了进去。女人发出一声撕心裂肺的惨叫。

王俊喜差一点昏厥。

过了好一会儿，他才回过神来。行刑室里又带来了一个女人，是一个挺着大肚子的女人，一样很漂亮，但身体略有浮肿。

王俊喜决计出头救她，说道：“太君，一个怀有身孕的女人，绝不可能干出杀人越货的勾当。”

“不，怀孕的女人杀人，才最不容易引起怀疑。”日本宪兵头目说道。

那个女人受到了禽兽的摧残。每一个日本人在她身上发泄了一遍兽欲过后，一个日本人用刺刀捅进她的腹部，在四周熟练地一阵旋转，顷刻之间，一道宽阔的口子呈现在王俊喜面前。王俊喜清晰地看到，一个已经长成人形的婴儿，在母腹里面不住地跳动。日本人一刺刀下去，把那个婴儿从母体里挑了出来，在火炉上炙烤着。很快，屋子里弥漫了一股说不清的味道。

王俊喜一阵呕吐，赶紧跑了出去。

日本人是畜生！王俊喜再次强烈地意识到。他想起来了，日本人是为了逼迫哥哥出来当汉奸的，那么，日本人是为了解除哥哥对当汉奸会受到死亡威胁的恐惧了。不能让哥哥离开，还是要劝说哥哥，让他帮助日本人做事吧，跟自己一样，虽说帮着日本人做事，暗地里只要逮住机会，不是可以杀一些日本人吗？

“日本人施在中国人身上的每一种酷刑，老子一定要还到日本人身上去！”他心里怒骂不休。

懵懵懂懂地回到了法租界，王俊喜正要劝说哥哥投靠日本人，竟然看到王俊林坐在了客厅里，说是正在想办法把哥哥送出去，已经给日本人制造了一些混乱，相信不久以后可以找到机会了。

“这么说，那些事情是你做的了？”王俊喜双眼冒出了怒火，喝问道。

王俊林和王俊财情不自禁地注视着王俊喜，都很疑惑。

王俊财渴望尽快离开法租界离开汉口，绝不要给日本人做事，可是他也十分清楚，整个法租界，到处都有日本人的密探，他不可能轻易从日本人的眼皮底下混过去。为此，他一直焦虑不安。听王俊林说他已经制造了一些混乱，相信很快可以让日本人把注意力转到其他方向上去，他可以趁机浑水摸鱼，把自己送出去。王俊财正为此暗暗庆幸呢，谁知王俊喜竟然当头给了他一棒子。

好不容易想出了一条计策，而且已经把日本人搞得鸡飞狗跳，王俊林相信军统人员很快会跟自己联系了，谁承想王俊喜一回来，竟然对自己横眉冷对。王俊林心里很不痛快：你手里有那么多流氓地痞，平时看起来耀武扬威，关键时刻什么事也干不成，看着我把事情快要办好了，你妒忌了，是不是？

不过，王俊林还没有说出口，王俊财先问王俊喜道：“你到底在说什么？”

王俊喜把自己看到的情形说了一遍，仍然心绪不平，痛斥王俊林：“我还以为真的是军统、中统或者是共产党为了什么事情暗杀了那几个家伙以后，一定会有进一步行动，没想到是你做出来的！你害死了多少人？知道吗？日本人已经抓了几千人，要么把他们严刑拷打致死，要么干脆推到硝镪水坑里面去了。他们都是人命呀！”

王俊财惊呆了，仇恨、痛苦、无奈，交织在一起，在心里翻滚。

这时候，王俊林竟然松了一口气，轻松地说道：“日本人越是搞得鸡飞狗跳，我们不是越容易把哥哥送出去吗？”

王俊财冷冷地注视着王俊林，说道：“我的命不重要，日本人要我死，我死就是了，你们再也不要为我去做任何事情了，牵连到无辜的人为我而死，我百死莫赎其罪。”

说完，王俊财转身进入了自己的卧房，躺在床上，任由眼泪哗哗流淌。

可是，王俊林绝不会这么算了。是堂哥一直成全自己，照顾了整个王氏家族，堂哥比什么人都重要，别人的性命在他眼里算得上什么呢？只要能够保证堂哥的性命，死再多人他也不顾惜。

他如愿以偿地等来了军统特务，不是别人，正是他的侄女王晓燕。

伯父早已被日本人盯上了，有可能遭到日本人的谋害，王晓燕心里非常清楚。她也在暗地里展开了部署，准备把伯父转移出去。可日本人的监视非常严密，军统组织在武汉的人数毕竟有限，她想尽了办法，也无法达成目的。这时候，她想起了父亲和叔叔，一直希望能够跟他们接头，制订一个妥善的计划，把伯伯救出去，但日本人在王俊喜和王俊林身边布下了许多密探，她一直找不到机会接近他们。

现在，终于有了机会，王晓燕跟王俊林见面了。她开门见山地说道："我知道，你制造了那么多事，为的是等我们的人出来，帮你把我伯父弄出去。"

王俊林微笑着点了点头，这时候，王卓文走了进来。

王晓燕冷笑道："你们叔侄二人一直替日本人做事，还不能把我伯父弄出去，真是太有本事了！"

王卓文脸一红，羞愧地低下了头。他说道："无论你怎么说我都行，你既然来了，我们讨论一下如何营救我父亲吧。"

王晓燕说道："日本人对伯父的监视太严密了。你们杀了几个汉奸，并没有把日本人的注意力从伯父身上移开。唯一的办法是，你们要劝说伯父接受日本人的邀请，不过，要跟日本人谈一些条件，麻痹他们，一旦条件谈妥了，日本人一定会为了伯父能够跟他们合作而举行一场重大的宴会。届时，我们可以部署人马，在宴会上寻找机会，把伯父弄走。"

自己和王俊喜想到过这办法，可堂兄不答应呀。王俊林很想说话。

王晓燕不理睬王俊林，对王卓文说道："你给我当心点，如果让我查出你做下了什么坏事，一定会亲手杀了你！"

说完，王晓燕像燕子一样从他们的眼前消失了。

王晓燕也只能想出这个办法，应该可以劝说堂兄答应吧。王俊林准备马上带着王卓文，回去法租界。

谁知他们还没有走出警备司令部，日本宪兵已经等得不耐烦，找上门了。

暗杀汉奸的事情一时很难查出头绪，日本人在战场上遭到美国的强烈阻击，连在中国战场上日寇至今也没有打通平汉线与粤汉线，战场上的费用异常庞大，王俊财一天不出面，日本人一天不得安宁。日本人再也不去追查暗杀汉奸的事情了，想来想去，只有把王卓文扣留做人质，去威逼王俊财就范了。

一群日本宪兵奔向警备司令部，将王卓文绳捆索绑，说道："经过调查，杀害皇军亲密朋友的事情，是你在暗中指使的，你是共党分子。"

王俊林差一点吓蒙了头：日本人怎么会查到王卓文头上去了？

听完日本人后面的话，王俊林一颗悬着的心落地了：日本人是在故弄玄虚，要以此逼迫王俊财就范。他连忙说道："王卓文绝不可能是共产党，也绝不可能指使他人暗杀皇军的亲密朋友。因为他们不仅是皇军的亲密朋友，也是我们的亲密伙伴，谁都不会杀害自己人的。”

“我们的，已经查清楚了，你的不要狡辩，还是好好劝说你的堂兄跟皇军的合作。要不然，他的，一定会死啦死啦的有。”日本人说道，架起王卓文就走。

王俊林赶紧阻拦，赔着笑脸，说道：“我已经找到了说服堂兄的办法。只要你们放过他，我一定可以劝说堂兄跟你们合作。”

日本人果然很有兴致，不走了，倾听王俊林说出让王俊财跟他们合作的办法。

王俊林其实什么办法都没有想好，临时抱佛脚，接连说出了几个办法，都不能让日本人满意。

日本宪兵笑了：“你的办法的都不灵。只要你的告诉王先生，他的儿子已经落到了我们的手里，他要是跟皇军合作，我们的自然会放过他的儿子；他的要是不跟皇军的合作，他的儿子将会因为指使别人暗杀皇军亲密的朋友和共产党分子的双重罪名被处决的有。”

王俊林急急忙忙回到了法租界，把日本人威胁的话原原本本地告诉了堂兄。

王俊财冷冷地说道：“自从王卓文跟你一块投靠了日本人，他再也不是我的儿子，日本人无论拿什么罪名杀掉他，都跟我没有任何关系。你也一样，你被日本人杀掉了，跟我一样没有关系。这是你们应得的报应！”

“哥！”王俊林大叫道，“我是为了我们王氏家族。你难道一定要看到整个王氏家族的人都像你一样被日本人软禁，随时都可能被日本人杀掉才甘心吗？即使不是为了救你儿子，为了救你自己，你也答应跟日本人合作，好不好？只是要你答应跟日本人合作，别的事情我来做，我一定会把你送出汉口！”

王俊财一言不发，紧闭着双眼，似乎陷入了熟睡。王俊林只好悻悻地走了。

这时候，一直不作声的王俊喜说话了：“哥，你答应替日本人做事吧。不是要你真的为日本人做事，只是为了迷惑日本人，我们好把你救出去嘛。”

王俊财依旧不理不睬，他对两个弟弟已经彻底失望了。他已经想了很多，也想得很清楚，只要日本人再次进入这间屋子，他立刻自刎。这样，他便彻底解脱了，再也不会有任何人为了他而枉送性命。

耳边仍然响着王俊喜的声音：“哥，王俊林想救你，我也想救你。他为了救你，可以让其他的人死，我不一样，我不希望任何人死。只要你答应替日本人做事，日本人一定会为你举行一场盛大宴会。我可以在路上派人把你救走，送到一个谁都不知道的地方。我的人马，你绝对放心，没有一个人会出卖你，更没有人会出卖我。”

王俊财心里激起了阵阵波澜。自从日本人再度逼迫他出来做事的那一刻，他已经做出了宁死不当汉奸的决定，无非是在等待最后时刻的到来。如今，弟弟的话不能不让他开始考虑自己应该如何去死。既然总是要死的，是在日本人进入王府的时候死，还是死在大庭广众之下，让所有的人都知道，王家还有一条绝不当汉奸的汉子？默默无闻地死去，引不起多大的效果，不如轰轰烈烈地死去，那样也算对得起列祖列宗了！而要轰轰烈烈地死，无疑应该先答应日本人的条件，解除日本人的戒备，然后死在他们面前，给他们一记响亮的耳光。不过，他现在不能立刻答应王俊喜的要求，得让他继续软磨硬泡。

他打定了主意，继续毫不松口，一晃又是几个月过去了。日本人越来越焦虑，软的不行，开始霸王硬上弓，把王卓文押到了王俊财面前。

王卓文被日本人关了几个月，已经显得形销骨立了。

看着儿子，王俊财长叹一声，对日本人说道："你们无非是要我出面管理商业嘛。我替你们做事就是了。不过，我有一个条件：除了商务，我决不会为你们做其他任何事情。"

日本人并不指望王俊财能为他们做其他任何事情，既然王俊财答应了出面管理商务，日本人大喜过望，果然决定在德明饭店摆设筵席，邀请各路人物前来参加，以示王俊财已经归顺他们。

王俊林和王俊喜立即暗地里部署人马，实施各自的计划。

日本人摆设筵席的日子到了。天刚蒙蒙亮，王俊财就起床了，漱了口，洗完脸，开始忙碌。王俊林、王俊喜、王卓文早早地来到他的面前。

王俊财摆好了香案，将列祖列宗的神位全部请出来，亲自点燃了几缕燃香，烧了几道黄表纸，然后点燃了鞭炮，跪在香案前，向列祖列宗一一地跪拜过去。王俊林、王俊喜、王卓文见状，跟着也想参拜列祖列宗的神位，被王俊财硬生生地拦住了他们。

他说道："列祖列宗，不孝子孙王俊财无德无能，再也不能伺候你们了！"

眼眶里噙满了泪水，一起身，他把列祖列宗的神位一个接一个地取出来，放进仍然在熊熊燃烧的黄表纸里。顷刻之间，列祖列宗的神位着了火，慢慢化为灰烬。王俊林、王俊喜、王卓文面面相觑，作声不得。

王卓文心里涌起了无限的哀凉，很想拥抱父亲，说一声："父亲，我不是汉奸，是余世伯命令我在王俊林身边潜伏下来，搜集日伪军情报的！"临了，他一个字都说不出来，任凭泪水在眼眶里打转转。

王俊林和王俊喜谁都不看谁一眼，各自低头打着自己的算盘。灰烬渐渐冷下来的时候，几个日本人进来了。

日本人问道："王先生，准备好了吗？"

“好了，可以上路了。”王俊财面带微笑，在日本人、王俊林、王俊喜、王卓文等人的陪同下，走出了屋子。

沿着街道两边，密集地站了两列日本宪兵，一眼望去，看不见其他人。王俊财在日本人的拱卫下，大步流星地走向德明饭店。王俊林、王俊喜、王卓文跟在他们的后面，眼睛时而会向四周瞟一下。

突然，从一间屋顶上打过来了几粒子弹，子弹嗖嗖呼啸着，径直地钻进了那几个日本人的心窝。紧接着，密集的手榴弹像冰雹一样落到了日寇身边，日寇反应很快，赶紧各依地形，朝屋顶开枪还击。

一个接一个手榴弹、发烟弹从屋顶以及其他各个角落扔了过来，一声声爆炸过后，飘起缕缕硝烟，很快形成了滚滚浓烟，遮天蔽日，四周陷入了一片漆黑。惊叫声、大骂声，以及惨叫声，响成一片。

趁此机会，余明亮率领他的人马从黑幕中冲了过来。王俊喜赶紧把哥哥交给他，自己抽出了枪支，向屋顶冲去。

看到有一拨人朝着相反的方向跑去了，王俊林赶紧寻找堂哥，赫然发现堂哥已经不见了踪影。他心知堂兄一定已经被人救走了，吆喝人马，朝屋顶攻过去。

“八格！统统去追，要追到王先生。”一个日本指挥官大声叫道。

王俊林连忙调来自己的人马，把这一带紧紧地包围起来。日本人继续向屋顶展开攻击，可是，很快，屋顶上什么声音都没有了。

屋顶上的人主要是为了制造混乱，掩护王俊财撤离。王俊林十分清楚，王晓燕一定不会出现在这里，而在救走王俊财的那伙人当中，这里是军统另外的人马。王俊林一定要洗脱掉自己的嫌疑，赶紧命令人马，把所有的路口都封死了，展开地毯式搜捕。看到有人持枪，不由分说，立刻开枪把他打死。

王俊喜明白了王俊林的用意，心里骂道：军统帮助了你，你不放掉人家，反而要置人家于死地，真是十足的汉奸！

此时，王俊喜看起来很忙，却只有他气定神闲。原来，他早已暗地里安排余明亮在附近挖了一个地洞，趁着混乱的时候，把王俊财转移到地洞里面去了。一旦日本人放松了警惕，再把他转移出去。

仰首看到余明亮率领人马撤走了，为了解除日本人的怀疑，王俊喜赶紧带领汉帮帮众展开追击。然而，那伙人转眼之间消失得无影无踪。

第二十六章　徐家棚机场

王俊林率领人马随同日寇又向长沙发起了一次攻击，结果并不像他预料的一样令旗一挥马到功成，而是遭到了国民党军的强烈抵抗，他手下那点伪军一倒一大片，狂妄自大的日本人也碰得头破血流，上万日寇好像被赶往屠宰场的野兽，只要一进入战场，别想活着出来。他心里一阵阵发抖，不停地暗问自己：日本人是不是已经到了强弩之末？

如果说他在武汉会战后期投靠日本人并非完全出自本意，那么，自从日本人发起太平洋战争以来，王俊林真正认识到日本的强大无比，从此决定不计毁誉，心甘情愿充当日本人的马前卒。因而，利用帮助王俊财出逃的机会，他不惜出卖了跟他有联系的军统组织。如果日本人真的能够征服世界，他当然不会害怕军统特务，但现在，日本人出动了那么多人马，连一个长沙都打不下来，你能指望它真的征服中国、征服世界？完全是白日做梦！

“一生谨慎，没想到，到头来还是没有看清形势，铸成大错！”王俊林懊悔不已，回到警备司令部以后，把自己关在办公室里，苦苦思索如何补救。

想办法跟重庆再度联系，一心一意归顺重庆，从此绝不再生二心？可是，跟他沟通联系的军统特务，现在基本上死光了，即使有人幸存下来了，也一定会把他视为最大的敌人，谁肯帮他跟重庆沟通联系？

想到这一点，他立马感到，现在最大的麻烦恐怕不是如何跟重庆取得联系，而是如何避免军统特务找到他，向他寻仇。军统手眼通天，组织机构异常庞杂，谁都不知道他们在武汉三镇到底设了多少组织，有多少人员。他只知道，每一次行动，军统人员都要经过严密推算，以求把失误减低到最小。这一次，他们栽了一个大跟头，一定会认定是王俊林出卖了他们。这样一来，一旦军统组织还有漏网之鱼，或者说王晓燕把所有的账都算在他头上，那么，等待他王俊林的就不是该不该死，而是如何一个死法。一想到这个结果，王俊林很有些不寒而栗。

“老天，我该怎么逃过这一劫啊！”他仰望天花板，叹息不已。

一场战争，令王俊林遇到了很大的麻烦，日本人遇到的麻烦同样不小。不过，日本人是天生的艺术家，坚定的实践者，很容易解决他们遇到的麻烦。败退回武汉以后，因为在南边不能打通粤汉铁路，在北边打通不了平汉铁路，为了加强粤汉铁路与平汉铁路之间的联系，日本人决定从空中沟通华南日寇与华中日寇之间的联系，这需要修建大量的机场。武汉方面，选址徐家棚。

徐家棚一带到处都是房屋，居住着数千老百姓，附近还有许多良田。要在这里修建机场，必须把老百姓赶走，把房屋推倒，把良田毁掉。除此之外，还需要动用大量的人力物力。人力好办，可以把徐家棚失去民房的青壮年全部驱赶过来修建机场，再不够，可以到各地的难民区去要人，反正中国不缺人。修建机场的物资资源，仅仅依靠被拆毁的房屋，是远远不够的，必须在整个武汉三镇大量拆毁民房。这个任务无疑又落到了王俊林头上。

已经没有任何办法解决自己遇到的麻烦，王俊林的当务之急是先保住性命再说。他不能不把他的命运跟日本人的命运捆绑在一起，驶入谁都无法预料的灾难。一接到命令，他立即把各位师长团长召集起来，开会布置任务。

徐家棚位于武昌，是余瑞华的辖区，因而，王俊林把驱赶民众并且拆毁民房的任务交给了余瑞华。其他各部则在汉口、汉阳划分相应的片域，拆毁指定地域里的所有房屋，把那些被拆掉的木料、石块、砖头以及其他能够用于修建机场的物资全部运往徐家棚。

散会以后，王俊林把余瑞华留下来，说道："我知道你不想这样做。但是，日本人太过强大，连美国人都不是他们的对手，我们没有理由不听日本人的。"

余瑞华说道："我实在不愿意做畜生。"

王俊林脸色一红，说道："活在乱世，最好不要把自己当成人。你如果愿意老老实实地当一个畜生，也许什么忧虑都没有了。"

余瑞华不可能没有忧虑。他又不是日本人，怎么可能心甘情愿地当畜生呢？执行这项任务，将会造成多少无辜百姓死亡？又会有多少人因此受到伤害？他实在不敢想象。

他很希望王卓文能够帮自己说两句，把这项任务交给别人。可是，看到王卓文一张完全没有表情的脸，他绝望了，心里说道：如果王家还有一条汉子，那就是王俊财，其他的人全部跟日本人一样，是狼心狗肺的畜生！他有点责怪自己当年不该听王卓文的劝说，投降了日本人。

既然无法推托，到底应该怎么做，才能让那些苦难的民众不会受到更多的伤害呢？自己又能给他们提供一些什么呢？他翻来覆去地思考这些问题，然而，手头没有任何可以提供给老百姓的东西，不禁有些伤神。

"看你的样子，一定是在大伤脑筋了！"王俊喜突然出现在他的面前，说道。

余瑞华看着他，露出一抹苦笑。

王俊喜一把抓住了他，说道："人活在这个世界上，一定不要有良心，有良心的人谁都活得不自在。放下心思，走，跟我一块放松去。"

一面说，王俊喜一面拉着余瑞华朝他开设的一家酒店走去。

进入一个雅致的单间，王俊喜吩咐自己的随从在外面看守着，不许任何人接近，并让他们好好地招待余瑞华的随从人员。

一个标致的女人款款柔情地走了过来，手里托了一个托盘，里面是一道热气腾腾的菜肴。顷刻之间，一股幽香弥漫了整个雅间。余瑞华心里一阵荡漾，情不自禁地仰起头，看着那个女人。

“怎么样？只要你喜欢，这里的每一个女人都是你的。”王俊喜说道。

余瑞华连忙摆了一下手。

王俊喜哈哈大笑，一把抓起女人的手，放在余瑞华的手里，说道：“你太紧张了，需要放松。怎么样？就是嘛，千万不要拒绝女人。”

余瑞华还是抽回了自己的手，他的心情依旧很沉闷。

等酒菜全部上齐，王俊喜挥了一下手，女人退出去了。

王俊喜一面往余瑞华的酒杯里倒酒，一面说道：“小老弟，人常说，宰相肚里能撑船，将军额头能跑马。什么事都写在额头上，怎么跑马呀？你看这个世道，日本人在攻打武汉的时候，隔三岔五飞过来丢炸弹，炸死了多少人？炸伤了多少人？炸掉了多少房屋？人家要的是天下，可不管老百姓是生是死。现在美国人也出动飞机，跑到武汉三镇来丢炸弹。说是轰炸日寇的据点和军事设施，汉正街是日本人的军事设施吗？陆家街是日本人的军事设施吗？不是，都是日本人划分的难民区，住的都是中国人！他们一样遭到了轰炸，死的死，伤的伤，逃的逃。那个惨状，你难道没有见过吗？”

天空中突然响起了凄厉的防空警报声。

王俊喜朝天空瞥了一眼，轻蔑地说道：“真见鬼了！好像飞机都归老子管辖，老子一说，它们立马跑来轰炸了！你听，这警报是为了让中国人去避难的吗？不是，中国人哪儿都去不了，到处受到日本人的阻拦。那是为了给日本人报信。正正经经的中国人等着挨炸，日本人却可以躲藏。”

这时候，外面传来了纷纷扰扰的声音。

余瑞华和王俊喜相互丢了一个眼色，一齐站起身，走到窗口，朝外面望去，只见许多难民慌慌张张地从屋子里面跑出来了，不一会儿挤满了整条整条的街道，一块朝出入口拥去。日本宪兵手里端着枪，不准难民出去。有一个难民作势想冲出去，日本人刺刀一闪，那人怆然倒地。后面的人再也不敢继续前进了，依旧一个劲地吵吵嚷嚷。日本人朝着天空放了几枪。

“他们只不过是想活下去！你们这些畜生！”余瑞华和王俊喜同时骂道。

担心日本人会进一步屠杀这些难民，余瑞华和王俊喜赶紧跑了出去，极力劝说民众分散开来，就地躲避。但民众依旧情绪激动，谁都不听，到处乱哄哄的。日本人杀气腾腾，端起枪准备开火了。

刹那间，天空中出现了几架飞机。飞机俯冲下来，从肚皮里吐出一串炸弹。难民惊恐万分，一时间鸡飞狗跳，不辨方向，朝四处胡乱地逃窜，很多人冲到了日本人的哨楼。一颗炸弹把哨楼掀上了天，日本宪兵全部回了东瀛。难民们一阵错愕，愣在原地，再也不敢胡乱奔跑了。

余瑞华和王俊喜赶紧吆喝，指挥难民就地卧倒。

更多炸弹像羊子拉屎一样不住向下掉落，许多房冒起了火焰，哗啦啦的倒塌声。一片烟尘在天空堆积，人们发出了痛苦的惨叫。

不多久，天空中又出现了一拨飞机。飞机跟飞机展开了战斗，一道接一道子弹打出的火光，在天空中闪耀着别致的光彩。

不知过了多久，飞机全部飞走了。放眼一望，到处云山雾罩，隐约可见死伤无数的人群，在燃烧着的房子边缘呻吟。

"救火呀！救人呀！"余瑞华大声吆喝道。

王俊喜也吆喝起来。汉帮帮众立刻把民众分隔开来，指挥他们从江里挑来了水，朝火头上泼去，把一些受伤的人抬到平地上救治。但没有医药，受伤的难民发出了痛苦的惨叫。

很快，又来了一队日本宪兵，把被轰炸的哨楼重新树立起来了，警惕地注视着忙乱的民众。

余瑞华赶紧跑向警备司令部，要求王俊林出动人马，救助那些遭难的民众。

可是，王俊林不管不顾，劈头一阵怒吼："你已经耽搁一天了，只剩下两天时间。两天之内，徐家棚一带的老百姓必须全部撤离，房屋必须全部拆毁！"

不可能指望王俊林，更不可能指望日本人。余瑞华只有默然地离开警备司令部，准备回去武昌。现在，他真的需要好好想一想，自己到底是不是要集中兵力，跟日本军队彻底决裂。

他稀里糊涂地想着心事，稀里糊涂地朝前走，突然撞在一个人身上。他回过神来，抬眼一看，竟然是王俊喜。

王俊喜推心置腹地说道："老弟，没有任何人能够给老百姓带来福音，这就是他们的宿命，谁也没有办法更改。已经容不得你做人了，老弟，不管多么委屈，你还是当一回畜生吧。"

余瑞华木然地看着他，依稀他说的那些话被风吹走了，没有一点反应。

王俊喜继续说道："好吧，老弟，你是好人，我替你下地狱。不就是把徐家棚那几千个人赶走，把他们的房屋拆毁吗？我替你做！"

说完，王俊喜马上对自己的手下交代了几句。立刻，两条大汉闪电般消失。

"老弟，这一下，你不用再纠结了。明天早晨，我跟你一块去徐家棚，你只需带着你的队伍在周围看着，保管他们一天之内全部走光！"王俊喜说道。

余瑞华依旧一副心事重重的样子。他似乎没有听见王俊喜说的话，也不回答，闷头闷脑地迈步向前走去。王俊喜苦笑一声，索性跟着余瑞华一道搭乘了渡船，过了长江，去了武昌。

已经华灯初上，日侨区一片灯火通明，余瑞华的军营里也闪烁出了光亮。余瑞华闷着头，一言不发，准备直接回去军营，王俊喜一把拉着他，转头走向了日本人开设的酒店，几个日本女人袅娜多姿地出现在余瑞华面前。

王俊喜对着余瑞华的耳朵，说道："老弟，把你的恨发在日本娘们身上，让我看一看，你到底对日本人有多恨！"

"她们是女人！"余瑞华说道。

"日本人可从来没有把中国女人当成人，你怂了吗？"王俊喜大声说道。

余瑞华眼帘立马闪现出了东洋狗杂种到处强奸中国女人的情景。他血管贲张，下面的东西一下子翘起来了。一进入雅间，不由分说，他把一个日本女人抱起来，猛地往桌子上按去，猛力地撕扯着她的衣服。日本女人发出一声声叫唤，跟着就是一声声浪笑。余瑞华一愣，那东西一下子软了下去。

王俊喜在一个日本女人身上得到了满足，立马跑过来，对余瑞华说道："我带你来这里，其实是为了告诉你，我跟你一样痛恨日本人，可是，我不能不给日本人做事，而且什么事都可以替日本人做。我为日本人做了什么，反过来会从日本人身上得到我希望的东西。我要报复，还要杀日本人。我自己都不清楚我已经杀死了多少日本人！这就是策略，只有这样才能生存下去。跟日本人对着干，你不仅会过得很不愉快，而且还会掉脑袋。为什么不换一种方式，像我一样呢？表面上巴结日本人，暗地里下手报复。日本人剥掉了我们中国人的皮肤，我一样剥过日本人的皮肤；日本人轮奸中国女人，我一样会让我的兄弟轮奸日本女人！知道那些针对日本人的无头案子是谁干的吗？都是我王某人干的。只要日本人在我们中国人做出了任何事情，我必须当天从日本人身上讨回来！我就是这么一个快意恩仇的人，不马上报复，我睡不着觉，吃不下饭。我不像王俊林，为了获得日本人的欢心，把军统人员全部害死了。人人都可以骂我是汉奸，骂我是狗，不错，我是汉奸，我是狗，可是，我是暗杀日本人的汉奸、暗杀日本人的狗。明天，我拆毁了徐家棚的房屋，赶走了那儿的老百姓，后天，或者再过几天，一定会有很多日本人被我赶走，被我杀死！”

余瑞华一个激灵，瞪大眼睛，惊讶地看着王俊喜。

王俊喜打住话头，轻轻地拍着余瑞华的手臂，说道：“以后，不管遇到多么难办的事情，你直接来找我吧。”

第二天，太阳刚刚露出了头，王俊喜便召集起一部分汉帮帮众，冲进了整个将要拆毁的街区，闯进了每一户人家，把那里的男男女女老老少少全部吼叫起来，驱赶到了一个空地上。

余瑞华率领人马晚来了一步，抵达的时候，王俊喜和汉帮帮众已经把老百姓全部驱赶出来了。余瑞华只有命令他的兵士把整个街区全部包围起来。

一时间，四周到处都是荷枪实弹的兵士，刺刀在阳光下闪烁着寒冷的光芒。日本人和无数头狼狗编成混合队形也跑过来凑热闹了，眼睛里冒出凶光在民众的四周来回不停地巡视。民众似乎感到大祸即将临头，谁也不敢说一句话，全都瞪大惊恐的眼睛，冷冷地注视着这一切。还在母亲怀抱里吃奶的孩子，早已停止了哭叫，像是预感到了严酷的命运即将降临，连奶都不吃了，静静地躺在母亲的怀抱里，一动不动。鸡、狗、猪都在四处跑动，见了人就躲。

王俊喜站在一个凸起的地方，大声说道：“大日本皇军需要征用你们的房屋，用来修建飞机场。给予三天的时间，让你们搬迁出去。依我看来，你们都家贫如洗，用不着三天，只在今天，你们必须搬迁完毕。这是大日本皇军为了巩固和扩大大东亚共荣圈的需要，也是为了你们今后能够过上更好的生活。所以，你们今天的付出，是一件非常有意义的事情，对你们的将来，一定会带来极大的好处。当然啰，修建飞机场需要人力。每一户人家，只要有壮年劳力，都要留下来，拆毁房屋，帮助大日本皇军修建机场。等你们安顿好了，所有的青壮年必须一个不少，全部来到这里集合。不然，即使大日本皇军可以放过你们，我也不会放过你们。”

人群陷入了沉默，令人窒息的沉默。连日本人和狼狗都没有发出任何声音，那些鸡狗猪等牲畜也不敢到人群集中的地方来了。

余瑞华正站在王俊喜的身边，一言不发，看不出他有任何表情，但他内心的怒火已经达到了顶点，随时都会爆发。他不能不强烈地克制住自己，一动不动地站在那儿。

日本人向王俊喜投去了欣赏的目光，王俊喜高昂着头，目光朝人群扫来扫去，似乎在等待人群的反应。日本人做好了谁要是反抗，立即冲上前去，把他给提溜出来，当面严惩的架势。没料到，他们碰到的是死一样的沉默。

王俊喜脸上挂不住了，吼叫道："我说的话你们都听清了吗？时间不多了，听清楚了的话，立刻解散，各自回去收拾各自的家伙，离开这里。立刻！马上！"

老百姓似乎掂量清楚了应该说什么。终于，一个年纪很大的老人站出来，说话了："为了大日本皇军的利益，我们可以搬走。可是，总得给我们一个地方，让我们住下来呀？我们搬到哪里去？"

王俊喜板着脸，说道："你们自己要是想不出办法，离开飞机场一里开外，自己去找地方吧。"

"可是，眼下已经是秋天了，天气一天会比一天冷，我们总得有一个挡寒的地方吧？"老人继续说道。

"那是你们的事情，跟大日本皇军毫不相干。时间已经过去了一个小时，不要继续磨蹭了。快，立刻搬离！"王俊喜似乎耐不住性子，语气越来越严厉，目光越来越凶狠。

人群中发出了一阵阵嗡嗡的议论声，还是没有人肯动一步。

王俊喜气恼了，挥动着手臂，吼叫道："立刻行动！我给你们最后五分钟的时间，你们要是不离开，我的人马会动手拆毁房屋了。到时候，你们家里的任何东西，一件都不准搬出来！"

一个青年人壮起胆子，冲到王俊喜面前，说道："别仗着日本人的势力，在这里吓唬我们。你要我们搬迁，连一个地方都不给我们，我们搬到哪里去？不管搬到哪里，我们都是死，还不如死在这里。"

王俊喜一声冷哼，说道："想死，是吗？这个容易，我马上让你如愿以偿！"

说完，他猛地挥起了手臂，一耳光抽在那个青年人的脸上。紧接着，一些汉帮帮众凶神恶煞地冲了上来，架起那个青年人，一个个朝他身上猛打。

王俊喜喊叫道："时间已经到了，不准任何人进去，立刻拆毁房屋！"

呼啦啦一声，汉帮帮众将所有的老百姓包围起来，另外一拨人冲进了街区，爬上了屋顶，开始飞快地揭起了瓦片，不断地朝地上扔去。

老百姓顿时哭着叫着，奋力地朝自己的房屋跑去，可是，王俊喜手下的帮众已经把他们的路堵死了。余瑞华的人马也拥上前来了，牢牢地封住了他们进入各自屋子的道路。

余瑞华的心在滴血。他走近了日本宪兵头目，说道："王先生已经答应给老百姓一天的时间，时限没到，这么对他们，实在很不恰当。依我看，应该让他们回去把衣物全部带出来。要不然，他们没有吃的，没有住的，不能为大日本皇军效劳呀。”

日本人朝王俊喜望了一眼。王俊喜冷冷一笑，挥了一下手，已经爬上房屋的手下立即停止动手。他煞有介事地问老百姓道：“你们愿意立刻搬走吗？”

“愿意，我们愿意。”老百姓争先恐后地回答。

王俊喜又问：“还需要我给你们指定住的地方吗？”

“我们可以自己找地方。”老百姓一块回答。

王俊喜露出了满足的狞笑，挥了一下手，他的手下立刻让出一条道路。老百姓拼命地朝着街区奔去，吵吵嚷嚷的声音，哭叫声，东西的撞击声，甚至还有人员的相互殴打声，响成了一片。

余瑞华心碎了，恨不得捂住耳朵，不要听见这种令人窒息的声音，然而，声音一阵接一阵，猛地朝他的耳朵里面灌去。

他压根也不相信王俊喜会使出这样的招数。要不是王俊喜昨天晚上对他说过那番话，他准会把王俊喜看做十恶不赦的大汉奸，自己是王俊喜的帮凶。这就是亡国奴的下场！他真的希望这些老百姓能够反抗，但反抗竟然只是略一闪现，马上无疾而终。他感到万分悲凉。

响起一阵阵杂沓的脚步声。余瑞华收回了思维，举目看了过去。陆续有一些人扛起行李，扶老携幼，走出了家门。叹息声、孩子的哭叫声、动物的叫声，不住地在空中回荡。有的青年人肩上扛一扇门板，或者一张早已破损不堪的桌子，还有别的笨重的什物。女人和老人提了一个个破烂的包袱，孩子的肩上也扛着被子，露出了黑色的棉絮。他们拖拖拉拉，缓缓前行。余瑞华很想叹息，又无法叹息，很想帮助那些可怜的人，却帮助不了。

“八格！”一个日本人的叫声传进了余瑞华的耳朵。

他侧头看去，只见一个日本人端了刺刀，冲向一个扛着一扇门板的青年人，刺刀朝门板上一拨，那个青年人打了一个旋，门板一下子撞在日本人的头上，刺刀往后一扬，捅进了一个日本人的眼睛，被刺的日本人疯狂惨叫着。拿刺刀的日本人略一愣，回过神来，恶狠狠地准备一刺刀捅进那个青年人的胸膛。年轻人又是一旋，刺刀捅在了门板上。

“太君。”王俊喜说道，“他是无意冒犯，是我没有说清楚，除了他们的衣物以外，别的一切都不能搬走。”

然而，已经有一个日本人瞎了眼，绝不可能凭王俊喜几句话就可以压下日本人心头的怒火。几个日本人一拥而上，抓住了那个肇事的青年人，挥动着枪杆子，猛烈地在他身上抽打不休，不一会儿，他昏死过去了。

王俊喜和余瑞华赶紧命令老百姓把那些木质的家具全部留下。一阵接一阵刺耳的尖叫声令民众心里发抖，虽不情愿，只能把它们扔在地上，眼睛里发出仇恨的光芒。

那个挨打的青年人身边出现了两个小孩，还有一个女人，两个老人。他们正跪在日本人面前，苦苦地哀求着日本人不要继续抽打他们的儿子、丈夫和父亲。

日本人递给那个女人一把刺刀，哇哇地叫着，命令女人用刺刀刺进她丈夫的身体。女人不住地哭泣着，哀求着。日本人又把刺刀递给了两个老人。两个老人一样哭叫着，哀求着，不住地朝后面躲去。日本人恼怒极了，接连两刺刀下去，捅进了那两个孩子的身体，然后把孩子高高地举起来。望着孩子在刺刀尖上拼命地挣扎，拼命地哭喊，日本人发出了狰狞的笑声。

人群中传来一声声叹息，谁也不敢看这幅场景，莫不偏过头去。

那个女人发出了一声凄厉的尖叫，一头母老虎一样地冲向了日本人，一头把一个日本人撞倒在地。孩子还在奋力地挣扎和大叫。

“孩子，我的孩子！”女人顾不得去看那个日本人到底怎么样了，连忙去抢自己的孩子。

与此同时，两个老人凄厉一声大叫，一齐冲向另外一个日本人。那个日本人哈哈大笑，反手把刺刀对准两个老人，把那个哭叫着的孩子递向了老人。老人伸手去抢，日本人把孩子朝一边移开。两个老人接连扑了几次空，跌倒在地，奋力地又爬起来，继续要去抢他们的孙子。

这时候，那个奄奄一息的青年人突然爬起身，冲向那个正挑着儿子在逗引父母的日本人，从后面一把抱住了他，一口咬在他的脖子上。从日本人嘴里发出狼一样的嚎叫。

站在一边观看的日本人大吃一惊，赶紧冲了过去，几把刺刀同时刺向了青年人的身体，然后挑起仍在刺刀尖上挣扎的孩子去逗引两个老人。

余瑞华攥紧了拳头，慢慢地伸出了手，下意识地要掏出手枪。

突然，从队伍里发出了一声呐喊：“日本人都是畜生！我要杀了你们！”

一个兵士冲了过来，借着奔跑的力量，一刺刀捅进了一个日本人的胸膛，把日本人的身体刺了一个对穿。紧接着，几十个军人同时挥动着刺刀，冲向那些正在用孩子取乐的日本人，一齐把刺刀捅进了东洋狗杂种的心脏。几乎顷刻之间，十几个东洋畜生闷声不响地倒了地。其他的日本人一下反应过来，朝这些军人开了枪。军人们毫不犹豫地展开了反击。

余瑞华很想下命令让所有的兄弟都展开反击，王俊喜一把捉住了他的手。余瑞华眼眶里噙了泪水，默默地看着自己的兄弟一个接一个倒在日本人的枪口下。还有最后一个兄弟，卧倒在地，仍然不断地在向日寇开枪反击。

民众见此情景，赶紧一哄而散，到处逃命。

整个街面上，只剩下一个中国军人在跟日本人对峙。那个军人躲在一个角落里，不停地朝露出头来的日本鬼子展开射击。

日本人成散兵线，一同向那个中国军人进攻。这时候，看到王俊喜、余瑞华和他们的人马都站在一边看热闹，东洋狗杂种火冒三丈，准备吼叫他们赶快过来帮忙。王俊喜见状，赶在日本人吼叫之前，命令自己的帮众，去把那些逃跑的青壮年人抓回来。余瑞华的人马不需要命令，也追赶逃跑的青壮年人去了。

王俊喜暗地里向余瑞华使了一个眼色，要余瑞华劝说那个仍然在抵抗的兵士投降，余瑞华依旧无动于衷。王俊喜轻声说道："要是能用一个人的死亡换取日本人对你的信任，你为什么不这样做呢？"

余瑞华恍然大悟，面向仍在抵抗的角落，说道："好兄弟，你出来吧，不要继续跟大日本皇军作对了！"

枪声停息了。周围暂时是死一般的沉寂。

那边回答道："余师长，亲眼看着老百姓遭受日本人的屠戮，却无动于衷。你说，这还是人吗？"

"这是一个过程，无论多么痛苦，都会慢慢过去，一切都会好起来的。"余瑞华说道，"好兄弟，你出来吧，不要做无谓的抵抗。我可以向皇军求情，他们不会对你怎么样的。"

"兄弟，干吗为了几个老百姓跟皇军作对呢？"王俊喜大声喊叫。

经过一段时间的沉默，那边传来了窸窸窣窣的声音。一个人从角落里走出来了，扔掉了手里的枪，说道："余师长，如果你继续相信日本人，那么，我可以用我的鲜血向你证明，日本人是多么不可相信！"

日本人像一群疯狗一样扑了过去，挥起枪杆子，凶狠地朝那人身上打去，那人顽强地站立着，依旧朝余瑞华跟前走去。

余瑞华对日本人说道："阁下，我向你保证，他再也不会做任何对大日本皇军不利的事情了。"

日本人哪肯理睬他，枪杆子一阵紧似一阵，更加凶猛地奔向那人全身。

余瑞华其他的手下以及王俊喜的帮众已经把逃跑了的青壮年人全都抓过来了。他们全都围在一块。

地面上还有两个老人、一个女人、两个死去的孩子，以及浑身插满刺刀的男人。那两个老人和女人并没有死，被人群的踩昏死过去。幽幽地苏醒过来，女人抱着孩子痛苦而又绝望地哭喊着，两个老人趴在他们儿子身上不断叫喊。

日本人拿来了绳子，把那个已经放下武器的军人的手脚全部捆绑起来了，像狗一样地把他朝两棵大树跟前拉去。

军人发出了一声声轻蔑的笑，对余瑞华说道："余师长，如果我的鲜血能够让你明白日本人是不可相信的，我死而无憾！"

"胡说八道！"王俊喜瞥了余瑞华一眼，冲上前去，给了军人一个耳光，说道，"你投靠皇军，又背叛皇军，是大大的叛逆，死有余辜！"

说完，王俊喜朝余瑞华扫了一眼。

余瑞华理解他的意思，王俊喜是要他亲自把那个军人吊起来，让日本人解除对他的戒心。自己能够这样做吗？余瑞华反复地问自己。还没有最后拿定主意，王俊喜已经暗中抓住了他的手，和他一块帮助日本人把捆绑军人的绳子紧紧地拴在大树上。随即，日本人抬来一块巨大的石头，压在军人的腹部。

那个军人咬紧牙关，大喊道："日本人是不可相信的，兄弟们，你们继续跟着日本人做事，我的今天就是你们的明天！"

余瑞华心里一阵翻江倒海：真的跟王俊喜说的那样，继续留在日本人身边，暗中杀掉这些邪恶的刽子手吗？如果日本人修建起了飞机场，又该有多少人遭殃？自己应该怎么做？他暗问自己，可他根本不知道应该怎么做。脑子一直昏昏沉沉，只想喝酒，只想酩酊大醉，逃离这个由日本人制造的恐怖世界。可他逃离不了，还得继续亲眼看着东洋狗杂种在眼前施展暴行。

晚上，余瑞华一个人待在帐篷里，急促地在那块狭窄的空间里走来走去。

帐篷掀开了。王俊喜进来了，说道："我知道，你现在连我也恨上了。恨我吧，没关系，反正如今没有多少人不恨我，多你一个不多，少你一个无关大局。其实，我跟你一样，不希望东洋狗杂种把机场建成功，可是，因为汉口机场没有被我们炸掉，日本人对这儿肯定防范甚严，任何炸掉它的图谋都不可能实现。我们只能取得他们的信任，暗中把那些防守的日本畜生干掉，放跑那些老百姓。"

余瑞华眼睛一亮，忽而又黯淡下去了。他走到王俊喜跟前，问道："四周布满了日本人，我们怎么可能把他们全部干掉？"

"我没有说过干掉所有日本人。"王俊喜笑道，"你是将军，军队待久了，只会采用你们军人的做法。我是流氓，自有我的办法。不过，不是现在。你知道，日本畜生现在防范很严，不好下手。另外，这些狗杂种还没有把所有的劳工都送过来，我们现在动手，一旦他们加强了防范措施，以后根本没有任何机会。我们必须等日本人把劳工全都送过来以后，找准机会动手，不仅把他们全部放走，而且还要把日本人施给中国人身上的痛苦，全部奉还回去！"

"你到底要怎么做？"余瑞华急切地问道。

王俊喜又是一笑："虽说我已经有了计划，可是，还得你来修订。要不然，稍有不慎，不仅前功尽弃，还会暴露自己。"

"要想让所有的民众都逃出去而不受到任何损失，是不可能的。"

"你又来了，死人怕什么？自从日本人攻占了武汉，哪一天不死人？哪一天死的人不多？你别管到底会死多少人，只要机场一时半会修建不起来，我们算是对国人有一个交代。"

"说说看，你打算怎么做？"余瑞华很有些心动，冷静地说道。

王俊喜说道："这段时间，我把余明亮手下的兄弟全部派遣出去，暗地里为以后放跑所有劳工选定路线，保证他们再也不会落入日本人的魔掌。你让你的兄弟暗中监视东洋狗杂种的一举一动。"

"你觉得可以偷偷逃出去吗？"余瑞华皱起眉头，问道。

"我没那么傻！"王俊喜顿了一下，说道，"我的计划是，一旦时机成熟，我们立刻分头行动，由我手下的兄弟烧掉日本人的帐篷，你则分出一部分人马，让他们冒充新四军或者国民党的队伍，绊住日本人。我趁机打开关押劳工的闸门，让余明亮手下的兄弟把他们全部送走。至于日本人嘛，只要可以杀掉他们，谁也别客气，把他们全部杀掉；不能杀掉，也不要恋战，你的那些兄弟只要把日本狗杂种牵制住了，让劳工跑掉了，立即撤离，是去投靠国民党，还是投靠共产党，各随其便。"

这的确是一个非常大胆的计划，也值得一试。余瑞华把几个最忠心的部下叫到跟前，秘密地给他们交代一番，没事人一样继续拆毁房屋，利用那些拆掉的砖头填塞那一片片稻田。

不断地有青壮年在日本人和伪军的驱赶下，加入到劳工的阵营。修建机场的秩序，已经在王俊喜和余瑞华的有力控制下，进入了正轨。不过，日本人检查甚严，任何东西都不可能随意带进机场。

这天子夜时分，日本人的帐篷里突然起了大火。日本宪兵慌乱起来，赶紧吆喝余瑞华和王俊喜的人马帮助灭火。

余瑞华和王俊喜得到命令，赶紧命令人马向日本人的帐篷区域开进。突然，一阵密集的子弹从外围打了进来。余瑞华和王俊喜的人马见势不妙，哗啦啦一声，全部卧倒在地。

“不好了，有中国军队打过来了！”余瑞华和王俊喜一块喊叫道。

“给我顶住！消灭中国军队！”日本宪兵头目喊叫道。

日本人慌了，救火的想跑过来反击中国军队，反击中国军队的又想赶过去救火，乱成一团。余瑞华和王俊喜的人马则在日本宪兵头目的追使下，向中国军队展开了凶猛的反击。中国军队迎着弹雨，毫无畏惧地冲了过来。日本人不断地倒了地，余瑞华、王俊喜的人马也纷纷躺倒在地，哇哇地乱叫。

双方僵持了许久，突然有人前来报告：“太君，支那人的统统的跑了！”

日本宪兵头目气昏了头，再也顾不得中国军队了，愤怒地向余瑞华吼叫：“快快的去把支那人都给我们拦回来！”

余瑞华赶紧率领人马朝逃跑的劳工奔去，面前竟然出现了一道火墙，只得就地停下来，跟中国军队展开了激战。很快，有一支日本军队得到消息，从附近地域赶了过来，加入到攻击中国军队的行列。

这时候，早先跑去追赶劳工的人马已经离机场越来越远了。日本人即将撕开中国军队的阵地，还是集合劳工要紧，命令余瑞华和王俊喜火速把他们的人马全部拉出去，追赶那些劳工。紧接着，日本人着手向中国军队发动了最后的攻击。中国军队眼看抵抗不住了，开始后撤，并点燃了事先准备好的炸药，一声惊天动地的爆炸以后，把机场连同日寇炸得人仰马翻。

第二十七章　空中来客

徐家棚在建机场出事，余瑞华和王俊喜两人难脱干系，日本人怀疑他们暗中跟共产党或国民党有勾结，内应外合，做下了这件惊天大案，遂把两人分别软禁起来，进行更加严格的调查，秘密抓捕了他们的许多心腹，严刑拷打，威逼利诱，把日本人的艺术细胞全部调动起来，在他们身上展现得淋漓尽致。可是，他们最终没能挖掘到任何确凿证据，不得不把余瑞华和王俊喜放出来。

日本人把余瑞华和王俊喜放出来，还因为他们已经查出了偷袭徐家棚在建机场的中国军队来历，知道那是大幕山一带的共产党武装，需要王俊林率领部属配合一小股日寇前去扫荡。

查不出王俊喜的疑点，日本宪兵司令想到此人一直以来对搜捕共产党人、维持社会治安都很热心，而且大有功劳，遂解除了对他的怀疑。但对余瑞华，日本人仍然心存疑虑，准备趁这次扫荡的机会，继续监视他的行动，并借助共产党抗日武装除掉他，以收一箭双雕之效。

事实上，日寇占领武汉以后，共产党已经在大幕山一带发展了一支小型武装，在敌人进攻长沙的时候，常常袭击他们的交通运输线，牵制了大量日伪军。后来，赵承博奉赵璇滢之命，在余瑞华的掩护下，带领一个团的人马反出伪军阵营，进入了大幕山，人强马壮，从此更加活跃。在日寇最近一次攻打长沙的时候，曾经把一个联队的日寇拦在当面，一连数天动弹不得。

大幕山抗日武装声势宏大，余瑞祥四面围困敌人的计划初见成效，赵璇滢大喜，立即亲自来到大幕山，指导赵承博如何发动民众、扩大根据地、跟国民党军队以及日本军队进行怎样的斗争，以便把这支军队牢牢地钉在敌人的心腹地带。

这时候，余瑞华跟王俊喜已经商量好了破坏敌人修建徐家棚机场的计划。按照王俊喜最初的想法，是从余瑞华的队伍里分出一部分人马冒充新四军。可是，余瑞华认为，一旦跟新四军联合，成功的把握更大。他修订了王俊喜的计划，写了一封亲笔信，派遣一名心腹来到大幕山，交给了赵承博。

赵璇滢正好在大幕山，看到余瑞华的信，觉得机不可失，马上决定参与行动。经过周密设计，在预定的时间里，她亲自带领人马下了山，悄悄接近徐家棚在建机场，跟余瑞华和王俊喜联合起来，救出了数千名劳工。其中，很多人参加了新四军。王俊林和余瑞华率领人马，进入了大幕山新四军抗日根据地。

临行之前，日寇第十一军司令官召集王俊林反复研究，定下行动计划：余瑞华部配合随行日军，充当主力，具体负责“清剿”行动，王俊林手下其他各部把守每一条进出大幕山的道路，以此围困共产党抗日武装。

“老弟，我觉得这一次有点不对劲，你好自为之吧。”看到日本人好像押送俘虏一样，把余瑞华手下的人马赶进大幕山，王俊林不免有些伤感，说道。

“当狗嘛，只有这个下场！”余瑞华微微一笑，说道。

其实，用不着王俊林提醒，傻子都看得出来，日本人是为了查出余瑞华跟新四军有勾结的证据，或者干脆逼迫余瑞华与共产党死拼，令其两败俱伤，然后日本人出来捡便宜。余瑞华不会上日本人的当，他已经暗地里派遣人员，把消息传给了赵承博。他相信，赵承博一定不会跟他正面交锋，倒是王俊林手下其他各部，会经常遭到新四军袭击。

果然，余瑞华率部进入大幕山“搜剿”的时候，根本找不到一个人。倒是分别把守各主要路口的伪军，不断遭到新四军袭击，人马损失无数。王俊林不得不一再调整部署，加强警戒。饶是如此，还是阻止不了他的人马一片一片地倒下去。

“日本人不是要共产党跟余瑞华死磕的吗？共产党怎么反而打起我来了？”王俊林十分恼火，暗问自己。

一定是日本人疑神疑鬼。余瑞华虽说不愿意当汉奸，绝不至于跟共产党勾结！事已至此，如果不完全改变原有作战计划，本司令的人马很可能会被共产党消灭光的！到时候，日本人会像狗一样把自己踢开。王俊林连忙跟随行的日本最高指挥官——一个联队长商量，准备一同向抗日根据地内部进击。

没有发现余瑞华跟新四军联络的蛛丝马迹，他们不能继续仅凭想象，跟在余瑞华后面兜圈子，日寇联队长不得不同意了王俊林的要求。

自此，日伪军每前进一步，不是碰上铜墙铁壁，便是没有发现一个人影。

“这是共军惯用的套路！”王俊林绝望地说道。不能继续这样了，该打的仗，他可以打下去；不该打的仗，他坚决不能打。于是，他不再坚定地执行日本人的命令，任何时候，都显得迟疑不决。

出师几个月以来，没有建立尺寸之功，王俊林只有灰溜溜地率领人马回到武汉去向日寇第十一军司令官交差。

日寇第十一军司令官倒也并不指望王俊林真的能够把共产党抗日武装消灭掉，他真正的算盘是考察余瑞华并把余瑞华牢牢地滞留在战场上，并牵制住新四军，让徐家棚机场能够顺利地修建下去。因而，此獠依旧欣赏他。

在日本人发动珍珠港事变的那一阵子，日本人如此信任他，王俊林会感恩戴德。如今，日本人江河日下，他又摇摆起来了，不仅不会对日本人感恩戴德，甚至还会在心里怒骂日本人把自己当成任其驱使的羔羊。

王俊林很希望跟军统组织重新接上关系，可是，又生怕军统组织会追究他帮助日本人杀害了军统人员的旧账。

左右为难之际，他不能不想到余瑞华，对余瑞华说道："我们跟着日本人一直干到现在，如果他们真的能够占领中国，我们可以名垂青史，可是，好像不太容易，我们的处境很难堪呀。"

余瑞华说道："自从跟着你投靠了日本人以后，我已经完全失去了自我。你对我说这些又有什么用呢，你想怎么办就怎么办吧。"

扫荡大幕山回来以后，余瑞华已经跟军统恢复了联系，暗中向他们提供了很多有关日伪军的情报，不必再为投靠日本人背负任何思想包袱。他心知姐夫王俊林仍然是一个脚踏两只船的人，不可能告诉他这些情况。

王俊林长叹一声，说道："上船容易下船难。"

他这次找余瑞华来，主要是为了商量防空的事。

在王俊林的队伍里，还有几架高射机枪，几门高射炮。鉴于中美空军的轰炸越来越频繁，日寇第十一军司令官给他划分了一定的防空地域，命令他集合所有防空火力，在楼顶上交叉成一个火力网，保护这些重要机关的安全。日本人的防空火力，则全部用于保护几个重要机场。

用防空武器保护日本人的安全，余瑞华一百个不愿意。

余瑞华说道："我手里只有几门高射炮，几架高射机枪，顶不了用。"

王俊林知道他的心意，说道："你的重点防范区域是日本军事机关，你要是觉得不易指挥，可以把这些防空火器交给我，由我直接指挥好了。"

余瑞华怀着极度失望的心情回到了武昌。他非常苦恼，果真完整地把防空火器全部交给王俊林，让它们去保护日本人吗？不，绝不能。应该通知军统人员，让他们把它们全部沉入长江。但一时之间，到哪里跟军统人员联系呢？

这时候，王俊喜神使鬼差地出现在余瑞华面前。

王俊喜说道："你只管交给王俊林，剩下的事情我来帮你处理。"

其实，王俊喜来找余瑞华另有要事要谈。美军和中国军队的飞机前来武汉三镇进行轰炸的时候，有时会被日本人打下几架飞机。王俊喜曾经亲眼看到一个美军飞行员从空中落下来，日本人赶了过去，把人家抓住了，捆绑起来，一块一块地割人家身上的肉，直到全部被割完，流尽最后一滴血。不管怎么说，美军是帮助中国人打日本人的，自己总得救一救他们吧?

余瑞华沉吟片刻，说道：“你说得不错，尽管能否解救跳伞的美军飞行员，运气占很大一部分。先预做准备，把握更大。”

王俊林不断地打来电话，催促余瑞华快点把高射机枪和高射炮移交过去。余瑞华借口清点需要时间，拖延了半天，等王俊喜将一切事情安排妥当以后，他立刻指挥人马把高射机枪与高射炮装上轮船。轮船行至江心，突然沉了。

这一天，凄厉的防空警报在武汉上空回荡起来了。

难民区也遭到了中美空军的多次轰炸。每次中美空军展开空袭的时候，民众都被日本人强行关在难民区，只能在整个街面上胡乱地趴下。

王俊林率领人马修建的地下隧道工事，现在成了日本人的避难所。所有的日本侨民一听防空警报响了起来，立即收拾细软，慌里慌张地奔向了地下隧道。警备司令部的人马继续留在上面维持日侨区的治安，日本的军事人员则纷纷躲进小型防空洞。防空部队在楼顶上架起了高射机枪和高射炮，不断调整方向，试图捕捉空中目标。日本人的飞机，也飞上了天空，朝西部方向急速地飞了过去。

这时候，王俊林躲进了警备司令部的地下指挥室。这是国民党时期建立的地下指挥室。电话、电报机等家伙什一应俱全。警备司令部的整个作战指挥班子，此时一块进入地下室。

很久之后，王俊林接到了一个电话，紧张的心情一下子放松了，脸上竟然浮现出了一抹微笑。这是王卓文近段时间来没有见过的事情，他意识到，或许中美空军的飞机已经被日本人赶走了，武汉空中可保安全无虞。

果然，王俊林对他说道：“我们出去看一看吧，已经不会有危险了。”

“司令，你维系整个警备司令部的命运，千万要顾及自身安全。”王卓文提醒道。

王俊林笑了：“我是没有那个福气，看不到天空中有成百上千架飞机在不断地展开攻击了。前线指挥官向我报告了这个消息，我恨不得跑到前线去，亲眼看一看那个场景。”

他一边说，一边举步走出地下指挥室。

王俊林直接朝楼顶走去。王卓文一步不落地跟在后面。很快，两个人到了楼顶，朝西边的空域看去，一架飞机的影子也看不到。他们收回目光，朝四周一望，只见街道上异常平静，平日奔驰的汽车，早已销声匿迹。只有远处那一片难民区，有无数人影在晃动。

耳朵里捕捉到一阵飞机的轰鸣。王卓文下意识地朝声音传过来的方向望去，只见远处的天边已经出现了无数个黑点，正迅猛地朝着这边飞了过来。

他问道：“是日本人的飞机吗？”

“还能是谁的飞机？一定是日本人的飞机凯旋回营。”王俊林说道。

王俊林的话还没有说完，他们竟然听到了激烈的枪声。

是从天空中传来的！天上还在作战！难道不全是日本人的飞机，是中美军队的飞机飞过来了吗？王俊林深感纳闷，赶紧放眼看去，已经可以比较清晰地看出飞机排列的阵势：中间有大约十余架飞机，不顾一切地朝这边飞了过来。两边则各有几十架飞机，在相互射击，不断地旋转，不断地机动。

王俊林判断得出来，是中美军队的飞机突破了日军飞机的拦截，护送着十余架轰炸机前来轰炸武汉了。日机跟进拦截，却遭到分布在两翼的中美战斗机的阻拦。双方的飞机一边展开激烈的攻防，一边向武汉三镇飞了过来。

得赶快离开！飞机来得太快，王俊林还没有离开楼顶，就听见侧面传来了一声接一声巨大的爆炸，震动得他所在的位置不住地摇晃起来了。

王俊林下意识地朝侧面看去，那儿已经腾起了一片火光，一股浓烈的硝烟和尘灰挡住了他的视线。饶是如此，他还是可以判断出那是日本人的最高军事指挥机关。他吓坏了，生怕炸弹会落到自己头上，不顾一切地朝楼下跑去。果然，一颗炸弹掉了下来，他双腿一软，倒在地下，从内心发出了一声绝望的吼叫。

炸弹竟然没有响。王卓文透过一层薄薄的硝烟，看见那颗炸弹硬生生地戳在楼顶，一动不动。

是一颗哑弹。王卓文暗自高兴，连忙走了过去，试图把倒地的王俊林搀扶起来。王俊林宛如一具尸体，一动不动。他探了探王俊林的鼻息，还有气，这是被炸弹吓昏过去了。

趁这个机会，看一看周围的环境吧。在他的眼帘，日本最高军事指挥机关大楼已经不复存在，烈火仍然在熊熊燃烧。日侨区也淹没在烈火中，火苗不断地舔向了天空。难民区方向同样升腾起了一片大火。他心里一阵凄惶。

天空中已经没有了一架飞机。好几缕浓烟从江面、从难民区、从远处的山地升起来了。王卓文知道，这一定是被击落的飞机在燃烧。空中还有两个黑点，随着一阵阵风儿吹过，宛如找不到依托的幽灵，在四处游荡。

他们很可能是飞行员，在飞机被击落的刹那间跳伞逃生了。他们是中美军队的飞行员，还是日寇飞行员呢？如果是中美军队的飞行员，很快会遭到日本人的搜捕；要是日寇飞行员，一定会得到日本人的救护。

王卓文急于知道他们是谁，急于知道他们到底会落到什么地方，赶紧奔向王俊林，抱住他的身体，接连猛烈地摇动了好几下。

王俊林身子一弹，一骨碌从地上爬起来，没头苍蝇一样地到处乱跑。一面跑，一面叫：“我不能死，我要活着！即使阎王也不能要我死！”

“司令，你没有死！你还活着！”王卓文冷静地说道。

“你是谁？”王俊林问道。

“我是王卓文。”

“王卓文？”王俊林眼睛眯成一道缝，认出王卓文来了，又是一阵狂跳，“不得了啦，连你也死了，王氏家族真的绝后啦！”

“司令，你看清楚，那是一颗哑弹，我们没死！”王卓文说道。

王俊林顺着王卓文的手指看去，果然看见那颗炸弹插在楼顶上。再朝其他方向望去，到处都是一阵阵的浓烟，还有一个个人影在不住地晃动，他忽而仰天哈哈大笑：“我没死，老天爷仍然不要我死，一定是要我做出一番大事业的！”

他带着王卓文飞快地离开楼顶，往地下指挥室走去。

王俊林一走进地下指挥室，各路参谋人员纷纷向他汇报中美军队飞机轰炸的范围及其大体效果、日军跟中美军队飞机对阵以后双方的损失情况。

他不需要这些，他最需要捕捉出一些新鲜的东西。比如日本最高军事指挥机关到底怎么样了？还用说吗？日寇第十一军司令部办公大楼已经被夷为平地。但是，一个日军高级指挥官也没有被炸死，他们全部待在地下指挥室里。

最使王俊林感兴趣的是有两架中美军队飞机被日军击落了，飞行员跳伞了，预定降落地点位于汉正街难民区。他们可是宝贝，军统的人马，中统的人马，共产党的人马，甚至是王俊喜的帮众，肯定都在关注这件事情。还有日本人，同样对中美飞行员非常感兴趣。快点把所有的人都派出去，抢在他们前面，找到飞行员。

王俊林火速下达了命令：所有人员立即全部前往汉正街难民区，封锁每一条路口去搜捕那两个中美飞行员。

紧接着，他带着王卓文，乘坐一辆汽车，很快赶到了硚口汉正街出入口。

一队队日本宪兵已经冲进汉正街，正在到处搜寻那两个飞行员的下落。甚至连王俊喜也出动了，正站在岗楼那儿，似乎专门在等着自己。王俊林心里一急，赶紧率领已经赶到跟前的警备司令部人员，急匆匆朝难民区里面冲去。

王俊喜说道：“等你的人马进去了，飞行员恐怕早已被捉住了。”

王俊林生气地朝他瞥了一眼，立即命令人马闯了进去，大声吆喝着，从行进间立刻分开，朝着每一条街道奔去。

如果飞行员全是美国人的话，他们的特征很显著。而且他们是随降落伞从天而降的，只要找着了降落伞，美国人一定没得跑。王俊林命令道："你们不仅要搜寻那些高鼻子的美国人，还要找出降落伞。"

在他的心目中，难民区每年都要经受日本人和警备司令部的多次搜捕，早已风声鹤唳，谁还敢隐藏这些从天上掉下来的中美飞行员？他最忧虑的还是王俊喜。瞧王俊喜一副气定神闲的样子，莫非那两个人已经落到了他的手里？

王俊林说道："也许，我是瞎忙一场，人恐怕早已落到你手里了。"

王俊喜说道："如果是这样，我一定会高兴得几天几夜睡不着觉的。好了，我们分开行动，你帮助皇军朝这边行动，我帮助皇军朝那边行动。"

说完，王俊喜立刻指挥他的帮众朝着另外一个方向冲去。

王俊林越发觉得可疑。被王俊喜玩了多次，这一次，可不要再受王俊喜的欺骗。王俊林派一些人员跟在王俊喜身后。

日伪军以及汉帮帮众只要冲进每一个家庭，不由分说，翻箱倒柜，挖地掀床，吓得那些刚回家的难民们一阵阵发抖。墙壁上，地面上，被枪托猛烈地敲击着。行李、包袱以及所有的衣柜，都被日伪军翻遍了。一时间，难民区充斥着吆喝声、叫骂声、打砸什物的轰鸣声以及难民的哭喊声。

很快，王俊林率领的人马来到了王俊喜开设的戏院。他们如狼似虎，到处一阵乱翻，同样什么东西都没有找到。

难民区一样遭到了中美军队飞机的轰炸。一个售吸所被炸平了，从废墟里仍然冒出了一缕缕硝烟，空气中飘荡着一阵令人迷醉的烟土气息。一个指挥官吆喝着。兵士们煞有介事地在硝烟里胡乱捣鼓。几具烧焦的尸体出现在他们面前。王俊林嗅出了一个可疑的地方，指点着正在燃烧的一团东西，命令兵士们赶紧把它拖出来。兵士们不敢怠慢，用刺刀尖把压在那堆东西上的什物挑落下去，面前露出了一个伞状的东西。

"快点，把火给我扑灭，把那东西给我拖出来！"王俊林声音微微有点发抖。

兵士们把枪扔在一边，奋力地扑灭了大火，把那东西拖出来了。王俊林一声令下，兵士们把它们摊开来，虽说已经烧得不成样子了，可还是能分辨得出来，是一个伞一样的东西。

王俊林心跳加速，欣喜若狂，大声说道："是降落伞。他们一定在附近，给我搜，挖地三尺，也要把他们给我搜出来！"

这时候，王俊喜从另外一个方向奔过来了，看到王俊林正命令人马把那个降落伞收起来。他连忙跑了过去，看了看，认出了那个东西，指挥自己的帮众，如飞一般朝王俊林人马搜捕的地方奔去。

“难道你没有看见我的人马正在搜查吗？”王俊林心里老大不高兴，冷冷地说道。

王俊喜说道：“这里我比你更加熟悉。”

你更熟悉这里，就能抢别人的功劳吗？王俊林瞥了他一眼，越发不高兴了。

很快，得到消息的日本人冲了过来，一看到降落伞，也是喜出望外，但见王俊林和王俊喜两兄弟争吵起来了，厉声说道：“你们的不要争吵，都是为了皇军的干活，一块的搜查，不要跑掉了那两个飞行员的有。”

这里是一片稍微繁华的地带，也是淮盐公所所在地，不远处还有王俊喜开设的酒楼和妓院，售吸所更是比比皆是。不过，因为受到了轰炸，这里已经跑得没有一个人影了。伪军和王俊喜的帮众每冲进一个地方，就是一阵翻箱倒柜，不管见了什么东西拿起来都朝外面扔，或者在墙壁上用枪托砸几下，听出了空洞的声音，立即一阵狠砸，砸出了一个又一个的大窟窿。

王俊喜心疼了，马上阻拦：“王司令，你把我的东西砸坏了，我还怎么营业呀。”

王俊林冷酷地说道：“放过了中美军队飞行员，谁担当得起？”

王俊喜无话可说，心里早把王俊林骂了一千遍一万遍，却也不能不硬着头皮，命令自己的人马到处搜查。妓院的每一个角落，更是全部找遍了，甚至连妓女的衣柜以及所有的东西，都被搜查遍了，也没有找到一个可疑的东西，把那些妓女吓得瑟瑟发抖。如此搜寻了好半天，几乎周围的每一寸土地都被翻了一个底朝天，还是没有任何蛛丝马迹。

“扩大范围，给我仔细地搜！”日本宪兵头目狠狠地说道。

这时候，王俊林和王俊喜都紧紧地跟在日本宪兵头目的身边。

王俊林瞪了王俊喜一眼，说道：“阁下，飞行员里面肯定有美国人，很容易辨认。而且，美国人从天上刚一落下来，我们就赶过来了，他们跑不了多远，扩大搜寻范围，肯定不会有什么结果。不如把四周的难民全部集中起来，一个一个地审问，必定会有收获。”

日本宪兵头目觉得很有道理，果然命令人马把所有售吸所、妓院以及附近的难民全部驱赶出来，一个一个地严加审问。

只要有人稍微神色不对，立马被怀疑是窝藏飞行员的要犯，不需要日本人发话，警备司令部人员立马冲上前去，一把将他拎出来，用枪托狠狠地抽打。好几个人被活活地打死，还是不能获得一点线索。此时，王俊喜更加卖力了，只要有人表示出了一点不一样的情绪，他准会立即扑上前去，用尽办法，要狠狠地撬开人家的嘴巴。这一招的确见效，有人的嘴巴被撬开了，胡乱地指认一气。王俊林和王俊喜如获至宝，命令人马挖地三尺，可最终一无所获。

“如果你们交不出飞行员，我一把火把这里全部烧光。”王俊林威胁道。

王俊喜生气地瞪了他一眼，说道：“用火能烧出活人来吗？还不如暂时收兵，把周围监视起来。他们无论躲在哪儿，总要出来活动，只要查出了一点线索，还用担心不能把他们全部搜出来吗？”

日本宪兵头目权衡再三，不得不接受了王俊喜的主张。

一时半刻是不可能把那两个飞行员搜查出来的了，王俊林心里很有些不舍，瞧着王俊喜，脑子里忽然涌现出了一个奇怪的想法：所有的事情都发生在王俊喜的管辖范围内，而且王俊喜的帮众一直在这里，难不成是王俊喜把他们藏起来了？要是这样，仅仅留下王俊喜的人马监视这里，出了问题谁也不知道。

王俊林对日本宪兵头目说道：“阁下，我总觉得这里面有问题。王俊喜先生熟悉这里的每一个地方，而且他的帮众遍布难民区每一个角落，飞行员又是落在他的管辖区域，我们又找不到，这不是很奇怪吗？”

日本人当然明白王俊林的言外之意，眉头紧锁，瞪着王俊喜。

王俊喜说道：“如果你是怀疑我，可以公开指认是我把他们藏起来了。既然如此，我不管了，这里的一切都交给你吧！”

说完，王俊喜一怒之下，准备命令自己的人马全部撤离开去。

日本宪兵头目哈哈一笑，说道：“你们的，都是皇军的朋友，大日本皇军的需要你们合作。你们的一块留下来，把这里的每一个地方都监视好了。”

说完，日本宪兵头目带领他的人马一块撤离了难民区。

目送日本人的身影从视野里消失了，王俊喜对王俊林冷笑道：“我要去淮盐公所了，你跟着去吗？”

王俊林好像有一只苍蝇堵在喉头，一时间说不出话来。他当然希望紧跟着王俊喜，弄清事情的真相，可是，淮盐公所是王俊喜办公的地方，自己一个将军，总不能赖在那儿吧。他怔了一下，讪讪一笑，命令自己的人马，监视王俊喜及其手下的一切行动，带领着王卓文，回去了警备司令部。

越想越觉得不对劲，王俊林决定安排王卓文去探听王俊喜的口气。

“叔叔，这样做是不是太小儿科了？王卓文说道。

“还有比用你敲打他更好的办法吗？”王俊林问道。

这时候，王俊喜正在淮盐公所听从各路人马的汇报。仍然没有飞行员的消息，他的心里一样着急。看到王卓文进来了，王俊喜笑道：“大侄子，世界上只有像王俊林这样的笨蛋才想得到让你到我这里来探听虚实。”

“不，叔叔误会了，我不代表王俊林，我是自己来的。”王卓文说道。

“你？”王俊喜笑了笑，不作声。

王卓文说道：“我来见叔叔，是想跟叔叔说一下其中的利害关系。日本人和王俊林都对叔叔产生了怀疑，叔叔当然已经感觉出来了。如果叔叔真的救了那两个飞行员，那么，请叔叔好好想一想，你能不能一直把他们隐藏下去却不露任何破绽。为叔叔计，侄儿斗胆提出一个建议，还是把他们转移出去比较妥当。”

凝视着王卓文，王俊喜脑子接连转了几道弯，哈哈大笑道：“连你王卓文都怀疑我了，可想而知，王俊林和日本人的确不会放过我。好了，从现在起，我一直在淮盐公所等着他们，让他们看一看到底是不是我匿藏了那两个飞行员。”

他把手一挥，两个手下做出了送客的姿势。王卓文微微一笑，离开了。

王俊喜果然再也没有离开淮盐公所一步，一直待在那儿，倾听各方面的报告，处理其他一切事情。

他的确已经把那两个飞行员救了下来。当防空警报响起来的时候，他正在淮盐公所查看妓院、售吸所以及跑马场的各种账目。

类似的防空警报不知道拉响了多少次，他早已见怪不怪，不予理会。他的手下心惊肉跳，催促他赶紧离开，他没事人一样挥手让手下离开，只留下了两个最亲近的人，准备等中美军队的飞机真的飞到了汉口的上空，躲进自己在淮盐公所秘密挖掘的地道里面去。这个地道就是那两个亲信秘密挖掘的，除了他们三个人，谁都不知道。

王俊喜横下心肠，带领两个最忠实的手下，走出了淮盐公所，朝天空中望去。

中美军队的飞机已经飞临了头顶，轰轰隆隆地投掷了一批炸弹，把他惊出了一身冷汗。王俊喜再也不敢看那劳什子的飞机打架了，回身准备躲进地道。突然，他看到天空中张开了两张巨大的花花绿绿的网，下面有两个人影在晃动。他妈的，一定是哪一方的飞行员被打下来了，天空中已经没有飞机了，何不继续看看热闹？万一是日本人的飞行员，老子抓住了他们，把他们投进火里面去，烧死这两个王八蛋；如果是美国人或者中国的飞行员，救了他们，岂不是好事一件？

他一直仰望天空，降落伞朝自己这边飘落过来了。他大喜过望，赶紧率领两个手下朝降落伞奔去。一路上，到处是趴倒在地的难民。

王俊喜和两个手下抵达那儿的时候，那两个降落伞相隔上百米的距离着地了。他奔向最近的一个降落伞，只见一个人的后背上都写着十二个大字：来华助战洋人，军民一体救护。

果然是美国飞行员！王俊喜不由分说，连忙帮助那人脱掉了降落伞，准备朝淮盐公所奔去了。这时候，两个手下已经救出了另外一个人。

他们会合的时候，王俊喜一眼认出，两个手下救出的人竟然是余立。王俊喜大喜过望，抱起余立哈哈大笑。但余立冷静地说道："把降落伞毁掉，要不然，日本人很快会找过来的。"

王俊喜一惊，赶紧命令两个手下拖起降落伞，扔进了一处正在燃烧的难民房，带领余立和那个美国人飞快地进入了淮盐公所，把他们藏进了地道。

他把地道密封住了，立马召集汉帮帮众，装腔作势，四处搜捕两个飞行员。

上演完了那一曲戏剧，王俊喜心里并不轻松。他知道，所有人的眼睛都会盯着自己，自己已经成了风暴的中心，不可能把余立和那个美国人送走。

现在，他最想知道余立这几年是不是一直在空中跟日本人作战，自己的夫人还有大嫂以及余雅芳她们都过得怎样。不过，他不能鲁莽，得慢慢地等待天黑。

天黑之后，王俊喜把两个最忠实的手下留下来，把守在门口，并且在屋顶也布设了暗哨，这才打开地道，带着食物和水进去了。

余立和美军飞行员显然饿坏了，立即饿虎扑食，抓起来狼吞虎咽。王俊喜一面看他们吃饭，一面询问余立自己最想知道的事情。

"我自从接受完飞行训练以后，一直在空军服役，不仅击落了日本人的十几架飞机，而且还接受过地面轰炸任务，被军事委员会授予了特别勋章。太平洋战争爆发以后，我被抽调出来配合美国空军行动。我曾经多次来到武汉三镇对日本人的军事目标进行轰炸。那个时候，我心想，要是日本人不占领武汉，我一定不会对生我养我的城市进行轰炸。但是，没有办法，我只能说服自己，武汉不再是我们的城市，而是被日本人占领了，我们轰击的是日本人。即使如此，每一次只要到武汉来轰炸，我的心都会滴血。而且，每次我们都有可能遭遇到日本人的空中拦截，不得不把一些炸弹投到了距离日本军事区域很远的地方，甚至是难民区。"

看着余立很难过，王俊喜安慰道："你没有做错，错在那些日本人！"

余立顿了顿，继续说道："我也只能用这些话安慰自己，或者说麻痹自己。我一次又一次地来到武汉执行任务。甚至曾经设想过，我宁愿被日本人的飞机打下来，与武汉融为一体，再也不愿意轰炸这座城市了。”

王俊喜能够强烈地感受到余立心里的痛苦，很想说一些安慰的话，但是说不出来。他知道，余立已经成熟了，自己无论说什么，都没有用。

余立长长地叹息了一声，又说：“我以为这一次我可以与这座城市化为一体，再也不分开了，没想到你救了我。”

王俊喜突然听到了一种警报声，这是他跟自己忠实手下的联络信号。一定是有人打探消息来了，他赶紧出了地道，把地道口封好，躺在了床上。

手下汇报道：“有几拨人马想摸过来，被我发现了，立即溜走了。”

“他们还会有下一步动作的，如果他们想把你调离走，你立即去追赶他们，让他们进来吧。”王俊喜说道。

他的手下消失了。过了好一会儿，果然有一条人影像一道闪电一样地划了进来。王俊喜微闭着眼睛，凭着一点星光，分辨出来人正是日本人的密探。

“如果皇军不信任我，可以直接把我杀掉，没有必要干这种事情。”王俊喜冷冷地说道。

那人笑道：“王先生四周部署得如此严密，不能不让人产生怀疑啊。”

“如果我不这样做，他们早已把我杀掉了，幸而你不想杀掉我，要不然，我今天一定完蛋了。”王俊喜坐起身，说道。

日本人没有从这里得到任何东西，依旧会继续加强监视，还有王俊林的人马，同样不会放过自己，王俊喜明白这一点。他不能轻举妄动，只有暗地里命令余明亮派遣他的手下监视日本特务以及警备司令部的动向。

“你要是能想办法把我送出去就好了，我不能继续困在这里。”王俊喜再次偷偷进入地道的时候，余立说道。

“你还会轰炸武汉吗？”王俊喜问道。

余立沉默了一会儿，说道：“我是军人，这是我的宿命。”

王俊喜遭到的监视一天比一天严厉，余明亮想了很多办法，都不能把他们的注意力引开。怎么才能把余立安全送出去呢？王俊喜苦苦思索，想不到可靠的办法。

过了很久，一个深夜，王俊喜被一个轻微的响动惊醒了。眼睛一睁，他赫然看到女儿已经站在自己面前。他不会认错人，尽管那人戴着面罩，装扮成了一个男人，可是，他绝对不会认错，她就是女儿王晓燕。

他冷静地说道："你又想杀我吗？"

王晓燕冷冷地说道："凭你做的那些事，我即使杀你一千遍，你也是死有余辜。可是，我今天不想杀你，只希望得到你的一句话，你是不是真的救了那两个飞行员？"

王俊喜恍惚想起来了，女儿是喜欢余立的。要是女儿看到了余立，会是什么样的表情？他不由自主地露出了微笑。

"你果然救了他们！"王晓燕说道，"那好，只要你把他们交给我，军统今后绝不会杀你。"

王俊喜说道："交给你？你能把他们带出去？"

王晓燕一愣。这时候，从屋顶又跳下来一个人，赫然是赵雪莲。

原来，美国飞行员落到了难民区，军统、中统以及共产党方面的地下工作人员都得到了命令，要不惜一切代价营救他们。王晓燕和赵雪莲尽管处在不同的阵营，但在营救飞行员上达成了一致，两人商量过后，决定同时采取行动，集中双方的人马，把四周监视的眼睛全部吸引走了，她们才来到了王俊喜的面前。

王俊喜打开了地道。余立出现在赵雪莲和王晓燕的面前。王晓燕扑进余立的怀抱，在他的后背上猛烈地击打着。

赵雪莲冷静地看着他们，说道："现在不是煽情的时候，我们应该好好合计，怎么把他们转移走。要不然，日本人嗅出了异味，不仅他们，连舅舅也会遭殃。"

经过赵雪莲一提醒，王俊喜更加明白自己将会遇到怎样的危险。不能迟疑了。应该把余明亮找来，让余立装扮成余明亮的手下，混出淮盐公所，让赵雪莲和王晓燕接走他。美国人呢？任何化装术都不可能把美国人变成中国人，只有留在这里，慢慢想办法。

计划实施得很顺利，余立被成功地救出去了。

一直无法找到救助美国飞行员的办法。日本人及王俊林人马的监视丝毫没有放松，而且经常有人闯进淮盐公所。王俊喜无计可施，只有对美国飞行员说道："先生目标太大，我无能为力。请先生想出一个办法教我。"

美军微笑道："我听说过日本人是怎么对待美国飞行员的。我已经想到了脱困的办法，请有朝一日转告我的同胞，我没有玷污军人的荣誉。"

第二十八章　最后的疯狂

春天来临的时候，日本人发动了代号为“一号作战”的大规模进攻，在很短的时间里，一举击破了盘踞河南的汤恩伯部，将平汉线全部收入囊中。王俊林做梦都没有想到，日本人仍然拥有如此强大的攻击力，国民党中央军如此不堪一击，不由得感到格外震惊，再度相信日本人是不可战胜的。此时，他已经有所耳闻，日本人打通了平汉线以后，紧接着会掉过头来，向长沙发起攻击，以期打通粤汉线，沟通南北运输通道。他决心继续把自己绑在日本人的战车上，主动要求参加下一批军事行动。可是，日本人只是希望他维护武汉三镇的治安，为大日本皇军的攻击行动做好必要的准备。

“狗娘养的，又想老子为你们搜捕劳工！”王俊林在日寇第十一军司令官面前不敢放一个屁，回到警备司令部，马上破口大骂起来。

有什么办法呢？作为警备司令，这活一直属于王俊林分内事。不管愿意不愿意，他都得干。好在已经有了经验，他可以几天之内便把数以万计的劳工集结起来，听从调遣。现在，他得好好想一想，应该怎么在接下来的作战行动中露一手，赢得日本人的青睐，从而爬上更高的位置。都投靠日本人五六年了，仍是警备司令一个，王俊林心里总有些不舒服。

在他苦思冥想之际，王卓文轻轻地推开门，走了进来。

“司令，该去德明饭店了！”王卓文说道。

王俊林朝他瞥了一眼，不满地说道：“别一进来只说这个，我又不是饭桶！你不能说点别的吗？”

“司令有心事？”王卓文问道。

“烦着呢！我投靠日本人五六年了，没有功劳也有苦劳，至今仍在警备司令位置上徘徊不进。再不进步，一切都来不及了！”

“司令，一切都要看机缘。”王卓文劝慰道。

“日军已经打通了平汉线，兵锋所向，马上要进攻湖南。因为一连在长沙碰了三次壁，这一次，他们决定先制造从鄂西地区向常德一线进攻的假象，令长沙一线的第九战区部队失去警惕，然后集中兵力，迅速攻破长沙，紧接着攻取衡阳，与广东日军配合，打通粤汉线。你说说，我明知道日本人的意图和大体军事部署，不能想出一个妥当的办法，让自己出彩，能不心烦吗？”

“司令，日本人告诉你绝密消息，说明他们信任你。”

王俊林笑道：“日本人会亲口告诉我这些消息吗？只要掌握了日本人近期的调动情况，谁都可以猜测出这些蠢货的动向。”

“这么说，日本人一定可以打败那些国民党军队吗？”

王俊林说道：“日本人向长沙发动过三次攻击，虽遭到了失败，但也摸清了路径。这一次，他们志在必得，已经调集了五十多万人马，又能很好地隐蔽作战企图，国民党军队怎么可能抵挡得了他们的凌厉一击？只可惜，我能窥破日本人的意图，预料到国民党必败无疑，却无法建功立业，怎能吃得下饭啊！”

万一日本人真的打通了平汉线与粤汉线，从全局上说，中国的抗战形势必然更加恶化，从局部来讲，横亘在这两条铁路上的中国军队便只剩下新四军第五师，日本人岂有不尽快集中兵马，全力攻击的道理？形势如此严峻，王卓文决定冒一次险，主动跟赵雪莲接头，把这个消息告诉她。

熊先生与赵雪莲假扮夫妻，在法租界开设了一家商贸公司。深受日本人的信任。日本人原来希望王俊财全面管理武汉三镇的商业，谁承想此人竟然消失无踪，只有转而扶持熊先生。熊先生为人慷慨，跟各方面都攀上了交情，军界有王俊林帮着说话，地方有王俊喜愿意替他出头摆平任何事情，一上任，确实顺风顺水。王卓文跟熊先生没有任何往来，只是跟赵雪莲单线联系，而且在接触的过程中，两人都暗生情愫。如今，赵雪莲名义上嫁给了熊先生，王卓文无法利用跟她约会的名义接头。不过，他知道，熊先生和赵雪莲经常会在德明饭店大宴宾客，王卓文决定趁此机会去德明饭店碰碰运气。

王俊林说出了心里的苦闷，舒服多了，准备带着王卓文一道去德明饭店。

要跟赵雪莲接头，仅凭王俊林的猜测是不够的，纵使搞不到日本人的兵力部署，也必须搞到其调动情况。怎么搞到这些情报？王卓文决定先随王俊林去德明饭店，然后寻找借口返回办公室，偷偷翻看王俊林的文件。他从王俊林的风衣里取出手枪，放进了抽屉。

走出办公大楼，迎面刮来一阵微风，王俊林似乎感到有些寒冷，下意识地把风衣一抖，发现手枪不在了，立刻变了脸色，向王卓文使了一个眼色。

王卓文一愣，很快意识到了什么，赶紧回转身，跑去王俊林的办公室，拉开抽屉，找出几份文件，果然是日本人命令他暗地里征集人马去湖南、河南甚至广东帮助日军运送粮草与弹药。王卓文把所有内容牢牢地记在脑海，将文件放回原位，把手枪别在自己的腰间，取了一条围巾，急急忙忙地跑了出去。

出卖了军统组织以后，王俊林接连遭到了几次暗杀，尽管每一次都被他侥幸躲过了，他还是吓得不轻。他知道，一定是军统残余人员找到了证据，向他寻仇来了。从此以后，只要一出门，他一定要带上一把手枪，借以壮胆。

替王俊林围好围巾放好手枪，王卓文打开车门，和他一道登上车。不一会儿，车子到了法租界。一眼望去，这里繁华不再，到处都是残砖断瓦，显得很是沧桑。德明饭店虽说看起来很多地方有些破损，跟那些废墟相比，反而显得更加气派，屹立在一丛丛废墟当中，颇有些鹤立鸡群的感觉。与以往不同的是，因为汪精卫政府已经收回了法租界，这一带有很多日本人的岗哨。

下了车，王俊林在王卓文的陪同下，进入了宴会厅。里面没有多少人，偌大的宴会厅显得很空旷。因而，王卓文一眼看到了王俊喜，此刻，他正坐在一把椅子上，态度很是悠闲，似乎已经来了好一会儿。

看到了王俊林，王俊喜站起身，迎上前去，说道："这一次，日本人在北边打了胜仗，你的机会很快会来临吧？"

"如果你眼红了，可以把你的人马组织起来，一块上前线嘛。"

"我可不敢，连美国人落在我的地盘上，我都没法把他们找出来，怎么会还有其他的奢望。所以，手头有军队，到底比我这个维持会长要强得多。"

王俊喜说完，看到一个日本宪兵头目进来了，赶紧点头哈腰，走了过去，把王俊林扔在了一边。王俊林心里腾起一团怒火，不得不压下去，马上走向那个日本宪兵头目，向他问好。

日本人陆续在一些汉奸的陪同下，趾高气扬地进入了宴会厅。警备司令部属下的师长以上军官以及其他伪军头目，也先后来到了现场。伪政权的很多官僚，甚至商会的头面人物，也相继走了进来。最后来的是日寇第十一军司令官。此獠一进入宴会厅，原先颇有些热闹的气氛一下子沉寂下来了。

人人都竖起耳朵听他致辞："美国人企图把武汉夷为平地，可是，他们的企图失败了。美国人越是轰炸，我们越是可以取得辉煌的胜利。让美国人的野蛮轰炸，作为我们通向胜利的号角吧！大日本皇军一定会在最短的时间里，给大家提供一个绝对安定的环境。在此，我们一同干杯，祝愿大日本皇军取得成功。"

王卓文敏锐地意识到，日本人即将动手对中国军队发动大规模攻击作战了。借着向各路人物打招呼的机会，他用不易察觉的眼神向来来往往的服务人员扫去。很快，他分辨出了两个熟悉的身影：赵雪莲与王晓燕，她们都来了，伪装成服务人员，在到场的日本人与汉奸当中来回穿梭。

赵雪莲端了一个托盘，上面是几道热气腾腾的菜肴，径直地朝王卓文这边走了过来，敏捷地把一道道菜肴从托盘里面取出，放在桌子上。一道菜一滑，差一点泼出来了，王卓文机敏地扶住了，暗中把一张纸条塞到赵雪莲的托盘之下。

宴会一直持续了很长一段时间，等宴会好不容易结束的时候，已是晚上了。

王卓文站在王俊林身后，听王俊林向驻汉日本最高司令官说道："司令官阁下，大日本皇军一旦发起狠来，什么美国人，什么蒋介石，都会化为齑粉。这次出兵，一准很快会把湖南、广东全部收入囊中。我愿意率部为前驱，参与这一伟大的事业。"

日寇第十一军司令官说道："你的，只要好好地执行我的命令，其他的事情，不需要你的操心。"

这时候，王俊喜正跟在日寇第十一军司令官的身后。

美国飞行员自杀以后，王俊喜首先把他掩埋起来，后来越想越不对劲，这不符合自己的一贯行为准则呀。美国人已经死了，为什么不从他的身上得到一点好处呢？他思考了好一阵子，终于想出了一条妙计，准备把偷偷救助美国人一事栽赃给一个汉奸。

那个汉奸实在太可恶，仗着把他女儿贡献给了日本宪兵司令，不仅在余明亮面前趾高气扬，甚至连王俊喜都不放在眼里，王俊喜早想收拾他了，只是苦于找不到机会和借口。这一下可好了，机会终于降临了，借口也信手拈来。因为在搜查过程中，从来没有人搜查过那个汉奸的家，现在去搜查他家，谁能说不应该？他吩咐手下叫来余明亮，命令他派人马暗地里把美国人使用的东西，包括美国人吃过的饭碗，全都送到了那个汉奸的家，然后把美国人的尸体刨出来，也运了过去，偷偷地埋在汉奸的屋子里，只是在屋子外面留下了一些血迹。

第二天，王俊喜对日本宪兵头目说道："我想不通，所有的地方都翻遍了，都找不出那两个飞行员，为什么不去搜查那些皇军信任的人呢？"

日本宪兵头目认为王俊喜说的有道理，马上下达了命令，不论何人的屋子都需要搜查。于是，王俊林、王俊喜的人马，还有汪精卫特务机关的爪牙都冲着那些汉奸的屋子奔去了。

结果，王俊林和王俊喜的人马同时闯进了那个汉奸的家，一下子发现了地上的血迹。他们不由分说，一阵翻箱倒柜，搜出了美国人的很多用品。于是，他们抓起汉奸，好一顿吊打，非逼着他交代出美国人的下落不可。汉奸确实没有看到过美国人，哪里交代得了？一个劲地喊冤。这时候，但屋里屋外早已被王俊林、王俊喜的人马挖开了，这一挖，果然挖出了美国人的尸体。王俊喜和王俊林的人马再也不客气了，对那个汉奸又是一连串的毒打和审问，并且很快把事情汇报给了日本宪兵司令。此獠怒火中烧，丝毫不看汉奸女儿的面子，命令日本人带走了汉奸，一阵严刑拷打以后，汉奸供出他为了得到美国人许诺的好处，暗中救了美国人，但一见无法把美国人送出去，到处查得很严，为了自保，不得不把美国人给杀了。

饶是没有得到第二个飞行员的下落，日本人还是高度赞扬了王俊喜。不过，他不清楚，日本人并没有完全消除对他的怀疑，甚至加深了对他的怀疑。日本人对他的赞扬不过是为了让他放松警惕，然后抓住他的尾巴。王俊喜是在得到了王卓文的警告以及手下说总有可疑人物暗中观察他们的行踪时，才意识到这个问题的。他深感继续暗杀日本人只会暴露自己，嘱咐手下万事小心，自己也收敛了许多。

“王司令出马，必是会为大日本皇军立下奇功。”王俊喜说道，“如果到了开庆功会的那一天，希望王司令能够给我下一张请帖，我准时赴宴。”

王俊林打心眼里讨厌王俊喜，也颇有点畏惧王俊喜。这个人太不依常规，而且手眼通天，整个武汉三镇似乎没有什么事他不知道，尤其对自己的一举一动更加清楚。他对王俊喜十分发怵，却但又没有办法对付得了他。好在王俊喜还不至于向日本人告密，把自己曾经出卖日本人的事情泄露出去，而且自己也掌握了王俊喜暗中杀害日本人的一些证据。两人屁股都不干净，谁都没法出卖谁，兄弟两人只有彼此心照不宣，共同守护这一秘密。他更担心王俊喜会把自己干过的加害国民党和共产党的事情告诉给国民党或者共产党，现在，日本人还是强大的，他用不着再担心了，要亲眼看到大日本皇军是怎么把那些中国军队全部消灭掉的。

果然，经过了一番紧急调动以后，东洋鬼子同时向湖南、鄂西以及广东一线的国民党军队发动了突然攻击。几十万国民党军队毫无还手之力，只有节节败退，把一块庞大的地盘拱手送给了日本人。从此以后，除鄂东北以及鄂南一带还盘踞着共产党的抗日武装之外，日本人基本上掌握了平汉线、粤汉线两条从南方直通北方的交通干线。为了解除他们对交通线的威胁，用日本人的话来说，下一步应该剜除这两个毒瘤。

一场向新四军抗日根据地发动大规模扫荡的战争进入紧锣密鼓的准备之中了。日寇第十一军司令官想起了先前的承诺，把这一任务交给了王俊林。为了不让一个共产党人漏网，王俊林绞尽脑汁，提出了一个狠毒的计划。据此，日本人从各地秘密调遣来了大量的日伪军，兵分十二路，从各个方向秘密地向整个共产党根据地合围而去。

王俊林眼见得各路日伪军已经按照他的计划纷纷启程，或者朝国民党军队虚晃一枪，或者径直朝共产党根据地进军，自己的人马即将出发，配合日军，在南部关死共产党逃亡的道路，心里十分得意，对王卓文说道：“很快，我将会坐上整个华中地区皇协军总司令的交椅。这一把，我真的赌对了。”

自从日本人打开了平汉线与粤汉线以来，王卓文敏锐地意识到新四军或许是日本人的下一个目标，因而，时时留意王俊林的一举一动，经常会偷偷地查看王俊林的各种文件以及从王俊林的谈话中捕捉出一些线索。

他说道："那时候，司令一定是日本人最信任的人了。"

王俊林哈哈大笑道："如果没有我的计划，日本人是永远不可能消灭新四军的。现在，我的计划已经付诸实施。我告诉你，日本人已经调集了十万大军，从四面八方，向共产党抗日根据地展开了攻击，用以分散新四军的注意力，把他们引向其他的方向。最后，本司令将会率部出击，还有另一支部队也会投入行动，我们才是插在共产党根据地的两把锋利的尖刀，足以全部消灭新四军！"

王卓文差点被王俊林绕糊涂了。即使各路日伪军全部出动了，新四军可以像原来一样跳到日伪军的包围圈以外去，在日伪军疲惫不堪的时候，给予日伪军狠狠一击。怎么现在王俊林竟然说出这样的话了？

看着侄儿一副仍然不明白的样子，王俊林笑道："你毕竟没有真正经历过战争，不知道排兵布阵的奥妙。新四军总是爱在我们扫荡的时候，跳来跳去。我不理睬他，让他去跳，把他们赶向一个个孤立的地带，然后，从武汉出动两支队伍，分别去把他们分割开来，在大包围中予以小包围，好像两条绳索同时套在新四军的颈子上了，新四军还能逃得出去吗？"

王卓文恍然大悟。为了让新四军有所防备，他决计尽快把这个情报送出去。在跟赵雪莲进行最后一次接头的时候，他们暗地里约定好了，把情报放在中山公园张公祠的一个角落里。那儿经常会有一些游人，一般不会引起别人怀疑。

他说道："司令的计划虽好，可是，最终未必能够实现。放下在我们的周围潜伏着共产党的地下工作人员以及国民党特务不说，恐怕余瑞华叔叔也不会这么干。只要他那儿放开一道口子，新四军一定可以逃出一条生路。"

王俊林笑道："这是我跟日寇第十一军司令官之间在秘密会谈中制订的计划，其他人都不知道。已经出动的日军和皇协军，只是按照命令去指定目标区域扫荡，根本不知道真正的目标在哪儿。当他们扫荡了一个月以后，我们再突然插上一刀，命令各路日军和皇协军一块向新的目标前进。共产党即使是神仙，也来不及反应了。至于余瑞华嘛，他不跟我一条心，我没有必要让他知道这件事情，也没有他的任务，只是要他去牵制大幕山一带的新四军。"

这就是日伪军发动此次扫荡的整个计划了。王卓文为没有早一点察觉到这一点而感到懊悔，但是，他还可以补救。

王俊林继续说下去，口吻里面有了一些遗憾和不舍的情分："要不是为了得到华中地区皇协军总司令的头衔，我真的不愿意去合围新四军。毕竟，你伯母赵璇滢在那儿。我跟她斗了三十多年，中间也曾有过一些合作，想不到，她最后还是要败在我的手里。唉，她是你婶子的二嫂，也是你婶子最好的朋友，你婶子有什么话，都愿意跟她说。对她对余瑞祥，我都怀有一种说不清的感情，其实是决不愿意她落到我手里的。"

很显然，王俊林现在已经把赵璇滢和新四军全部当成了他手下的俘虏。也难怪王俊林会有这样的想法，几乎所有的日伪军都发动了，向新四军第五师根据地展开了扫荡，新四军第五师纵使能逃脱日伪军的第一轮扫荡，但绝不会想到最大的合围还在后面。

王卓文心里暗暗着急，该以什么样的名义去中山公园一趟呢？忽然，他想起张仁蠡明天准备去张公祠祭奠他的父亲张之洞。

自从汪精卫在南京就任伪国民政府总统以来，张仁蠡便赴南京就职，担任中央委员。这一次，张仁蠡来武汉公干，准备趁机祭奠张之洞以及张家列祖列宗，向伪政权武汉方面的军政要人都发出了邀请。王俊林自以为手里握有兵权，仍然看不起张仁蠡，不愿意去捧场。王卓文决定劝说王俊林，由自己代他去一趟。

这时候，王俊林继续大发感慨，提起了每一次跟余瑞祥、赵璇滢合作，跟余瑞祥、赵璇滢争斗的经过。

最后，王俊林叹息一声，说道："虽说他们都是一些不撞南墙不回头的人，我是不是应该给赵璇滢写一封信，告诉她，不要继续跟大日本皇军作对呢？"

每当王俊林陷入这种状态，王卓文都会默不作声，甚至悄悄地离开。

但王俊林忽然抬起眼，说道："我想，我还是应该给赵璇滢写一封信，不过，不是现在，而是在我的大军出动了以后。无论这封信能不能改变她的心意，总算是表现了我对她的那份朋友之情，是不是？这样的话，无论她是战死了，或者是活捉了，我都算是对她有个交代。"

王卓文说道："叔叔能够替他们着想，余伯母一定会被感动的。对了，叔叔，张仁蠡明天会祭奠他的父亲，你需要去吗？"

宛如突然吞进了一个苍蝇，王俊林厌恶地挥手道："不要理睬他。"

忽而，他意识到自己还不能完全离开张仁蠡的帮助，转换了口吻，说道："明天你代我去一趟吧，告诉他，我有很重要的事情，去不了。"

第二天，天气异常晴朗。王卓文乘坐一辆小车驶向了中山公园。道路两边都有荷枪实弹的警察站岗，警察队伍从张仁蠡下榻的地方一直延伸到了张公祠。王卓文朝两边望去，很多大小汉奸说笑不已，一路朝张公祠进发。他很希望从远处捕捉到一些熟悉的身影，或者是期待着什么，但他什么都没有看到，汽车已经驶进了中山公园，朝西北角飞快地奔驰而去。

前面已经有许多车辆，挡住了去路，司机不得不停下车。王卓文下了车，立刻有人迎上前来，笑容可掬地朝他鞠躬以后，递给了他一束雪白的花朵。在前来迎接他的人的带领下，王卓文径直跨进了张公祠。

王俊喜正站在张公祠门口，看到了侄儿，脸上露出了笑容，把嘴巴凑近了他的耳朵，说道："王俊林不愿意过来，是不是在酝酿什么大动作呀？"

王卓文瞥了叔叔一眼，心里非常吃惊：自己没有得到一点消息，这个叔叔竟然好像知道了一些内情。王俊林不是说过，只有他和日寇第十一军司令官知道这个计划吗？王俊喜是试探，还是真的嗅出了蛛丝马迹？

他不动声色地说道："他一向都不愿意参加这样的集会。"

这时候，簇拥在一块的人群自动分开了。王卓文放眼望去，只见一大群人簇拥着一个相貌猥琐的男人朝这边走过来，每个人的神色都异常肃穆。

王俊喜朝那人努努嘴，说道："既然主角上场了，我们也该去迎接一下。"

王卓文当然知道，中间的那个人就是张仁蠡了，心里不由得狠狠地骂道："祭奠他的父亲，还要摆出如此大的排场，真是一个十恶不赦的汉奸。"

不等王卓文走过去，张仁蠡已经走过来了。

他向王卓文伸出了手，说道："谢谢王副官能够赏光。本来，这是一场祭奠家父的私人活动，谁知道竟然惊动了大驾，实在愧不敢当。"

王卓文虚与委蛇地说道："王司令本来是要亲自来祭奠张老前辈的，可是，他临时有事来不了，委托我全权代替他，希望张委员不要计较才好。"

张仁蠡并没有进入祠堂，站在门口，眼睛巴巴地望着外面。很快，有一辆摩托车突突突地开了过来，似乎刮过一阵旋风，摩托车停在他们的面前，下来一个日本中佐。张仁蠡笑容可掬地迎上前去，一块准备进入张公祠。

突然，一颗手榴弹冒着青烟，嗖地飞了过来。日本人反应敏捷，噗一声趴倒在地。王卓文一样经过战阵，马上卧倒在地。警察连忙把张仁蠡压在身下。手榴弹正好落在日本人与张仁蠡之间，一声爆炸过后，响起发出一阵阵凄厉的尖叫。

片刻之后，日本中佐挣扎着爬起来，拔出指挥刀，吼叫道："给我搜，不要让破坏分子漏网！"

王俊喜命令人马朝手榴弹飞来的方向扑去。日本中佐满脸鲜血，手提指挥刀，也冲了过去。王卓文用目光朝四处搜寻，没有一个熟悉的面孔。

警察已经把张仁鑫扶了起来。张仁鑫浑身上下不住地瑟瑟发抖，脸色苍白，嘴巴不断地翕动，就是没有声音。

王卓文赶紧过去帮忙搀扶着张仁鑫，想把他扶进张公祠休息，可张仁鑫已经不敢再在这里停留了。自己的情报还没有发出去，怎么能够让张仁鑫离开？

他说道："张委员，你如果现在离去，不仅国民党或者共产党会看你的笑话，武汉三镇的军民也会嘲弄你，日本人更会认为你是不可重用的。"

张仁鑫尽管仍然心有余悸，不得不勉强打起精神，继续站在门口，看着眼前的一片乱象。汉奸所剩无几，现场颇有些寒酸。

日本中佐和王俊喜同时跑了过来，看到张仁鑫仍在，大加赞赏。

王俊喜心知张仁鑫没有胆量继续留在这里，马上明白是侄儿给了张仁鑫留下来的勇气，心里对侄儿的行动大为恼火。这可是王俊喜精心计划的一场闹剧，为的是要制造混乱，吓跑张仁鑫，然后在日本人面前大肆攻击张仁鑫，以此证明自己的能耐，取得日本人的支持，获得更高的地位，既能成为一时豪杰，顺便还可以利用这种身份作掩护，继续暗杀日本人。一旦日本人快要被中国军队打垮了，自己一定对日本人毫不留情，可以跟国民党或者共产党沟通联络，一块算计日本人。大好的计划成为泡影，叫王俊喜如何不恼怒？

但日本人和张仁鑫都在当面，王俊喜不好发作，只是狠狠地瞪了王卓文一眼，扭过头去，对张仁鑫说道："张委员，王某已经命令人马对所有的地方都加强了监视，你不用担心，请继续祭奠张大人吧。"

乐队以及一应祭奠之物早已准备妥当，不过，乐队此时逃得没了踪影。王俊喜赶紧命令自己的人马，列成一队，手里拿着枪，打算用子弹当做祭奠的哀乐了。

祭奠开始了。王俊喜的帮众朝着天空放了一通子弹，在场的人静默着进入了张公祠。王俊喜宣读完毕了祭文，张仁鑫正要向父亲的灵牌鞠躬。

蓦然，窗户响起了一阵爆裂声，紧接着，又是一声嗖嗖的响。

张仁鑫身子一软，晕倒在地。王卓文机灵地准备朝一边躲去，一见那枚手榴弹不可能打到张仁鑫跟前来了，灵机一动，马上扑倒在张仁鑫跟前。

王俊喜又惊又喜。惊的是竟然真的有人会在自己的严密防控之下朝张公祠扔手榴弹，喜的是张仁鑫又表现出了怯懦的一面。不过，他本能的反应也是朝地面上倒去。

此时此刻，稀里哗啦，所有的人慌作一团，纷纷朝着地面倒了下去。一声爆炸过后，激起了一阵青烟，顷刻之间，响起了一片鬼哭狼嚎之声。

日本中佐气急败坏，一爬起来，立即吼叫道："给我仔细地搜！"

王俊喜喝令自己的人马，再次拉开了搜索的架势。

张仁鑫不敢再祭奠父亲了，狼狈地朝外面跑去。王卓文紧跟在他身边，当他转向那个角落的时候，王卓文一个趔趄，和张仁鑫一同跌倒在地。张仁鑫呀呀地叫唤不休。王卓文趁机将屁股底下的一块砖头拨开，将情报塞了进去。

其他的人哇哇乱叫，陆续奔向四面八方，整个张公祠附近越发混乱不堪。

王卓文回到了警备司令部，向王俊林汇报了整个祭奠过程中遇到的情况。

王俊林轻蔑地笑了一笑，说道："不用继续管这件小事了，大日本皇军也不会真正理睬这种小事，让王俊喜的帮众去搜捕那些人好了。我们耐心等待前方的消息，随时准备出动。"

"要不要现在通知部队，做好行动的准备？"王卓文问道。

"不需要。已经对国民党军队发动过多次攻击了，部队随时都可以拉出去。最多在出发的前一天把命令下达即可。"王俊林自信满满地说道。

这天，王俊林召集手下团长以上军官，说道："各位，'围剿'新四军的皇军和其他皇协军，已经把新四军分割包围起来了，压缩在一个个互不相连的地域，只等我们冲上前去插一刀，把新四军全部消灭。遵照大日本皇军第十一军司令官的命令，我部作战地域做如下划分：余瑞华率领你的人马，迅速向大幕山新四军根据地展开攻击，其余部队由我亲自带领，前往鄂东北一带。我提醒大家：大日本皇军是不可战胜的。为了帮助大日本皇军实现征服亚洲的理想，到了战场上，我们决不能后退，只能勇往直前，直到彻底消灭新四军。要不然，我们将无法得到日本人的欢心，今后前途堪忧。为了我们的前途，放手一搏的时刻到了！"

各路人马按照命令，配合着日本人的军队，果然向新四军根据地开了过去。

在路上，王俊林踌躇满志地对王卓文说道："这一次，我是不是真的应该给赵璇滢写一点什么呢？"

"如果司令觉得能够把信件送达余伯母手里，写一点什么，的确可以做到仁至义尽。"王卓文谨慎地说道。

王俊林笑了："新四军即将陷入我们的重重包围，赵璇滢活动的地域，全部掌握在大日本皇军手里，把信件送给她，只不过举手之劳。我想，大日本皇军也会同意我这么做的。我这么写吧：大日本皇军的强大证明了中国人的抵抗是没有出路的。你们共产党人不是一直希望天下安宁吗？那么，为了中国的安宁，你快点放弃武装，投靠大日本皇军。这才是你唯一的出路！”

“司令文采斐然，余伯母如果不动心，她可真的是不识时务了。”王卓文连忙说道。

王俊林叹息道：“她就是不识时务的人！”

部队一路开进，果然没有遇到任何抵抗，越是深入到新四军曾经活动过的地域，越是荒凉，到处可以看到被火烧过的痕迹。王俊林心里又一次为赵璇滢即将到来的命运感慨起来了。他竟然有点不愿意继续前进了，可是，立下不世之功的前景又像一团火焰一样在他的眼帘熊熊燃烧，吸引着他不断地朝前推进。

日寇和他率领的队伍已经抵达了指定位置，对新四军实现了彻底的合围。只需要发动一次攻击，被压缩在狭窄地带的新四军必将彻底从世间消失。

王俊林命人对新四军喊话之后，命令王卓文拿着自己的信件去见赵璇滢。

在十余路日伪军气势汹汹地逼向新四军第五师根据地的时候，李先念和赵璇滢已经得到了赵雪莲送过来的情报。他们像往常一样，组织根据地的军民展开了坚壁清野活动，扶老携幼，躲进了群山。日伪军每扫荡一个地方，他们立马转移到另外一个方向，跟日伪军捉起了迷藏。

过了几天，赵璇滢预感到事情不大对劲。十余路日伪军每扫荡一个地方以后，不仅放火烧毁了一切，而且每向前推进一步，目标看起来似乎都指向第五师师部所在地大悟山，却又不太坚决，在向大悟山区推进的过程中，又透露出时刻都有可能威胁到其他什么目标的意图。日本人要干什么？难道仅仅只是为了捣毁第五师师部所在地吗？如果日伪军的目的如此简单，他们很快就可以达成目的，为什么要反复扫荡一个个要地？似乎是要把新四军人马赶向一个地方，然后加以消灭。凭借敌人现在的力量，新四军是可以从容地跳出日伪军的包围圈。但武汉方向的日伪军为什么没有动静？他们是在等什么？

随着日伪军越发深入到根据地腹地，新四军利用有利地形消灭了一部分日伪军以后，仍然没有改变日伪军的态势，赵璇滢不能不怀疑日伪军是要把第五师的人马全部逼向一个方向，然后出动武汉方面的日伪军，给这个包围圈上一把锁。

不能掉进敌人的圈套。赵璇滢和李先念立即商量，准备调整部署，让一部分队伍插到武汉方面日伪军有可能攻击的方向预先埋伏下来。

这时候，他们得到了赵雪莲送过来的另一份情报。

赵璇滢对李先念说道：“既然是王俊林要出马，你率领人马去设伏，我在这里继续跟敌人兜圈子。一旦王俊林的人马把我这边合围了，战争开打了，你迅速向他的背后展开猛击。我这边跟你相互配合，只要打垮了从武汉方向过来的敌人，其他的敌人自然不敢恋战，会自动退却的。”

很快，新四军第五师调整了部署。武汉方向的敌人果然暗地里朝根据地扑了过来。赵璇滢命令队伍好整以暇，按照计划，分头抵挡日伪军的攻击。

眼下，王卓文竟然作为王俊林的使者来根据地送信了。

赵璇滢接过信件，看都不看，说道：“没想到，你竟然跟随王俊林，死心塌地当汉奸。我真是瞎了眼，错看了你。”

“伯母，我是来送信的，不是为了听你的教训。你部已经被十余路大军紧紧地包围了，你还是放下武器，投降吧！”王卓文冷静地说道。

赵璇滢怒气横生，突如其来地扇了王卓文几个耳光，怒骂道：“你读了那么多书，在学校的时候还发动学潮声援抗日，现在却甘心当汉奸。你以为日本人能够吞没中国，征服亚洲吗？睁大你的眼睛看一看，日本人在太平洋战场上节节败退，已经快要被美国人打到日本本土上去了；在缅甸，在印度，国民党军队已经发动了反攻，日本人封锁中国、孤立中国的迷梦即将破产。日本人很快将要完蛋了！你却还在做梦。回去告诉王俊林，告诉你的日本主子，他们要是能够活着离开我新四军第五师根据地，算是老天爷保佑了他们。即使他们逃脱了，我以后一定会全部消灭他们，包括你！”

王卓文心里在流血，默默忍受着赵璇滢的怒骂。

赵璇滢骂完了，说道：“你是一条走狗，如果不是看在你父亲的面子上，我都懒得骂你。这是我给王俊林的回信，你拿回去，交给他吧。”

不知什么时候，赵璇滢竟然已经写好了回信。王卓文抬起眼，只见她手里仍然拿着一支笔，把一张信纸递向他。王卓文恭恭敬敬地伸手去接。赵璇滢突然把信纸朝王卓文的脸上一扔。那封信随着风飘落到了地上。

王卓文俯下身子，捡起了那封信。他看着赵璇滢，动了动嘴唇，很想说什么，耳边回荡起了余瑞祥的声音：“你安插在王俊林的身边，除了我和我有可能派去跟你接头的人，谁都不能知道你的身份。你要忍受一切对你的不公，这是一个地下工作人员应该有的素养。”

眼睛扫了一下那封信件，几行字飞入了王卓文的眼帘：王俊林，你永远是井底之蛙，看不出天下大势。日寇这是做最后的挣扎，是困兽之斗，你再不悬崖勒马，向日本人展开反击，愿意继续充当汉奸，不仅王家列祖列宗会因为你而蒙羞，而且你这一次恐怕别想离开我新四军第五师根据地了。

王卓文的心头一阵激荡，又想对赵璇滢说一些什么。

赵璇滢把眼睛一瞪，呵斥道："滚，你给我快滚！告诉王俊林，他向我开枪的时候，就是他自取灭亡的时候！"

自己发出去的情报已经落到了赵璇滢手里，新四军第五师已经有了防备。王卓文心里一阵轻松，在赵璇滢的逼视下，不得不离开了。

很快，王卓文回到了王俊林身边。

王俊林正和日寇第十一军司令官站在一块。一见他的脸被人打得红肿，王俊林打心里冒出了恶气。听完王卓文转述赵璇滢的话，王俊林更是气得大叫起来，看都不看，一把撕烂了回信，扔在地上，指着赵璇滢的方向怒骂："你既然如此顽固不化，我还客气什么，用炮火让你知道厉害！"

面向日本驻武汉最高司令官，王俊林问道："司令官阁下，我们可以展开进攻了吗？"

"进攻！"从日寇第十一军司令官口里发出一声沉闷的嚎叫。

于是，炮兵阵地发出一阵阵震耳欲聋的吼叫，炮弹嗖嗖地向赵璇滢所在的方向飞了过去。与此同时，王俊林率领手下的人马，趁着炮火攻击的威势，呐喊着向新四军阵地冲了过去。

突然，一阵阵更加惊天动地的爆炸声从后面传了过来。紧接着，再也听不到大炮的声音了，反而有无数的子弹和手榴弹像暴雨一样地从后面打了过来。日伪军猝不及防，人马一片片倒了下去。

王俊林惊讶极了，赶紧命令部队停止攻击，试图回头对付来自后面的威胁。

这时候，赵璇滢率领人马从前面杀了过来，新四军铺天盖地，喊杀声冲天，从四周杀向王俊林和日寇第十一军司令官。

第二十九章 胜利在望

新四军第五师抗日根据地继续像一把锋利的尖刀，抵在武汉日伪军的咽喉上。并且，趁日伪军退败的机会，第五师不断出击，拔掉了环伺四周的许多日寇据点，将游击区变成了根据地，进而向敌占区强力推进，迫使敌人收缩阵线，锋芒西向，寒光凛冽，平汉铁路已经感到了彻骨的冰凉。

这时候，赵璇滢提出了一个宏大的计划，准备把大幕山根据地与鄂东北根据地连成一片，对武汉构成南北包围之势，以便牵制日伪军的行动，并且在日寇末日来临之际，能够迅速出动兵马，控制武汉。

要实现这个计划，必须大力发展抗日武装，更加广泛地动员根据地的民众，克服一切困难，利用一切可以利用的时机，不断地向敌占区渗透，逐步把敌占区变成游击区，进而扩大成新的根据地。其中，重中之重是需要大量的干部队伍充实各领导机构。第五师把目光聚焦到南下支队身上。

王震率领三五九旅部分官兵以及从其他各部抽调的一些骨干共五千余人，组成南下支队，渡过黄河，穿过日伪军以及国民党军的重重封锁，排除种种困难，一路奋勇南下，即将通过第五师驻地，并进而向湖南、广东方向进军，准备与东江支队会合，增强南方抗日力量。在王震率领的南下支队当中，有数百名干部是党中央派遣到第五师抗日根据地来帮助他们发展抗日武装的。

这一天，第五师与南下支队取得联系，知道他们即将穿越鄂豫交界线，抵达湖北境内。李先念、赵璇滢以及第五师其他领导人无不喜出望外，赶紧商量怎么迎接这支中共中央派遣过来的抗日雄师。

赵璇滢说道："南下支队长途跋涉，又要跟日伪顽军作战，肯定既疲惫不堪，缺少粮草，我们应该至少派遣一个团的兵力，携带足够的粮草，前去迎接。"

"不错！这样一来，再遇上敌人，便由我们出面解决，可以让南下支队松一口气了。"李先念说道。

率领人马前去迎接的任务交给了赵璇滢。她迅速集合一个团的兵力，携带大量的粮食弹药，经过一阵简单的动员，立马起程。次日天快亮的时候，前锋抵近三里城。赵璇滢再度与南下支队沟通了联系，知道他们也逼近了三里城。

"同志们，只要跨过三里城，就可以见到南下支队的亲人们！我们还犹豫什么呢？加快速度，迎接他们！"赵璇滢兴奋地鼓动道。

忽然，侦察人员急匆匆地跑过来报告："赵大姐，敌人大约出动了一个联队的兵力，在三里城一带设下了埋伏，而且，还有一股日伪军正悄悄地从西边向三里城一带开过来了。”

敌人竟然如此凶残，为了拦截南下支队，阻止南下支队与第五师会合，不仅提前在三里城设下了埋伏，而且随即派来了增援部队！他们这是准备彻底消灭南下支队和第五师接应部队！

怎么办？如果部队继续向前进发，或者直接向埋伏之敌发起进攻，势必会遭到敌人的顽强阻击，一旦敌后续部队开过来，哪怕南下支队也赶了过来，最终将会跟接应部队一道，陷入极大的被动。绕开敌人的埋伏圈，主动迎击敌人的增援部队，打他一个措手不及，把敌人从埋伏之地引出来，联合南下支队，反客为主，一块击垮或者歼灭之，才是最好的策略。

赵璇滢权衡一毕，当机立断，一面指挥人马绕开敌人的埋伏圈，潜地里迎着增援之敌开去，一面用无线电跟南下支队取得联系，告诉他们她的打算，请求他们同样向增援之敌方向移动。

很快，赵璇滢率部拦住了敌增援部队。不等敌人反应过来，她命令人马抢占了有利地形，随即一声令下，部队迅速发起攻击，打倒了一大片敌人。接着，双方展开了惨烈的激战。两个小时里，敌我双方都死伤惨重。

埋伏之敌接到消息，果然判断南下支队和接应部队试图消灭增援之部队，从那儿会合，赶紧撤伏，急急忙忙奔了过来。

与此同时，南下支队亦赶上前来。两股敌人合拢，被两支共产党的武装力量挤压在山洼里，前后夹击，打得敌人鬼哭狼嚎。眼见得共产党的火力强劲，又占据有利地形，敌人不敢恋战，扔下无数尸体，慌忙逃窜。

一见到赵璇滢，王震异常高兴，握着她的手，笑道：“赵大姐，你猜猜看，我从延安出发，给你带来了什么？”

不等赵璇滢回答，王震随即说道：“我呀，给你带来了一个宝贝。”

说完，王震转过头，对身边的一个参谋人员耳语了一句，很快，那位参谋人员带来了一个英姿飒爽的姑娘。

赵璇滢惊呆了，这不是自己的女儿余亚男吗？她记起来了，丈夫来到第五师根据地的时候，曾经说过，女儿武大毕业以后，在丈夫的秘密安排下，去了延安。那个时候，赵璇滢早已离开重庆，来到了大悟山。

“妈妈！”余亚男像燕子一样扑进了妈妈的怀抱，流出了喜悦的泪水。

王震笑道：“赵大姐，我是不是给你带来了心肝宝贝呀？”

余亚男的确是赵璇滢的心肝宝贝。尽管一直处在非常危险的战争环境中，赵璇滢没有时间想起自己的女儿，但是，女儿早已铭刻在她的心里，她任何时候都不会忘记。

“快告诉妈妈，你怎么参加南下支队了？”赵璇滢亲昵地说道。

王震笑道：“如果不是我，谁能为赵大姐做这件好事呀？你的女儿呀，是一只快乐的百灵鸟，在鲁迅艺术学院当教员，人见人爱。她听说毛主席打算派我带队途经第五师去东江支队，马上提出申请，要跟随我的大军南下。可是，鲁迅艺术学院不松口。她直接跑来找我，央求我给她说情。我弄清了她的身世，得，这忙必须要帮。我对鲁院院长说：‘我遵照毛主席的命令，带领南下支队去东江，途经第五师驻地，是要为第五师输送一大批干部的。第五师需要各种各样的人才，余亚男应该到更需要她的地方去。如果你觉得我这个理由不充分，可以拒绝我。不过，我会向毛主席进一步申述我的理由。’院长哪敢惊动毛主席呢，不得不放人。”

赵璇滢笑得脸上都开了花，说道：“谢谢王旅长。没说的，去了我们师部，我好好敬王旅长一杯。”

南下支队终于抵达了第五师师部，把带来的部分干部移交给了第五师，同时得到了第五师赠送的棉衣，全体指战员莫不异常欣喜。

紧接着，李先念召集师部领导开会，倾听王震传达毛主席的指示：鉴于日寇的末日即将来临，国民党对共产党的猜忌与防范将会越来越严重，第五师不仅要对付日寇对付伪军，还应该做好对付国民党军随时可能发动攻击的准备。武汉地区的心腹位置，决定了第五师面临的局势会更加困难。因而，要继续壮大第五师的队伍，扩大根据地，并适时向武昌以南发展，形成对武汉的战略包围之势。为了达成这一目的，南下支队在南下途中，可以为第五师提供必要的帮助。

他们经过反复商量，提出了扩大第五师根据地的计划。王震将率领自己的人马帮助李先念、赵璇滢进一步扩大了根据地，然后准备向南进军。

这段时间，余亚男心里充满了好奇充满了欢乐。她终于回到了母亲身边，终于跟武汉近在咫尺了，可以享受母亲的温情，可以憧憬回到武汉的情景。她很快跟第五师融为一体，给将士们讲述自己在延安看到的一切。

看着女儿，赵璇滢不由自主地想起了儿子。

那一次，她希望趁抵达汉口的机会，把儿子带回根据地，亲自教导儿子，让他改掉坏毛病，争取成为一个共产党人。可是，因为担心暴露身份，她没能看到儿子。

赵雪莲知道她的心意，见到她的时候，曾经问过她：“姑姑，需要我把余明亮从王俊林和王俊喜身边弄出来，送到根据地吗？”

王俊林有奶便是娘，没有信仰，没有坚持；王俊喜是汉帮帮主，很多时候是非不分，已经把儿子带成了暴戾而不可理喻的混世魔王，继续在他们身边待下去，她很难想象儿子还会干出什么残忍的事来。赵璇滢当然希望把儿子带去根据地，由自己好好教导，但是，她不能让赵雪莲这样做。赵雪莲打入汉口已经很不容易，她不能为了儿子让赵雪莲受到怀疑，致使武汉地下工作蒙受不必要的损失。她沉默了一会儿，说道：“我们不能为了一个余明亮，忘掉了自己的使命。随他去吧！”

从那以后，她再也没有听到过有关儿子的消息，她也不想再知道有关儿子的任何消息。女儿的突然出现，让她又想起了儿子。儿子现在已经快十八岁了，应该变成一个大小伙子了吧？他还是那么不可理喻吗？她情不自禁地问自己，总是希望有一个明确的答案，但她知道，她不可能得到一个明确的答案。她不能不再次把这个心思压在了心底。

南下支队即将出发，离开鄂东北抗日根据地，踏上去跟东江支队会合的道路。无论他们走哪一条路线，都要渡江，都会受到日伪军以及国民党军队的阻拦。怎么安全地渡江已经成了王震以及第五师各位领导人首先要考虑的问题。

听取了王震的相关报告以后，赵璇滢已经派人去了大幕山根据地，告诉赵承博，调查附近日伪军以及国民党军队的一切活动，事先派遣人员在南岸抢占渡口，掩护南下支队渡江。现在，他们得到了赵承博提供的情报。赵璇滢、李先念、王震等人经过商量，决定南下支队绕开武汉，从蕲春田家镇渡江。

“为了保证南下支队渡江的安全以及扩大大幕山根据地，我们应该派遣至少两个团的兵力，跟随南下支队一道行动，把南下支队送到湖南境内以后，这两个团的人马可以返回大幕山，放手发展武装，扩大根据地，把大幕山根据地与鄂东北根据地连成一片。或者，在南下支队不能完成任务，需要返回鄂东北的时候，可以为南下支队提供有效的保护。”赵璇滢提议道。

李先念和王震等人一致赞同。紧接着，问题又来了，由谁来执行这个任务？

赵璇滢早有打算，她自告奋勇：“考虑到会遇到各方面的阻拦，护送南下支队的任务，不会比在老根据地轻松。因此，我愿意接受护送任务。”

母亲即将率领人马向南方挺进，余亚男得到消息，赶紧跑过来，说道：“母亲，我也跟你一块去吧。”

赵璇滢笑道：“你又想拿出磨你王震叔叔的手段吗？不可能，在我面前，你休想使任何手段。要知道，你是来根据地鼓舞士气、培养宣传人才的，可不是跟我一块打仗的。”

“哪有母亲这样对待亲生女儿的？”余亚男说道。

“别胡搅蛮缠！这不是母亲对待亲生女儿的问题，而是一个老共产党人对待一个新共产党人的问题！”赵璇滢理直气壮地说道。

天气依旧很寒冷，刚刚过完旧历新年，从天空中传来一丝丝新的气息，似乎预示着在这一年里，一切必将发生新的变化。赵璇滢率领两个团人马，一个团在前面开路，一个团在后面压阵，护送着南下支队，绕过了日伪军以及国民党军队的几道防线以后，进入了蕲春县境内。

这时候，从汉口方面传来了情报：王俊林率领伪军，已经朝田家镇方向赶了过来。而且，周围的日寇也投入了行动，试图将南下支队拦截在江北，不使其向南运动。

赵璇滢事先已经通知了赵承博，让他率部做好接应准备。田家镇一带的地下党以及游击队得到南下支队要从这里经过的消息后，赶来见到了赵璇滢和王震，向他们提供了当地的地形情况。赵璇滢和王震决定从新桥和亚口两个渡口渡江。现在，既然敌人已经尾追而来，部队必须迅速完成渡江的任务，跟赵承博的人马会合。

赵璇滢和王震跟当地地下党与游击队商量：“敌人的追兵马上要开过来，如果一夜之内不能渡过长江，我们将会跟敌人迎来一场大仗，前途将会异常凶险。能不能迅速准备好渡江的船只，是确保我们顺利渡江的关键。”

当地地下共产党人以及游击队说道：“这一带的渔民很多，我们经常展开游击活动，迫使日伪军减少了对渔民的欺压，因而，一听说是共产党的军队开过来了，渔民们会竭尽全力，把所有能够出动的船只都开过来的。”

赵璇滢说道：“你们火速动员船只，向新桥和亚口两个渡口集结，我们的部队也迅速向那儿前进。”

“越快越好，我们是在跟敌人抢时间。”王震强调道。

地下党与游击队刚去动员民众，传来了最新消息：王俊林的人马已经逼近了。

赵璇滢连忙对王震说道：“你火速组织队伍向渡口方向前进。跟王俊林老对手了，由我率领人马阻击敌人。”

王震命令人马分头向两个渡口方向前进。

当王震站在一个渡口的时候，他发现在江岸停泊了数百条小木帆船。他火速编列队形，陆续组织人马登船。

赵璇滢率领人马，前出到离渡口十多里地的一片山岚间，把一个团的兵力埋伏在那儿，准备抵抗敌人，把另外一个团的兵力部署在后面埋设地雷，挖掘陷阱。

很快，敌人的前锋接近了阵地。

赵璇滢早已盘算好了，准备放过这一批敌人，只等敌人主力全部进入了埋伏圈以后，突然开火。

忽然，凭着月光，她隐隐约约看出了一个熟悉的人影，心里一惊：怎么会是余瑞华打前锋呢？余瑞华不是一向非常憎恨日本人，不愿意跟抗日军队作战的吗？为什么这一次他带领人马来拦截南下支队了？

来人的确是余瑞华。他是在接到王俊林的命令以后，经过了一番激烈的思想斗争，勉强率领人马前来拦截共产党的队伍。

因为王俊林对他说道：“我知道，你一向不愿意跟抗日军队作战。抗战到了今天，即使傻子也看得出来，日本人发起一号作战不过是秋后蚂蚱的最后一次蹦跶，真的快要完蛋了。我们投靠过日本人，当过汉奸，做了很多为人不齿的事，如果不早点寻找靠山，没人会放过我们的！谁是我们的靠山？共产党不可能容忍我们，只有国民党会收留我们。好在我们在最后的时间里没有跟国民党打过仗，我们要重新赢得国民党的信任，必须对国民党俯首帖耳。国民党蒋介石会放过共产党吗？不会的。共产党为什么要向南发展，抗日固然是一个重要的原因，其实也是为了提早布局，跟蒋介石争夺江山。我接到了国民党的命令，去拦截共产党军队。”

新四军第五师那次凌厉一击，迫使日寇第十一军司令官不得不下令撤退。新四军乘胜追击，各路日寇纷纷败逃，王俊林的队伍差一点全军覆灭。共产党人竟然一连扩大了不少地盘，消灭了不少日伪军，使得王俊林感到强烈的震撼：原来日本人发动的那一次攻击战役，只不过是最后的挣扎。

王俊林不得不再仔细地研究国际局势以及日本人在各个战场的战况，饶是手头掌握的资源信息有限，他也能得出结论：日本人迟早会完蛋。

他决定改弦易辙，哪怕军统要杀他，他也准备寻找机会跟军统取得联系，暗地里投靠重庆国民政府。他相信，军统一定分得清轻重。

这一次，王俊林总算赌对了。因为苏军已经打到了德国本土，盟军正策划在欧洲进行登陆，从西线攻击德国，德国离投降的日子不远了，紧接着，独木难支的日本人肯定会步德国人的后尘。这时候，国民党的军队一直躲在大后方，共产党军队却离日本人近在咫尺，因而，一旦日本人投降了，共产党想要接受日本人投降，显然比国民党处于主动地位。为了牵制共产党的力量，牢牢地抓住接受日本人投降的实际控制权，得充分利用伪军占据各大城市的优势，让他们在国民党军队无法尽快开赴各大城市之前，维持当地的秩序，挡住八路军、新四军以及其他共产党抗日武装的攻击。为此，军统人员奉命准备跟王俊林接触。

跟王俊林接触的人是王晓燕。

当王晓燕出现在他面前的时候，王俊林如释重负："今天总算看到你了。"

王晓燕说道："你愿意弃暗投明，是一个明智的选择。现在，有一件很重要的任务需要你去完成，坚决拦截共产党南下支队，不让他们进入鄂南。"

王俊林说道："我一定竭尽全力。"

王晓燕说："南下支队从延安一路南下，准备到广东去，是为了迎接日本人即将投降展开的部署。他们也许会趁机扩大鄂南根据地，跟鄂东北连成一片，形成对武汉的包围之势。为了破坏他们的企图，沿途还会部署一些其他军队对其进行拦截。日本人也不能容忍共产党武装肆意发展。如果把共产党武装拦截在江北，你就是党国的第一大功臣。"

党国的第一功臣的确对王俊林是一个极大的刺激和鼓励。他火速跑去劝说日本驻武汉最高司令官："司令官阁下，目前共产党南下支队不仅帮助李先念、赵璇滢发展鄂东北抗日根据地，严重地威胁到平汉线的安全，而且有向鄂南以及广东进军的打算。一旦他们达成这个目标，武汉必将陷入共产党武装的包围。这样一来，不仅大日本皇军'剿灭'共产党的任务没法实现，反而会陷入共产党的包围，而且，粤汉线也会被共产党武装截断，严重地威胁大日本皇军的补给线。"

日寇第十一军司令官非常担心这个，已经向各地日军下达了拦截南下支队的命令，现在，王俊林愿意率领伪军前去拦截，他心里十分高兴，马上把华中伪军总司令的帽子戴在王俊林头上，命令他全权调动一切伪军阻拦共产党武装。

王俊林终于得到了日本人给予的最高头衔。尽管此时他已经不需要这个头衔，为了增大日后跟国民党讨价还价的资本，还是满心欢喜地接受了。

接下来，他准备说服余瑞华参战。

他把余瑞华召到自己的办公室，说道："你一向不喜欢攻击抗日军队，这一次，我们是帮助国民党攻击共产党武装。你应该乐于接受吧？"

余瑞华冷冷地看着他，一言不发，脑子里在急剧地思索着王俊林这几句骇人听闻的话究竟是什么意思。

"不要这么看着我。我即使再糊涂，现在也已经明白过来，日本人快要彻底完蛋了。我们必须做出最后的选择。我已经接到了国民政府的命令，让我们去拦截共产党南下支队。"

余瑞华判断得出来，王俊林这一次没有撒谎。

不过，日本人还没有投降，国民党便不仅暗地里收编伪军，命令伪军拦截共产党抗日武装，而且动员其他国民党军队一路拦截南下支队，这样的政党，这样的政府，到底是不是值得自己效忠呢？不效忠国民党，难道效忠共产党吗？何去何从，余瑞华一时之间难以把握。

王俊林看出了余瑞华的犹豫和动摇，继续说道："我知道，你觉得日本人还没有投降，国民党使出这一手来对付共产党，是不厚道。可是，共产党厚道吗？他们为什么不在前几年出动人马南下，而一定要选择在这个时候呢？不正是因为他们也要为日本人有可能很快完蛋事先做部署吗？"

这一句话打动了余瑞华的心。尽管他确实仍然不愿意向共产党抗日武装大打出手，但他不能不承认，他的骨子里还是国民党人，既然国民党方面已经下达了命令，他必然会执行。不过，在执行的过程中，他不能完全听从国民党、王俊林的命令，能够放走共产党抗日武装，他一定会网开一面。

王俊林立即以华中地区最高伪军司令的名义，向整个湖北地区的伪军下达了监视共产党抗日武装的活动方向、拦截共产党抗日武装的命令。与此同时，他要借助王晓燕等军统特务的力量为他提供共产党抗日武装的情报。

他所做的这一切，可以瞒得过任何人，但瞒不了王卓文。赵雪莲一从王卓文那儿接到情报，马上传给了根据地。紧接着，她打算去见一见余瑞华，劝说余瑞华从民族大义出发，放弃跟随王俊林去追击南下支队的意图。

赵雪莲这个决定让熊先生大吃一惊，地下工作人员不能冒着泄露身份的危险，去做毫无把握的事。不过，考虑到余府、王府、赵府之间盘根错节的关系以及余瑞华的个性，他同意赵雪莲的请求。

余瑞华一见到赵雪莲，心里竟然涌起了一种异样的感觉，觉得在什么地方见到过她，对她不是那么冷淡。

赵雪莲跟余瑞华说了几句闲话，言归正传："余叔叔，我知道，你接到了命令，马上准备启程前去拦截南下支队。你有民族大义，在日本人还没有投降之前，大肆消灭共产党抗日武装，难道是你希望看到的结果吗？"

余瑞华吃惊地看着她，问道："你称我余叔叔？"

"是的，余叔叔，我是赵雪莲。"

怪不得感觉跟她似曾相识，原来竟然是赵承彦的女儿赵雪莲！

余瑞华知道赵雪莲去了延安，从此以后再也没有听到她的消息，没想到，她竟然突然从天而降，出现在他面前。而且，她是来劝说他不要攻打共产党南下支队的。平心而论，他压根不愿意做这种亲者痛仇者快的事。可是，他在执行国民党的命令，不是替日本人做事。

他说道："我也不希望与共产党为敌，可是，你们为什么要向南发展？"

"共产党的一贯主张是哪里有日本人，我们必然会到哪里抗日。何况，日本人快要投降了，国民党一直试图消灭共产党抗日武装，我们也不能不有所防备呀。"赵雪莲坦率地说道，"所以，无论从哪一方面来说，向南发展，是我们共产党抗日武装的现实需要。"

余瑞华被赵雪莲的真诚打动了。

已经接到了命令，部队整装待发了，而且王俊林已经调集了多路人马，对南下支队实施围追堵截，他准备亲自上阵，能够放过南下支队，为什么还要跟他们继续打下去？

他已经得到了报告，共产党南下支队已经全部集结在新桥和亚口两个渡口。

只要火速率领人马扑过去，定能在他们还没有来得及上船以前，全部拦截下来。可是，余瑞华打算在路上耗一夜，任凭南下支队渡过长江。

王俊林得到南下支队即将渡江的消息，亲自跑过来催促余瑞华加快行军速度。

"我怀疑，这一带有共产党设下的埋伏。"余瑞华说道。

王俊林很生气，说道："共产党越是有埋伏，我们越是应该率领人马尽快冲过去。在这里跟他们纠缠，南下支队早跑没影了！"

余瑞华不能不命令部队加速前进。突然从山上打下来一阵密集的子弹，余瑞华的人马倒了一大片。他即刻命令人马向两边的山上发动了猛攻。

到处闪耀着一团团火光，余瑞华似乎看到了赵璇滢的身影。他心里大喜，暗想道：二嫂一定是执行掩护任务，我正好可以跟她的人马一直混战下去，让南下支队安全渡过长江。

王俊林眼见着余瑞华的人马被共产党武装纠缠住了，不由得心里着急，催逼道："你只需要留出一部分人马牵制住他们，率领大队人马火速赶往渡口。"

余瑞华说道："对方的火力太猛，显然是共产党的主力。一旦我把人马分散了，不等赶往渡口，留在这里的人马一定会被消灭。到时候，不是我把南下支队拦截在渡口，而是两股共产党军队会合起来，把我消灭在渡口了。"

王俊林没了主意，着急地问道："我们该怎么办？"

"命令后面的人马加速前进，我拖住这支共产党。"余瑞华简单地说道。

王俊林不能不认为余瑞华说得有道理，立即命令后续部队从战场上穿过去，向渡口继续挺进。

与此同时，为了把南下支队拦截下来，王俊林迅速跟日寇第十一军司令官取得联系，请求空军给予火力支援。

随即，王俊林准备亲自赶赴渡口。忽然，借着火光，他看出了一个熟悉的人影，大吃一惊，问道："你看见了吗？那个人是不是赵璇滢？"

余瑞华装模作样地看了一会儿，说道："好像是她。"

"真是活见鬼，在什么地方都能碰上她。既然这样，我要亲自把她活捉过来。"王俊林立即抽调一些人马，准备转而向赵璇滢的背后包抄过去。

突然，王俊林听到了一阵阵惊天动地的爆炸声，紧接着，他看见从渡口方向升腾起一股股浓烟。

王俊林一口气堵在喉头，差一点憋死：完了，赵璇滢在前面布下了地雷阵。

他很清楚，此时再要想分派人马向赵璇滢的背后实施包抄，一定无法拦截南下支队了。他再也顾不得亲自活捉赵璇滢，命令余瑞华拖住新四军，自己率领人马朝前面奔去。

这时候，天空中出现了飞机的轰鸣声。王俊林大喜过望，仰头朝天空望去，天幕上已经出现了无数个闪烁的亮光。

"飞机助战来了，赶快前进，拦住南下支队！"他吼叫道。

很快，日本人的飞机飞过来了，朝赵璇滢的阵地投掷了一些炸弹以后，继续朝渡口方向飞去。

渡口那儿，南下支队的第一拨人马已经登上了船只，无数小木船布满了几乎整个江面，浩浩荡荡地朝对岸划去。

北岸这边，仍然有一大半人马。听到了飞机的轰鸣声，他们一面迅速分散卧倒，一面架起机枪，等日寇的飞机飞过来俯冲投弹的时候，猛烈地开火，把日寇的飞机逼得只能朝高空攀升。

日寇飞机飞到了江面上空，不断地朝江面上的船只投掷炸弹。船只上的各种枪支，对着天空一阵狂射。与此同时，船只立刻拉开距离，奋力地继续朝南岸奔去。一声声巨大的爆炸，把一只只木帆船震荡得左右摇摆不休。一些船只遭到了轰炸，很多兵士和船工落入了江中，或者被炸弹击中死去了。

王震已经乘上了一只小木船，一见敌机前来投弹扫射，立刻指挥人马拉开了一道对空防御火力网。敌机将炸弹投完之后，灰溜溜地飞走了。

赵璇滢这边，伪军虽说打得异常勇猛，子弹不是射高了就是射低了。她心里暗喜：余瑞华不愿意跟自己为敌。那么，只留下一部分人马牵制当面伪军，率领主力拦住王俊林的人马，渡口必然会更加安全。她赶紧调整部署，亲自带领一个半团的人马，向王俊林的后背迅猛地冲了过去。

王俊林猝不及防，人马立刻倒下了一大片。情急之下，他不得不分出一部分人马，挡住赵璇滢部前进的道路，亲率大队人马，继续心急火燎地赶往渡口。

前面已经是渡口了。王俊林突然接到一份紧急电报：汉口附近到处都有新四军在活动，整个汉口市区，已经混进了不少新四军，他们不仅大肆拔除日寇的据点，而且大肆攻击伪军，搞得整个汉口的日伪军都疲于奔命。

王俊林心想，自己虽说是奉了国民政府军事委员会的命令前来拦截南下支队，可以不必管汉口的日本人是不是受到新四军的攻击，一旦汉口真的落到新四军手里，自己在国民政府军事委员会那儿一样不好交代。

有心要立刻抽调人马回去救援，已经把南下支队压缩在江边，只需要一次攻击，准可以把他们全部消灭，王俊林实在不愿意吐出这块快要吃到嘴里的肥肉。为此，他需要为自己不回去救援寻找理由。

很快，理由找好了：自己即使迅速回援汉口，路途遥远，不可能一天赶回去的，不如把这里的共产党抗日武装消灭了，然后率领全体人马回援。那个时候，如果汉口落到新四军手里，自己可以推说是完全执行国民政府军事委员会的命令，把丢失汉口的责任推得干干净净；一旦汉口没有丢失，那么，只要看到可疑人员立即生擒活捉，管他是不是真的新四军，不是可以解除危机吗？

趁王俊林错愕与迟疑之际，赵璇滢率领人马继续强攻，已经突破了他临时布设的防线，径直朝他身边杀了过来。

王俊林再也顾不得向渡口推进了，赶紧命令人马抵挡赵璇滢部的攻击。

赵璇滢一看清王俊林所在位置，立即率领人马不顾一切地冲杀过去。王俊林抵挡不住，赶紧朝一边退去。赵璇滢一旦得手，立刻率部追赶不休。

部队士气已泄，岂能跟新四军再度交锋？王俊林带领人马，不辨东南西北就是一阵狂奔。等他好不容易站稳脚跟的时候，赵璇滢已经停止继续追赶，率领人马渡过了长江，消失在对岸了。

王俊林得到消息，一口气上不来，差一点翻了白眼。

事到如今，把南下支队消灭在渡口已成南柯一梦，不继续追击，难以交代，汉口又绝对不能疏忽。王俊林命令长江南岸的各路伪军继续拦截南下支队，并且派遣余瑞华部继续尾追，自己率领一部分人马赶紧回去汉口。

此时，汉口一片风平浪静，哪有新四军活动的迹象？王俊林万分恼怒，把发报员抓起来，一阵猛打，得不到一点确实消息，因为给他发报的另一个发报员早已消失无踪了。

“一定是王俊喜为了阻止我建立功勋，故意在暗中使坏！”王俊林怒气不休地去了淮盐公所，大骂了王俊喜一通。

王俊喜似乎摸不着头脑，等他骂完了，说道：“你觉得是我干的，可以立刻告诉日本人，把我抓起来。不过，你这次到底为什么会追赶南下支队，瞒不过我的眼睛。我要是跟日本人说了，不知道你会落个什么下场？”

事实上，的确是王俊喜派人收买了王俊林的发报员，让发报员给王俊林发了一通虚假电报。王俊喜也有自己的盘算，他早已得到了王俊林要去堵截南下支队的消息。这时候，日本人快要投降了，王俊喜不能任凭王俊林在日本人与国民党两边讨好，一定要破坏王俊林的图谋，处心积虑地等王俊林快要成功的时候，向王俊林发去了这样的电文。

赵璇滢率领队伍渡过长江以后，很快与王震的人马会合了，两人率领队伍继续向南推进。

“赵大姐，你们不是已经给赵承博发出消息，希望他率领人马前来接应我们吗？在新桥与亚口渡江的时候，我们最需要他们配合，他们一直没有出现。会不会他们也遇到了危险？”王震问道。

赵璇滢思索着说道：“大幕山一带一直有国民党军队活动。依我看，国民党为了堵截我南下支队，一定不会让赵承博跟我们会合的。”

“如此说来，我们需要加速前进了，要不然，赵承博可能会有危险。”

部队加快速度向南推进，很快越过了大冶公路，前进到大田畈一带。

这时候，驻守在大冶、阳新、三溪口、鄂城的东洋鬼子早已接到命令，出动了无数人马，在王俊林伪军的配合下，向大田畈搜索而来。很快，日伪军与南下支队的前锋接上火了。

赵璇滢立刻命令自己的人马抢占两边的山头，掩护南下支队前进，不料道路已经被日伪军全部封锁了。后面，余瑞华的人马将要赶过来了，情势万分危急。王震命令南下支队投入战斗。

日伪军在飞机大炮的掩护下，接连不断地向山头发起了攻击。赵璇滢和王震指挥全体人马，竭力抵挡。突然，他们听到南边传来更猛烈的枪战声。赵璇滢和王震对视一眼，心里同时产生了一种强烈的预感：一定是赵承博率领人马在跟日伪军或者是国民党军作战了。

这边的情势万分危急，那边的情势一定也不乐观。得尽快把这边的敌人解决掉，才能去营救赵承博。赵璇滢和王震两人迅速决定留下一部分人马，在一个山头上采取守势，集中主力，一块攻击另一个山头的日伪军。部队经过一番猛打猛冲，消灭了这股敌人。另一路敌人再也不敢进攻了，赶紧撤退。

赵璇滢和王震留下一个连队打扫战场，其余人马立刻朝激战方向奔袭而去。

果然是赵承博部遭到了国民党军队的合围。赵璇滢和王震异常震怒，命令部队从行进间朝国民党军队后背展开了攻击。国民党军队前后不能相顾，死伤惨重，士气很快低落下去，不得不撤离开去。赵璇滢、王震终于跟赵承博会合了。

赵承博说道："我接到了命令以后，立即率领部队前来迎接你们，一路上，不断地遭到国民党的阻拦，损失了不少人马，要不是你们，我恐怕全军覆灭了。"

"日本人快要投降了，国民党向我们动手的意图已经越来越明显了。大幕山是一个能够扼住南北交通、威胁武汉的好地方，我们先扫清周围的日伪军以及国民党军队，然后再向南挺进。"王震说道。

三支人马相互配合，拿下了大幕山一带日伪顽军的许多据点，扩大了根据地，将原根据地扩大成为湘鄂赣游击根据地。随后，王震率领南下支队继续执行党中央的号令，向湘中推进，打出了一番天地以后，改名为湖南抗日救国民党军队，在跟日伪军与国民党军队的斗争中，依托湘鄂赣根据地，形成了很大的气势，直到毛主席发来了电令，王震率领南下支队继续向南推进，准备打通跟东江纵队的联系，发展华南根据地。

赵璇滢率领余下的人马，和赵承博一块，继续在大幕山一带战斗。在得到苏联人出兵东北的消息时，赵璇滢意识到距离日本人投降的日子为期不远，立即命令赵承博坚守根据地，自己回去大悟山，跟李先念商讨下一步行动计划。

第三十章　倭寇末日

这一天，中共中央主席毛泽东发表了《对日寇的最后一战》，号召共产党领导下的八路军、新四军，以及一切抗日武装，向日寇发起最后的攻击，消灭侵略者。紧接着，八路军总部命令各抗日根据地对日伪军发起猛烈的反攻，完全彻底消灭敌人，夺取抗日战争的最终胜利。

向日本人讨还血债的日子终于到来了，赵璇滢异常激动，立即与李先念等人一起商量怎么集结部队，怎么向日伪军展开反攻。

他们原以为，抗日战争还需要持续一两年的时间，这期间，鄂东北根据地继续发展壮大的同时，可以帮助湘鄂赣根据地大力发展抗日武装，扩大抗日根据地，使两个根据地的抗日武装成倍增长，并且实现两个根据地的无缝对接。这样一来，一旦反攻开始，他们可以用部分兵力监视或者牵制周边的国民党军，然后集中主力，从南北两个方向同时猛攻，一举击破敌人，攻占武汉三镇。如今，两个根据地没能连成一片不说，人马也没有增加多少，一旦集结部队向武汉三镇发动攻击，既无法保证战役上的密切配合，又没有足够的力量快速突破敌人的防线，很可能会陷入旷日持久的攻坚战，周围的国民党军队准会从背后袭击。新四军将面临被日伪军以及国民党军队前后夹击的危险。

既然夺取武汉的时机并不成熟，只能依靠现有的兵力，夺取一切可以夺取的地方，进一步扩大鄂东北根据地与湘鄂赣根据地。

新四军第五师的领导人商讨了一天一夜，终于下定决心，大致确定了该部在鄂东北一带的攻击方向：各部迅速集中兵力，分别向盘踞在广水、应山、礼山、孝感、黄陂一带的日寇发起进攻，向南威胁武汉三镇。

紧接着，他们紧锣密鼓地动员根据地民众和部队，为进行反攻做最后的准备。

忽然，他们得到最新消息：一方面，蒋介石已经训令何应钦命令日寇驻华最高指挥官维持现状，并警告辖区日军，除了按照政府指定之军事长官的命令缴械投降以外，不得向任何人投降缴械；另一方面，蒋介石又命令中央军加紧作战努力，积极推进，同时命令共产党领导下的各抗日武装原地驻防，不得随意行动。

日寇即将投降，国民党无耻狂妄，激起了根据地民众的强烈反应。不到一天的时间里，第五师旗下分布在鄂东北地区的各路人马在指定位置集结完毕，准备向广水、孝感、黄陂、花园一线全面推进。

这时，赵璇滢接到赵雪莲送回的一个绝密情报，是王俊喜提供的一个消息。

王俊喜安插在王俊林、日寇以及军统特务里的人员，都向他提供了一个可靠消息：日本人要投降了，正在跟重庆国民政府接洽。

再也不用看日本人的脸色了，更不用提心吊胆地看着日本人用从他们老祖宗传下来的艺术虐杀中国人，王俊喜差一点蹦起来山呼万岁。可是，紧接着，他听到了另一个消息，好像被人打了一记耳光，半晌没有反应：为了防止共产党抗日武装收复失地，蒋介石竟然命令日伪军维持现有秩序。

“日本鬼子是侵略者，共产党是抗日的，鬼子要投降了，不让共产党维持秩序，竟然要日伪军维持秩序，这是哪家的规矩？”王俊喜暴跳如雷。

王俊林率领人马去追击南下支队的时候，难民区的民众已经预感到日本人必然会灭亡，私底下相互说道：“日本人迟早要投降，中国人抗战必胜。”

一个日本侨民听到了，马上向日本宪兵告密。立刻，日本宪兵抓住了几个难民，然后把所有的难民都集中起来，围成一个圆圈，用刺刀逼迫那几个难民在一块空地上挖出一个长长的深坑。同时，日本宪兵命令汉帮帮众燃起一堆篝火，把一捆捆的铁丝打开，伸进火焰里面，烧得通红。

烧铁丝的活是余明亮指挥人马干的。

这几年，余明亮发展了一支人马体系。一般情况下，他们只是像军队一样进行训练，危急时刻能解决王俊喜遇到的所有疑难问题，因而在汉帮具有举足轻重的地位。这支人马，包括余明亮自己，从来没有帮助日本人做过任何坏事。眼下，日本人是兔子尾巴长不了，日本人一旦投降，民众一人一口唾沫，都会把他淹死。王俊喜不能不提前为汉帮选定接班人，帮主屁股太干净，显然难以服众。为此，他必须命令余明亮带领他的人马替日本人做一些事情，以解除帮众对余明亮的疑虑。

“现在，你得为日本人做一些事情了，要知道，流氓有流氓的规矩，帮会有帮会的章程。”王俊喜郑重其事地对余明亮说道。

“一定要这样吗？”余明亮问道。

“如果有其他的办法，我不会勉强你的。放心，我不会让你亲手帮日本人残害老百姓，只是你必须出面，你必须在场！”

余明亮接到的第一项任务是指挥人马把一大堆铁丝烧红。尽管并不明白日本宪兵到底准备干什么，但他知道，一定会有惨祸发生，因而心里极不情愿。但王俊喜态度坚决，他不能不做。干完了活，他看到那些难民已经把深坑挖好了。

日本宪兵命令王俊喜：“命令你的帮众用烧红的铁丝穿过他们的肩胛骨，然后把他们推进深坑，活埋的干活！”

王俊喜饶是见识过日本人的各种害人杀人技巧，还是没有想到他们竟然凶残至此，心里禁不住一阵阵发抖。余明亮一听，眼睛里冒出了愤怒的火焰，恨不得马上扑过去，把日本宪兵按倒在地，让他们尝一尝这种滋味。

这时候，他看见王俊喜微微一笑，听见王俊喜说："兄弟们，上！"

汉帮帮众听到命令，立即扑上前去，从火堆里取出了一根根已经烧红的铁丝，不由分说，朝难民的肩胛骨捅了过去。哧哧哧的响声和难民们发出的惨叫交织在一起，汇成一片，令人心悸。王俊喜突然发出一声狞笑，喝令人马赶紧把他们串联在一块，推下深坑，活埋了。

当天晚上，王俊喜对余明亮说道："我知道，你恨我，其实，我也恨自己。但是，没有办法，日本人端着刺刀，拿着枪，我们不做，一定会有更多的人惨死！你召集一些兄弟，去抓一些日本人过来。不用活埋，你可以用烧红的铁丝穿透他们的肩胛骨，穿透他们的脑壳，穿透他们的心脏，穿透他们的喉咙，让他们慢慢地死去！"

余明亮果然带领一群兄弟，抓住了十几个日本人，如此折腾了他们一夜。

日本人如此凶残，如今快要投降了，蒋介石竟然混账透顶，试图利用日伪军维持秩序，王俊喜觉得国民党太可恶了，决定帮助共产党拿下汉口。他已经命令所有的汉帮成员全都进入戒备状态，一旦新四军展开行动，迅速向日本人的据点和王俊林的伪军部发动攻击。

"记住，日本人都是畜生，让他们活在这个世界上，是整个世界的耻辱！我们是在替天行道！"王俊喜下达动员令的时候，是这样说的。

这时候，赵雪莲对王俊喜的一举一动了如指掌，马上把向根据地报告。

"我们共产党领导的八路军新四军坚持敌后抗战，跟日伪军形成了犬牙交错的战线。在日寇即将投降的当口，这对国民党蒋介石来说，是极为不利的。因为他们要全盘接受日伪军投降，必须迅速调动军队开赴前线。武汉是国民党军开往华中、华北、华东地区的交通要道。如果我们在王俊喜的帮助下攻占了汉口，等于是阻遏了国民党军的道路，虽说无疑会给我们带来极大的好处，同时会引起国民党的强烈反应。一旦国民党以肃清汉奸为由，集结大军向我们发动进攻，我们将会陷入非常被动的地位。"赵璇滢深思熟虑地说道。

李先念说道："是呀，王俊喜是汉奸，国民党以此制造口实，指责我们跟汉奸相互勾结，我们确实会非常被动。"

但是，机会来了，岂能不加以利用？赵璇滢决定当天晚上集结主力向汉口推进，次日早晨发动攻击。一旦进攻顺利，务必拿下汉口，说服王俊喜认罪；一旦攻击不利，马上改变部署，以部分兵力牵制敌人，主力腾出手来，收复其他各要点。

同时，命令汉口地下共产党人伺机夺取敌人的各个据点，扰乱敌人的视线，并跟王俊喜取得联络，让王俊喜的帮众配合行动。

王俊林与日寇第十一军司令官一得到新四军发起进攻的消息，立即命令驻扎在汉口市区的所有人马，分途前往汉口外围阵地进行支援，并且调集分散在汉口四周各个据点的日伪军，一块向新四军的背后偷袭而来。

这时候，汉口市区日伪军的营地，都遇到了武装人员的袭击。

“共产党竟然形成了如此大的气势，你的人马还没有察觉，真是太没有用了。”日本驻汉最高司令官怒骂王俊林。

早已寻得了新主子，而且，日本人投降在即，王俊林再也不会把此獠放在眼里了。他立刻反唇相讥道：“如果你们日本人有用的话，共产党断不会钻到汉口市区，更不会主动攻击汉口了。”

日寇第十一军司令官气得眼珠子都快要瞪出来了，但是，天皇即将宣布投降诏书，他发不得火，命令所有东洋鬼子，继续向受到新四军攻击的方向推进，指令日本宪兵全城戒严，只要发现可疑人物，立即格杀勿论。

王俊林一心要博得重庆国民政府的欢心，除留出一个团的人马在全城加强戒备外，强令其他各部继续向指定位置前进，去抵抗新四军的攻击。

他亲自给余瑞华打去电话，命令道：“留下一支人马，在整个武昌实行戒严，其余的火速调来汉口，帮忙把新四军挡在汉口之外。”

余瑞华回答：“日本人快要投降了，我们为什么还要替他们卖命？应该帮助新四军把汉口的日本人全部消灭，这是他们应得的下场！”

王俊林怒吼道：“我们不是在为日本人效劳，而是为了国民政府。”

余瑞华不能不认真思考自己到底该怎么办。他固然不愿意向共产党人动手，可是，王俊林确实跟重庆接触上了，得到了重庆的命令，他能够违抗吗？他不能！不服从中央政府，他会被永远贴上汉奸的标签。

“一步走错，时时处处受到牵制！”他仰天长叹一声，只得执行命令。

率领一部分人马渡江后不久，他竟然看到余明亮正带领一群人不要命地攻向一个日本宪兵把守的据点。

余瑞华马上明白，原来城里并不是混进了共产党，也不是地下党发动了暴动，而是王俊喜趁新四军攻城的机会，向日本人发起了攻击。他本来可以视而不见。但余明亮率领的一群人似乎已经挡不住日本人的反击了，余明亮是亲侄儿，怎么都不能让他出事。

于是，余瑞华命令自己的卫队开火，一下子将这支日本宪兵全部干掉了。

“你为什么要这样干？还嫌城里不够混乱吗？”余瑞华喝问余明亮。

“日本人杀了我姥姥一家，我一定要杀日本人！你来帮助我，把所有日本人全部杀了！”余明亮说道。

余瑞华一愣，迟疑片刻，率领人马，向汉口外围阵线冲了过去。

这时候，日本人和王俊林所部的防线已经被新四军撕开了一道口子。余瑞华率领队伍一冲上去，立刻把口子给堵死了。

前线虽说暂时稳定下来了，城里不断地传来了可怕的消息，一个接一个日寇据点被攻克了，而且，那些难民也开始投入行动了。

情况紧急，如果不说服日本人调动一切力量，共同守护武汉，王俊林将会失去重庆的信任。他不想因此死无葬身之地，毕恭毕敬地对日本驻汉最高司令官说道：“司令官阁下，应该命令王俊喜率领汉帮火速平息城里的混乱。要不然，我们会很快丧失士气，再也难以抵挡新四军的攻击了。”

日寇第十一军司令官早已给王俊喜下达这样的命令了。可是，整个汉口，看不见汉帮出面维持秩序。日本人感到了末日来临之际的一种无奈和哀凉。他决计武装在汉的所有日本人。

然而，日本人还没有武装起来，他们的天皇正式宣读了投降诏书。

“不，这不是天皇陛下的真实意图，我们不能停止对共产党的攻击。”日本人纷纷叫嚷道，更加全力阻挡新四军的攻击。

赵璇滢火冒三丈，派遣使者质问日本驻汉最高司令官：“你们的天皇已经颁布了投降诏书，你们应该无条件停止一切军事行动，向中国军队投降。为什么还在抵抗？”

日寇第十一军司令官回复：“大日本皇军接到的命令是向国民政府投降，而不是向共产党军队投降。国民政府赋予了大日本皇军维持汉口秩序的责任，大日本皇军一定会竭尽全力，跟你们战斗下去。”

同样有使者斥责王俊林：“你投靠日寇，甘当汉奸，已经给武汉三镇造成了巨大灾难，如今，日寇已经投降，你还不悬崖勒马，俯首认罪，继续怙恶不悛，必将受到正义的审判！”

王俊林哈哈一笑，回答道：“谁说我投降日寇了？谁说我是汉奸了？我是奉国民政府的命令，曲线救国，表面上投靠日寇，其实是国民政府的卧底。如今，我已经是国民政府的武汉警备司令，负有维持武汉三镇安全的使命，一切行动，都必须要听从国民政府和蒋委员长的号令。”

日本人投降的消息来得太快，王俊喜的汉帮没有起到应有的作用，地下党的发动工作也没有完全展开，赵璇滢心知已经不可能继续攻下汉口了。她决定立刻调整部署，以部分兵力继续佯攻汉口，掩护主力攻占其他日占区。

她愤怒地斥责日伪军道：“我们共产党也是国民政府领导下的抗战力量，有权力接受你们的投降。限你们在三个小时之内给我军做出明确的答复，否则，我军视你们为顽抗到底，我将集中兵力，将你们全部消灭掉。”

这段时间里，赵璇滢重新调整了部署，命令大部队趁夜撤离战场，分别奔向应山、广水、花园、孝感、黄安、罗山一线，准备迫使日伪军向第五师投降。

规定时间到了，日本人没有答复，她命令剩余人马向日伪军再度发动了攻击。

日本人已经宣布投降，却依旧在蒋介石的命令下，跟共产党的军队进行战斗。余瑞华对国民政府绝望了，命令自己的人马停止了行动。

此时，难民听说日本人依旧在攻击共产党军队，群情激愤，怒火像火山一样爆发了，全都加入到了攻击日本人据点的行动。

既然余瑞华不愿意继续跟新四军作战，王俊林命令他去汉口维持秩序。

这时候，王俊喜和余明亮的人马不仅已经攻取了很多日本人的据点，而且几乎把日本人的军需仓库全部占领了。不过，很多仓库的军需物资不翼而飞，饶是如此，汉帮得到的财富也极其惊人。

难民受到鼓舞，纷纷加入到攻击日本据点、向日本侨民要回自己产业的行动之中，街道上不断有人在四处抢劫和掠夺。

余瑞华已经分辨不清哪些是王俊喜和余明亮的人马，哪些是难民，哪些又是军统和中统的人马了。他只知道，他要维持秩序，要不然，继续混乱下去，整个汉口将陷入一场谁也无法预测的危机。

这时候，赵雪莲出现在他的面前，说道：“日本人虽说已经投降了，仍然拒绝交出武器，造成汉口秩序极度混乱。继续下去，民众会面临更大的灾难。你必须设法阻止！看到了吗？那些人是军统中统特务，你只要阻止了他们四处抢夺逆产，一定可以把秩序稳定下来。”

余瑞华深以为然。他一直看不惯军统以及中统的那帮特务，赶紧命令队伍，朝抢劫最严重的地区冲去，接连击毙了几个特务，总算把秩序稳定下来了。

此时此刻，汉阳那边的情形同样非常糟糕。除汉帮成员以及军统中统特务在极力争夺日本人的财产之外，赵英嗣也率领榨油坊的工人们接连不断地向日本人展开了复仇行动。

“把这些日本人都给围起来。烧死这些乌龟王八蛋！”这几年，赵英嗣心里淤积了太多的仇恨与苦痛，此时要来一个总爆发，怒吼道。

赵英嗣命令人员打开汽油筒，从四周朝日本人的阵地上滚去。一声声枪响过后，连成一片的大火腾空而起，向着日本鬼子的营地烧了过去。

汉阳形势快要失控，余瑞华赶紧亲率一批人马赶了过去。

“你现在还在当日本人的走狗吗？”赵英嗣冷冷地说道。

余瑞华说道：“我是为了迎接国民政府，维护正常的社会秩序。”

“日本人屠杀同胞的时候，你怎么不维护秩序？”赵英嗣愤怒地质问道。

“你应该知道，很多事情，不是我们自己做得了主的。日本人的确屠杀了我们许多同胞，我们无论怎么对待他们，他们都是咎由自取，死有余辜。可是，正义的一方，需要宽容，绝不是用杀戮和报复来伸张正义的。”

“对日本人宽容，就是对中华民族残忍！唯有复仇，才可以伸张正义！”

“如果你继续打下去，还会伤及很多无辜。而且，攻击已经宣布投降的敌人，不是礼仪之邦应有的风度。”

赵英嗣缓缓地朝工人们打量而去，有的已经受伤，有的已经牺牲。他禁不住眼泪滚出眼眶，随之身子一蹲，号啕大哭。

余瑞华静静地等了好一会儿，俯下身子，把他扶起来，说道：“不要哭了，你好好准备一下，把日本人投降的消息，告诉给世伯母她们吧。”

王俊财一直在洞穴里藏了好几个月，吃的穿的用的全部由余明亮暗中给他送来。后来，熊先生愿意出面管理武汉商业，日本人慢慢放松了监视，余明亮接受王俊喜的命令，偷偷地把他送去乡下躲了起来。得到日本人宣布投降的消息，王俊财按捺不住，迅速赶回汉口，准备亲自向王俊林、王俊喜问罪。没想到，出现在他眼前的景象是汉口市区一片混乱，汉口郊外战斗不断。

知道这是日本人和王俊林在一块抵挡新四军进城，王俊财心里嗖嗖地冒出了凉气：这太荒唐了！新四军是抗日的，难道不能接受日本人投降吗？

王俊财赶往前线，一看见王俊林，立马怒骂不休：“日本人已经宣布投降了，你竟然还帮助他们攻击新四军，你汉奸还没当够，是不是？”

王俊林说道："我是得到了蒋委员长的命令，阻止共产党接受日本人投降。"

"新四军第五师一直在跟日寇作战，你难道不清楚吗？凭什么不能让他们接受日本人投降？你是汉奸，蒋介石为什么会接纳你？"

王俊林笑了："蒋介石需要我，这就是硬道理。哥，你放心吧，不会有人说我是汉奸的，他们只会把我当成党国的功臣！"

"你们瞒天瞒地，瞒得了自己的良心吗？"王俊财怒斥道。

"哥！"王俊林大叫一声，再也不理睬王俊财了。

王俊财把心一横，一屁股坐在王俊林的指挥部里，说道："我倒要亲眼看一看，到底是你消灭了新四军，还是新四军把你消灭了！"

一连几天，新四军都在不停地发起进攻，整条战线，到处枪炮声不断。王俊林率部全力阻挡，总算迫使新四军毫无进展。王俊林沾沾自喜之际，忽然接到消息，武汉以北许多城市已经被新四军攻占了。

"完了，中了新四军的诡计了！"王俊林大惊失色叫道。

他恼羞成怒，立即命令队伍向新四军发起最后的攻击。这时候，新四军的阵地上竟然没有人放枪。

王俊林赶紧亲自带人冲上了新四军的阵地，阵地上空无一人，只有一棵树上插了一把尖刀，上面飘动着一根白色的带子。

只见上面写着：

王俊林，你这个汉奸，好好保护你的脑壳，等下次你我交锋的时候，我会一刀把它砍下来的。

是赵璇滢的字迹。

王俊林气得哇哇大叫，准备率领人马去追击新四军。此时，他突然得到消息，第六战区司令长官部即将派人前来洽谈日本人投降的具体事宜，希望他搞好整个汉口的治安。王俊林不得不压抑心里的怒火，整顿人马，火速赶回了汉口。

在余瑞华的大力维护下，全城的秩序已经有了显著的改善。难民们心情欢畅，热情在不断地膨胀。一时间，整个武汉市区，到处张灯结彩，鞭炮齐鸣，到处悬挂条幅与横幅，热烈庆祝倭寇末日来临。

王俊林绞尽脑汁思索如何迎接第六战区司令长官部派遣过来的接受代表之际，一个帮助日本人维持秩序的部下向他报告："王司令，趁我们跟新四军作战的时候，王俊喜竟然把日本人的许多财产占为己有，我们是不是也应该趁国民政府的人马没到以前，抢占一些资财？”

王俊林笑道：“第六战区司令长官部的代表很快会飞到汉口，一心一意做好迎接准备吧。”

“司令，万一国民政府哪天翻了脸，跟我们秋后算账，怎么办？只要我们抢夺了一些财产，日后用来贿赂国民政府的军政要员，才有人会在关键时刻为我们说话。”

王俊林心里不觉一阵惶恐。脑海里立马泛出昔日蒋介石与国民政府采取各种措施排挤各种杂牌部队的情景，心想：是呀，是应该为这个做准备，国民政府里面，没有几个人是不贪财的，只要把他们喂饱了，谁不会为自己说话？

然而，最值钱的物资以及大量的金条已经落到了王俊喜、军统和中统手里。现在，军统和中统都是爷，王俊林巴结他们还来不及呢，可不敢招惹他们，可是，王俊喜是可以惹一惹的。毕竟，掌握了数不清的财产，王俊喜想干什么，就可以干成，对王俊林将会产生极大的威胁。更令王俊林生气的是，他已经查出来了，是王俊喜这个家伙勾结新四军，准备跟他们里应外合，攻下汉口的，甚至，城里的混乱也是王俊喜一手造成的。

如果不是王俊喜来上这一手，王俊林早已全部控制武汉三镇的局势了，不至于发展到如今这般田地。得狠狠地报复王俊喜一下，让他知道，跟王俊林作对，不可能不付出代价。

不过，不管怎么说，王俊喜是堂兄，代价不能太大，让他栽一个大跟头，把吃进肚子里的东西全部吐出来即可。问题是，王俊喜到底有多少财产？

王俊林派人把余明亮找过来，想从他嘴里问出实情，说道：“你是一个好孩子，不应该跟着王俊喜干出那些有损国家利益的事情，要考虑自己的前程，还是跟着姑父吧，姑父可以给你一个上尉参谋的头衔。”

余明亮说道：“你干的有损国家利益的事情还少了吗？我觉得，王世伯比你好得多。他杀日本人，你却甘心当日本人的走狗。我鄙视你，决不会跟着你！”

王俊林只有长叹一声，得想其他办法来收拾王俊喜。余明亮提醒了他，仅仅让王俊喜吐出吃进肚子的东西还不够，不把王俊喜收拾妥帖了，只要王俊喜说出自己在暗地里勾结日本人杀掉军统以及中统特务，并且为日本人出谋划策，跟国民党军队作战的事情，后果一定很严重。怎么收拾妥帖呢？最好的办法，当然是让他永远闭上嘴！

一想到这里，王俊林吓了一大跳。无论怎么说，王俊喜都是他堂哥，他下不了手，也不能下手。

可是，不让他闭上嘴，王俊林会时常处在恐惧和担心之中，一样会很麻烦。兄弟之情固然重要，生死关头，保命要紧，怎能顾及那么多？何况王俊喜一直跟自己为敌，全然不念兄弟之情，自己何必要念及呢？

排除了干掉王俊喜的顾虑，王俊林开始寻思如何干掉他。

想了很久，因为需要顾及的事情太多，王俊林觉得，只有利用难民对王俊喜的仇恨来干掉他，才不至于引火烧身。王俊喜虽说杀日本人，但是在暗地里杀日本人。在公开场合，按照日本人的要求，他杀掉了多少难民，又为日本人抓了多少难民？难民现在恨他恨入骨髓了。只要在难民心中点燃一把火，鼓噪难民把王俊喜杀了，或者即使杀不了王俊喜，也闹出更大的动静，等第六战区司令长官代表来了，暗地里发动难民请愿，强烈要求杀掉王俊喜，那时候，他的脑袋掉定了。他抢夺的财产将会全部落到自己手里，以后自己扩充军队或者是向国民政府方面献媚，都有足够的资本了。

思谋一定，王俊林便派遣自己的心腹潜地里煽动难民去了。

果然，沉浸在兴奋之中的难民一听到有人首先提出清算汉奸王俊喜的话头，心里的怒火立刻熊熊燃烧起来，不需要经过周密的计划和动员，数万难民顷刻之间将淮盐公所包围起来，一定要捉拿王俊喜。

只是，王俊喜已经离开了淮盐公所，在一个机密住处，直接指挥部下一方面攻击日寇据点，一方面抢夺日本人留下的物资、金条等。

新四军没能攻进汉口，王俊喜知道，王俊林一定饶不了自己；自己给难民带来了极大的灾难，难民也一准饶不了自己。他深知自己总有一天会落到王俊林或者是难民手里，马上把所有的权力全部移交给余明亮，手里掌握的资产，也全部交给了余明亮，自己躲藏起来，时刻留意外面的消息。难民们果然喷发出复仇的怒火，要烧向自己了。他为自己事先留好了后路感到欣慰。

余明亮已经下达了保护王俊喜的命令，一些汉帮帮众在跟难民的决斗中，被难民们包围起来，活活打死了。

不能任由帮众为自己送死。余明亮再度出现在他面前的时候，王俊喜说道："难民心里的怒火已经燃烧起来，争斗只能是火上浇油。要想让这场怒火熄灭，只有两种办法：一是拿出一部分资产，分发给他们；二是让兄弟们全部避开他们，像当年的共产党一样，谁也不要出来活动。"

"可是，我们有那么多兄弟，为什么要这么做？"余明亮问道。

王俊喜说道："我当初之所以成立汉帮，主要是为了跟王俊林斗，并没有想到过伤害别人。可是，汉帮还是做了很多坏事。特别是日本人进来了之后，我们做的坏事更多。我们已经给难民造成了伤害，为什么还要继续伤害他们呢？”

汉帮给予难民一些物资补偿，不仅没有令难民平息心头的怒火，反而越烧越旺。这一天，难民们得到了第六战区司令长官孙蔚如的代表即将飞临汉口机场的消息，十几万人全部拥到机场外围，要求严惩汉奸王俊喜的呼喊声不断地响起，声音宛如惊雷，一阵接着一阵，响彻云霄。

王俊林率领一大帮昔日伪军的大小头目们，前去机场迎接。

一下飞机，第六战区司令长官代表便被这种欢迎的阵势镇住了，及至明白了事情的缘由，不觉很有些不满了：自己是要跟日本人接洽投降的具体事宜的，哪有时间去处理汉奸这类事情？他命令王俊林想办法驱散这些民众。

王俊林说道：“为了迎接您老人家大驾光临，我在各方面都做了精心的准备。可是，难民的情绪没法控制下来。王俊喜是我堂兄。我很为难。他帮助日本人杀害了很多同胞，致使许多家庭家破人亡。难民的情绪，只可疏导，要想强制压下去，恐怕会引发更大的混乱。”

孙蔚如的代表觉得有理。可是，怎么对待王俊喜？当过汉奸的人，谁没有杀过中国人？谁没有听从日本人的命令，跟国民党军队作战过？

王俊林看出了他的心思，说道：“我觉得你需要安抚难民的情绪。毕竟，国民党军队现在开过来，一旦王俊喜再次跟新四军勾结，难民一鼓噪，恐怕更加不好收场了。”

代表心头一凛，不能不引起重视了，询问王俊林王俊喜到底干了一些什么。原来新四军攻击汉口一事是王俊喜暗中策划的。单凭这一点，王俊喜死罪难逃。第六战区司令长官的代表决计不再推脱，向民众发表了一番讲话，表示一定会在最短的时间里严惩王俊喜和他手下那些残害民众的汉奸。

王晓燕一得到这个消息，赶紧找到父亲，说道：“这些年来，你的确做了很多伤天害理的事情，可是，你一样在暗中处决了很多穷凶极恶的日本人。所以，我们并没有对你怎么样。现在，难民已经起来了，我们无法控制，你必须逃离汉口，到外面躲一躲。”

“只要你理解父亲，父亲死而无憾了。我准备安排完了一切，直接去见第六战区司令长官的代表，让他把我处死，这样，一方面了结了某一个人的心愿，另一方面也不会让你为难。”王俊喜说道。

王晓燕流泪了，她当然非常清楚这一切的幕后指使人是王俊林。她很后悔当初查出了王俊林借营救伯父之机出卖军统组织以后，没有立即杀掉他。现在，她很想把王俊林所做的一切都说出来，让他受到惩处。可是，她知道，王俊林没有跟共产党联合过，父亲却跟共产党联合过，真正让父亲致死的原因不在别的，恰恰在于父亲曾经跟新四军联合起来，攻打过汉口。

她说道："你明知道国民政府不会放过共产党，为什么还要跟新四军联合，试图帮助共产党人攻下汉口？"

王俊喜笑道："我知道，这是我必死的原因。新四军人数虽少，但真的在杀日本人。国民党人数再多，真心抵抗的能有几人？我见多了日本人的行为，他们是畜生，都不应该活在这个世界上！所以，谁杀日本人，我跟谁联合。乖女儿，我听说，蒋介石要以德报怨，宽恕日本人的罪过。日本人屠杀了难以计数的中国人，能够得到蒋介石的原谅，我只是帮助日本人屠杀了一些中国人，却要受到严惩。我甘愿接受这样的严惩，让后来的人们去评说，到底是日本人应该得到宽恕，还是我应该得到宽恕。"

余明亮和几位手下大将再次进来见他，并且向他汇报第六战区司令长官的代表已经跟王俊林谈妥了一切的消息时，王俊喜郑重地说道："从今天开始，帮会里的一切全部由余明亮负责。你们一定要辅佐余明亮，在暗地里把帮会继续做下去。我要去见一见代表，也要去见一见那些难民。"

"你不能去，你这样去等于是送死。"余明亮和几个大将一块阻拦。

王俊喜微笑道："死，总比做缩头乌龟好得多。"

这时候，王俊林的确已经陪着第六战区司令长官的代表，跟日本人谈好了接受日本人投降的一切条件，最后的问题是在哪儿受降了。

王俊林脑子一转，想起了张公祠。张仁蠡当武汉市长的时候，专门为了供奉他老子修建了张公祠，还把整个张氏家族的灵牌摆在那儿，任人凭吊。日本人投降了，我却要把张公祠改建为受降堂，岂不是狠狠地羞辱了你张仁蠡的列祖列宗吗？

他马上向代表献计：张公祠空间很大，足以当做受降堂使用。

生怕代表会反对，王俊林轻声说："我已经嘱咐日本人私下里隐瞒了一部分仓库，准备交给您。我个人也准备了一点薄礼，改日一定奉献给您。还有王俊喜的那些财产，只要我查清楚了，将全部交由您处理。"

如此丰厚的一笔财产，彻底打动了代表的心。

这时候，王俊财过来了，对受降代表说道："日本人投降，举国欢庆，接受日本人投降，是一件极为重大的事情，敢问代表，可曾邀请共产党方面参加受降仪式？"

代表笑道："中国只能有一个政府，一个政党，那就是国民政府和国民党。日本人投降的一切事宜，理应完全由国民政府以及国民党接受。"

“可是，共产党同样抗战了八年！”

王俊财话还没有说完，忽然被一阵阵吵吵嚷嚷的声音打断。他们一块举目望去，只见一大群民众闹哄哄地朝这边冲了过来。他们不禁大吃一惊，定睛一看，在那群人的前面，竟然大步流星地走着王俊喜。

很快，王俊喜站在他们面前，微笑着对哥哥点了一下头，看都不看一眼王俊林，对代表说道：“我知道，你们正在到处找我，我来了，需要我交代什么？”

民众呼啦啦一声全部围拢过来了，纷纷呼叫着要杀死王俊喜。

王俊喜面向民众，说道：“你们都希望我死，是因为我曾经抓捕过许多人，也杀害了许多人。可是，我每次帮助日本人以后，在暗地里同样杀掉了许多日本人，为死难的同胞报仇了！王俊林比我杀的人更多，比我捕的人也更多。你们为什么不要他死？”

民众一阵交头接耳，疑惑的目光在王俊林和王俊喜身上扫来扫去。

王俊喜微微一笑，继续说：“我知道，不仅你们希望我死，王俊林一样希望我死，国民党也希望我死，因为我知道了他们太多的秘密，我联合了新四军，攻击了汉口的日本鬼子。王俊林帮助日本鬼子屠杀了共产党，摇身一变，成了国民党的一员大将。你们想一想，究竟谁更该死？”

从人群当中爆发出一个声音：“不要听他狡辩，打死他！”

民众经过一阵短暂的沉默，心里的怒火再次点燃，哗啦啦一拥而上，把王俊喜围起来，一个个拳打脚踢，很快把他打死了。

王俊财心头滚过一阵悲凉，幽幽地转过身，慢慢朝外面走去。

当孙蔚如抵达汉口，邀请各方面的代表人物出席受降仪式的时候，王俊财闭门不出。

孙蔚如亲自登门拜访。王俊财淡淡地说道：“那些曾经付出过巨大牺牲的人都不能参加这个仪式，我这个一无是处的老人，有什么脸面参加呢？”

受降仪式于9月18日下午3时在受降堂举行。张公祠的匾额早已被取下了，换上受降堂的匾额。王俊林几乎成为仅次于孙蔚如的第二号人物，共产党方面没有一个人接到邀请。